Erlebte Antike
Ein Lesebuch

Herausgegeben von Beatrice Heiber

Deutscher
Taschenbuch
Verlag

Ebenfalls im Deutschen Taschenbuch Verlag:

Geschichte lesen. Ein historisches Brevier (4000)
Klassische Texte zur Staatsphilosophie (4455)
Texte zur Ethik (4456)
Was das Schöne sei. Klassische Texte von Platon bis Adorno (4626)
Lebendiges Mittelalter. Ein Lesebuch (4669)
Was ist Natur? Klassische Texte zur Naturphilosophie (4697)

Originalausgabe
November 1996
© 1996 Deutscher Taschenbuch Verlag GmbH & Co. KG, München
Alle Rechte vorbehalten
Umschlaggestaltung: Dieter Brumshagen
Gesamtherstellung: C. H. Beck'sche Buchdruckerei, Nördlingen
Printed in Germany · ISBN 3-423-04706-2

»Man spricht immer vom Studium der Alten. Allein was will das anderes sagen als: richte dich auf die wirkliche Welt und suche sie auszusprechen, denn das taten die Alten auch, da sie lebten«, meinte Goethe. Ein halbes Jahrhundert vorher hatte Winckelmann die Formel von der »edlen Einfalt und stillen Größe« geprägt, und viele Dezennien später noch fingen Schulaufsätze gerne mit der Floskel »Schon die alten Griechen ...« an. Seitdem hat sich die Auffassung von der Antike geändert, doch Goethes Appell scheint heute mehr denn je zu gelten. Antike Dramen gehören nach wie vor zum Standardrepertoire der zeitgenössischen Theaterbühnen, antike Mythen sind unverändert ein Sujet für Romane und Gedichte, antike Architekturformen werden immer wieder aufgegriffen, antike Philosophen neu gelesen. Ein längst vergangenes Zeitalter, dessen Stimmen uns dennoch tief berühren:

> Auf der dunklen Erde, sagen manche,
> ist das Lieblichste eine Reiterschar oder,
> sagen andere, marschierende Krieger.
> Andere wieder sagen es von Schiffen.
> Ich aber sage: Was immer du liebst.
>
> Sappho

Beatrice Heiber, geboren 1959, studierte Philosophie und Geschichte und arbeitet als Verlagsredakteurin in München.

Inhalt

Vorbemerkung

Wer nicht von dreitausend Jahren
Sich weiß Rechenschaft zu geben,
Bleib' im Dunkeln unerfahren
Mag von Tag zu Tage leben

Die drei Jahrtausende, die Goethe im ›West-Östlichen Diwan‹ als Zeitspanne für das Geschichtsbewußtsein fordert, umfassen nur einen kleinen Teil der Menschheitsgeschichte. Die moderne Entwicklungsgeschichte rechnet sogar in Jahrmillionen. Dennoch sind es diese etwa dreitausend Jahre, von denen so ausreichend Zeugnis auf uns überkommen ist, daß unsere historische Rekonstruktion ein lebendiges Bild zu entwerfen vermag. An ihrem Anfang aber steht die Antike.

Daß der Weltgeist von der Unterdrückung zur Freiheit fortschreitet, dieser geschichtsphilosophische Ansatz Hegels stößt am Ende des 20. Jahrhunderts gelinde gesagt auf Zweifel. Näher liegt da die Haltung, die Jacob Burckhardt in seinen ›Weltgeschichtlichen Betrachtungen‹ einnimmt. Sein Blick haftet auf dem »einzigen bleibenden und für uns möglichen Zentrum, dem duldenden, strebenden und handelnden Menschen, wie er ist und immer war und immer sein wird«. Burckhardt betrachtet das Vergangene nicht »als Gegensatz und Vorstufe zu uns als Entwickelten«, sondern als »das sich Wiederholende, Konstante, Typische, als ein in uns Anklingendes und Verständliches«.

In eben diesem Sinne ist uns Antike heute lebendig: als Symbol, als Spiegel, als Zugang zu uns selbst. Es fällt nicht schwer, antike Dramen in Szenarien modernen Lebens zu kleiden, ohne daß sie dabei Einbußen an Authentizität und Ausdruckskraft erfahren müssen. Die Philosophen werden gelesen, nicht nur aus historischem Interesse, sondern weil auch sie die Fragen menschlichen Daseins zu erklären versuchten, die sich nach wie vor stellen. Die Probleme, die in der Astrophysik, der Kosmologie und der Teilchenphysik noch immer anstehen, erinnern uns an die Fragen nach Form und Anordnung des Kosmos, die schon die Vorsokratiker gestellt haben.

Vorzüglich befaßt sich jedoch die Geschichtswissenschaft mit der Antike, und sie hat in den vergangenen Jahrzehnten Entscheidendes geleistet, um uns diese ferne Epoche nahezubringen. Nicht nur haben Funde neue Zeugnisse ans Licht gebracht und damit die Quellenlage verbessert. Vor allem hat die Alte Geschichte sich auch den Forschungen benachbarter Disziplinen geöffnet, hat Erkenntnisse etwa aus der Archäologie oder der Kunstgeschichte ernstgenommen und sich zunutze gemacht und überdies ihr Augenmerk über die Fakten- und Kulturgeschichte hinaus auf die Alltagsgeschichte, die Sozialgeschichte und die Frauengeschichte gerichtet. Damit ist es gelungen, aus neuen Perspektiven das Mosaik »Antike« um zahlreiche Bausteinchen zu erweitern und das Bild umfassender und deutlicher hervortreten zu lassen.

So werden hier zwei Stränge miteinander verwoben: Der eine zieht sich durch eine Epoche der Weltgeschichte vom Alten Ägypten bis in die Spätantike, der andere durch zweihundert Jahre Geschichtsschreibung. Eine Anthologie darf sich die Freiheit nehmen, eklektisch aus der Fülle des Stoffes auszuwählen, und so können hier die klassischen Arbeiten der »großen Alten« neben neuen Ansätzen aus der modernen Forschung zu stehen kommen, zusammengehalten durch die Klammer von Ort und Zeit – Mittelmeerraum und Antike.

Da es sich bei vorliegendem Buch nicht um eine wissenschaftliche Arbeit, sondern um ein Lesebuch handelt, wurde weitgehend auf den Nachweis von Quellen und Literatur verzichtet. Aus demselben Grund wurden in den Texten von Arno Borst, Jacob Burckhardt und Albin Lesky die griechischen Wörter transkribiert. Anmerkungen der Herausgeberin sind in eckige Klammern gesetzt.

Beatrice Heiber

JOYCE TYLDESLEY
Religiöses Leben und Jenseitsvorstellungen im alten Ägypten

> Wer weiß nicht . . . welche Ungeheuer Ägypten
>   in seinem Wahn verehrt?
> Das Krokodil betet diese Gegend an, jene erbebt
>   vor dem mit Schlangen gesättigten Ibis.
> Golden erglänzt das Bildnis des heiligen
>   geschwänzten Affen.
> . . .
> Lauch und Zwiebel zu entweihen und mit
>   den Zähnen zu kauen ist Sünde:
> Welch religiöses Volk, dem diese Götter in
>   den Gärten wachsen!
> Der wolletragenden Tiere enthält sich jeder Tisch,
> Sünde ist es dort, das Junge einer Ziege zu
>   schlachten:
> Menschenfleisch zu essen ist erlaubt.
>
>   Juvenal, Satire 15

Die Religion des alten Ägypten mit seinem ehrfurchtgebietenden Pantheon tierköpfiger Gottheiten, seinen eindrucksvollen Tempeln und seinen eigentümlichen Vorbereitungen auf den Tod hat seit dem Ende der dynastischen Epoche Außenstehende in ihren Bann gezogen. Juvenals oben zitierte, größtenteils unzutreffende Religionssatire – die Zwiebel war ganz und gar nicht verboten, sondern ein verbreitetes Nahrungsmittel, und Behauptungen über einen blutrünstigen Kannibalismus der Priester sind durch kein einziges Zeugnis belegt – zeigt, daß die Götter Ägyptens selbst für Menschen der klassischen Antike ein beunruhigendes und erregendes Geheimnis blieben, um das sich tiefer Aberglaube und nicht versiegende Gerüchte rankten. Zweitausend Jahre später strömen Touristen in Scharen nach Ägypten, bestaunen die Pyramiden und rätseln über einen Glauben, der zu so aufwendigen Bauwerken inspirierte, und auch heute noch beschwören die geheimnisvollen Namen von Isis, ihrem Brudergemahl Osiris und ihrem Sohn Horus Vorstellungen von dunklen, faszinierenden Bräuchen herauf.

[... Die Religion spielte] im altägyptischen Staat eine wichtige Rolle und prägte Denken und Handeln seiner Bevölkerung vermutlich stark. Allerdings müssen Überlegungen mit entsprechender Vorsicht angestellt werden. Über eine gewaltige Zeitspanne voller geschichtlicher Ereignisse rückblickend den tatsächlichen Einfluß vergangener Religionen zu beurteilen, ist äußerst schwierig. Auch wenn uns immerhin schriftliche und archäologische Zeugnisse über die unterschiedlichsten religiösen und abergläubischen Bräuche vorliegen, darf niemals vergessen werden, daß wir nur einige äußerliche, greifbare Anzeichen eines inneren Glaubens wahrnehmen können. Unsere eigenen Erwartungen und vorgefaßten Meinungen auf die Ägypter zu übertragen oder uns sogar einzubilden, wir könnten tatsächlich ihre Gedanken und Gefühle verstehen, mag zwar sehr verlockend sein, wäre aber ein großer Irrtum. Wir brauchen uns nur vorzustellen, welche Probleme es einem modernen Archäologen bereiten würde, allein anhand einer archäologischen Untersuchung einiger Kirchen und durch das Bibelstudium sämtliche Aspekte der christlichen Lehre zu verstehen, um zu erkennen, wie schwer es sein kann, vergangene Religionen zu deuten.

Die herkömmliche Bezeichnung »ägyptische Religion«, die wie selbstverständlich von einem einzigen, in heiligen Schriften bewahrten und von allen geteilten Glaubensbekenntnis ausgeht, ist in Wirklichkeit äußerst irreführend. Während der dynastischen Epoche wurde das geistige Leben Ägyptens von unterschiedlichen, wenn auch verwandten Ansichten beherrscht, die einvernehmlich nebeneinander bestanden und sich im Lauf der Zeit allmählich entfalteten und weiterentwikkelten, einander aber auch stets überlappten. Die beiden Gegenpole lassen sich leicht erkennen und unterscheiden. Die amtliche Staatsreligion und ihre Beamten lieferten die offizielle und wichtigere Überlieferung, während die inoffizielle, unbedeutendere Religion, zu der auch weniger angesehene Künste gehörten, häufig unter der Überschrift Magie, Aberglaube und Hexerei zusammengefaßt wurde. Zwischen diesen beiden Polen lagen achtbare halboffizielle Religionen: orts- und familienabhängige Kultgemeinschaften, die für das Leben der einzelnen Haushalte und ihrer Angehörigen von großer Bedeutung, für den Staat hingegen von relativ geringem Interesse waren. Es gab keine eindeutige Trennlinie zwischen all diesen Ansätzen, und jeder von ihnen beeinflußte die Menschen auf seine Weise. So nahmen die Frauen von Der el-Medine, die in der Nähe der wichtigsten Kultstätte des Staatsgottes Amun lebten, zwar an den jährlichen Feiern der Hauptreligion teil, verehrten offiziell aber vor allem die örtlichen Schutzpatrone der thebanischen Nekropole, wie den zum Gott erhobenen König Amenophis I. und dessen Mutter Ahmose-Nefertari sowie die auch als »Bergspitze des Westens« bekannte Mereseger (»Die das Schweigen liebt«), die Schlangengöttin der thebanischen Berge. Die in ihren Häusern gefundenen Zeugnisse lassen jedoch vermuten, daß stärker familienbezogene Kulte, in denen vor allem die mit Schwangerschaft und Geburt verknüpften Götter und Geister im Vordergrund standen, für ihr Leben mindestens ebenso wichtig waren und daß fast jeder an die furchteinflößenden Kräfte von Aberglauben und Magie glaubte.

Diese Vielfalt religiöser Ansätze ist keineswegs ungewöhnlich. Vielmehr gilt allgemein, daß sich dort, wo eine schwer durchschaubare offizielle Religion eindeutig im Mittelpunkt steht, häufig weniger künstliche, volkstümlichere Formen religiöser Verehrung entwickeln, die bestimmte Facetten des vorherrschenden Glaubens aufnehmen und umdeuten, andere dagegen völlig außer acht lassen. Das geschieht vor allem dort, wo sich eine überwiegend männlich geprägte Religion durchgesetzt hat, die von einer Elite aus gebildeten Männern der Oberschicht beherrscht wird und deshalb das Alltagsleben der meisten Frauen kaum berührt. Unter diesen Umständen können Männer ihre religiösen Bedürfnisse oft durch Festhalten an der Staatsreligion befriedigen, während Frauen, die von der uneingeschränkten Teilnahme an den Ritualen ihres offiziellen

Glaubens ausgeschlossen sind und häufig die komplizierte Lehre aufgrund mangelhafter religiöser Aufklärung nicht ganz verstehen, ihre geistige Erfüllung in untergeordneten Religionen oder »weiblichem Aberglauben« finden, ohne dabei das Gefühl zu haben, gegen ihre Hauptreligion zu verstoßen.

Diese religiöse Dualität läßt sich auch im heutigen Ägypten noch deutlich erkennen, wo muslimische wie christliche Bäuerinnen einen tiefverwurzelten Glauben an die Bösartigkeit bestimmter Geister und die ehrfurchtgebietenden Mächte des bösen Blicks bewahrt haben. So wird eine Dorfbewohnerin, die sich ein Kind wünscht, kaum zu Allah beten, sondern weit eher die Geister ihres verstorbenen Kindes anrufen oder den ortsansässigen Magier wegen eines Zauberspruches aufsuchen, ohne dies jedoch als Verrat an ihrem »offiziellen« Glauben zu empfinden. Auch heute noch schreiben viele Dorfbewohnerinnen den antiken Baudenkmälern Ägyptens magische oder spirituelle Kräfte zu, und beim Spaziergang über eine archäologische Stätte stößt man in der Nähe antiker Statuen und Bildnisse nicht selten auf Beweise für heutige Fruchtbarkeitsrituale – meistens in Form kleiner Haufen frisch zerbrochener Tonscherben. Winifred Blackman beobachtete in den zwanziger Jahren dasselbe Phänomen in einem ägyptischen Dorf, wo sie versuchte, kinderlosen Frauen mit Hilfe antiker Fundstücke und moderner, typisch ägyptischer Talismane zu einer Schwangerschaft zu verhelfen:

»Das Ritual lief folgendermaßen ab: Zunächst begaben sich die Frauen zu einer der ausgeschmückten antiken Grabkapellen; einer unserer Diener, der den Schlüssel besaß, führte sie dorthin. Beim Eintreten stiegen sie siebenmal vor- und rückwärts über das, was sie für die Öffnung des zu den unterirdischen Grabkammern führenden Schachtes hielten. Danach kehrten sie zu der unbemalten Grabkapelle zurück, die ich bewohnte. Hier fertigte ich die Talismane an, die paarweise auf den Boden gestellt wurden. Dann stieg jede Frau feierlich siebenmal vor- und rückwärts über sie hinweg. Insgesamt vier Talismane wurden benutzt, die einen Isiskopf, eine mumifizierte Gottheit, einen Skarabäus und eine Katze verkörperten. Sobald dies vollbracht war, wurde der Unterkieferknochen eines antiken ägyptischen Schädels auf den Boden gelegt. Die gleiche

Zeremonie wurde noch einmal durchgeführt und danach mit zwei vollständigen antiken Köpfen – einem guterhaltenen mumifizierten Kopf und einem Schädel – wiederholt. Anschließend wurde ein Glas mit Wasser geholt, in das die blauglasierten Talismane geworfen wurden. Jede Frau trank etwas von dem Wasser, nahm dann die Talismane heraus und lutschte an ihnen, und einige Frauen rieben ihre Körper mit den magischen Gegenständen und dem Wasser ein.« Glücklicherweise konnte Winifred Blackman berichten, daß mindestens zwei Frauen dank dieser unorthodoxen Behandlungsmethode kurze Zeit später schwanger wurden.

Die Staatsreligion des alten Ägypten entstand mit der Vereinigung des Landes und konnte sich eigentlich die gesamte dynastische Epoche hindurch behaupten, blieb aber stets empfänglich für neue Gedanken und flexibel genug, um fremde Einflüsse aufzunehmen. Vor der Reichseinigung verehrte jeder Ort nur sein eigenes, allmächtiges Totem, das eine sinnvolle Erklärung für die rätselhaften und oft furchterregenden Naturerscheinungen bot, die andernfalls die ganze Gemeinde in Unruhe versetzt hätten. Jeder verstand, daß in benachbarten Gegenden andere Götter verehrt wurden, und die Menschen akzeptierten bereitwillig die Vorstellung, daß es viele Gottheiten nebeneinander gab, bewahrten aber gleichzeitig ihre persönliche Treue einem bestimmten höheren Wesen gegenüber. Nach der Vereinigung rückten allmählich einige besondere Kulte in den Vordergrund, und auch wenn einzelne Gemeinschaften weiterhin ihre lokalen Götter anbeteten, entstanden nach und nach bedeutende nationale Gottheiten. Vor allem die kultische Verehrung für den Sonnengott Re und den mit dem Königtum gleichgesetzten Gott Horus wurde vom König gefördert und damit auch politisch äußerst wichtig. »Du bist Amun, der Gott der Schweigenden, der den Stimmen der Armen Beachtung schenkt. Als ich dich in meiner Verzweiflung anrief, kamst du, um mich zu retten. Du läßt mich atmen in meinem Elend und befreist mich aus der Knechtschaft« [lautet die Inschrift auf einer Stele aus Der el-Medine].

Erst im Neuen Reich [1540–1075 v. Chr.] übernahmen einige bekanntere nationale Götter langsam besondere charakteristische Attribute und Merkmale, eine Veränderung, die unmittelbar zur Entstehung der ägyptischen Mythologie führte. Unterdessen blühten weiterhin die kleineren regionalen Kultformen unter Leitung örtlicher Priesterfamilien. Lokalen Tempeln und Heiligtümern stiftete der König Land und Vermögen, und ihre Götter und Göttinnen, die ebenfalls in das große Staatspantheon aufgenommen wurden, blieben auch künftig allmächtige Ortsgottheiten. Diese Doppelrolle mag für heutige Beobachter verwirrend sein, den Ägyptern dagegen schien sie völlig akzeptabel. So wurde in dem mittelägyptischen Hermopolis Magna der ibis- oder pavianköpfige Staatsgott des Schreibens und der Wissenschaft, Thot, nicht nur wegen seiner außergewöhnlichen Weisheit, sondern auch als höchste Gottheit dieser Gegend verehrt, wobei diese beiden Aspekte des Gottes durchaus nicht als unvereinbar empfunden wurden. Als Ortsgottheiten hatten Götter und Göttinnen im allgemeinen längst nicht so eindeutig festgelegte Eigenschaften wie ihre Pendants im Staatspantheon, sondern wurden stärker mit der Natur und der alljährlichen Nilschwelle in Verbindung gebracht, die das Alltagsleben entscheidend beeinflußte.

Während dieser ganzen Zeit wurde das Verhältnis zwischen einfachem Volk und Hauptgöttern, zumindest theoretisch, vom König gelenkt. Der König, selbst ein Gott, konnte als einzige Person Verbindung zu seinen Götterkollegen aufnehmen und wurde automatisch oberster Priester aller ägyptischen Kulte. Da er jedoch nicht gleichzeitig jedem Gott in allen Tempeln dienen konnte, wurden Priester aus Familien der Oberschicht ernannt, die den König vertraten und alle erforderlichen Rituale ausführten. Gewöhnlich übertrug der Herrscher seinen Stellvertretern die tägliche Arbeit und amtierte nur während der wichtigen jährlichen Feiern für die größten nationalen Götter, vor allem beim Opet-Fest zu Ehren Amuns, des Staatsgottes des ägyptischen Reiches, bei dem die Statuen des Gottes, seiner Gemahlin Mut und ihres gemeinsamen Sohnes Chons in einer langen Prozession vom Luxortempel zum nahegelegenen Tempel von Karnak getragen wurden. Dieser rituelle Zug war ein großes öffentliches Spektakel, und die Nilufer waren von Schaulustigen gesäumt, die zumindest einen flüchtigen Blick auf ihren Gott werfen wollten.

Die altägyptische Staatsreligion unterscheidet sich deutlich von den wichtigsten Glaubensrichtungen heutiger Zeit. Sie war nicht nur polytheistisch, sondern auch ohne Glaubensbekenntnis, ohne konkrete moralische Prinzipien und ohne die uns vertraute kirchliche Seelsorge. Letztendlich diente sie vor allem zur Wahrung von Einheit und Stabilität im Land und nicht so sehr als Weg zu geistiger Erleuchtung. Zwar galt generell, daß Männer und Frauen ein anständiges Leben führen sollten, doch war dieser moralische Grundsatz eher auf gesellschaftliche Konventionen und nicht so sehr auf theologische Notwendigkeiten zurückzuführen. Tugendhaftigkeit erntete nicht unbedingt himmlischen Lohn, und nur vom König wurde angemessenes Verhalten erwartet, um die landesweite Gültigkeit von *maat* [die richtige, harmonische Ordnung der Dinge] zu gewährleisten. Die Götter selbst kümmerten sich auffallend wenig um das Verhalten der einfachen Bevölkerung, obwohl sie durchaus Vergeltung üben konnten, wenn sie unmittelbar herausgefordert wurden. Die aus dem Neuen Reich stammende Zeugenaussage Neferabus, eines Zeichners aus Der el-Medine, der durch einen Meineid den Gott Ptah beleidigt hatte, schildert uns, wie jener für die Lügen, die als mangelnder Respekt gegenüber dem Gott aufgefaßt wurden, mit Blindheit bestraft wurde: »Ich bin ein Mann, der einen falschen Eid vor Ptah, dem Gotte maats, schwor, und da ließ er mich auch am Tage Finsternis sehen. Ich will seine Macht groß und klein verkünden, jenen, die nie von ihm hörten, wie auch jenen, die ihn kennen. Hütet euch vor Ptah, dem Gotte maats, denn er vergibt niemandes Unrecht. Mißbraucht nicht den Namen Ptahs, denn wer ihn mißbraucht, wird untergehen.«

Priester wurden nur ernannt, um dem jeweiligen Gott im Namen ihres Königs zu dienen, und kümmerten sich folglich nicht im geringsten um das geistige oder sonstige Wohlergehen der Menschen. Die Tempel Ägyptens dürfen nicht mit Kathedralen oder Moscheen verglichen werden. Sie wurden lediglich als Häuser der Götter errichtet und beherbergten die Kultstatuen, in denen nach allgemeinem Glauben die Gottheiten weilten. Als solche hatten die Tempel keine Gemeinden und durften gewöhnlich vom einfachen Volk noch nicht einmal betreten werden. Zutritt zum hinteren Teil des Tempels, der mit den der Familie vorbehaltenen Privatgemächern an der Rückseite der Wohnhäuser verglichen werden kann, hatten nur Priesterschaft und König, die den Kult versahen, indem sie Speisen, Getränke und Kleidung opferten und Weihrauch verbrannten. Der vordere Teil war mit Szenen ausgeschmückt, die den König verherrlichen, und wurde nur an besonderen Festtagen für die Allgemeinheit geöffnet; insofern kannten die Ägypter nichts, was dem Freitagsgebet in der Moschee, der Samstagsandacht in der Synagoge oder dem sonntäglichen Gottesdienst in der Kirche entsprochen hätte.

Das einfache Volk war zwar als Zuschauer bei den über das ganze Jahr verteilten religiösen Festen zugelassen, jegliche Mitwirkung an den rituellen Handlungen dieser großen Ereignisse blieb ihm jedoch verwehrt. Das während des zweiten Monats der Überschwemmung in Theben veranstaltete Opet-Fest wurde bereits erwähnt. Die Feiern dauerten mindestens elf Tage – staatliche Feiertage – und waren ohne Frage für das ganze Land ein Anlaß zur Freude; die kostenlose Ausgabe von 11 300 Brotlaiben und 385 großen Krügen Bier in Medinet Habu zeigt die Bedeutung des Festes. Später im Jahr erfreuten sich die Einwohner Thebens eines weiteren öffentlichen Feiertages, wenn nämlich die Statue Amuns von ihrem thebanischen Haus aus zur zweiten offiziellen Reise aufbrach und den Nil überquerte, um die Totentempel ehemaliger ägyptischer Herrscher zu besuchen.

In Abydos fand eine mit dem Opet-Fest vergleichbare Prozession statt, bei der die Statue von Osiris von seinem Tempel in Abydos zu seinem Grab in Umm el-Kaab getragen wurde, der traditionellen Begräbnisstätte ägyptischer Könige der Frühzeit. Ähnlich wie bei mittelalterlichen Passionsspielen scheint bei dieser Prozession alljährlich der Mythos von Tod und Bestattung des Gottes nachgespielt worden zu sein, und die Neuinszenierung endete stets mit der triumphalen Rückkehr des auferstandenen Gottes in seine Heimat. Bestens bekannt wurde die Zeremonie durch die Beschreibung des Beamten Ichernofret aus dem Mittleren Reich [1987–1640], der nach Abydos gesandt worden war, um für den reibungslosen Ablauf der göttlichen Prozession zu sorgen. Ichernofret hinterließ eine Kalksteingedenkstele mit genauen Schilderungen seiner eigenen wichtigen Aufgaben und der Höhepunkte des religiösen Dramas: »Ich folgte den Fußstapfen des Gottes und führte die Prozession an. Ich sorgte dafür, daß die göttliche Barke mit Thot am Ruder segelte... Geschmückt mit seinen herrlichen Insignien, fuhr er zur Residenz von Peker... Ich folgte dem König zu seinem Haus.«

Zum jährlichen Fest in Edfu gehörte ein Schauspiel, das an Horus' Sieg über Seth, seine Rehabilitation vor dem Göttergericht und die Zerstückelung seines ehemaligen Widersachers erinnerte. Bei der Aufführung wurde besonders der Erfolg des Gottes bei seinem Unternehmen betont, und indem der König dafür sorgte, daß durch das Stück etwas vom Glanz des Horus auf ihn selbst fiel, legitimierte er seine Herrschaft. Allerdings ging es nicht bei allen jährlichen Festen des Reiches derart feierlich zu; das in der Deltastadt Bubastis veranstaltete Fest zu Ehren der katzenköpfigen Göttin Bastet war ein eindeutig fröhlicherer Anlaß. Herodot beschrieb, wie scharenweise begeisterte Pilger mit Booten in die Stadt reisten, unterwegs tranken, sangen, noch mehr tranken, klatschten, wieder tranken und musizierten. Immer wenn sie sich einer Stadt näherten, steuerten sie mit ihrer beschwipsten Fracht auf das Ufer zu und: »einige Frauen, wie gesagt, klappern mit der Klapper, andere rufen die Frauen jener Stadt an und verspotten sie, wieder andere tanzen, wieder andere stehen auf und entblößen sich. Das wiederholt sich bei jeder am Strom liegenden Stadt. Sobald sie in Bubastis angelangt sind, beginnt das Fest unter großen Opfern, und Wein wird an diesem Fest mehr verbraucht als in dem ganzen übrigen Jahre.«

Die Götter und Göttinnen im Pantheon des Neuen Reiches zeigten in ihrem Benehmen auffallend menschliche Züge; so verliebten sie sich, heirateten, stritten und offenbarten sogar viele Eigenarten und Schwächen ihrer menschlichen Pendants. Die Göttinnen spiegelten in gewissem Maße die gesellschaftliche Rolle der Frauen wider, wodurch sich uns eine der seltenen Gelegenheiten bietet, das Verhalten von Frauen außerhalb ihrer häuslichen Umgebung – wenn auch mythologisch verklärt – zu untersuchen. Innerhalb des Pantheons bildete sich eine natürliche Hierarchie heraus, und unter den bedeutenderen Himmelswesen fanden sich auch außergewöhnlich mächtige Göttinnen. Dennoch reichte ihr Einfluß weder an den der mächtigsten Götter Osiris, Re und Amun heran, noch verkörperte ursprünglich eine besondere »Erdmutter« die Geheimnisse von Fruchtbarkeit und Schöpfung. Obwohl alle Göttinnen als in ihrem Denken und Handeln unabhängige Ortsgottheiten entstanden waren, folgten sie als Staatsgöttinnen ägyptischem Brauch, indem sie benachbarte Götter von ungefähr gleicher Persönlichkeit heirateten und in der Ehe die eher passive Frauenrolle übernahmen. Da sie bezeichnenderweise Söhne zur Welt brachten, galten sie zumeist als Verkörperungen bewährter weiblicher Eigenschaften wie Fruchtbarkeit, Mutterschaft und Häuslichkeit.

Isis, die vielleicht bekannteste und stärkste aller Göttinnen, bewies ihre Tatkraft nur beim Versuch, ihren Gatten zu schützen und zu verteidigen – für eine treue ägyptische Ehefrau immerhin schon eine erstaunliche Leistung. Nach Seths Verrat und der Zerstückelung des Osiris reisten Isis und ihre Schwester Nephthys bis ans Ende der Welt, um seine verstreuten Gebeine einzusammeln, so daß er schließlich wieder vollständig zusammengesetzt werden konnte: »Erhebe dich, Osiris, denn Isis hat deinen Arm und Nephthys deine Hand.« Nach dieser ungewöhnlichen Auferstehung empfing Isis einen Sohn, mit dem sie sich in den Sümpfen versteckte, bis sie ihn sicher dem Göttergericht vorführen konnte, das ihn als Erben seines Vaters anerkannte. Die Mutterschaft spielte im Isis-Kult allmählich eine immer wichtigere Rolle, und vor allem in der Spätzeit wurde die Göttin häufig beim Stillen ihres Sohnes Horus abgebildet. Diese Darstellungen kennzeichneten die Verwandlung der Isis von einem eher untergeordneten Mitglied des ägyptischen Pantheons zur allgemein anerkannten Muttergöttin oder Erdmutter. Auch nach dem Zusammenbruch des ägyptischen Reiches blieb Isis eine bedeutende Göttin, denn Seeleute brachten ihren Kult zunächst nach Rom, von wo aus er sich schließlich im ganzen Römischen Reich verbreitete und um geheimnisvolle Riten und Lehren erweitert wurde. Erst durch die allmähliche Ausbreitung des Christentums verringerte sich die Zahl der Isis-Anhänger in Ägypten; auf der Insel Philae in Oberägypten wurde sie bis ins 5. Jahrhundert n. Chr. verehrt. Der Kult war vor allem für Frauen wichtig, galt Isis doch unter anderem als Schutzherrin der Ehe, Beschützerin bei Geburten und sogar als Erfinderin des Webens. Die Hauptanziehungskraft ihres Kultes im Römischen Reich scheint jedoch darin bestanden zu haben, daß beide Geschlechter an den Zeremonien mitwirken durften, statt offiziellen Priestern beim Vollzug der Rituale zuschauen zu müssen.

Die andere höchst einflußreiche ägyptische Göttin war Hathor, »Herrin der Sykomoren« und Herrin der Liebe, der Musik und der Trunkenheit. Bereits zu Beginn des Alten Reiches [um 2705–2180] besaß Hathor, wie ihre hervorgehobene Darstellung auf der Schminkpalette des Königs Narmer beweist, einen angestammten Platz als Göttin, und auch während der saitischen Epoche einige tausend Jahre später wurde sie in unterschiedlichen Formen verehrt. Sie erfreute sich großer Beliebtheit bei Frauen und wurde auf vielen Gegenständen des weiblichen Alltags, wie etwa auf Spiegeln, die als Symbole für Fruchtbarkeit und Geburt galten, dargestellt. Die Rolle Hathors als Nahrungsspenderin wurde durch ihre Gleichsetzung mit der Kuh betont; Hathor wurde entweder als Kuhgöttin oder als Frau mit deutlich gerundeten Kuhohren und -hörnern abgebildet. Ihrem in der oberägyptischen Stadt Dendera beheimateten Kult dienten zahlreiche Priesterinnen, oft von hoher Geburt, die von verhältnismäßig wenigen männlichen Verwaltern beaufsichtigt wurden. Hathor von Dendera galt als Ehefrau des aus dem nahegelegenen Edfu stammenden Horus und Mutter des Harsomtus; außerdem wurden mit ihr, als einer Göttin des Todes, die »Sieben Hathoren« verknüpft.

Natürlich entsprachen nicht alle Göttinnen dem Bild einer ganz vom klassisch weiblichen Streben nach Fruchtbarkeit, Geburt, Musik und Liebe erfüllten treuen Ehefrau. Neith, Schutzgöttin der Deltastadt Sais, wies sogar leicht androgyne Wesenszüge auf. Sie wurde zwar stets als Frau abgebildet, aber mit unbestreitbar männlichen Interessen wie Krieg und Jagd verknüpft und oft mit Bogen und gekreuzten Pfeilen dargestellt, was schließlich zu ihrer Gleichsetzung mit der griechischen Kriegsjungfrau Athene führte. Neith läßt sich mit Sachmet vergleichen, der blutrünstigen löwenköpfigen Göttin des Kriegs und der Krankheit, die der Sonnengott Re nur mit knapper Not daran hindern konnte, die ganze Menschheit zu vernichten. In ihren weniger dramatischen Momenten lebte sie als Gemahlin Ptahs und Mutter Nefertems in Memphis und fand ihr mildtätigeres Gegenstück in Bastet, der katzenköpfigen Göttin von Bubastis.

Während des Neuen Reiches gelangten verschiedene kriegerische Göttinnen nach Ägypten, und daß sie ohne viel Aufhebens eine Nische im offiziellen Pantheon fanden, spricht für die Anpassungsfähigkeit der ägyptischen Religion. Die kanaanitische Göttin Astarte, die auch mit der assyrisch-babylonischen Göttin Ischtar gleichgesetzt wurde, ist auf Bildern entweder als löwenköpfige Gottheit, die ihre bezwungenen Feinde mit dem Streitwagen überrollt, oder als bedrohlich Schwert und Streitaxt schwingende, nackte Frau zu Pferde zu sehen; in Gestalt der sanfteren Aschtoreth wurde sie wiederum als schöne Nackte dargestellt und oft mit Hathor in deren Eigenschaft als Göttin der Liebe gleichgesetzt. Die syrische Kriegsgöttin Anat wurde in Ägypten als »Herrin des Himmels« und »Herrin der Götter« verehrt und galt als Tochter Res und Gemahlin Seths. Obwohl sie üblicherweise klassisch weiblich gekleidet ist, trägt sie Streitaxt und Speer als Hinweis auf ihre wahren Interessen.

> »Hört, was ich allen Anwesenden, groß und klein, verkünden will: Hütet euch vor der Bergspitze, denn in ihr versteckt sich ein Löwe! Zum Sprung bereit wie ein wilder Löwe lauert die Bergspitze und verfolgt jeden, der sie beleidigt.«
>
> Stele aus Der el-Medine, Neues Reich

Das alltägliche religiöse Leben kreiste um Kulte aus der Familienvergangenheit und -gegenwart. Beziehungen zu lebenden Verwandten waren für die familienbewußten Ägypter von entscheidender Bedeutung, und zu allen Zeiten empfanden sie eine tiefe und dauerhafte Verbundenheit zu ihren toten Angehörigen, die auf unterschiedlichste Weise weiterhin als Familienmitglieder betrachtet wurden. Die unmittelbaren Vorfahren in Ehren zu halten, galt deshalb als religiöses Gebot. Wer sich den Bau einer eigenen Grabstätte leisten konnte, errichtete auch eine überirdische Kapelle. Der Tote wurde am Boden eines innerhalb oder vor der Kapelle gegrabenen Schachtes bestattet, und die Lebenden konnten das Grab besuchen und dem im Körper des Verstorbenen weilenden Geist Opfer darbringen. Für Ehegatten und junge, unverheiratete Kinder wurden gesonderte Schächte ausgehoben, und jede nachfolgende Generation hoffte, ihren engsten Familienkreis in einer neuen Grabstätte unterbringen zu können.

Da eine solche eigene Grabstätte aber ein Luxus war, der den meisten Ägyptern verwehrt blieb, mußten sie den Verstorbenen entweder am Grab oder – häufiger – am Familienaltar oder -schrein ihre Verehrung erweisen. In ärmeren Häusern bestand dieser Schrein entweder aus einer einfachen geschmückten Nische oder einem Schrank, der in die der Tür gegenüberliegende Wand des wichtigsten Zimmers eingemauert war. Wohlhabendere Familien konnten in den Gärten ihrer ausgedehnten Villen stilvolle freistehende Kapellen errichten. Gewöhnlich enthielt der Schrein ein kleines geweihtes Bild, ein Relief oder eine Statue, die eine Mischung aus Schutzgottheit, König und den Seelen aller verstorbenen Familienmitglieder darstellte. Da Familienschreine oder -kapellen also nicht nur dem Wohl der kürzlich Verstorbenen, sondern auch der Verehrung eines Konglomerats aus verschiedenen Göttern und Göttinnen dienten, erfüllten sie mehr Funktionen als die Grabkapellen. Mit den geweihten Privatkapellen, die am Rand der Handwerkersiedlung von Amarna gebaut wurden, entstand sogar eine eigene Priesterschaft; außerdem gehörte zu jeder Kapelle ein Hüter oder Kurator, der auf dem Gelände wohnte. Viele dieser Kapellen enthielten Bildnisse von Renenutet, der kobragestaltigen Ernte- und Fruchtbarkeitsgöttin, während entsprechende Kultstätten in der Handwerkersiedlung von Der el-Medine neben Renenutet auch den Göttinnen Mereseger und Thoëris geweiht waren. Diese drei Göttinnen gehörten zwar im Staatspantheon nicht gerade zu den bedeutendsten, verkörperten aber Ereignisse und Orte, die im Alltag ihrer Anhänger höchst wichtig waren.

Ein besonders ausgeprägter Familienkult entfaltete sich um die Kobragöttin Renenutet, die fest zu Haushalt und Familienleben gehörte und zugleich Ernte- und Geburtsgöttin war. Die Schlange, ein auf den ersten Blick eher unwillkommener Gast in jedem Haus, schützte Lebensmittelvorräte vor Ungeziefer und galt daher als nützlich und freundlich. Renenutet, Mereseger und die Kobragöttin von Unterägypten und Beschützerin des Königs, Edjo, waren allgemein verehrte weibliche Schlangengottheiten; nur die männliche Schlange Apophis galt als ganz und gar böse und wurde als Feind der Götter verachtet. Als Göttin der thebanischen Berge spielte Mereseger (die »Bergspitze des Westens«) besonders für die Arbeiter von Der el-Medine eine wichtige Rolle und wurde häufig zusammen mit Ptah, dem mumienförmigen Schutzherrn der Handwerker, abgebildet.

Die Verknüpfung von Schlangen mit Frauen, Fruchtbarkeit und Geburt führte sogar dazu, daß Isis mit dem kleinen Horus auf dem Arm oft unter dem Schutz zweier Schlangen abgebildet wurde. Weitere Beweise einer Verbindung zwischen Schlange und Weiblichkeit liefern uns Fruchtbarkeitsfigurinen aus dem Neuen Reich – Frauengestalten, die auf mit rot- und schwarzgestreiften Schlangen verzierten Betten liegen. Auch in Amarna und Der el-Medine entdeckte Ostraka [als Schreibmaterial verwendete Scherben] und Wandgemälde zeigen laub- und blumenumrankte Schlangen zusammen mit tanzenden Bes-Figuren und der Göttin Thoëris. Vielleicht sind diese Szenen getreue Abbildungen der »Wochenlaube«, einer besonderen Kammer oder auch unabhängigen Hütte, die ausschließlich von Frauen während ihrer Entbindung und der anschließenden Läuterungszeit benutzt wurde, oder vielleicht handelt es sich um symbolische Darstellungen, die dem Schutz von Mutter und Kind dienen und den Wohlstand der ganzen Familie sichern sollten. Welchen Zweck sie letztlich auch verfolgten, sie betonen auf alle Fälle die Bedeutung, die der Geburt von der ganzen Gemeinschaft beigemessen wurde.

Die gefahrvollen Geheimnisse, die mit der Schaffung neuen Lebens verknüpft waren, führten zu weiblich geprägten Familienkulten, die um Fruchtbarkeit, Schwangerschaft und, noch ausdrücklicher, um Geburt kreisten. Der gesamte Entbindungsvorgang barg nicht nur Gefahren für Leib und Leben von Mutter und Kind, sondern schien auch die nur indirekt Beteiligten, ja den ganzen Haushalt, in Berührung mit Schöpfungsgewalten zu bringen, die weit jenseits des menschlichen Einflusses lagen. Da die medizinische Versorgung oft mangelhaft war, wandten sich die Frauen instinktiv dem Aberglauben und magischen Ritualen zu, um das Böse abzuwehren und in ihren Wehen Beistand zu erhalten. Ein kleiner Schatz aus geweihten persönlichen Gegenständen, der vor kurzem im Schrank eines verlassenen Hauses in Amarna entdeckt wurde, enthielt neben einer Stele, auf der eine Frau und ein Mädchen die Göttin Thoëris anbeten, zwei zerbrochene Frauenfigurinen und zwei Bettmodelle; diese ergreifende Sammlung, die Hoffnungen und Ängste einer unbekannten Mutter und ihrer Tochter verkörpert, gewährt uns einen flüchtigen Blick auf unbekannte Geburtsrituale. Auch dreitausend Jahre später betrachteten ägyptische Dorfbewohnerinnen eine Niederkunft noch als Angelegenheit, die eher magischen Beistand als ärztliche Hilfe erfordert, und Winifred Blackman bemerkte nüchtern: »Bei vielen verschiedenen Gelegenheiten brachten Frauen ihre Babys mit der Bitte zu mir, ich solle in deren Münder spucken, damit sie lange lebten. Außerdem stellte ich fest, daß viele meiner alten Kleider, die ich weggeworfen hatte, zerrissen und die Fetzen an verschiedene Mütter im Dorf verteilt worden waren, die sie als lebensverlängernde Talismane an ihre Kinder hefteten. Eine werdende Mutter kam zu mir und bat mich um einen meiner alten Röcke, um auf ihm ihr Kind zu gebären! Dem armen Ding wurde die Bitte abgeschlagen, und ich muß leider mitteilen, daß ihr Baby bereits kurz nach der Geburt starb.«

Vor allem Talismane und Amulette von Thoëris wurden mit der Geburt in Zusammenhang gebracht. Die Nilpferdgöttin, die stets aufrecht stehend dargestellt wurde, um ihren fülligen und vermutlich schwangeren Bauch zu zeigen, gab den Frauen während Schwangerschaft und Wehen Schutz. Obwohl Thoëris (»Die Große«) eine freundliche Göttin war, durfte man ihre Macht nicht unterschätzen; das Nilpferd ist ein gefährliches Tier, und auch heute noch werden mehr Afrikaner von Nilpferden getötet als von Löwen. Talismane mit Bildern der froschköpfigen Göttin Heket und des häßlichen Zwergengottes Bes wurden ebenfalls mit den Geheimnissen der Geburt in Verbindung gebracht; Thoëris und Bes wurden sogar hin und wieder auf die Zimmerwände gemalt, um der ganzen Familie einen gewissen zusätzlichen Schutz zu bieten.

Alle mit der Geburt verknüpften Gegenstände erhielten allmählich eine bestimmte rituelle Bedeutung und wurden mit besonderen magischen Kräften ausgestattet, so daß schließlich selbst Geburtsstuhl oder Geburtsziegel als Verkörperung der Göttin Mesechenet galten, einer eigenartig aussehenden Person, die manchmal als Kachel oder Ziegel mit Menschenkopf, meistens jedoch als Frau, die als göttliche Kopfbedeckung den Uterus einer Kuh trug, dargestellt wurde. Mesechenet hatte die Aufgabe, das Neugeborene zu schützen, und es ist vielleicht bezeichnend, daß ihr Name häufig mit dem eindeutigen Schlangensymbol endete. Die Geburtsziegel bewachte man mit besonderer Sorgfalt, da der Gott Thot, der die Zukunft des neugeborenen Kindes aufschrieb, sie später als Tafeln benutzte. Im Mittleren Reich spielten bumerangförmige Zauberstäbe oder -ruten eine wichtige, aber für uns leider nicht durchschaubare Rolle während der Entbindung. Mehr als hundert solcher Stäbe wurden gefunden; sie sind fast alle aus Nilpferdzähnen geschnitzt und betonen so die Verbindung zu Thoëris. Manche sind mit eingekerbten Bildern von Schutzgeistern, Thoëris und Bes verziert, einige tragen sogar die Inschrift »Wir sind gekommen, um dieses Kind zu schützen« und den Namen des Kindes oder der Mutter. Diese Gegenstände wurden zunächst für magische Messer gehalten; da sie aber alle stumpf sind, scheinen sie eher einem anderen, weniger eindeutigen Zweck gedient zu haben. Der einleuchtendste Vorschlag zu ihrer Verwendung lautet, daß mit ihnen ein magischer Kreis ums Bett gezogen wurde, um Mutter und Kind zu schützen.

Nicht nur die mit der Geburt verknüpften Dinge erhielten eine symbolische oder rituelle Bedeutung, die über ihren eigentlichen Zweck hinausging. Religion oder Aberglaube waren zu so wesentlichen Bestandteilen des Alltagslebens geworden, daß fast jeder ägyptische Gebrauchsgegenstand eine unterschwellige magische Bedeutung besaß oder mit bestimmten abergläubischen Bräuchen in Verbindung gebracht wurde. Selbst Tage wurden nach magischen Omen in gute, schlechte und mittelmäßige eingeteilt, und nervöse Geschäftsleute konnten im offiziellen Kalender nachschlagen, bevor sie wichtige Entscheidungen trafen. In ähnlicher Weise wurden Träume gründlichen Untersuchungen unterzogen, da sich mit ihnen die

Zukunft vorhersagen ließ; das ›Traumbuch‹ enthielt zahlreiche häufig vorkommende Träume und deren Deutungen: »Träumt ein Mann, er tränke warmes Bier, so ist das ein schlechtes Zeichen und bedeutet, daß ihm Leid widerfahren wird.« Nützliche Auswirkungen [wurden dem Tragen] bestimmter Talismane oder sogar Farben [zuerkannt]. Anscheinend glaubten die Ägypter auch an die positive Kraft bestimmter Embleme. So mag eine blaue, mit einem Muster aus Lotusblüten verzierte Fayence-Kugel eine Zier für Haus oder Grab gewesen sein, doch für ihren Besitzer hatte sie wohl in erster Linie symbolische Bedeutung. Das Lotusmotiv, die blaue Lotusblüte, die ihre Blütenblätter bei Tagesanbruch öffnet und am Abend wieder schließt, verkörperte die tägliche Wiedergeburt des Sonnengottes, und ihr Aufblühen wurde zum Symbol für die Wiedergeburt nach dem Tod. Ebensowenig war ein Schminkgefäß oder ein Löffel in Form eines Fisches nur ein apartes und praktisches Schmuckstück, sondern verkörperte für den Eigentümer darüber hinaus auch Wiedergeburt und Fruchtbarkeit.

»Der Mensch, der seinen Zauber kennt, wird wie Re am östlichen Himmel und wie Osiris in der Unterwelt werden. Er wird in den Feuerkreis hinabsteigen, ohne daß die Flammen ihn jemals erreichen.«

Teil eines Zauberspruchs aus Sargtexten
des Mittleren Reiches

Albin Lesky
Götter und Menschen bei Homer

Vom Anthropomorphismus der homerischen Götter hat man so viel gesprochen, daß man mitunter die tiefe Kluft kaum mehr wahrnahm, die sie vom Menschen scheidet. Diese wird nicht allein dadurch gebildet, daß sie frei vom Tode sind, auch der übernatürliche Kraftbegriff, der sich mit ihnen verbindet, stellt ihre Wirksamkeit unter eigene Gesetze. Bald neben, bald über ihnen taucht der Glaube an ein unpersönliches Schicksal auf, durch das dem Menschen sein Teil (*aisa, moira*) bestimmt ist. Hier gehen zwei Denkweisen nebeneinander her, zwischen denen ein logischer Ausgleich nicht zu erzwingen ist. Im Eingange der ›Ilias‹ heißt es, daß sich in ihren Geschehnissen des Zeus Ratschluß erfüllt, desselben Zeus, der seinen Sohn Sarpedon nicht gegen die Fügung des Schicksals retten darf, wenn er auch einen Augenblick daran denkt. Auch für die beiden Szenen, in denen Zeus zur Waage greift, sollte man über die Überschneidung der beiden Vorstellungen nicht hinwegreden, indem man die Wägung der Lose zu einer Kundgabe des göttlichen Willens macht. Dieses Schicksal führt in der homerischen Welt jedoch nicht zu starrem Determinismus. Nicht nur Zeus überlegt, den Sarpedon doch zu retten, auch von Menschen wird es gelegentlich als Möglichkeit oder Tatsache ausgesagt, daß sie etwas über ihren Schicksalsanteil hinaus (*hyper aisan, hyper moron*) tun oder leiden. Besonders deutlich werden die fließenden Grenzen der einzelnen Bereiche, wenn Zeus die Befürchtung äußert, Achilleus könnte gegen das Schicksal die Mauern von Troia brechen.

Es war ein Irrtum der Modernen, das Wirken der homerischen Götter auf die Ebene des Ästhetischen und Dichterisch-Technischen abzuschieben. Diese Götter bilden ein lockeres System gewaltiger Kraftfelder, in die das menschliche Sein zur Gänze hineingestellt ist. Die Frage, in welcher Weise Gottheit und Mensch sich auseinandersetzen, trifft in die Mitte der homerischen Welt. Der von den Musen belehrte Dichter weiß darüber sehr viel zu sagen, während sich seine Menschen über das Göttliche meist nur unbestimmt ausdrücken.

Das Verhältnis dieser Götter zum Menschen läßt sich nicht auf einige ethisch-religiöse Formeln ziehen. Auch hier herrscht größte Mannigfaltigkeit, und der starke Wille dieser olympischen Herren ist oftmals ihr letztes Gesetz. Wir suchen der Gefahr, das Vielfältige gewaltsam zu vereinfachen, dadurch zu entgehen, daß wir Gott und Mensch in ihren gegenseitigen Beziehungen an Hand von drei Antinomien betrachten.

Nähe und Distanz ist das erste unserer Gegensatzpaare. Diese Götter setzen sich oft in verschiedener Weise mit den Menschen in Verbindung. Zeus sendet Boten oder Zeichen, andere Götter erscheinen in menschlicher Gestalt, die sie mitunter nur wie ein loses Gewand überwerfen. Wenn es ihnen gefällt, nahen sie ihren Lieblingen auch ohne solche Verhüllung. Als Diomedes während seiner Aristie der Ermunterung bedarf, wie er so bei seinem Gespanne steht und die Wunde kühlt, da kommt Athene zu ihm und »faßt das Joch«, was kaum anderes heißen kann, als daß sie sich mit dem Arme darauf stützt. Die vertrauliche Stellung entspricht ihrer Rede, die erst durch Tadel stachelt und dann durch die verheißene Hilfe befeuert. Nirgends aber ist solche Vertraulichkeit bezaubernder gestaltet als in jener Szene des 13. Gesanges der ›Odyssee‹, in der die Göttin auf Ithaka dem eben erwachten Odysseus naht. Sie tut es zunächst in Gestalt eines zarten Hirtenjünglings aus Königsgeschlecht – wer dächte da nicht an die Athene Myrons! – und freut sich an der durchtriebenen Lügengeschichte, die ihr der Vorsichtige auftischt. Dann gibt sie sich zu erkennen, wehrt dem bescheiden angedeuteten Vorwurfe, daß sie ihren Helden so lange ohne Hilfe ließ, hilft ihm beim Bergen der mitgebrachten Schätze, und schließlich sitzen der Mann und die Göttin am Fuße eines Ölbaumes und beraten einträchtig das Kommende. Von dem solcher Nähe gewürdigten Menschen wird jedoch erwartet, daß er seine Grenze wohl zu wahren weiß. Am Beginne des 19. Gesanges bergen Odysseus und sein Sohn die Waffen aus dem Männersaale. Ohne sich selbst zu zeigen, leuchtet ihnen Athene, und unendlicher Glanz ergießt sich über Gebälk und Säulen. Der Vater aber verwehrt Telemachos jede neugierige Frage: Die Olympischen haben ihre Weise zu wirken.

Das Gegenbild vertraulicher Nähe ist die unüberbrückbare Distanz, in die Götter jeden Augenblick die Menschen zu verweisen bereit sind. Der Gott, der auch in den Folgezeiten für die Griechen der große Lehrer der Ehrfurcht geblieben ist und ihnen mit seinem »Erkenne dich selbst« die unverrückbare Grenze menschlicher Existenz wies, begegnet uns in einer Szene der Diomedie in dieser Rolle. Dreimal stürzt der Held gegen Aineias vor, über den Apollon die Hand hält, dreimal stößt ihm der Gott den Schild zurück, beim vierten Mal aber ruft er ihm zu: »Besinne dich und weiche! Nimmer gleicht der Menschen Geschlecht dem der unsterblichen Götter.« Und der Held weicht – auch dies bezeichnend für diese Welt des Heroischen – um ein kleines nach rückwärts. Dieses Anderssein der Götter, von dem keiner griechischer gesungen hat als Hölderlin in Hyperions Schicksalslied, tritt in der ›Ilias‹ immer wieder in einer Weise hervor, die das ganze Sein des Menschen, dieses bei all seiner Fülle und Buntheit doch nur dem Untergang bestimmte Sein, unter einen tragischen Akzent setzt. Hephaistos sagt es, wie unsinnig es wäre, wollten sich Götter wegen Sterblicher streiten. Aber er selbst muß von Hera Ähnliches hören, als er die Wasser des Skamandros mit seinem Feuer allzu heiß bedrängt. Und als in der Götterschlacht Apollon Poseidon begegnet, lehnt er es ab, Gott mit dem Gotte um der elenden Sterblinge willen zu kämpfen. Die anderen Götter tun dies, aber wie sie es tun, als handelte es sich um ein ausgelassenes Spiel, das läßt uns aufs neue die trennende Kluft ermessen. Im selben 21. Gesange steht die Lykaonepisode unter dem Gesetz unabwendbarer Vernichtung. Dem Jüngling, der um sein Leben bettelt, verweigert Achilleus die Schonung. Sein Patroklos ist tot, und überhaupt: warum um sein Leben klagen? »Siehst du nicht mich, wie ich vor dir stehe, schön und groß, einer Göttin Sohn? Und doch wartet meiner eine Stunde des Morgens, des Abends oder Mittags, da einer auch mein Leben nimmt.« Als Lykaon dies gehört hat, sinkt er zu Boden und öffnet die Arme dem Tode. Wo sich aber Götter auf diesem Kampffeld begegnen, gibt es eitel Spaß. Lachend schlägt Hera der Artemis den Bogen um die Ohren, droben auf dem Olymp aber sitzt der Göttervater und genießt freudig das Schauspiel dieser Balgerei. Es ist dies derselbe Gott, den die unsterblichen Rosse dauern, weil sie in menschliches Geschick, in das Geschick der elendsten Wesen, die diese Erde trägt, unselig verstrickt sind. Solche Töne bleiben der ›Ilias‹ vorbehalten; auch der Mensch der ›Odyssee‹ weiß um das, was ihn von den Göttern trennt und ihrer Macht ausliefert, aber er weiß mehr von der Kraft des Tragens, entschlossener und wendiger kämpft er darum, in all der *amēchaniē* [Bedrängnis] seine Existenz zu erhalten, stärker sind die Gottheiten dieses Gedichtes in ihrer Würde gebunden.

Enge schließt sich an das Gesagte die zweite unserer Antinomien an: Huld und Grausamkeit. Huld üben diese Götter ihren Lieblingen gegenüber, und sie tun es besonders in der ›Ilias‹ nach Lust und Laune. Viel vom Wesen homerischer Götter liegt in der leichten Geste, mit der Athene dem Pfeile des Pandaros eine harmlose Richtung gibt, wie eine Mutter eine Fliege von ihrem Kindlein scheucht. Sie hebt auch Diomedes beim Rennen die Geißel auf, die ihm Apollon aus der Hand schlug. Aber so hilfreiche Huld, wie sie besonders gerne Athene an ihren Lieblingen übt, wird auf der anderen Seite zur härtesten Grausamkeit. Nirgends empfinden wir dies so wie beim Tode Hektors, den die Göttin durch hinterhältige List dem Schwerte des Achilleus überliefert. Wie aber Götter sein können, die gleich Aphrodite noch stark im Elementaren haften, welch furchtbares Feuer aus ihnen lodert, wenn ein Mensch ihrem Willen zuwider ist, das zeigt eine Szene voll echter Tragik am Ende des 3. Gesanges der ›Ilias‹. Aphrodite hat Paris vor dem Zorn des Menelaos in sein Gemach entrückt, nun geht sie, ihm mit kupplerischer Beflissenheit Helena zu holen. Die aber weigert sich, als sie die Göttin erkennt, aufs neue dem minderen Manne zu gehören. Da flammt die Göttin auf, und so furchtbar bedroht sie die Frau, daß diese schweigend den Weg geht, den die Göttin (*daimōn* sagt der Dichter) sie führt.

Wenn wir als dritten Gegensatz Willkür und Recht ins Auge fassen, so stoßen wir damit auf die Frage der Moralität homerischer Götter, die auch die Alten lebhaft bewegt hat. Hier besonders treten ›Ilias‹ und ›Odyssee‹ auseinander. Wie in dem älteren Epos allein der Wille der Götter gilt, zeigt mit besonderer Schärfe der Götterstreit im Eingang des 4. Gesanges. Da wirft Zeus der Hera vor, sie möchte in ihrem Hasse am liebsten Priamos und die Troer roh verschlingen. Sie leugnet das nicht, im Gegenteil: Möge Zeus doch Argos, Sparta und Mykene, ihr die liebsten unter den Städten, vernichten, wenn er nur sie das Werk ihres Zornes vollenden läßt! Man hat wiederholt nach dem Grunde einer amoralischen Haltung solcher Art gefragt. Der Versuch, sie aus dem Ursprunge dieser Gottheiten aus Naturgewalten abzuleiten, befriedigt nicht. Weder ist diese Ableitung glatt durchzuführen, noch sind wir im Homer solchen Ursprüngen nahe genug. Auch ist es besser, nicht vorschnell den Entwicklungsgedanken anzuwenden und in dem geschilderten Wesen der Olympier ein Nochnicht zu erblicken. Am wahrscheinlichsten dürfen wir in diesen Göttern, die ihren Willen mit List und Gewalt durchzusetzen trachten, die Hader und Parteiung mit der Versöhnung beim Mahle wechseln lassen und in ihrem Liebesleben recht unbeschwert sind, feudale Züge der adeligen Herren erkennen, in deren Welt der Dichter der ›Ilias‹ stand.

Vorschnell wäre es, die Amoralität dieser Götter zur allgemeinen Auffassung des 8. Jahrhunderts zu machen. Die ›Ilias‹ selbst warnt uns davor einmal in einem der Gleichnisse, die des Dichters Umwelt in das Epos bringen. [...] Von einem Unwetter ist die Rede, das Zeus voll Zorn über die Männer sendet, die auf dem Markte krummen Entscheid treffen, das Recht vertreiben und das Auge der Götter nicht scheuen. Das ist ganz in der Weise Hesiods gesprochen und würde uns in der ›Odyssee‹ weniger verwundern, wo wir das Gegenbild des rechtliebenden Königs antreffen, in dessen Land segensreiche Fülle herrscht. Aber steht das Gleichnis vom sittlichen Walten der Gottheit in der ›Ilias‹ wirklich in völliger Vereinsamung da? Hat nicht der Dichter, der in seinen engen zeitlichen Rahmen den ganzen Krieg gegen Troia faßt, diese Stadt ihre Schuld gleichsam neu setzen lassen? Die feierlich beschworene Waffenruhe hat Pandaros gebrochen, und hüben und drüben weiß man, daß diese Tat Troias Schicksal besiegelt. Schon der Frevel des Paris hat den Groll des höchsten Gottes auf die Stadt gezogen. Freilich bleibt das auf Eid und Gastrecht beschränkt, zwei Bereiche, über denen Zeus stets gewaltet hat.

Unverkennbar ist, daß die Vorstellungen von einem ethisch gerichteten Handeln der Götter in der ›Odyssee‹ viel weiter reichen. Die nachdenklichste Stelle steht am Anfange, wo Zeus über die Menschen klagt, die das Übel den Göttern zuschreiben und es doch wie Aigisthos durch eigene Schuld auf ihr Haupt ziehen. Ihn haben die Götter durch Hermes gewarnt, wie auch die Freier wiederholt im Laufe der Handlung gewarnt werden. Das führt darauf, daß diese Handlung als Ganzes ein moralisches Exempel ist, als solches im tiefsten Grunde verschieden von der dunklen Tragik der ›Ilias‹, in der es auf Vernichtung hinausläuft. Laertes spricht es am Ende der ›Odyssee‹ aus: Noch leben die Götter, da die Freier ihren unerträglichen Frevel büßten. Ebenso haben die Gefährten des Odysseus, auch sie gewarnt, ihr Verderben durch ihre Hybris verschuldet. Auch einzelne Bezeugungen, die in diese Richtung weisen, treffen wir in der ›Odyssee‹ häufiger an. Ilos weigert sich, Pfeilgift herzugeben, weil er die Götter scheut, Zeus sinnt den Argivern arge Heimkehr, weil nicht alle unter ihnen verständig und gerecht sind, ein schöner Vers sagt, daß Fremde und Bettler von Zeus herkommen, und [an anderer] Stelle hören wir, daß die Götter es lieben, in menschlicher Gestalt die Städte der Sterblichen aufzusuchen, um Frevel und Rechtlichkeit zu erkunden. Das sind andere Götter als jene Olympier, die sich zanken und prügeln; auch die Formen ihres Umgangs sind andere. Gewiß, Poseidon steht in Opposition zu anderen Göttern, aber wie urban wird dieser Konflikt verhandelt, wie respektvoll zieht sich Athene von ihrem Liebling zurück, solange Poseidon ein Anrecht auf ihn hat! Auch die Menschen stehen stärker unter jener sittlichen Hemmung, die der Grieche *aidos* nennt. Im Saale, der vom Blute der Freier raucht, will Eurykleia den Jubelruf erheben. Aber Odysseus wehrt ihr: über Erschlagene zu frohlocken ist Sünde. Das steht allerdings in scharfem Gegensatze zu dem Paian, den Achilleus über der Leiche Hektors anstimmt. Aber wir wollen nicht vergessen, daß auch dort, als des Achilleus Rache jedes Maß überschreitet, Apollon droht, er könnte auf solche Weise bei all seiner Tapferkeit den Göttern verhaßt werden.

Wir möchten die bezeichneten Unterschiede nicht oder doch nur zum kleinsten Teile aus dem zeitlichen Abstand von Entwicklungsstufen erklären. Entscheidend scheint uns anderes: Während sich in der ›Ilias‹ die Auffassung einer adeligen Schicht in großer Geschlossenheit abspiegelt, ist der soziale Bereich, den die ›Odyssee‹ umspannt, ein sehr viel breiterer. Das Epos hat sich in dem jüngeren Gedicht stärker den Wünschen und dem Glauben von Schichten geöffnet, denen sich die ›Ilias‹ mit größerer Konsequenz verschloß. Es will auch nicht vergessen sein, daß viel von diesen Unterschieden mit der Verschiedenheit der Stoffkreise mitgegeben war. Zu der Auffassung, daß in der ›Odyssee‹ ein anderer Dichter spricht, haben wir uns schon früher bekannt. Nirgendwo im Bereiche der homerischen Dichtung wird jedoch vergessen, daß der Mensch in festen Ordnungen steht. Zu deren Bezeichnung dient das Wort *themis,* das einen weiten Bereich deckt. Die Satzung ist damit gemeint, die den Königen von Zeus gegeben ist und nach der sie gerades Recht zu sprechen haben, gemeint ist aber auch alles, was Herkommen und natürliche Bindung für den Menschen zur Regel machen. Auch die Vereinigung der Geschlechter kann *themis* heißen. Gestiftete Ordnung ist aber immer auch göttliche Ordnung. Wohnt doch Themis selbst als Göttin im Olymp, ruft dort im Auftrage des Zeus zur Versammlung oder bietet Hera den Becher zum Willkomm dar.

Die große und klare Helligkeit, die, dem Lichte der griechischen Landschaft vergleichbar, über dieser Götterwelt liegt, hat Walter F. Otto in seinem Buche ›Die Götter Griechenlands‹ sichtbar gemacht. Es war richtig, demgegenüber auch an das Dämonische zu erinnern, das jederzeit aus diesen Gestalten mit elementarer Wucht hervorzubrechen bereit ist, doch ändert diese Bereicherung des Bildes nichts an seinen Grundzügen. Zu diesen fügt es sich, daß alles, was dumpfen Aberglauben, magische Praktiken bedeutet, aus dieser Welt wenn schon nicht völlig verbannt, so doch nach Kräften ausgeschieden ist. Wie in der Geschichte vom Tode des Meleagros durch den Zorn seiner Mutter das magische Scheit der alten, märchenhaften Erzählung durch den epischer Haltung entsprechenden Fluch ersetzt ist, wie der Brauch, die Fruchtbarkeit des Saatfeldes durch den Beischlaf auf ihm zu fördern, eben noch in einer Göttergeschichte nachklingt, wie überhaupt das die Naturgesetze durchbrechende Wunder auf einige wenige Rückzugsplätze verwiesen ist, das alles entspricht dem Geiste einer Dichtung, die an Adelssitzen ihre erste Pflege gefunden hat und an der ionischer Geist entscheidend beteiligt war.

Den homerischen Menschen in seiner Einfachheit und Geschlossenheit, in seinem bedingungslosen Offenstehen für die Mächte der Welt, das alles hat Hermann Fränkel [›Die homerischen Gleichnisse‹] überzeugend dargestellt. Wir möchten freilich das Neue und Andere in der ›Odyssee‹ nicht so stark bewerten, daß wir ihre Menschen als die undurchsichtig Gewordenen, sich gegen das Außen Abschließenden, von jenen der ›Ilias‹ absetzen. Aber daß hier neue Töne zu vernehmen, daß vor allem die Möglichkeiten psychologischer Vertiefung reicher geworden sind, ist offenbar. Eindrucksvollstes Beispiel ist die Zartheit, mit der Nausikaas aufkeimende Neigung zu dem Fremdling mehr angedeutet als erzählt wird. Hier wirken die Szenen der Begegnung und des Abschieds um so stärker, als diese Dichtung sonst Liebe der Geschlechter als eigenständiges Motiv nicht kennt. Wie Goethe von dieser Partie die Anregung zu einem Nausikaadrama empfing, ist bekannt. Mit geringsten Mitteln weiß der Dichter der ›Odyssee‹ Seelisches auch in der Kalypsogeschichte zu erhellen. Die Nymphe hat durch Hermes den Befehl der Götter empfangen, der für sie den Verlust des geliebten Mannes und neue Einsamkeit bedeutet. Sie muß gehorchen, aber sie will, daß Odysseus doch als Geschenk ihrer Hand empfange, was in Wahrheit Gabe der Olympischen ist. So verschweigt sie ihm deren Befehl und das Kommen des Hermes. Von dem allen sagt der Dichter nichts, aber wie beziehungsreich ist sein Hinweis, daß sich Odysseus in der Höhle der Nymphe auf den Sitz niederläßt, den eben vorher Hermes eingenommen hat! Hierher gehört auch die Neigung, die Ironie einer besonderen Situation kräftig zu akzentuieren. Da führt der Sauhirt seinen Herrn, der die Gestalt eines elenden Bettlers trägt, in die Stadt. Die Kontaktstellung der Wörter *anakta ptōchō* bringt das Groteske dieser Situation zu starkem Ausdruck. Oder wie spielt Odysseus mit seiner Verhüllung, wie verwahrt sich Penelope gegen den Gedanken, dieser Bettler könnte sie zu seinem Weibe machen!

Wir greifen ein Problem von zentraler Bedeutung heraus, wenn wir nach dem Aspekt des Seelischen und den Möglichkeiten der Entscheidung fragen. Die homerische Sprache kennt keinen Ausdruck, der unserem Wort »Seele« voll entspräche. Was sie mit *psychē* benennt, tritt vor allem beim Tode des Menschen in Erscheinung, wo die Hauch- oder Schattenseele den Sterbenden verläßt, um im modrigen Hades ein kümmerliches Dasein zu führen. Im lebenden Menschen ist sie Grundlage aller Regungen und Strebungen, aber über ihr Wesen und Wirken erfahren wir so gut wie nichts. Vielmehr werden uns nur Teilaspekte greifbar, man hat mit bewußter Übertragung von Seelenorganen gesprochen: *thymos,* der vor allem die Affekte trägt, wie er auch die Einsicht des Achilleus überwältigt, *phrēn,* das Zwerchfell als Sitz verstandesmäßiger Tätigkeit auch für diese selbst gesetzt, und *nous,* die Vorstellung, der Gedanke. Dabei ist jedoch nicht an ein System zu denken, denn keines dieser Wörter weist auf einen fest umgrenzten Bereich. Während häufig mit *kata phrena kai kata thymon* parataktisch das Innenleben eines Menschen bezeichnet wird, lesen wir [an anderer Stelle] von dem Erwachen des Helden aus tiefer Erschöpfung: *es phrena thymos agerthē.* Und wie sonderbar wird eine Sinnesänderung des Odysseus [an anderer Stelle] durch *heteros de me thymos eryken* ausgedrückt! Man hat die angeführten Ausdrücke für Seelisches zu der Weise in Parallele gesetzt, in der homerische Menschen vom Körper sprechen. Das später für »Leib« gebräuchliche *sōma* verwendet Homer vom Leichnam. Beim lebenden Menschen begegnen uns wieder die Teilaspekte, sei es die Haut, seien es die Glieder oder der Kopf. Diese Sprechweise des homerischen Menschen hat uns vor allem Bruno Snell [›Die Entdeckung des Geistes‹] gezeigt. Wesentliches ist damit erfaßt, doch müssen wir uns vor dem Schlusse hüten, in der Welt Homers wäre das Ganze einer Person überhaupt nicht gesehen worden. Vielmehr haben die Gestalten dieser Dichtung Persönlichkeit in hohem Maße, anders hätte ihre Prägung nicht durch Jahrtausende dauern können. Der Mensch wird als Ganzes empfunden, das in jedem seiner Teile unmittelbar und vor allem ohne Reflexion mitverstanden wird. Wenn Odysseus im Eingange des 20. Gesanges sein bellendes Herz zur Ruhe weist, ist dieses behandelt wie ein schmerzender Körperteil. Aber der es zum Dulden zwingt, Odysseus, ist ein Ganzes und Ungeteiltes. Es ist derselbe

Odysseus, der in der ›Ilias‹ seinen zagenden Mut mit dem Wissen um adelige Pflicht zur Ordnung ruft. Gewiß erscheinen Teilaspekte, aber sie gehen die Persönlichkeit des Mannes als Ganzes an, der ständig hinter dem Einzelnen steht und ihm erst Dasein und Sinn gewährt.

Enge hängt mit der Frage nach dem Personalbewußtsein die andere zusammen, wie weit diese Menschen Entscheidungen treffen, die ihnen gehören und für die sie verantwortlich sind. So dicht ist das Wirken der Götter in menschliches Handeln verflochten, so zahllos ihr Eingreifen, daß man den Personen Homers eigene Entscheidungen überhaupt absprechen wollte. Es habe dieser Dichtung das Bewußtsein davon gefehlt, daß Entschlüsse, ja überhaupt irgendwelche Regungen, im Menschen selbst ihren Ursprung haben; was er tut, wirkten die Götter.

Für die Klärung dieser Dinge ist es zunächst wichtig, daß es echte Entscheidungen ohne göttliche Einwirkung gibt, wie jene, die Odysseus über die Weise trifft, in der er sich Nausikaas Hilfe versichert. Wie ist es aber in den vielen anderen Fällen, in denen ein Gott eingibt, hemmt oder befeuert? Ist der Mensch hier einfach Marionette, vom göttlichen Impuls bewegt? Eine solche Auffassung würde die Struktur der homerischen Welt von Grund auf verkennen. Wer an sie die Frage richtet, ob in ihr Menschen aus eigenem Willen und mit eigener Verantwortung handeln oder Götter an den Fäden von Gliederpuppen ziehen, führt eine Trennung durch, die ihr wesensfremd ist. Menschliches Wollen und göttliches Planen liegen vielmehr völlig ineinander, stehen in einer derart innigen Verbindung, daß jedes Trennen nach logischen Überlegungen die Einheit dieses Weltbildes in der Mitte auseinanderreißt. Wenn Achilleus das Schwert, das er gegen Agamemnon zückte, in die Scheide zurückstößt, so tut er es auf Weisung der Athene, aber er tut es ebenso in seiner Eigenschaft als dieser Achilleus, der jäh aufflammt und doch vor dem Äußersten haltmacht. Und ebenso gehört sein letzter, größter Sieg, der Sieg über sein eigenes wildes Herz, den Göttern, die um des toten Hektor willen eingriffen, und gehört ihm selber, der den Greis vom Boden aufhebt und seine eigenen Tränen mit jenen des Feindes vereinigt. Göttliches Walten und menschliches Handeln, das mit dem

Wesen dieser Gestalten in unlöslicher Verbindung steht, stellen sich uns als zwei Bereiche dar, die sich gegenseitig ergänzen, die sich aber auch in Gegensätzlichkeit berühren können. In der Regel sind beide an Verlauf und Ergebnis in einer Weise beteiligt, die es verbietet, einen von ihnen zu isolieren. Die Verbindung dieser beiden Bereiche ist in der Welt Homers völlig unreflektiert und unproblematisch. Später ist das anders, vor allem an der attischen Tragödie werden wir die Intensität der Fragen erkennen, die aus dem alten Boden erwuchsen.

Auch hier setzt sich die ›Odyssee‹ von der ›Ilias‹ ab, ohne daß wir von einem völligen Anderssein sprechen dürften. In höherem Maße ist es in dem jüngeren Gedichte der Mensch, der sein Handeln bestimmt und die Verantwortung dafür trägt. In den Freiern wirkt keine Verblendung, die ein Gott ihnen gesandt hätte, sie gehört ihnen selber zu. Nicht anders ist es mit den Gefährten des Odysseus, die des Helios Rinder schlachten, nicht anders mit Aigisthos, von dem Zeus im Eingange des Epos spricht. Nicht allein der Mensch ist eigenständiger geworden, auch die Götter sind es, die ihm nun vielfach als Wahrer des Guten und Warner gegenüberstehen. Es ist bezeichnend, daß fünf Stellen der ›Odyssee‹, an denen überlegt wird, ob ein Impuls aus dem Bereich des Göttlichen oder jenem des Menschlichen kam, eine einzige Stelle der ›Ilias‹ gegenübersteht, die einigermaßen vergleichbar ist.

MARCEL DETIENNE
Dionysos
Ein epidemischer Gott

Proitos, der König der Argolis, hatte drei Töchter. Als sie her-
anwuchsen, verfielen sie dem Wahnsinn; sie verweigerten dem
Dionysos die kultische Verehrung. Sie verließen den väterlichen Palast und begannen, durch Argos' Fluren zu irren.
Proitos ließ Melampos holen, einen Seher und Reiniger von
Ruf. Seine Zaubersprüche und seine Heilkräuter sollten den
Mädchen Ruhe und Läuterung bringen. Als Lohn für seine
Mühe verlangte er ein Drittel des Königreichs. Der König weigerte sich; das Übel nahm wieder zu. Die Unruhe der Mädchen
wuchs mehr und mehr, der rasende Wahn ergriff auch die übri-
ge weibliche Bevölkerung. Überall verließen die Frauen Haus
und Herd, verschwanden in den Wäldern, töteten ihre Kinder.
Schließlich sollte Melampos zwei Drittel des Reiches erhalten.

Die von Dionysos geschickte Raserei, seine *manía*, erscheint
in dieser Geschichte als ein Leiden, das eine große Zahl von
Menschen befällt. Anfangs sind es nur drei, doch bald bleibt
keine Frau verschont. In dieser oder ähnlichen Erzählungen
präsentiert sich das Dionysische in der Erscheinungsform einer
Epidemie. Doch dahinter verbirgt sich nicht der Gedanke einer
Ansteckung im medizinischen Sinne, da dieser der griechischen
Medizin nicht vertraut war, ehe der Historiker Thukydides die
Pest in Athen beschrieben hatte. Es war gerade die Geschichte
von den Proitiden, die [den Philologen] Erwin Rohde dazu
brachte, sich die Ausbreitung des dionysischen Wahns in der
Art einer Epidemie von zuckenden, krampfartigen Tänzen
vorzustellen, die, ähnlich wie der Veitstanz, ansteckend wirkten. Gewiß steckte in der dionysischen Raserei eine Kraft,
die ebenso ansteckend war wie vergossenes Blut befleckend.
Doch gehörte nach der griechischen Auffassung das Wort
»Epidemie« (*epidemía*) zum Bereich der Gotteserscheinung,
der Theophanie. Emile Littré, ein französischer Lexikograph
des 19. Jahrhunderts, war sich dessen noch bewußt, als er das

Wort in die französische Sprache einführte. Es handelt sich um einen Terminus technicus, einen spezifischen Begriff aus der Götterlehre. Epidemien sind Opfer, die den göttlichen Mächten dargebracht werden, wenn sie Einzug in ein Land oder ein Heiligtum halten, an einem Fest teilnehmen oder bei einer Opferhandlung gegenwärtig sind. Den Epidemien entsprechen die Apodemien, das heißt die Opfer beim Weggang der Götter. Es gibt nämlich ein Kommen und Gehen der Gottheiten. Besonders rege ist es anläßlich der Theoxenien, wenn eine Stadt, ein einzelner oder auch eine Gottheit ihre Gastfreundschaft bestimmten oder manchmal auch sämtlichen göttlichen Mächten anbieten. Bei einer solchen Gelegenheit residieren die Götter im Lande, sind an Ort und Stelle anwesend, sind »epidemisch«. Ansässig, aber nicht seßhaft gleichen sie den hippokratischen Ärzten, die ihren Beruf im Umherziehen ausüben und tatsächlich auch Epidemien *(epidemíai)* verfassen: kleine Notizbüchlein mit kurzen Protokollen oder eher Stichworten zum Krankheitsverlauf; präzis und trocken werden Symptome, Krisis, Therapie und Reaktionen des Patienten beschrieben. Das ist die Technik des Reportagestils, die Ion von Chios, ein Intellektueller des 5. Jahrhunderts v. Chr. in seinem Werk anwandte, dem er den Titel ›Epidemien‹ gab. Es umfaßt eine Reihe von literarischen Skizzen, Porträts und Interviews mit Künstlern wie Sophokles oder Politikern wie Perikles und Kimon von Athen.

Die Götter auf Wanderschaft sind es, die ein Anrecht auf Epidemien haben. Sie haben ihre Zeiten; dann werden sie gerufen, und Hymnen heißen sie willkommen: die Dioskuren etwa, Artemis oder Apollon. Gerade Apollon reist viel, von Heiligtum zu Heiligtum, zwischen Delos, Milet, Delphi und dem Land der Hyperboreer, wo er gern den Winter verbringt. Apollon ist ein Gott der Epiphanien mit all seinen Festen und Jahrestagen; inmitten seiner Priester und der Menge seiner Gläubigen erscheint er dann im Glanze seiner Macht. Neben Apollon ist jedoch unter den Göttern des Pantheons sicher Dionysos am meisten Gott der Epidemien. Er macht seine Ankunft, seine Parusie, zum bevorzugten Merkmal seines Handelns. Dionysos ist im wahren Sinne des Wortes der Gott, der kommt: Er erscheint, er offenbart sich, er kommt, um erkannt zu werden.

Als eine Erscheinung, die ständig unterwegs ist, stellt Dionysos den Raum in den Dienst seines Umherschweifens. Man trifft ihn überall, doch nirgendwo ist er zu Hause; weder in einer Höhle oder in einem Versteck in den Bergen, weder am Eingang eines Heiligtums noch im Glanze eines städtischen Tempels. Sein Kultbild fällt vom Himmel, sein Schiff taucht am fernen Horizont des Meeres auf, an der Spitze einer Truppe von Frauen belagert er die Tore der Stadt und entsteigt – völlig allein – den abgrundtiefen Gewässern von Lerna in der Argolis. Dionysos drängt es ständig zur Epidemie. Dies unterscheidet ihn von den anderen Göttern, deren regelmäßig wiederkehrende Epiphanien sich in die feste Reihenfolge des Festkalenders einfügen. Jede Epiphanie hat dort ihre Zeit. Die Ankunft dieser Götter birgt keine Überraschung in sich, weder für ihre Anhänger noch für die Götter selbst. Die göttliche Macht, die man am siebten Tage des Monats *Bysios* im Heiligtum von Delphi erwartet, ist immer Apollon, der Gründer der Orakelstätte, Dionysos hingegen, ein Gott in unablässiger Bewegung und eine Form in ewigem Wandel, kann niemals sicher sein, erkannt zu werden, wenn er zwischen Dorf und Stadt die fremdartige Maske einer Macht umherführt, die keiner anderen gleicht. Zudem läuft er immer Gefahr, daß ihm die Zugehörigkeit zum Geschlecht der Götter bestritten wird. Das ziellose Schweifen ist ihm so sehr Natur, daß seine Ankunft, sein Kommen und Gehen nie mit dem anderer Götter verwechselt werden kann.

Eine Maske ohnegleichen

Epidemisch im strengen Sinne des Wortes tritt uns Dionysos in einer Reihe von eher schrecklichen als erfreulichen Berichten gegenüber, die sich jeweils um seine Ankunft ranken. Denn diese Geschichten, die man sich mehr oder weniger überall, wo er erschien, erzählte, sind voll von Grausamkeit und Raserei. Seine frühesten Epiphanien sind von Konfrontationen, Konflikten, sogar Feindseligkeiten geprägt; sie reichen von Irrtümern und Verkennungen bis zu ausdrücklicher Verweigerung und gar Verfolgung. Sollte man in solchen Erzählungen, in denen einem Gott ein so schlimmes Willkommen bereitet und darüber hinaus ständig vorgehalten wird, er sei ein Fremdling, nicht den fest im Gedächtnis haftenden Widerhall eines recht konkreten und realen Geschehens heraushören dürfen? Das Szenario ist von der modernen Forschung immer wieder umgeschrieben worden: Für die einen ist der Fremdling aus dem Norden ein thrako-phrygischer Gott, der den Virus der Trance, eine ungebändigte Religiosität, mit sich brachte; andere sehen in ihm einen südlichen Gott, der nach langer Abwesenheit, die auf die Einwanderung dorischer Stämme und ihrer Aristokratien zurückzuführen sei, wieder in seine Heimat auf den Peloponnes zurückkehrte.

Schon die Alten machten sich in Mythen und Tragödien Gedanken über die Routen, die Dionysos auf dem Weg zu den Orten seiner Ankunft gewählt hatte. So nennt der Chor der lydischen Frauen in den ›Bakchen‹ drei Flüsse, die der Gott, aus den Wäldern des Pangaios-Gebirges kommend, durchqueren mußte, um nach Pierien zu gelangen. Allerdings scheint es ganz illusorisch zu vermuten, ein Gott, der so unvermittelt auftaucht wie er verschwindet, hätte eindeutige Spuren seiner Wanderungen in einem Land hinterlassen, in dem er – wie er selbst vorgibt – immer ein Fremder gewesen sei, selbst wenn er in einer Stadt wie Theben eintrifft, in der er nach seiner eigenen Aussage geboren, ja sogar zweimal geboren worden ist.

Wenn aber der Mythos um Dionysos ständig und unablässig die Epiphanie des Gottes, seine Anfänge unter den Menschen und in den Städten Griechenlands wiederholt, so spricht er damit vermutlich den wesentlichen Zug seiner göttlichen Natur an. Überprüfen wir nun die Erzählungen über die dionysischen Parusien, so steht dahinter der Versuch, ein für Dionysos spezifisches Handlungsmuster herauszuarbeiten, das sich fortlaufend in seinen Erscheinungen zeigt und ihn unter allen Gottheiten zu einem einzigartigen Gott macht.

Will man die Geschichten um Dionysos, den Gott, der kommt, in Gruppen gliedern, so scheinen sich drei Typen herauszuschälen. Da ist zunächst der Typus des indirekten Ankommens: Hier werden Vermittler vorgeschickt und eingeschoben, die sein Kultbild bringen oder sein Idol heranschaffen. In Elis, wo er in heiterer Gelassenheit die Tafel mit seiner Stiefmutter Hera teilt, läßt man ein einheimisches Paar, Mutter und Sohn, als Begründer der Kultzeremonien gelten. In Sikyon ist es ein Thebaner mit Namen Phanes, der Erscheiner, der dem Gott als Bote dient; auf dringliche Empfehlung des delphischen Orakels bringt er aus seiner Vaterstadt eine Statue des Dionysos *Lysios*. Patras schließlich sieht Dionysos im ungewöhnlichen Gefolge eines Königs kommen, der seines Verstandes mehr oder weniger beraubt ist und in seinem Gepäck eine schreckenerregende Statue des Gottes mit sich führt. Diese kurzen und nicht sehr zahlreichen Geschichten erweisen sich im allgemeinen als recht unergiebig, was Dionysos selbst und die Art seiner Manifestationen betrifft.

Der zweite Typus des epidemischen Erscheinens zeigt Dionysos als den Gott des Rebstocks, die Gottheit des Weines, und seine Gastgeber. Es ist Dionysos selbst, der mit dem nur halb gelüfteten Geheimnis des Weinbaus das Versprechen eines berauschenden Getränks zurückläßt, dessen Wahnsinn es zu zügeln und dessen wilde Kräfte es zu bändigen gilt. Es ist die Epiphanie des Meisters der Weinschale, die trunken macht; die athenische Tradition liefert uns eine Version, die – ausgefeilt in ihren Wegen und Abwegen – eine ganze Liste von vorbereitenden Zwischenstufen sichtbar werden läßt, um schließlich zu den verfeinerten Trinksitten des Symposions zu gelangen. Aber wir sehen auch die Kehrseite: die drängende Kraft des spontanen Hervorsprudelns und die Rückkehr eines Gottes, dessen Bekundungen unberechenbar und brutal sind. Gerade sie liefern mehr als reichen Stoff für die Erzählungen über dionysische Parusien.

Die dritte Gruppe der Geschichten um Dionysos umfaßt seine Ankunft bei Lykurg, sein Erscheinen im Palast der Minyaden und die große Parusie in Theben. Drei Epiphanien, die in entscheidender Weise die dionysische Kraft in ihrer ureigensten Form offenbaren. Drei Beispiele von ausgeprägtem Wahnsinn, von *manía*, die zu Mord und Befleckung führt: eine Reise in die Tiefe der Nacht auf dem irrlichtigen Pfad des Dionysos.

Aufgrund seiner Fähigkeiten zur Epiphanie weiß der Gott der Ankunft genau um die enge Beziehung zwischen Anwesenheit und Abwesenheit. Ob er nun lächelnd einherschreitet oder erregt umherspringt – immer präsentiert sich Dionysos in der Maske des Fremden. Er ist der Gott, der von draußen kommt, aus dem Anderswo. Eine Geschichte aus Lesbos bestätigt dies einmal mehr. Pausanias, der Periheget, erzählt sie während seines Besuchs beim Heiligtum in Delphi. Unser Cicerone hat bei seinem Rundgang im Tempelbezirk schon die Weihegaben auf der Tempelterrasse aufgezählt und schickt sich gerade an, die Figurengruppen im Giebel des Tempels zu beschreiben. Dort korrespondiert die Darstellung des Apollon und seiner Musen mit der Darstellung des Dionysos, umgeben von seinen Thyiaden. Vielleicht hat er auch den kleinen Tempel des Dionysos *Sphaleotas* flüchtig bemerkt, des Gottes, »der schwanken läßt«.

»Fischern in Methyma brachten die Netze aus dem Meer ein Gesicht *(prósopon)* aus Ölbaumholz gemacht herauf. Das zeigte ein zwar irgendwie göttliches, aber fremdes und bei griechischen Göttern nicht vorhandenes Aussehen. Die Methymnäer fragten nun die Pythia, von welchem Gott oder Heros das Bild sei, und sie befahl ihnen, den Dionysos *Sphalen* zu verehren. Deshalb verehrten die Methymnäer das *xóanon*, das Holzbild, aus dem Meer, das sie bei sich behalten haben, mit Opfern und Gebeten, und schickten ein bronzenes nach Delphi.«

Eine Maske taucht aus den Tiefen des Meeres auf; ein unbekanntes Antlitz erscheint in den Gefilden des Meeres – wie aus einer anderen Welt. Aber es bietet keinen Anblick des Grauens wie das trojanische Idol des Dionysos, das seinen Entdecker in den Wahnsinn treibt. Es ist vielmehr eine Form, die Rätsel aufgibt, ein Bild, das es zu entziffern, eine unbekannte Macht, die es zu identifizieren gilt. Es hat irgend etwas Göttliches an sich; doch ist es ein anderes Göttliches als das den hellenischen Göttern eigene, da sein Anblick das Befremdliche wie auch den Fremden in eben dem Doppelsinn des Wortes *xénos* zeigt. Da ist zuerst einmal der Fremde: Nicht der Nichtgrieche, der unverständlich redende Barbar, wird so bezeichnet, sondern der Bürger aus der benachbarten Gemeinde. Zum *xénos* wird man durch die Distanz, die beide Orte trennt, jene Distanz, die in den Opferriten, den Volksversammlungen und den Gerichtshöfen zum Tragen kommt. Wer als *xénos*, als Fremder, gelten will, muß sogar der Welt der Hellenen angehören, die in ihrer idealen Form von der Gesamtheit der Menschen »gleichen Blutes, gleicher Sprache und gemeinsamer Heiligtümer und

Opferzeremonien« gebildet wird. Wenn der thebanische Dionysos vor Pentheus erscheint, so trägt er die Maske des Fremden: Es ist ein *xénos,* an den der König von Theben das Wort richtet. Trotz seiner lydischen Verkleidung wird Dionysos als Grieche behandelt.

Seit der Entzifferung der mykenischen Schrift haben auch wir keinerlei Zweifel mehr an der griechischen Herkunft des Dionysos; von den Griechen selbst wurde sie in ihrer ganzen Geschichte allerdings nie in Frage gestellt. Nirgendwo wird er als barbarischer Gott bezeichnet; selbst dann nicht, wenn seine Gewalttätigkeiten ihn endgültig in die Barbarei zu verbannen scheinen. Hier unterscheidet er sich in auffallender Weise von einer anderen Gottheit, die ihm sonst in vielerlei Hinsicht ähnelt: von Artemis nämlich, und zwar in ihrer Ausprägung als *Orthía,* deren Statue Wahnsinn verbreitet und die ihr treu Ergebenen dazu bringt, einander an ihrem Altar zu töten. Diese Artemis, so meinen einige zu wissen, sei taurischen Ursprungs und somit eine barbarische Gottheit. Dionysos, der ausgerechnet unter den Augen einer blutrünstigen Artemis fröhlichen Einzug in das von ihr beherrschte archaische Patras hält, kann so seine Fremdheit, als *xénos,* zur Schau stellen. Das geschieht auf eine recht eigentümliche Weise: Dionysos tritt als ein fremder Dämon auf, als *xenikós daímon,* als ein Idol, mitgeführt im Gepäck eines ebenfalls fremden Königs: *xénos.* In Troja soll er eines Tages den Verstand verloren haben, als er die Maske dessen betrachtet, der seither von ihm Besitz ergriffen und seine Schritte gelenkt hatte. Wie vom delphischen Orakel vorhergesagt, macht sich die seltsame Reisegesellschaft daran, Patras' Erde von der Befleckung zu reinigen, die ihr das regelmäßig auf Geheiß einer tiefgrollenden Artemis vergossene Menschenblut zugefügt hatte.

Der befremdliche Fremde

Der Status des Fremden prägt zutiefst das Wesen des Dionysos. Deutlich wird dies in der Art der Beziehungen, die er bevorzugt, wie auch in der Neigung, maskiert aufzutreten. Auf den Friesen mit den langen Götterprozessionen ist es die Maske, die dem Dionysos als Insignie seiner Göttlichkeit dient: Er trägt sein »zweites Gesicht« mit einer Unbefangenheit zur Schau wie Hermes seinen Heroldsstab. Auf der François-Vase [Hauptwerk der attischen Vasenmalerei um 560 v. Chr.] fallen die weitaufgerissenen Augen auf, starr auf den Betrachter gerichtet, der der Parade der Olympier folgt. Durch die Maske hindurch, die ihm seine figurative Identität verschafft, bezeugt Dionysos seine epiphane Natur als Gott, der unaufhörlich zwischen Präsenz und Absenz schwankt. Immer ist er ein Fremder, eine Form, die es zu identifizieren, ein Gesicht, das es zu entdecken gilt, eine Maske, die ihn ebenso verhüllt wie sie ihn enthüllt. Wenn er aber als *xénos* das Territorium dieser oder jener Stadt betritt, so fordert Dionysos die Art von gesellschaftlichen Beziehungen für sich, die wohl jeder andere griechische Fremde verlangen durfte: die Beziehung zu einzelnen Personen und die private Gastfreundschaft von einem Gastgeber, sei er nun Landmann oder Herr im königlichen Palast. In der Tat ist es der Bürger in seiner privaten Sphäre, der einfache Privatmann, der es sich zur Aufgabe macht, durchreisende Fremde bei sich aufzunehmen und ihnen Schutz zu gewähren. Der Proxenos vertritt die gesamte Bürgerschaft, welche die Wahrnehmung ihrer Belange der Initiative eines Privatmannes überläßt. Vielleicht hat sich Dionysos, der reisende Gott, einen Gefährten mit Namen Proxenos gewählt, weil er in diesen institutionellen Bereich geraten ist. Man findet diesen Proxenos in Delphi, im Heiligtum des Apollon, also gerade dort, wo sich die Proxenoi so zahlreicher Städte tummelten. Denn es war den Fremden, die gekommen waren, das Orakel zu befragen oder an den panhellenischen Spielen teilzunehmen, nicht gestattet, ohne die Vermittlung ihrer Gewährsleute hier zu opfern.

Auf einem 1936 publizierten Relief erhebt der Proxenos aus dem Gefolge des Dionysos ein Rhyton, ein dionysisches Trinkgefäß, und gießt damit die Trankspende in eine kannelierte Phiale, wie sie üblicherweise im Apollonkult Verwendung findet. Er hat es sich bequem gemacht; halb aufgerichtet liegt er auf einer Schräge in derselben Haltung, die auch der Pan mit dem Kantharos aus der Grotte in Thasos einnimmt. Aber dieser delphische Proxenos des Dionysos ist völlig nackt; er hat eine Stupsnase über einem dicklippigen Mund zwischen zwei recht spitzen Ohren. Es ist ein Satyr in der Funktion des Gastfreundes seines Herrn, der hier – einmal ist keinmal – im Gegensatz zu seiner Rolle des Umherschweifenden und ewig Fremden in seinem Zuhause die Maske des Gottes trägt. Diese Gottheit jedoch, die von außerhalb kommt, verleiht der persönlichen Beziehung einen besonderen Rang. Die bereitwillige Aufnahme durch den Gastgeber macht Dionysos zu einem Gott, den man sich wählt. Um ihn herum baut sich der Thiasos auf, die kleine Schar, die ganz und gar sich selbst ergeben im Rhythmus der Trance sich ordnet, um Bakchos zu dienen. Wenn uns Dionysos so lebhaft als der Gott des Thiasos *par excellence* vor Augen tritt, in einem Milieu also, wo Religiosität zur individuellen Angelegenheit wird, so rührt das auch daher, daß der Weg, den er auf seinen Bahnen nutzt, ihm durch seinen Status als Fremder vorgegeben ist.

Es bleibt noch die andere Bedeutung von *xénos* zu klären, auf die jene Maske aus Olivenholz, verfangen in den Netzen der Fischer aus Methyma, hinweist. Das aus dem Meer aufsteigende Antlitz hat etwas Ungewöhnliches und Fremdes an sich. Bei Pausanias hat *xénos* die Stellung eines Adjektivs, dessen Bedeutung folgendermaßen umschrieben wird: entsprach keinem der griechischen Götter. Das Material der Maske – Olivenholz ist es, und nicht der gewundene, gequälte Weinstock – weist schon auf eine friedvolle Epiphanie hin, die es erlaubt, das ungewöhnliche Aussehen des Gesichts in Einzelheiten zu erfassen und nicht, wie es häufig geschieht, von der Fremdheit eines unbekannten Anblicks gepackt, ja überwältigt zu werden. Hier deutet das Fremde auf ein Orakel; es lädt dazu ein, sich über die Natur des gefundenen Idols Gedanken zu machen, ohne Angst und ohne Scheu, mit einer Gelassenheit, die bei den Manifestationen des Dionysos nicht immer üblich ist. Denn wäre der Sohn der Semele lediglich ein *xénos*, ein Fremder, der ungeduldig seiner Metamorphose zum Gast im Rahmen der spontanen Großzügigkeit der festlichen *xenía* oder des *xenismós* entgegensieht, wenn er an der Gästetafel Platz nimmt, die dann und wann auf sein Geheiß von den ihm ergebenen Städten für ihn gedeckt wird, dann wäre er ein

Fremder unter anderen Fremden göttlichen Ranges, die zu festgesetzten Terminen beim Bankett willkommen geheißen und mit der reinen Freude solcher Theoxenien gefeiert werden.

In seinen denkwürdigsten Epiphanien erscheint Dionysos sowohl befremdlich wie auch fremd. Er ist dann der Fremde, der befremdet. Doch verbreitet sich diese Befremdlichkeit durch ein Verkennen oder, besser noch, ein Nicht-Wiedererkennen. Der Bericht des Pausanias nennt dafür den augenfälligen Grund: Ein Gott aus der Fremde ist ein Unbekannter, und zwar so unbekannt, daß die Methymnäer sich nicht sicher sind, ob es sich um einen Gott oder um einen Heros handelt. Wie soll man einen Gott erkennen, den man nicht kennt? Um so mehr als Dionysos' Göttlichkeit recht jungen Datums zu sein scheint. Sagt nicht Herodot, daß er von Semele, der Tochter des Kadmos, vor kaum tausend Jahren geboren wurde? Und hält sich nicht hartnäckig ein Gerücht, auf das Dionysos am Beginn der ›Bakchen‹ bei seinem Erscheinen in Theben selbst verweist: daß er nämlich ein natürlicher Sohn der Semele sei, nicht aber der Sohn des Zeus, gezeugt mit einer Sterblichen? So beleidigend diese Verleumdung auch sein mag, sie kann doch nicht verhindern, daß Dionysos wie Herakles offiziell als der Bastard des Zeus gilt, der seine Laufbahn als armer Verwandter der olympischen Götter begann. Dionysos hat es nötig, seinem Wert und seiner Macht als Gottheit Anerkennung zu verschaffen – zumindest in der Welt der Menschen. Wie besessen ist er von diesem Gedanken bei seiner Parusie in Theben, einer seiner ausgeklügeltsten Epiphanien. In Böotien wie in der Argolis macht Dionysos die demütigende Erfahrung eines Gottes, der sich wie ein einfacher Sterblicher behandelt sieht, ja sogar des Betrugs bezichtigt wird. Es gibt solche, die ihn nicht erkennen und ihn bereits verkennen; die Ungläubigen, die sich weigern, an ihn zu glauben; die Leichtsinnigen, die meinen, auf ihn verzichten zu können; die Anmaßenden, die nichts wissen wollen von seinen Zeremonien. Vor allem aber sind da jene, die sich berufen fühlen, ihn zu verfolgen, den Henker zu spielen, um schließlich – ihm selbst zum Opfer gefallen – ein eindrucksvolles Zeugnis abzulegen von der Parusie eines Gottes, der allmächtig ist.

Der erste auf der schwarzen Liste ist Lykurg, König der thrakischen Edonen. Denn hier in Thrakien, dem Ort, an dem die nichtgriechischen Wurzeln des Dionysos vermutet werden, stößt dieser auf seinen ersten Widersacher. Der homerische Lykurg tritt in der ›Ilias‹ als Feind der Götter auf, »Streit suchend mit den Göttern aus Uranos' Geschlecht«. Ein Fachmann auf dem Gebiet der Gottlosigkeit, selbst ein jähzorniger Rohling, läßt er sich mit Dionysos am geheiligten Nyseion ein. Ein Mörder *(androphónos)*, stürzt er sich auf die Ammen des Dionysos, des Rasenden *(Mainómenos)*, zersprengt die Schar der Thyrsosträgerinnen und macht erbarmungslos Jagd auf den erschreckten jungen Gott. Ein Szenario, erneut entworfen von Aischylos in den ›Edonen‹. Die Bacchanten sind in Ketten gelegt, der Trupp der Satyrn eingekerkert. Doch diesmal ist es Dionysos, der den Lykurg bis zur nächsten Raserei mit sich reißt und das Verlangen nach Gewalt und Mord gegen den Besessenen selbst wendet. Von allein fallen die Ketten von den thyrsosschwingenden Mänaden; die hohen Mauern des Palasts des Königs fangen an zu wanken, das Dach fällt in ein bacchisches Delirium, beginnt zu springen, zu tanzen. Nun ist es auch an Lykurg, dem Wahnsinn zu verfallen. Er schwingt die Doppelaxt, er will den Rebstock zerschmettern, jenes verfluchte Gewächs treffen, das der Fremde mitgebracht hat. Dionysos aber verwirrt ihm die Sinne, lenkt die Axt gegen den eigenen Sohn, das erschreckte Rebstock-Kind, das dem Vater zu entkommen trachtet. Doch Lykurg, der verblendete König, schlägt die Weinranken ab und spaltet tief den Stamm des Weinstocks. Sorgfältig hat er die Glieder des Kindes zerteilt; da gibt ihm Dionysos seinen Verstand zurück. Zum Mörder am eigenen Sohn geworden, macht Lykurg das ganze Land um sich herum unfruchtbar. Dem Rat des delphischen Orakels folgend, bringen die Edonen ihn in Bande geschlagen zu den vereisten Wäldern des Pangaios-Gebirges, wo sich – Herodot hat es gesehen – ein Orakelheiligtum des Dionysos erhebt. Dort sprach er seine Prophetien durch den Mund einer Frau, umgeben von seinen Priestern, so wie Apollon von den seinen auf den Höhen von Delphi. Ausgesetzt in einem Landstrich, über den Dionysos in einsamer Souveränität zu herrschen scheint, wird der schuldbeladene König von wilden Pferden in Stücke gerissen.

Johann Gustav Droysen
Das Wesen des Griechentums

Überblickt man das geschichtliche Leben der alten Welt, so zeigt es sich räumlich in zwei große Kreise gesondert, deren Mitten von ebenso entgegengesetzter Charakteristik sind wie ihre Peripherien.

Von der Westseite des Indus bis Armenien hin erstreckt sich ein mächtiges Hochland, in seinen inneren Gesenken Wüste, rings umrandet von meist wasserreichen Gebirgswällen, der Heimat kriegerischer Bergvölker. In der Nordostecke verketten sich die Randgebirge dieses Hochlandes mit den Riesengebirgen des hohen Asiens, während sie sich im Westen, gleichsam zu einem Knoten verschürzt in den Landschaften Armeniens, nach Norden, Westen und Süden hin in die Gebirgszüge des Kaukasus, Kleinasiens und Syriens abzweigen. An den Abhängen jenes iranischen Hochlandes wiederholt sich in merkwürdiger Gleichförmigkeit die Bildung von Doppelströmen mit ihren reichen Tieflandschaften: im Westen die Fruchtländer des Euphrat und Tigris, durch eine Wüste getrennt von der arabischen Halbinsel; – im Osten der Indus und Sadlatsch, die Hauptadern des reichen Fünfstromlandes, durch eine Wüste getrennt von dem Herzland des brahmanischen Indiens; beide, das indische wie das aramäische Tiefland, dem Meere des Südens zugewandt; – im Norden der Oxos und Jaxartes, die im Altertum ihre Wasser in das einst umfangreichere Kaspische Meer ergossen, die Ströme des baktrischen Tieflands, gen Mitternacht durch die Wüste skythischer Horden geschlossen; – endlich das kleinere Tiefland des Kur und Araxes, eingeklemmt zwischen Armenien und dem Kaukasus, vom Schwarzen Meere durch Gebirge getrennt, zum tieferen Kaspischen Meere hinabgesenkt. So lagern sich diese vier reichen Stromlandschaften um jene medisch-persische Mitte, die wie eine Burg, wie eine Akropolis geschaffen scheint, die um sie her liegenden Tiefen zu beherrschen. Eigentümlich ist hier überall die geringe Ausbildung der maritimen Verhältnisse:

verschlammte Strommündungen, untiefe Meere, Sandküsten hindern den überseeischen Verkehr an den wenigen Seeküsten, die es hier gibt; wo wirtbare und hafenreiche Gestade, bleiben sie unbenutzt; der kontinentale Charakter ist typisch für das medisch-persische Asien.

Anders der westliche Bereich der geschichtlichen Alten Welt. Wie um jene Gebirgsmitte Asiens ringsher hinabgesenkte Stromländer, so hier um ein offenes, wirtliches Meer ringsum hineinragende Gebirgsbildungen, bald im eintönigen Charakter afrikanischer Hochstrecken, bald in der bunten Mannigfaltigkeit hellenischer Buchten und Inseln gestaltet; wie dort die Kulturländer geschieden sind durch eine schwer zu erklimmende, von räuberischen Stämmen umhauste, innerlich öde Mitte, so drängt hier alles zu dem konzentrierenden und verbindenden Element des Meeres, zum Verkehr herüber und hinüber, zum gegenseitigen Ausgleich. Aber die Nordküsten dieses Mittelmeeres sind ungleich reicher geformt und gegliedert als die südlichen, die afrikanischen. Hier im Süden folgt dem vorragenden Gebirge bald weite glühende Wüste, oder sie zieht sich hinab bis an die Küste selbst, oder ein einsamer Strom flutet in enggeschlossener, von der Wüste umdrohter Felsrinne zu seichten Mündungen hinab; dort im Norden des Meeres erhebt sich hinter den weit vorragenden Inseln und Halbinseln hinter den tief eindringenden Meeresbuchten eine breite Alpenzone, da und dort von Strömen durchbrochen, in hohen Paßwegen zu übersteigen, jenseits neue Gesenke, unzählige Ströme, die zu anderen nicht fernen Meeren hinabführen; es sind die vorgebildeten Räume einer späteren Geschichte. Und wie sich jene Mitte des Ostens anlehnt an ein größeres, noch kontinentaleres, man möchte sagen geschichtsloses Ostland, so öffnet sich das Mittelmeer zu dem weiten westlichen Ozean, dessen Buchten eben jene Ströme empfangen, jene Länder späterer Geschichte umspülen.

So gehen die beiden Kreise des Ostens und Westens nach ihren Gegensätzen auseinander. Aber wo sie sich berühren, wie merkwürdig sind sie da ineinander verschlungen! Ägypten und Kleinasien, die syrische Küste und Griechenland, das sind die Länder dieser bedeutsamen Zwischenstellung.

Am Saume der afrikanischen Wüste, in den Tempelstaaten der ägyptischen Götterfetische dämmert das früheste Licht geschichtlicher Erinnerung: Siegend zogen die Pharaonen gen Osten, gen Kolchis, zum Hellespont, uralte Denkmale geben noch davon Kunde; aber Ägyptens Größe ist schon dahin, als erst das geschichtliche Leben der anderen Völker erwacht; Afrika hat aus sich keine neue geschichtliche Kraft zu entwickeln vermocht.

Wie Ägypten nach Afrika, so leitet Kleinasien nach Europa hinüber; wie Ägypten eintönig und in sich geschlossen, so ist Kleinasien in reicherer Küstenbildung offen und zugänglich, im Inneren voller Gebirgszüge und Hochebenen, ein Tummelplatz des Völkerdrängens zwischen Asien und Europa, unter mannigfachen Stämmen zerrissen, in steter Oszillation zwischen dem Osten und Westen, nie in sich zu einer Einheit erstarkt.

Ganz zu Asien gehört die syrische Küste, ganz zu Europa Hellas, aber beide greifen hinüber in die entgegengesetzten Kreise. Jahrhunderte hindurch beherrschen die Punier das Mittelmeer; Beduinen des Meeres, schweifen und verkehren sie nach allen Küsten nah und fern; blühend setzt sich Phoinikien in seinen Kolonien Karthago, Spanien, den Inseln fort, während es selbst in seiner Heimat dahinstirbt. Und Griechenland wieder, nachdem es in unbeschreiblicher Regsamkeit gen Ost und West an allen Küsten umher unzählige Schößlinge gepflanzt, dringt es kämpfend und erobernd nach dem zentralen Hochland Iran vor, siedelt sich an in jener hohen Feste so gut wie in den Tiefländern umher, erfüllt auch Kleinasien, auch Syrien und Ägypten, beherrscht von Asien und Afrika her das Ostbassin des Mittelmeers, wie Karthago das westliche. Es ist die seltsamste Kreuzung; jener alte Gegensatz Asiens und Europas scheint seine Rollen vertauscht zu haben; das Ursprüngliche, natürlich Gegebene ist von dem Resultat der Geschichte überwunden und außer Bedeutung gesetzt.

Dann erhebt sich Rom zur Herrschaft über Italien; wie ein Keil drängt es sich zwischen den punischen Westen und den hellenistischen Osten. Wenn es endlich über beide den Sieg errungen, ist auch die zentrale Feste Westasiens von einem neuen Volke überwältigt; wie Rom über das Bassin des Mittelmeers, so herrschen die Parther vom Indus bis Armenien. Wieder sind es die beiden großen Kreise, in welche die Geschichte sich teilt, aber ihre Füllung wie ihr Bereich ist verändert; und nach langem unruhigen Schwanken drängen von Norden her die Germanen, von Süden her die Araber vor, um die Schwerpunkte des geschichtlichen Lebens völlig zu verrücken.

So im allgemeinsten Überblick die geographischen Verhältnisse, wie sie dem Gesamtverlauf der Alten Geschichte zugrunde liegen. Aber noch auf eine andere Weise greifen die geographischen, die lokalen Bestimmungen wesentlich ein. Auf ihnen ruht der heidnische Charakter des Altertums.

In den bezeichneten Bereichen finden wir ursprünglich, so weit die geschichtliche Erinnerung zurückreicht, die Völker, die einzelnen Stämme in entschiedener Sonderung, voneinander unabhängig, in bestimmt umgrenzten Gebieten; sie sind wie ein Produkt dieses Landes, dieses Bodens, gleichsam naturgeschichtlich mit ihm verwachsen; das menschliche Dasein, noch in das Leben der Natur verschlungen, empfängt von ihr seine Richtung, seinen Typus. Wer will das erste Erwachen des Geistes beschreiben? Mit dem ersten Wort schon ist er da; in geheimnisvoller Ähnlichkeit ist ihm des Wortes Klang für das, was es bedeutet; er bildet sich um sich her seine eigene Daseinssphäre. So beginnt er diese Natur, wie sie um ihn und an ihm ist, für sich zu erwerben. Aber sie allein noch ist es, woher er erwirbt, wohin er wirkt. Den Gefahren, die sie bietet, den Bedürfnissen, die sie weckt, ähneln die Mittel, mit denen ihnen begegnet wird; die Nahrung, die Lebensweise, die Sitte ist von ihr bestimmt; sie ist der Boden, auf dem der Geist emporwächst, der mütterliche Schoß, von dem er sich loszuringen trachtet. Woher auch immer die Ahnung höherer, göttlicher Mächte stammt, sie will für sie einen Ort, eine Gestalt, ein Dasein. Dort in dem Wirken und Schaffen der Natur sind sie, werden sie angeschaut, dorther ist ihr Name, ihr Bild; sie selbst sind wieder nur eine Fassung, ein Wort für diese Natur, für diese umgebende Heimatlichkeit. Und diese Mächte sind es, von denen die Ordnung des Lebens, die Gesittung gegründet heißt; sie haben die Gesetze gegeben, den Staat gegründet; er steht wie jeder einzelne in ihrer Obhut; der Dienst, in dem sich ihre Gläubigen vereinen, durchdringt das Leben des einzelnen wie das Staatsgesetz und die bürgerliche Ordnung vollkommen. So vereint sich mit der lokalen Geschlossenheit die innigste Verschmelzung von Staat und Religion; und damit vollendet sich die spröde konzentrische Sonderung jedes einzelnen Volkes. Auf sich gewandt, innerhalb seines Bereiches, mit eigener, auf dem eigenen Boden erwachsener Kraft gestaltet es die unmittelbaren, noch gebundenen Bestimmungen des eigenen, naturbestimmten Wesens heraus; seine Geschichte ist das Erlernen, Durchdringen, Aussprechen dieser Natur, die sein Prinzip ist.

Wie weit entfernt sind diese Anfänge von der Vorstellung der *einen* Menschheit, die alle Völker umfaßt, des *einen* Reiches, das nicht von dieser Welt ist, – jener Vorstellung, die ihren vollendeten Ausdruck in der Erscheinung des Heilandes gewinnt! Das ist der Punkt, zu dem hin die Entwicklung der alten, der heidnischen Welt strebt, von dem aus ihre Geschichte begriffen werden muß.

Es gilt, jene Sonderungen zu überwinden, über jene lokalen, natürlichen Bestimmungen sich hinauszuarbeiten, an die Stelle der nationalen Entwicklung die persönliche und damit die allgemein menschliche zu gewinnen. Das Höchste, was das Altertum aus eigener Kraft zu erreichen vermocht hat, ist der Untergang des Heidentums.

Es drängt alles zu diesem Ziel unablässig, mit steigender Gewalt hin. Im Osten sehen wir ein Volk nach dem anderen in die Geschichte treten, sich auf die Nachbarvölker werfen und sie überwinden, eine Zeitlang herrschen, dann selbst einem neuen, mächtigeren Feinde erliegen, bis zuletzt die Perser den ganzen Umfang des geschichtlich durcharbeiteten Ostens unterwerfen. Nicht in *einem* Volk ist da die Entwicklung zu immer höheren Prinzipien; jedes vollendet seinen naturbestimmten Verlauf; dann in sich fertig, umgeben von einer reichen Errungenschaft nationaler Kultur, Kunst, Wissenschaft, Erkenntnis, erliegt es einem andern Volk, dessen naturbestimmtes Prinzip das höhere und darum zum Siege berufen ist. Aber dies höhere selbst, in dem Maße, als es nur national ist, vermag es die Überwundenen nicht innerlich zu durchdringen und zu erhöhen, sondern nur zu verknechten und verstummen zu machen. Das persische Asien ist *ein* Reich, aber die Einheit nur im

Herrscher und in den Werkzeugen seiner Herrschaft; den Völkern bleiben ihre Götter, ihre Sprache, ihre Sitten und Gesetze, aber verachtet, nur geduldet; die nationale Unabhängigkeit, der Siegesmut, der sichere Stolz des Heimischen ist dahin; und doch ist es den Verknechteten ihr Letztes, Eigenstes; sie halten es um so fester.

Aber wie verwandelt ist es schon! Das innerste Leben der Völker sehen wir in sich zerspalten. Begannen sie nicht von jener Verschlungenheit der Religion und des Staates, Gottes und der Welt? Nun scheiden sich beide; der alte Staat ist ihnen zertrümmert; nicht an der Gottheit verzagen sie, aber die Welt ist nicht mehr in ihr, ist ohne sie, ist das Nichtige vor ihr. Mit dem Untergang des alten heiligen Staates, in den Trümmern der Hierarchie erwächst jener Akosmismus, jene Entweltlichung des Gottesbewußtseins, welche so und zunächst nur ein Ausdruck der Ohnmacht und des Verzagens ist.

Aber doch nicht bloß aus solchem Untergang. Die Überlegenheit des Persertums, darf man sagen, liegt darin, daß da diese Scheidung der Anfang und das Prinzip ist, daß da der Staat nicht mehr priesterlich, sondern königlich ist und sein will, daß da die Welt erkannt wird als das für das Reich des Lichtes zu Erwerbende und der Mensch als ein Mitarbeiter der Gottheit. Rauh, nüchtern, tapfer, unermüdlich das Reich des Lichtes zu mehren, ziehen die Perser hinaus, die Welt zu überwinden; es ist die erste ethische Kraft Asiens, und kein Volk des Ostens vermag sich ihrer zu erwehren.

Im Griechentum findet sie ihre Schranke. Ein zweiter Kreis des Lebens hat sich dort zu entwickeln begonnen, reich, eigentümlich, fast nach allen Richtungen hin der vollste Gegensatz des Ostens.

Nicht eben groß ist der Raum, in dem es sich bewegt; aber wie mannigfaltig geformt, in wie buntem Wechsel Küste und Binnenland, Tal und Gebirge, Festland, Meeresbucht, Inseln; in größter Nähe die größten landschaftlichen Verschiedenheiten, die stärkste Sonderung bestimmender Naturverhältnisse. Dementsprechend die Bevölkerung dort; unzählige kleine Stämme, unabhängig und scharf gesondert voneinander, in rascher Beweglichkeit, voller Hader und Kampf, ganz von den individuellsten Anlässen ihres Lokals in Lebensweise, Tätigkeit, Anschauung geleitet, ganz auf sie gewandt; nicht als das Nichtige erscheint diese heimische Natur, sondern die Gottheit lebt und webt in ihr, ist ihr Leben, ihre Epiphanie, ihre Persönlichkeit, eine unzählige Schar göttlicher Gestalten, unzählig wie diese kleinen Stämme und Genossenschaften, die sie anbeten. Aber doch ist in allen diesen Stämmen, ihren lokalen Kulten und Sitten, ihren vielerlei Dialekten etwas Verwandtes; die Nähe und der unentbehrliche Verkehr mit den nachbarlichen Stämmen drängt zu Übereinkunft und Ausgleichung; die Gottheiten verschiedener Stämme und Lokale beginnen sich zu Götterkreisen zusammenzubilden, die heiligen Sagen, miteinander verbunden, verschmolzen, in neuen Zusammenhängen dargestellt zu werden. Und je mehr der trübe symbolische Charakter alter lokaler Naturdienste vor der menschlich-ethischen Weise zurückweicht, desto entschiedener erhebt sich über die lokale Sonderung der einzelnen kleinen Stämme und Dialekte die Vorstellung einer allgemeinen hellenischen Nationalität. Um die Zeit, da das Reich der Perser beginnt, ist sie ausgebildet da, wenn auch noch nicht abgeschlossen.

So sehen wir vom ersten Beginn her die griechischen Stämme über die natürlichen Bestimmungen, in denen das alte Morgenland gebunden war, hinausgehen. Sie sind nicht kastenhaft geschlossen, noch gehört der Dienst der Götter einem eigenen priesterlichen Stande an; sie haben keine heilige Urkunde, die ihrer weiteren Entwicklung eine Basis oder auch eine Schranke gäbe, keine Hierarchie, die als Abbild göttlicher Ordnung bewahrt werden müßte, kein gemeinsames Königtum, das sie in konzentrischen Entwicklungen weiter führen könnte. Mit dem Weiter- und Freierwerden ihres Weltbewußtseins umgestalten sich ihre religiösen Vorstellungen, und über die heimische Gewohnheit, die väterliche Sitte führt das stark und stärker hervortretende persönliche Wesen in immer rascherer Umbildung hinaus. So stetig und in den bestimmten Kreis gebunden sich die Völker des Ostens verhalten, so beweglich, so mannigfaltig, so assimilierend und nach inneren Bestimmungen fortschreitend ist das griechische Leben. Wie unermüdlich ist dies Arbeiten, dies kecke Wagen und Ringen aller Orten, nach allen Richtungen hin; und nicht da oder dort, nicht in dieser oder jener Form ist das eigentlich Hellenische;

Sizilien, Ionien, die Dorier, die Inseln, sie alle haben ihren Teil an dem gemeinsamen Werk, sie alle vereint erst sind das Griechentum, wie es bei den Festspielen des olympischen Gottes zu schauen zusammenströmt und sich selber schaut.

Und was ist dies gemeinsame Werk? Es ist das, was in Griechenland zum ersten Male geschichtlich erscheint und da zu einer bewunderungswürdigen Macht gesteigert wird, der Ausdruck eben jenes Fortschreitens, das stets über das Gegebene, über das Jetzt und Hier hinaus dessen idealen Inhalt anzuschauen, auszusprechen, praktisch zu erreichen sucht, um dann von den veränderten Wirklichkeiten aus dasselbe Weiterstreben aufs neue zu beginnen. Nennen wir es Bildung.

Um die Zeit der beginnenden Persermacht tritt diese Bildung in eine neue bedeutende Wendung ein. Die natürliche Grundlage der hellenischen Religionen, wie war sie durch den epischen Gesang dichterisch und mythisch überwachsen und unkenntlich geworden! Aus den natürlichen Kräften und ihrem Wirken waren Helden mit ihren Taten und Leiden geworden; der Mythologie und zum Teil der Religion verlor sich der Zusammenhang der göttlichen Mächte mit den Wirklichkeiten; die erwachende Reflexion begann zugleich jene Mythen als äußerliche Geschichte zu sammeln und zu kritisieren, zugleich nach jenem verlorenen Zusammenhang von neuem zu fragen und ihn außer dem Bereich der Religion zu suchen. Da hatte die Prosa ihren Anfang; es begann die Beschreibung der Völker und ihrer Vergangenheiten, es begann die Naturphilosophie der Ionier, es fand Pythagoras in dem Mysterium der Zahlen, des quantitativen Verhältnisses das Prinzip der Dinge, es fanden die Eleaten das Nichtsein des Seienden. Und zugleich hat die poetische Kunst eine neue, die dramatische, Form gewonnen; sie führt alle jene Gestalten, die einst religiöser Art, dann in den epischen Gesängen zu Bildern der verschönernden Phantasie geworden sind, in unmittelbarer Leibhaftigkeit, als Personen handelnd und leidend dem Schauenden vor Augen, sie durchläuft den ganzen Kreis heiliger Sagen, aber sie verknüpft und gestaltet sie nach neuen Gesichtspunkten, nach ethischen Zusammenhängen; als deren Resultat weist sie die alten heiligen Stiftungen, die Tempel und Feste der Götter, die unvordenklichen Gründungen der Städte, der Stämme und

Völker nach; dem, was da ist und was man glaubt, gibt sie den Ansprüchen des höher entwickelten Bewußtseins gemäß eine neue Rechtfertigung.

Denn so weit schon ist man. Was da ist, gilt nicht, weil es ist; es soll sein Recht zu sein und zu gelten gewußt werden; und die Sophistik geht daran, nach allen Seiten der Wirklichkeit hin diesen Anspruch durchzusetzen, nach den letzten Gründen und Zwecken zu forschen. Staatlich versucht sich dasselbe Prinzip in der Demokratie Athens durchzubilden, im vollsten Gegensatz gegen Sparta und dessen auf starre Herkömmlichkeit gegründete Weise; es teilt sich Hellas für und wider die Bewegung; es beginnt ein Kampf, der zum ersten Male in der Geschichte nicht bloß Volk gegen Volk, Masse gegen Masse, sondern Prinzipien widereinander führt. Wohl erliegt äußerlich Athen, aber die Gedanken der neuen Zeit breiten sich unwiderstehlich überall hin aus; die Demokratie, die Aufklärung, die kritisierende Doktrin beginnt das hellenische Leben zu beherrschen.

Es bestehen noch die hellenischen Staaten in mannigfachen Formen, voller Herkömmlichkeit, mit dem Dienst städtischer Gottheiten verwachsen, alte, nur faktische Bildungen, überall der Staat nur in der Form der »Stadt«, das kommunale und staatliche Wesen ungeschieden. Aber über sie erhebt sich die politische Theorie, nicht ohne den Anspruch, die Wirklichkeit umzugestalten, von der sie schon sich so weit entfernt hat, da und dort eindringend, in Kritias, Epameinondas, Dion von momentanen Erfolgen; so wie an die Stelle der alten winkeligen Städte, wie die Zeit und das Bedürfnis sie hat entstehen lassen, sich deren neue erheben mit geraden, breiten Straßen und regelmäßig geteilten Quartieren, ebenso beginnen sich in den Verfassungen die neuen rationellen Bestrebungen geltend zu machen. Es ist die bedeutsamste Wendung in der Entwicklung des Griechentums. Mißverstehen wir jene Zeit nicht; was uns als Grundlage des staatlichen Wesens erscheint, die Freiheit und das Recht des Individuums, das ist in der Griechenwelt als Verderben der guten alten Zeit eingetreten. In dieser hat es sich von selbst verstanden, daß die einzelnen nur um des Staates willen und durch den Staat sind, sie gehen ganz in demselben auf, sie haben keine Möglichkeit selbständiger Existenz außer in ihm; von privaten, von rein menschlichen Beziehungen ist noch nicht die Rede, man ist Bürger und nur Bürger. Dann beginnt die tiefe Umwandlung, die Sophistik und die spätere Demokratie erheben das Recht des Menschen gegen das des Bürgers, das Interesse der einzelnen gegen das des Staates; der Staat hat nicht mehr die Macht, die voll und ganz sein zu nennen, welche allein seine Ehren und Pflichten haben. Und doch vermag er ebensowenig sich zu einer rein territorialen Bedeutung umzubilden; unter den Einwohnern des Landes der Geburtsadel, als Bürger dieses Landes geboren zu sein, gibt nach wie vor allein die Befugnis, an seiner Souveränität, seinen Herrschaftsrechten, dem Genuß seiner oft einträglichen Ehren teilzunehmen. Schon hat man sich entwöhnt, mit dem Bürgertum die Pflicht der Waffen zu identifizieren; man läßt das Vaterland durch Söldner verteidigen, und das Privatinteresse der beteiligten Bürger, die Furcht vor außerordentlichen Leistungen, vor besonderen Anstrengungen, vor möglicher Auflehnung der Beherrschten, die man rücksichtslos und eigennützig zu bedrücken fortfährt, bestimmt die Politik dieser republikanischen Staaten. Überall empfindet man den Widerspruch zwischen den hergebrachten Verhältnissen und der besseren Einsicht, zwischen den alten politischen Gewohnheiten und Maximen und den neuen Theorien und ihren Forderungen; im Inneren wie nach außen hin sind die Staaten von ihren alten Grundlagen gelöst, ohne deren neue gewonnen zu haben; ein Zustand voller Unruhe und Schwäche, die Geburtsstätte einer neuen Zeit.

Eine Theorie ist es, die diese zu erfassen versucht; sie kehrt mit Bewußtsein zu den alten Grundlagen des Staatslebens zurück. Der Staat ist das Frühere, ist das, um des willen und durch den die einzelnen sind. Aber indem dies Allgemeine fordert, als solches zu gelten und zu sein, erhebt sich der Begriff des Staates zu einer Macht über die schon geltenden Ansprüche der einzelnen, zu einer Abstraktion über der bürgerlichen Gemeinschaft; er ist nicht mehr in der freien und tätigen Mitwirkung aller, er drängt dazu, sich in wenigen oder in einem darzustellen, den anderen das Bestimmtwerden zuweisend; die ein niedriges Gewerbe treiben, sollen ausgeschlossen sein von Amt und Gericht, sollen als unvollkommene Bürger angesehen werden; die Arbeit soll verteilt werden, nicht bloß für die notwendigen Bedürfnisse des Lebens, sondern auch für die Verwaltung des Staates und für das Kriegswesen. In diesen und ähnlichen Sätzen der aristotelischen Politik fühlt man die verwandelte Anschauungsweise jener Zeit; es gilt, Gliederungen innerhalb der Verfassungen zu gewinnen, in denen die natürlichen Unterschiede schon nicht mehr von selbst gelten; die Zeit, da »die Stadt« die letzte politische Einheit, gleichsam die Monade des staatlichen Lebens war, ist dahin, und die demokratische Weise der Zeit, verbunden mit der Ausschließung der Sklaven, der Fremden, macht es unmöglich, neue organische Bildungen im Bürgertum selbst zu gewinnen; jeder Versuch bringt statt Ständen Faktionen hervor. Die Theorie, wie sie aus den alten historischen Bildungen abgeleitet ist, genügt nirgends; die erwachten Bedürfnisse drängen zu anderen Abhilfen. Die neuen Tendenzen wenden ihre Kraft nach der entgegengesetzten Seite hin; jene politischen Einheiten selbst müssen überholt werden von größeren, umfassenderen Allgemeinheiten; von der Stadtverfassung muß emporgestiegen werden zu Staatsverfassungen, innerhalb deren jene selbst zu einer nur kommunalen Selbständigkeit wird, aber so, daß sie im allgemeinen Verband ihr Recht und ihre Garantie hat.

Auf zwei Wegen scheint dies möglich zu sein, durch föderative oder monarchische Bildungen; dies sind die beiden Prinzipien der hellenistischen Zeit. Allerdings ist vom Anfang des Griechentums her die föderative Tendenz unter den mannigfaltigsten Formen hervorgetreten; aber der zersetzende und vereinzelnde Charakter der griechischen Entwicklungen löste die Amphiktyonien, die Festverbindungen, die Stammgenossenschaften auf, oder man fand die Möglichkeit nicht, die Freiheit der einzelnen Politien mit den Anforderungen eines Bundes zu vereinbaren, oder das Bundesverhältnis gab einer einzelnen Stadt den Vorwand zur Hegemonie, die bald an die Stelle gleicher Berechtigung Herrschaft und Untertänigkeit zu bringen verstand; so Athen unter Perikles, so Sparta, seit es Athen bewältigt, so Theben, nachdem es sich erhoben hatte; selbst die zweite Bundesgenossenschaft Athens war nur ein Versuch, die verlorene Herrschaft auf Kosten der neuen Bündner wiederzugewinnen. Die immer neue Herrschsucht trieb immer neue Empörungen hervor; es gab zwischen den Staaten kein Recht außer Vertrag und Gewalt, und der Mangel eines Völkerrechts atomisierte Griechenland.

Und schon hatten die monarchischen Tendenzen festere Gestalt gewonnen. Auch sie haben ihr Vorspiel in den ältesten Zeiten des Griechentums; nach dem Untergang des heroischen Königtums erhoben sie sich da und dort in den Anfängen der demokratischen Bewegung, am geschlossensten und dauerndsten in Sizilien; aber es waren nur Übergangsbildungen; der Tyrann war nicht mehr als der erste, reichste, mächtigste Bürger. Um das zu begründen, was Aristoteles das Allkönigtum nennt, mußte der Staat als Macht in eines einzelnen Hand sein; Alkibiades ahnte, der ältere Dionysios versuchte diese Gestaltung, Thessalien folgte den neuen Bestrebungen. Aber erst in dem altangestammten Königtum Makedoniens, wo keine städtischen Politien die altertümliche Volksweise verwandelt hatten, konnten sie sich vollenden.

Da tritt nun ein merkwürdiger Moment ein. Beide Wege, der monarchische und der föderative, scheinen sich vereinen zu wollen. Philipp überwältigt die zersplitterten Kräfte Griechenlands, dann erweckt er die alte abgestorbene Amphiktyonie von neuem, er vereint die Politien Griechenlands im Synhedrion von Korinth, er läßt sich zum gemeinsamen Feldherrn der verbündeten Griechen ernennen; nach innen selbständig, sollen sie eine Einheit bilden zum Kampf gegen die Barbaren; es scheint endlich, als wenn sich der große Gegensatz der Einheit und Freiheit versöhnen will. Aber Philipps, Alexanders Macht ist zu überlegen, als daß die innere Selbständigkeit der Stadtverfassungen ungefährdet bleiben könnte, der partikularische Trieb in ihnen zu mächtig, als daß sie nicht den nächsten Anlaß benutzen sollten, die Bundesverfassung zu zersprengen. Wie wüst sind die Kämpfe Griechenlands in der Diadochenzeit! Immer wieder ertönt der Ruf zur Freiheit, aber sie hat nirgend mehr eine Stätte, da sie ihre letzte Sicherung und Möglichkeit, die in der Einheit, verschmäht hat. Den alten sporadischen Politien bleibt nichts als Ohnmacht und schmerzliche Erinnerung; das Leben des Griechentums scheint vollkommen erstorben. Aber aus dem verdorrten Stamm, wie ein alter Autor sagt, schlägt an der Wurzel noch ein neuer Trieb aus: Im Achaiischen Bund verwirklichen sich endlich jene föderativen

Tendenzen; gleiche Berechtigung der verbündeten Städte, Souveränität der Gemeinsamkeit aller und kommunale Selbständigkeit der einzelnen, das sind die Hauptmomente in diesem Bundesstaate, der, der Polypolitie früherer Zeiten gerade entgegengesetzt, die staatsrechtliche Entwicklung der neuen Zeit nach einer Seite hin wohl nicht allein, aber am vollständigsten darstellt.

Gegenüber stehen die monarchischen Tendenzen. Alexanders Eroberungen in Asien haben ihnen Raum gegeben, sich zu entwickeln, das schnelle Zersplittern seines Reiches läßt sie sich in verschiedenen Formen gestalten. Die Literatur gleich nach seinem Tode ist reich an Schriften über das Königtum gewesen; in mannigfaltigster Weise hat sich die Theorie mit den neuen Bildungen beschäftigt, sie beherrscht die derzeitigen Erzeugnisse historischer Phantasie. Ein Königtum an der Spitze eines Volksheeres, die Strategie des hochgebildeten Griechentums hat jene Eroberungen gemacht, makedonische Waffen und griechische Bildung sind die nächsten Stützen der neuen Reiche. Eine unendliche Mannigfaltigkeit von Rechten, Verfassungen, Bildungen, Kulten wird subsumiert unter dem neuen Interesse des Staates, der, ohne aus ihnen hervorgegangen, mit ihnen in natürlicher Weise verwachsen zu sein, in abgesonderter und in sich geschlossener Weise über ihnen ist, der, umgeben von anderen in ähnlicher Weise begründeten Staaten, sich zu ihnen in der Weise der Kabinettspolitik und des Territorialinteresses verhält, in gegenseitiger Anerkennung und Garantie sein Recht hat; – Königreiche, auf stehende Heere gestützt, nach außen und innen als einige staatliche Macht dargestellt, in der alles Recht und alle Anerkenntnis der Zugehörigen zusammengefaßt ist, durch zentrale Administration regiert, deren Ausgangspunkt der Hof und das Kabinett des Königs ist; – und dieser König selbst als die persönliche Darstellung des Staates ein Gegenstand der Verehrung und des Kultus, wie weiland die Stadtgottheiten, in denen die alten Politien die Idee des Staates dargestellt sahen und als präsente Macht verehrten; ein völliger Gegensatz des Staatlichen und Religiösen, die einst ebenso völlig verschmolzen waren.

Wie weit von seinen Anfängen hinweg ist nun der hellenische »Staat«! Er ist sich selbst nicht mehr gleich, aber aus seiner eigenen Entwicklung her hat er sich zu diesen hellenistischen Formen umgestaltet. Die Zeit, da man nur Athener, Spartaner, Tarentiner, nur Bürger sein konnte, ist vorüber, die Sphäre des Privatlebens ist möglich geworden, und die verwandelte Stimmung findet in Epikurs Lehre ihren Ausdruck und Zusammenhalt. Ja in noch umfassenderer Weise sinkt die alte Beschränktheit. Im Anfang war die sprödeste Absonderung der kleinen und kleinsten Stadtgebiete; schon der Bürger der Nachbarstadt war ein Fremder, war ein Feind, soweit nicht besondere Verträge oder heilige Vereinigungen den Frieden schützten. Dann erwachte die Vorstellung des gemeinsamen Griechentums; desto schärfer empfand man den Gegensatz gegen die Barbaren. Noch Aristoteles sagt: Sie sind geboren, Sklaven zu sein; er riet Alexander, die Griechen als Feldherr, die Barbaren als Herr zu behandeln, für jene als für Freunde und Verwandte zu sorgen, mit diesen wie mit Pflanzen und Tieren zu verfahren. Auch dieser, der letzte naturbestimmte Gegensatz mußte sinken. Alexander begann das große Werk. »Allen befahl er«, sagt ein alter Schriftsteller, »als ihre Vaterstadt die Welt, als deren Akropolis das Lager, als Verwandte die Wackeren, als Fremdlinge die Schlechten anzusehen.« »Und die vielbewunderte Politik Zenons, des Begründers der stoischen Schule«, sagt derselbe Autor, »läßt sich füglich in diese Hauptlehre zusammenziehen: Daß wir nicht mehr nach Städten und Gauen getrennt, jeder durch eigene Gerechtsame gesondert wohnen, sondern alle Menschen für unsere Gaugenossen und Mitbürger halten sollen und ein Leben und eine Ordnung sei wie in einer vereint weidenden, auf allgemeinsamer Trift sich nährenden Herde.« Zum ersten Male dehnt sich über die Völker, Griechen wie Barbaren, der Begriff einer Gemeinsamkeit aus, zum ersten Male treten die verschiedenen staatlichen Bildungen auf gemeinsamer Basis, in gegenseitiger Anerkennung zueinander; es zeigen sich die Anfänge eines Staatensystems, dessen Einfluß sich über den Kreis der hellenisierten Welt hinaus geltend zu machen sucht, bis er dann an der universalen Tendenz der römischen Republik seine Schranke und endlich seinen Untergang findet.

Eine parallele Entwicklung, eine ähnliche Befähigung des Griechentums, die allgemeine Potenz zu sein, unter der sich die Völker der Welt vereinigen sollten, finden wir nach allen Richtungen hin.

Die Religionen, sahen wir, waren der umfassendste Ausdruck der Verschiedenheit unter den Völkern und Stämmen. Nirgend erschienen sie von früh her in bunterer Mannigfaltigkeit als bei den Hellenen. Die Ahnung von dem Sein und Wirken der Gottheit, das Bedürfnis teilnehmender göttlicher Providenz, in der Natur zunächst angeschaut, sprach sich in der Gestalt von heiligen Geschichten, von Vorgängen nach der Analogie menschlichen Tuns und Leidens aus. Dann begann jene Verbindung der Stämme, jene Ausbreitung hellenischer Gründungen, das Heimischwerden in neuen Umgebungen; überall wieder fand das fromme Gemüt neue religiöse Anlässe, nahm sie gläubig auf in die lebendige Fülle des schon Geglaubten, und in üppig wucherndem Wachstum rankte und verzweigte es sich weit und weiter.

Aber eben in dieser Überfülle erwachte das Bedürfnis, sie zu sichten und zu ordnen. Stimmen denn auch alle diese Geschichten, diese Genealogien und Theogonien zueinander? Nach der Analogie menschlicher Vorgänge ausgesprochen, werden sie nach demselben Maße betrachtet, geprüft, berichtigt; der Pragmatismus beginnt die historische Seite der Religion aufzulösen, die einst heiligen Geschichten erscheinen als Spiele der Phantasie, als anziehende poetische Bilder, zu neuen poetischen Zwecken verwendbar und bedeutsamer Abänderung fähig. Einst waren sie der menschliche Ausdruck für das, was man sah und wie man es sah, für die Welt, wie man sie begriff; aber reichen sie hin, auf die Frage nach den Gründen des Seins zu antworten? Schon greift die Naturphilosophie über die alten Kosmogonien hinaus, sie sucht die Prinzipien der Welt und damit der Götter, sie findet eine geistige Macht, die einen seienden Stoff gestaltet; aber schnell wird sie überholt; das Seiende wird erkannt als nicht seiend; nur dieses Erkennens ist man gewiß. Man ist auf dem Punkt, die Götter zu leugnen, mit ihnen zu verwerfen, was nur als ihre Satzung oder Gründung gilt; der Mensch ist das Maß von allem. Es ist der gefährlichste Durchgangspunkt der kühnen Entwicklung; sie schreitet unaufhaltsam vorwärts: Nicht der Mensch ist das Höchste, sondern das, woran teilzuhaben seine Würde und seine Kraft ist, das Gute, die über alles Werden ewige Vernunft, das Eine, ewig Lebendige, in sich Vollendete, alles Bestimmende, Zweck seiner selbst und Zweck von allem, das nach ihm sich bewegend erst zum Seienden wird. Das Resultat der griechischen Philosophie war der lauterste, edelste Deismus.

Wie aber dem gegenüber die Volksreligion mit ihren Göttern, ihren Mythen und Sagen, ihren Opfern und Zeremonien? Unmöglich blieb sie ganz unberührt davon; schon die im allgemeinen veränderte Atmosphäre des geistigen und staatlichen Lebens mußte mannigfach auf sie einwirken. Aber unterscheiden wir sorgfältig die verschiedenen Momente im religiösen Leben. Freilich ist da ein positiver Inhalt, der gewußt, an den geglaubt wird, doch nicht bloß um dieses Wissens willen ist die Verehrung höherer Mächte; sie ist ein Bedürfnis des menschlichen Gemütes, es hat seine Ruhe und Befriedigung erst in dieser Hingebung an ein Höheres, wes Namens und Zeichens es auch sei; ja dies innerste, dies angeerbte und angewöhnte Empfinden bleibt noch in seinem Gleise, wenn auch jenes Wissen auf neue Wege einzugehen, sich von jenem ersten weit und weiter zu entfernen beginnt. Wohl lachen die Athener über die gottlosen Späße der Komödie und bewundern die kecken Reden des Diagoras, aber sie feiern ihre Panathenäen in alter Weise, und die Mysterienfrevler entgehen der heftigsten Strafe nicht. Und selbst die Wissenschaft sucht die Resultate ihrer Forschung immer wieder mit dem Volksglauben zu versöhnen, immer wieder an ihn anzuknüpfen. Sonne, Mond und Gestirne sind göttliche Wesen, aber sichtbare und erzeugte, Kinder des ewigen Vaters, sagt Platon; außer ihnen noch andere Götter, deren Geburt aber zu wissen und zu verkünden über unsere Kräfte geht; man muß sie glauben, weil ihre Söhne und Enkel sie die Menschen gelehrt und von ihnen Zeugnis gegeben haben; nur den Dichtern und ihrer entwürdigenden Darstellung muß man nicht glauben. Und Aristoteles findet in den Sphären der Gestirne, den zunächst von der ewigen Gottheit bewegten und selbst damit ewigen, jene mehreren Götter, welche von den Urvätern erkannt seien; aber vieles sei mythisch dann angeheftet, zur Überredung der Menge, der Gesetze und des gemeinen Nutzens wegen; den Menschen oder anderen Geschöpfen ähnlich habe man sie gestaltet, und demgemäß anderes und Entsprechendes hinzugefügt.

Also gerade das, worin das Griechentum seinen eigensten Charakter ausgeprägt hatte, den mythologischen Reichtum der Religion, die persönliche Gestaltung der Götter, verwarf die Wissenschaft. Wohl versuchte die Stoa, durch pantheistische Allegorien dem positiven Inhalt des allgemeinen Glaubens einen Sinn unterzulegen und deutend, begreifend die Empirie heiliger Geschichten in dem wissenschaftlichen Zusammenhang des Systems neu zu rechtfertigen; aber weder vermochte sie sich der scharf und schärfer vordringenden historischen Kritik zu erwehren, noch sich mit den Resultaten der fortschreitenden Naturerkenntnis zu verständigen, und in Verdächtigungen suchte sie die Abwehr des Unabweisbaren. Wohl versuchte es Epikur, sich ganz zurückziehend in den Quietismus des nur subjektiven Empfindens, den positiven Inhalt des Glaubens zu lassen, wie er einmal war, und, ohne Notiz zu nehmen von den weitertreibenden Resultaten der wissenschaftlichen Entwicklung, ihn gelten zu lassen, eben weil er der allgemeine sei; aber in dem losen indifferenten Verhalten seiner Lehre zu demselben zeigte sich, wie weit bereits das formale Prinzip der griechischen Religion von dem materialen, dem der geistigen Entwicklung, auch in dem allgemeinen Glauben aufgelockert und zersetzt war. Es war unvermeidlich, daß endlich eine kühne Hand den schon morschen und bodenlosen Bau der ganzen Überlieferung über den Haufen stürzte und damit, wie erschütternd auch der Sturz der alten ehrwürdigen Trümmer sein mochte, der Ansichtsweise, wie sie nun einmal entwickelt war, freies Feld schaffte. Das ist die große Bedeutung des Euhemeros und seiner ›Heiligen Geschichte‹: Die Götter, so weise es vollkommen sichere und dokumentierte Überlieferung nach, seien Menschen gewesen; ihre Verehrung sei teils die Folge wohltätiger Erfindungen, die sie mitgeteilt, teils durch Herrschergewalt erzwungen worden; Zeus sei der mächtige König jener Insel gewesen, Eroberer der Welt, die er fünfmal durchzogen, mit Denkmalen seiner Siege erfüllt habe; dem Äther und nur dem habe er Opfer gebracht, ihn nach seinem Großvater Uranos umgenannt und so weiter.

Betrachten wir das Resultat. In der Religion verhält sich der Mensch im Gefühl, im Wissen und Wollen zur Gottheit; auch der Heide hat diese Frömmigkeit, in seinem Gott bei sich selbst zu sein, nach dieser Bestimmung seiner selbst seinen Willen zu betätigen, diese Bestimmung seines Empfindens und Wollens zu wissen und sie nach allen Richtungen und Beziehungen hin zu erkennen. Nur in der Totalität dieser Momente ist die Religion. Wie nun, wenn dem griechischen Heidentum diese Seite des Wissens in vollsten Widerspruch tritt mit jenem Empfinden? Das Empfinden selbst verliert die Bestimmtheit seines Inhalts; es bleibt nur das religiöse Bedürfnis, das jene abstrakten Resultate des Verstandes doch nicht zu erfüllen vermögen. Die väterlichen Götter sind nicht die rechten Ausdrücke für das Göttliche; oder so gut wie diese sprechen auch die Götter der anderen Völker des Göttlichen einen Teil aus; oder die einen wie die anderen sind nur Fassungen derselben höchsten Macht oder Mächte; oder es ist nicht zu wissen, ob nicht da oder dort die Gottheit in wahrhaftiger Gestalt gefunden wird. Da kann Alexander die Götter Ägyptens und Babyloniens mit gleichem Recht anbeten wie die heimatlichen und in dem Gott der Juden dieselbe höchste Macht verehren, die Aristoteles als die ewige, schaffende Vernunft erkannt hat; da kann der Hades von Sinope nach Alexandrien geführt werden und dort als Sarapis Tempel und Dienst erhalten; da ist der Theokrasie freier Raum gegeben, und die Religionen der ganzen Welt, jede einst ihrem Stamm, ihrem Lande der unmittelbare und lokalste Ausdruck, erscheinen nun als Lichtbrechungen einer höheren Einheit, sie werden unter dieser begriffen; sie scheiden nicht mehr die Völker, sondern unter der höheren Einsicht, die das Griechentum erarbeitet, vereinen sie sie. Aber erfüllt denn nun auch dies höhere Wissen den Willen und die Empfindung? Schon lange hat das Wollen und Tun sich aus dem Boden des religiösen Lebens gelöst; Selbstsucht und Eigennutz sind seit der Sophistenzeit die allgemein verständlichen Grundlehren des Handelns geworden, und nur die sich vertiefende Philosophie, nicht die Religion, hat eine edlere Ethik zu erzeugen vermocht; das Wissen, das Wollen scheidet sich aus dem Bereich der hergebrachten Religion. Und das Gefühl? In dem Maße, als man des Heimischen gewiß zu sein aufhört, wendet sich das unbefriedigte Gefühl mit steigendem Eifer dem Fremden, Dunklen, Unverstandenen zu; es mehren sich die orgiastischen Dienste, die Mysterien der Isis, des Mithras gewinnen Eingang, Astrologie, Zauberei, Sibyllenwesen greift um sich. Es beginnt die trübste Zeit im religiösen Leben der Menschheit, man sieht es sich in seine Elemente auflösen. Den einen ist eine bequeme Sittenlehre Genießen und Unrechtmeiden, anstatt der Religion; andere fühlen im Stolz ihrer Gnosis nicht, daß sie sie entbehren; andere übertäuben durch wüste Orgien, durch Fasten und Kasteiungen den lauten Ruf ihres Herzens. Die still wärmende Herdflamme im Inneren ist erloschen, und man sucht vergebens nach einem neuen Licht, das öde Dunkel drinnen und draußen zu erhellen.

Aber wenn es die höchste Aufgabe der alten Welt war, das Heidentum zu zerstören, so ist es das Griechentum, das zuerst unter den eigenen Füßen den Boden hinweggrub, auf dem es erwachsen war, um dann, zu den Barbaren übersiedelt, aufklärend, durchgärend, zersetzend dort dasselbe zu vollbringen. So durchdringt diese hellenistische Bildung den überwältigten Osten; sie findet bereits den Weg nach dem Westen; Rom, das schon auf dem Wege zu einer neuen Weltherrschaft ist, beginnt seine Literatur mit der Nachahmung der Griechen, der Alexandriner, mit der Übertragung des Euhemeros.

So die beiden Hauptmomente, die staatliche und religiöse Umbildung. Wir müßten alle einzelnen Lebensformen betrachten, um zu begreifen, wie sich an die Eroberung Alexanders eine so unendliche Umgestaltung der Welt hat anknüpfen können. Nur andeuten will ich hier einzelnes.

Überall zeigt sich im Griechentum dasselbe Ablösen vom Heimatlichen und natürlich Bedingten, das Übergehen zu allgemeinen, sozusagen kosmopolitischen Formen. Schon seit dem Sturz der attischen Seeherrschaft und damit der ausschließlichen Handelspolitik, die am Verlauf des Peloponnesischen Krieges einen bedeutsamen Anteil gehabt hat, ist das Verkehrsleben der hellenischen Welt auf die merkwürdigste Weise vervielfacht; mit dem Siege dieser Reaktion gegen die attische Macht gewinnt Byzanz, Herakleia, Kyzikos, vor allen Rhodos eine völlig neue Bedeutung, und das westliche Griechentum hat zum erstenmal seine Kriegsschiffe in das Aigaiische Meer gesandt; durch den demokratisierenden Sinn der Zeit gesteigert, beginnt eine Rührigkeit und Weite des spekulierenden Sinnes, eine Konkurrenz neuer und freier Emporien, eine Ausbreitung ihrer Beziehungen zu fernen und fremden Gegenden, kraft deren sich der politische Charakter des hellenischen Lebens auf das merklichste modifiziert; immer mehr tritt der Ackerbau gegen Handel und Fabrikwesen, die Naturalwirtschaft gegen die Geldwirtschaft in den Hintergrund, und die Unabhängigkeit bedeutenden Vermögens gewinnt neben der politischen Berechtigung der Geburt Raum. Diese gewerbliche und kaufmännische Rührigkeit muß man im Auge behalten, um die zahlreichen Städtegründungen Alexanders und seiner Nachfolger richtig zu würdigen.

Überall fühlt man, daß dem gesteigerten und buntbewegten Leben des Griechentums das Heimatliche zu eng wird. Handeltreibend, abenteuernd, als Ärzte, vor allem als Söldner, sind Griechen in alle Welt verbreitet zu finden; schon mit Xenophon haben mehr als zehntausend den Zug gen Babylon gemacht in derselben Zeit, als Ktesias der Arzt am Hofe von Susa hochgeehrt war; seitdem sind griechische Söldner meist die Hauptstärke der persischen Heere; die rhodischen Brüder Mentor und Memnon führen das Perserheer in den schwierigsten Kriegen, dreißigtausend Griechen kämpfen bei Issos für den Großkönig; bis zu seiner Ermordung in den kaspischen Gebirgen begleiten ihn noch viertausend Griechen. Die wilde Zeit der Diadochenkämpfe mehrte nur noch diesen Hang der Griechen zum Soldknechtsleben; überall finden wir sie; in Karthago wie in Baktrien und Indien sind griechische Söldner der Kern der Heere, und die achtzigtausend Mann, die bei der Feier der großen Dionysien in Alexandrien der zweite Ptolemaios in Parade aufziehen ließ, waren fast ausschließlich Makedonen und Hellenen.

Auch die Wissenschaft hat das Ihrige getan, das Griechentum über die Schranken der Heimatlichkeit hinaus zu einer allgemeinen, die Welt umfassenden Kraft zu entwickeln. Schon längst ist die Fähigkeit gewonnen, die Wirklichkeiten nicht mehr phantastisch und hineindichtend anzuschauen; mit dem Interesse der rationellen Betrachtung und der Forschung hat sich das Bedürfnis, den Kreis des Wissens zu erweitern, in gleichem Maße gesteigert; der Unterschied der Bildung von der Unbildung, in seinen Anfängen zur Zeit der Sophisten beschränkt auf das Übergewicht formeller Verstandesentwicklung, hat einen stets sich weiter ausdehnenden Kreis von positiven Kenntnissen aufgenommen und damit ein neues und erfolgreiches Verhältnis zur Empirie gewonnen. Schon Aristoteles ist nicht minder wegen seiner Gelehrsamkeit als wegen seiner philosophischen Tiefe bewunderungswürdig; in ihm sieht man bereits sämtliche Richtungen gelehrter Forschung, welche als das Bezeichnende der sogenannten alexandrinischen Zeit betrachtet zu werden pflegen, Literaturgeschichte, Archäologie, Kritik, Grammatik und so weiter, nicht minder die der induktiven Wissenschaften in vollem Gang. Zugleich ist ein Material gewonnen, an dem man lernend sich zu der Höhe der Bildung zu erheben vermag; denn was ist Unterricht anderes, als den Lernenden die Entwicklungsstufen, welche in langer und mühseliger Arbeit geschichtlich errungen und überwunden sind, in ihren wesentlichen Momenten geistig durchleben zu lassen? Und die griechische Literatur in ihrer wundervollen Reihenfolge, die nun den lernenden Völkern Asiens zugeführt wird, enthält die Typen dieser Entwicklung in vollendeter Ausprägung. So kann die griechische Bildung als Objekt des Unterrichts gebraucht und überliefert werden. Die Kunst des Unterrichtens selbst ist schon systematisch geübt. Das Griechentum ist befähigt, die Barbaren, die Makedonien überwältigt hat, zu lehren und zu bilden.

KAI BRODERSEN
Die sieben Weltwunder
Der Koloß des Helios von Rhodos

Gute Geschäfte

»Die Stadt der Rhodier liegt auf der östlichen Landspitze [der gleichnamigen Insel]. Durch Häfen, Straßen, Mauern und weitere Ausstattungsmerkmale zeichnet sie sich vor allen so sehr aus, daß wir keine andere Stadt nennen können, die ihr gleicht, geschweige denn ihr überlegen ist. Bewunderungswürdig ist auch ihre gute Gesetzgebung und die Sorgfalt, mit der das Gemeinwesen und insbesondere die Flotten-Angelegenheiten gepflegt werden; daher behauptete die Stadt lange die See-Herrschaft, vernichtete die Piraten und war mit den Römern befreundet, ebenso mit den Königen, die ihrerseits Freunde der Römer und Griechen waren. Bei all diesen Vorzügen blieb sie stets unabhängig und wurde mit vielen Weihegaben geschmückt.«

So stellt der griechische Gelehrte Strabon in seiner Geographie die Stadt Rhodos vor. Tatsächlich war die 408 v. Chr. gegründete, rasch reich gewordene Handelsmetropole Rhodos zwar stets auf ihre Unabhängigkeit bedacht gewesen, doch nicht immer mit Erfolg. So hatte sie nach 356 v. Chr. eine Zeitlang eine Garnison des Mausolos aufnehmen müssen, gehörte also zu den Inseln, von denen jener [. . . in dem] von Lukian erfundenen Gespräch prahlte, er habe sie erobert. Auch hatte sich die Stadt 332 v. Chr. auf die Seite der Gegner Alexanders des Großen gestellt, was nach den Erfolgen jenes Königs wiederum die erzwungene Aufnahme einer Garnison zur Folge hatte, diesmal von Alexander. Doch bald schloß sich Rhodos dem großen Eroberer bereitwillig an, und nach seinem Tod gelang es Rhodos sogar, einige Jahre lang tatsächlich unabhängig zu sein.

Bald aber verbanden die Stadt besonders enge Handelsbeziehungen mit dem Reich des Ptolemaios I., der Alexanders

69

Herrschaft in Ägypten übernommen hatte. Dies brachte Rhodos nun die Feindschaft eines anderen Nachfolgers Alexanders ein: Antigonos I., genannt *Monophthalmos* (der »Einäugige«), beauftragte 305 v. Chr. seinen Sohn Demetrios mit der Belagerung der Stadt. Trotz eines gewaltigen Einsatzes von Menschen, Schiffen und Belagerungsmaschinen (und trotz seines Beinamens *Poliorketes,* der »Städtebelagerer«) gelang es Demetrios nicht, Rhodos einzunehmen; im Jahr 304 v. Chr. zog er ab.

Die Rhodier hatten für diesen Fall ihrem Schutzgott Helios einen *kolossos,* also eine Statue (mehr bedeutete das Wort im dorischen Dialekt von Rhodos nicht) als Weihgeschenk versprochen. Geschäftstüchtig, wie sie waren, verkauften sie nun die von Demetrios zurückgelassenen Belagerungsmaschinen und beauftragten nicht den berühmten Bildhauer Lysippos, sondern seinen (zweifellos »preisgünstigeren«) Schüler Chares von Lindos mit der Schaffung des Standbildes. Über das weitere Vorgehen berichtet der griechische Philosoph Sextus Empiricus in einer im 2. Jahrhundert n. Chr. entstandenen Schrift in einem Gleichnis:

»Die Rhodier also fragten Chares, wieviel Geld sie für die Erstellung des Kolosses würden aufwenden müssen. Als sie dies in Erfahrung gebracht hatten, fragten sie erneut, wieviel es wäre, wenn sie ihn mit einer doppelt so großen Statue beauftragten; er forderte dafür das doppelte, und sie wurden handelseinig. Da er aber diesen Betrag bereits für die Anfangsarbeiten und die Entwürfe ausgeben mußte, brachte er sich um. Nach seinem Tod wurden sich die Handwerker bewußt, daß man [für eine doppelt so große Statue] nicht das doppelte, sondern eher das achtfache hätte fordern müssen, da nicht nur die Höhe, sondern alle Dimensionen des Werkstücks vergrößert werden mußten.«

Die Rhodier freilich hatten einen Vertrag geschlossen, und tatsächlich wurde der *kolossos* von den Handwerkern vollendet und vielleicht mit folgendem Gedicht als Weihinschrift der (sich auf den Halbgott Herakles zurückführenden) Rhodier versehen:

»Bis zum Olympos türmten die dorischen Rhodier dieses riesige Bildnis aus Erz, dir zu gebührendem Ruhm,

Helios, als sie die Flut des Krieges eingedämmt hatten,
siegreich ihr Heimatland mit prächtiger Beute
geschmückt.
Sie erbauten das glänzende Prunkstück vollgültiger Freiheit
über dem Meer nicht allein, auch auf dem sicheren Land.
Sollen die Männer doch, die vom Geschlecht des Herakles
stammen,
herrschen, den Vorfahren treu, über das Land und das
Meer.«

In poetischen Worten beschreibt der Dichter also, daß man das
»glänzende Prunkstück« nicht nur vom Land, sondern sogar
vom Meer aus sehen konnte.

Das Standbild und sein Sturz

Über das Aussehen dieses Prunkstücks berichtet Strabon im
Anschluß an das eingangs Zitierte:
»Am besten [von allen Weihegaben] ist der Koloß des Helios, von dem ein Iamben-Dichter sagt: ›Siebenmal zehn Ellen
hoch / hat's Chares von Lindos gemacht.‹ Jetzt aber liegt er da,
durch ein Erdbeben umgeworfen und an den Knien abgebrochen; aufgestellt hat man ihn nicht wieder wegen eines Orakel-
spruches. Dieses also ist unter den Weihgeschenken das treff-
lichste und ist daher auch als eines der Sieben Weltwunder
anerkannt.«
Das Standbild war also einst siebzig Ellen, über dreißig Meter hoch und damit tatsächlich mehr als doppelt so groß wie
die Statue des Zeus von Olympia (ebenfalls eins der Weltwunder); wohl deswegen bekam das alte Wort *kolossos* zunehmend
die Bedeutung »Riesenstatue« und lebt so auch in unserem
Wortschatz (»kolossal«) weiter.
Im Jahr 226 v. Chr. wurde Rhodos von einem Erdbeben getroffen, bei dem – wie der griechische, in Rom wirkende Historiker Polybios berichtet – »der große Koloß und der größte
Teil der Mauern und Docks einstürzten«. In späten Anmer-

kungen zu einem Werk Platons wird weiter berichtet: »Der Koloß von Rhodos stürzte um und zertrümmerte viele Häuser. Doch als ein König sich bereit erklärte, ihn wieder aufrichten zu lassen, sagten die Rhodier aus Furcht vor einem erneuten Sturz: ›Was gut liegt, soll man nicht bewegen.‹«

Der König – man hat an einen Nachfolger Ptolemaios' I. gedacht – hatte also mit seinem großzügigen Angebot ebensowenig Erfolg wie einst Alexander der Große beim Wiederaufbau des Weltwunders des Artemis-Tempels von Ephesos. Zur Begründung ihrer Ablehnung zitierten die Rhodier einen Spruch, den zumindest Strabon auf ein Orakel zurückführt und der jedenfalls später zum Sprichwort wurde.

Über den Sturz dieses Kolosses und seine auch im Liegen immer noch eindrucksvollen Reste berichtet im 1. Jahrhundert n. Chr. ausführlicher Plinius:

»Mehr als alles bewundert war der Koloß des Sol [Helios] in Rhodos, den Chares aus Lindos angefertigt hatte, ein Schüler des oben genannten Lysippos. Dieses Bildwerk war siebzig Ellen hoch.

Es wurde nach 66 Jahren durch ein Erdbeben umgestürzt, doch auch liegend erregt es noch Staunen. Nur wenige können seinen Daumen umfassen, seine Finger sind größer als die meisten Standbilder. Weite Höhlungen klaffen in den zerbrochenen Gliedern; innen sieht man große Steinmassen, durch deren Gewicht man die Statue beim Aufstellen stabilisiert hatte.

Die Arbeit soll zwölf Jahre benötigt und dreihundert Talente gekostet haben; diesen Betrag hatte man durch den Verkauf des Kriegsmaterials des Königs Demetrios gewonnen, das jener aus Überdruß an der langen Belagerung von Rhodos zurückgelassen hatte.« (Naturkunde 34, 41)

Die Statue war nach dem Ende der Belagerung von Rhodos 304 v. Chr. in Auftrag gegeben worden, zwölf Jahre später, also 292 v. Chr. vollendet – und bereits 66 Jahre später bei einem Erdbeben umgestürzt.

Dieser frühe Sturz der Statue hatte auch zur Folge, daß man sich ein Bild von der eigentlich nicht für den Blick der Betrachter bestimmten Innen-Konstruktion des Standbildes machen konnte. Mehr darüber glaubte Philon von Byzanz zu wissen:

»Rhodos ist eine Insel im Meer; einst war sie in der Tiefe verborgen, dann brachte Helios sie ans Licht, wobei er die so Erschienene sich von den Göttern als Eigentum erbat. Auf ihr stand ein Koloß von siebzig Ellen, gestaltet nach Helios: Das Bild des Gottes nämlich ließ sich an seinen Attributen erkennen.

So viel Erz verwendete der Künstler, daß die Erzgruben am Versiegen waren, ja die Anfertigung des Werkes war eine Bronzearbeit der ganzen Welt. Hat nicht deshalb Zeus den Rhodiern gewaltigen Reichtum gegeben, damit sie ihn zur Ehre des Helios aufwenden, indem sie das Bild des Gottes Schicht für Schicht von der Erde in den Himmel hinaufführen?

Dieses also sicherte der Künstler nach innen mit eisernen Rahmen und mit würfelförmigen Steinen, deren Querverklammerungen eine kyklopische Hammerbearbeitung aufweisen. Der verborgene Teil der Arbeit ist großartiger als der sichtbare, und der staunende Betrachter fragt sich, mit wie gearteten Feuerzangen, wie großen Ambossen oder wie viel Arbeitskraft die so schweren Stangen bearbeitet wurden.

Der Künstler legte eine Basis aus weißem Marmor zugrunde und errichtete auf ihr die Füße des Kolosses bis zu den Sprung-Gelenken; dabei beachtete er die Maßverhältnisse, nach denen der Gott siebzig Ellen hoch werden sollte: Die Fußsohle auf der Basis übertraf bereits die [Höhe von] anderen Statuen. Daher also war es nicht möglich, das Übrige anzuheben und darauf zu stellen; man mußte vielmehr die Knöchel oben aufgießen und so das ganze Werk wie beim Hausbau darauf errichten. Und während sonst die Künstler Statuen vorweg formen, dann in Glieder zerlegt gießen und schließlich zusammengefügt aufstellen, hat dieser nach dem ersten Guß den zweiten Teil darauf geformt; nach dessen Bearbeitung wurde der dritte auf ihn gebaut. Und danach verfolgte er immer wieder denselben Plan der Ausführung: Es war ja nicht möglich, die Metallglieder zu transportieren. Wenn der Guß auf den zuvor vollendeten Arbeiten geschehen war, sicherte man die Abstände der Verklammerungen und das Gestell des Rahmens und befestigte den Ballast aus eingefüllten Felssteinen; damit während der Ausführung der Plan unerschüttert bewahrt bleibe, schichtete man jeweils rings um die noch unvollendeten

Teile des Kolosses eine riesige Menge von Erd-Aushub, womit man das bereits Fertiggestellte unterirdisch verbarg und den Guß der nächsten Stücke gleichsam auf ebener Erde durchführen konnte.

So erreichte der Künstler allmählich den Höhepunkt seiner Hoffnungen, und mit einem Aufwand von fünfhundert Talenten Bronze und dreihundert Talenten Eisen schuf er den Gott dem Gotte gleich, womit er kühn ein großes Werk errichtet hat: Einen zweiten Helios hat er der Welt geweiht!«

Ein Talent Metall entspricht etwa dreißig Kilogramm; Chares und seine Mitarbeiter haben also Philon zufolge etwa fünfzehn Tonnen Bronze und neun Tonnen Eisen verbraucht. Noch als 654 n. Chr. die Bronze-Reste des Kolosses als Schrott verkauft wurden (die Rhodier blieben eben geschäftstüchtig), brauchte der Käufer für den Abtransport angeblich 980 Kamele.

Der Koloß über dem Wasser?

Der Koloß, das »kurzlebigste« aller Sieben Weltwunder, hat die Phantasie der Menschen vielleicht am meisten beschäftigt. Wie er tatsächlich aussah, läßt sich schwer sagen; Münzbilder, wie sie für die Rekonstruktion der Statue des Zeus von Olympia und auch des Tempels der Artemis von Ephesos herangezogen wurden, geben allenfalls das Haupt der Statue wieder, ermöglichen also keine Rekonstruktion ihres Gesamtaufbaus.

So ist man auf die Texte – die wichtigsten sind bereits zitiert – angewiesen. Diese sprechen nun übereinstimmend von einem siebzig Ellen hohen Bronze-Standbild, das ein Weihgeschenk war.

Wenn – wie etwa auf dem Bild des ›Colossus Solis‹ von Maarten van Heemskerck – der Koloß eine Fackel in der Hand hält, die ihm offenbar die Funktion eines Leuchtturms verleiht, so fehlt dafür jeglicher antike Beleg; nicht einmal die Aufstellung direkt am Hafen ist bezeugt: Sie ist bei einem Weihgeschenk ohnehin nicht wahrscheinlich und widerspricht zumal dem oben zitierten Zeugnis, demzufolge der Koloß bei seinem Sturz viele Häuser zertrümmerte.

Ebenso fehlt jeglicher Beleg dafür, daß der Koloß so aufgestellt war, wie dies Heemskerck 1572 darstellt und wie dies 1599 William Shakespeare den Cassius über den Titelhelden seines Dramas ›Julius Caesar‹ sagen läßt:

> Ja, er beschreitet, Freund, die enge Welt
> wie ein Kolossus, und wir kleinen Leute,
> wir wandeln unter seinen Riesenbeinen ...

Mit den technischen Mitteln der Antike wäre eine solche Stellung des riesigen Standbildes schlicht unmöglich gewesen. Und auch ihr widerspricht eine antike Quelle: Philon sagt klar, der Künstler habe nur »eine Basis (Einzahl) aus weißem Marmor« zugrundegelegt und »auf ihr die Füße (Mehrzahl) des Kolosses« errichtet.

Erst in der Neuzeit also wurde der Koloß zum spreizbeinig über der Hafeneinfahrt stehenden Leuchtturm. Wahrscheinlich hat ein allzu wörtliches Verständnis des oben zitierten Antipatros-Gedichtes zu dieser bis heute verbreiteten Auffassung geführt: Das poetische Bild vom »glänzenden Prunkstück« wurde für die Neuzeit zum prosaischen Leuchtturm, seine nicht minder poetisch beschriebene Lage »über dem Meer nicht allein, auch auf dem sicheren Land« zum spreizbeinigen Koloß.

Der Antike hingegen genügte die schiere Größe des Kolosses – er war mehr als doppelt so groß wie das Weltwunder der Statue des Zeus von Olympia – dafür, den Koloß des Helios von Rhodos als Weltwunder zu erkennen.

Maria H. Dettenhofer
Die Frauen von Sparta
Ökonomische Kompetenz und politische Relevanz

Probleme und Methoden

»Sparta, wo alles vom Gemeinwohl her bestimmt wurde, war die einzige Stadt, wo die Frau dem Manne fast ebenbürtig war«; das stellte Simone de Beauvoir 1949 in ihrem für die feministische Literatur epochemachenden Werk ›Das andere Geschlecht‹ fest, nachdem sie den Vergleich zur Situation der athenischen Frau gezogen hatte. Und durch Vergleiche werden Besonderheiten deutlich. In der griechischen Geschichte der archaischen und klassischen Zeit bietet die Bipolarität von Sparta und Athen die nahezu ideale Voraussetzung für diese Methode, die jedoch in der Altertumswissenschaft nur selten genutzt wird. Dabei liegt es nahe, daß verschiedene auffällige Besonderheiten gerade aus dem Antagonismus Sparta – Athen zu verstehen und zu erklären sind. Schließlich bot die jeweils andere Polis immer mehr das realisierte, nicht nur das theoretische Beispiel einer zunehmend extremeren Alternative – und das in beinahe allen Lebensbereichen.

Hier soll die gesellschaftliche Stellung der Frau im Hinblick auf ihre Relevanz für die Polis untersucht werden. Daß es dabei jeweils nur um die weiblichen Mitglieder der politisch vollberechtigten Familien gehen kann, liegt auf der Hand. Die besondere Problematik der Fragestellung liegt darin, daß die Forschungen, die versuchen, die griechische Polis aus der Perspektive der Frauen zu sehen, vergleichsweise jung und mit modernen Vorstellungen vom Streben nach Gleichberechtigung der Geschlechter behaftet sind. Simone de Beauvoir sah die Kausalzusammenhänge zwischen der Position der Frau und der Gesellschaft folgendermaßen: »Da die Ursache für die Unterdrückung der Frau in der Tendenz beruht, die Familie weiterzuführen und den Familienbesitz intakt zu erhalten, entrinnt sie (scil. die Frau) in dem Maße, wie sie sich der Familie entzieht, auch ihrer absoluten Unselbständigkeit; wenn die Gesellschaft das Privateigentum ablehnt und daher keinen Wert auf die Familie legt, so verbessert sich das Los der Frau um ein bedeutendes.« Implizit dienen also häufig Vorstellungen und Gedankengebäude des 20. Jahrhunderts als Maßstab.

Zugegebenermaßen dürfte es nahezu unmöglich sein, den eigenen zeitgenössischen Standpunkt zu diesem diskussionsträchtigen Thema gänzlich zu verleugnen, aber trotzdem könnte vielleicht ein Schritt in diese Richtung getan werden, indem man den untersuchten Gegenstand konsequent an einem Phänomen seiner Zeit mißt. Ein Vergleich der gesellschaftlichen Situation der Spartiatinnen mit der der Athenerinnen sollte neben zwei Modellen der Aufgabenverteilung zwischen den Geschlechtern auch wesentliche strukturelle, bisher verdeckte Unterschiede in der jeweiligen Organisation der Polis zum Vorschein bringen. In einer Skizze, die freilich nur die wichtigsten Punkte erfassen kann, soll ein Versuch mit dieser Vorgehensweise und Fragestellung unternommen werden.

Die Situation der Frau in Athen ist Gegenstand zahlreicher Abhandlungen. Und so unterschiedlich die Ergebnisse im einzelnen sind, ist doch unbestritten, daß zumindest die Erwartung, die die Gesellschaft an die Bürgerin hatte und die besonders im attischen Drama immer wieder vor ein breites Publikum gebracht wurde, eindeutig war und den weitestgehenden Rückzug aus der Öffentlichkeit und damit zugleich aus dem Leben der Männer verlangte. Von einer anständigen Frau sollte unter Männern noch nicht einmal gesprochen werden. In bezug auf die Polis reduzierte sich ihre Bedeutung auf das Gebären legitimer Kinder und ihre Aufgaben im Oikos. Darin scheint zunächst kein grundsätzlicher Unterschied zu den Aufgaben der Spartiatin bestanden zu haben. Aber wie auch immer die tatsächliche Realität in Athen und auch in Sparta ausgesehen haben mag – schließlich könnte man die Frage stellen, aus welchen Gründen es für eine Bürgerschaft notwendig war, die Frauen immer wieder so massiv in der Öffentlichkeit auf das von ihnen erwartete Verhalten hinzuweisen –, auffällig bleiben das Aufsehen und die Kritik, die Stellung und

Verhalten der Spartiatinnen in Athen und im übrigen Griechenland über Jahrhunderte hinweg hervorgerufen haben. Offensichtlich stellten Spartas Frauen eine Provokation dar.

Plutarch berichtet, die Spartiatinnen hätten als ziemlich dreist gegolten und seien gegenüber ihren Männern sehr männlich gewesen, »da sie ja in den Häusern das alleinige Regiment führten und dann auch bei den öffentlichen Angelegenheiten und der Beschlußfassung mitwirkten und sogar bei den wichtigsten Belangen Redefreiheit genossen.« Bezeichnend (und ungefähr datierbar) ist die von ihm überlieferte Anekdote über Gorgo, die Gemahlin von König Leonidas. Als ihr von einer Athenerin vorgehalten wurde, allein die Spartanerinnen beherrschten ihre Männer, hielt sie es nicht für nötig, diesen Vorwurf zu entkräften, sondern bestätigte den Herrschaftsanspruch praktisch mit ihrer Antwort: Sie allein würden auch Männer gebären. Mehr als ein Jahrhundert später schreibt Aristoteles, daß in der Zeit der spartanischen Hegemonie vieles von den Frauen verwaltet wurde. Er kritisiert die Hochachtung, welche die Frauen deswegen genossen und welche in den Anreden »Kyria« und »Despoina«, die soviel wie »Herrin« und »Gebieterin« bedeuten, zum Ausdruck gebracht wurde. Denn eine derartige Stellung der Frauen führt nach seinem Dafürhalten zu deren Zügellosigkeit, die er wiederum für die Mißstände im Staat verantwortlich macht. Und auch die moderne Forschung machte sich diese Haltung zu eigen, wenn etwa Sir Moses Finley in den Frauen einen Spannungsfaktor im spartanischen System sah.

Besonders der Quellenwert von Plutarchs Lykurgvita wird unter anderem unter Hinweis auf ihre zeitliche Distanz immer wieder in Frage gestellt. Zugegebenermaßen stellen Plutarchs Beschreibungen häufig Zusammenfassungen dar, die er aus Quellen verschiedener Jahrhunderte gewann, und eine zeitliche Einordnung der geschilderten Verhältnisse ist daher in der Regel nur annähernd möglich. Allerdings bietet seine Arbeitsweise auch vielfältige Kontrollmöglichkeiten durch die Parallelüberlieferung verschiedener von ihm herangezogener Quellen, so daß zunächst kein berechtigter Grund vorliegt [. . .], Plutarchs Überlieferung zu Sparta grundsätzlich in Frage zu stellen. Denn welches Motiv hätten Plutarch und seine Quellen eigentlich haben können, Geschichten über die Spartiatinnen zu erfinden?

Das eigentliche Problem besteht vielmehr darin, daß spartanische Quellen weitgehend fehlen und das von Herodot, Platon, Xenophon, Aristoteles und schließlich Plutarch Überlieferte dem überwiegend wohlwollenden Bild Spartas in der griechischen Öffentlichkeit entspricht; schließlich war die Mythifizierung und Idealisierung des spartanischen Kosmos im Bewußtsein der Griechen schon frühzeitig betrieben worden, was denn auch im Laufe der Zeit eine gewisse Eigendynamik entwickelte. Bis zu welchem Grad und zu welchen Zeiten Ideal und Realität sich einander mehr oder weniger annäherten, läßt sich im einzelnen nicht klären, ebensowenig, welche Probleme für die Spartaner aus dieser Kluft entstanden sein mögen. Es war zweifellos das idealisierte Sparta, das bei den antiken Autoren wirkte, und das hier zugrundegelegt werden soll. Denn »Wissenschaft hat es nicht mit Möglichem zu tun, sondern allenfalls mit Wahrscheinlichem, zunächst aber mit Wirklichem, zum Beispiel der Wirklichkeit von Tradiertem.«

Erziehung, Heirat und Tod:
Sozialisationsmodelle in Sparta und Athen

Die Spartiatinnen praktizierten offenbar unverhohlene und einflußreiche Mitsprache in einem Bereich, der anderenorts den Männern vorbehalten war: der Polis. Darüber hinaus scheinen die Damen sehr selbstbewußt, überhaupt in ihrem Verhalten den Männern sehr ähnlich gewesen zu sein. Und bei alledem genossen sie Respekt und Autorität. Für Nicht-Spartaner genügte das offenbar schon, um von »Frauenherrschaft« zu sprechen. De iure jedoch waren die Frauen von den politischen Rechten in Sparta ebenso ausgeschlossen wie in Athen. Worauf gründete sich also die Autorität, was bildete die Machtbasis dieser Frauen? Wie hatte es dazu kommen können? Und in welchem Rahmen konnten sie in den Belangen der Polis mitsprechen? Aber zunächst: Worin unterschieden sie sich im einzelnen so sehr von den Athenerinnen, daß sie als Provokation empfunden werden konnten? Ein Vergleich der Situation der Spartiatinnen in existentiellen Lebensbereichen mit der ihrer Männer zeigt, daß sie in der Erziehung, bei Heirat und Tod eine relativ gleiche Behandlung erfuhren. Der Vergleich mit den Verhältnissen in Athen macht die Diskrepanz zwischen den beiden Poleis hinsichtlich der Geschlechterrollen besonders deutlich.

Die relative Gleichbehandlung begann im Kindesalter. Spartanische Mädchen wurden ebenso gut ernährt wie Knaben und nahmen zusammen mit ihnen an der öffentlichen Erziehung teil: Nackt wurden sie körperlichem Training unterzogen. Und auch ihre intellektuelle Ausbildung entsprach offensichtlich der der Männer. Dagegen wurden die jungen Mädchen im übrigen Griechenland schlechter ernährt als Knaben, und Erziehung und Ausbildung waren auf die Vorbereitung auf die Pflichten im Haushalt beschränkt. Darüber hinaus versuchte man sie in Unwissenheit zu halten. Xenophon zufolge sollten junge Frauen so wenig sehen, hören und sagen wie nur möglich. Im Vergleich zu Sparta fand in Athen also schon in früher Jugend eine erheblich stärkere räumliche und mentale Trennung der Geschlechter statt.

Ein wesentlicher Unterschied scheint auch im Verhältnis der Ehegatten zueinander bestanden zu haben, denn der Altersunterschied war offenbar in Sparta in der Regel weit geringer als in Athen. Relativ spät, nämlich auf dem Höhepunkt der körperlichen Reife, der nach Platon etwa mit zwanzig Jahren erreicht war, wurden die jungen Frauen in Sparta verheiratet. Das Heiratsalter der Männer lag deutlich unter dreißig, da Plutarch davon spricht, daß der junge Ehemann weiterhin für lange Zeit nicht zu Hause schlief, und wir wissen, daß das Gemeinschaftsleben der Vollbürger bis zum dreißigsten Lebensjahr fortgesetzt wurde. Dagegen scheint das übliche Heiratsalter der Athenerin zwischen dreizehn und fünfzehn, das des Mannes um die dreißig gelegen zu haben. Der Anspruch auf Erziehung und Formung der Gattin, der für das athenische Eheleben eine wichtige Voraussetzung gewesen zu sein scheint und nicht zuletzt durch den großen Altersunterschied zwischen den Ehepartnern bedingt gewesen sein dürfte, konnte dagegen in einer Ehe zwischen Erwachsenen derselben Altersgruppe, die zudem die meiste Zeit über räumlich voneinander getrennt waren, kaum eine Rolle spielen.

Für die verheiratete Frau zeugen die Bräuche von Reflexion über spezifisch weibliche Probleme. Plutarch begründet die Regelung, Frauen erst auf dem Höhepunkt der körperlichen Reife zu verheiraten, damit, daß »der Geschlechtsverkehr, wenn die Natur schon nach ihm verlangte, vielmehr zu Wohlgefallen und Freundschaft führe als zu Haß und Furcht, wenn ihnen (scil. den Jungfrauen) wider die Natur Gewalt angetan würde, und damit der Körper auch die nötige Kraft habe, um Schwangerschaft und Geburt wohl zu überstehen«, und »damit die Zeugung der Kinder in kräftigen Körpern erfolge und die Frucht um so besser heranwachse«. Neben dem Wunsch nach gesundem, kräftigem Nachwuchs, der besonders in herrschenden Schichten immer bestand, aber nicht zu vergleichbaren Rücksichtnahmen auf die Frauen führte, hatte die spartanische Gesellschaft offenbar ein dezidiertes Interesse am physischen und psychischen Wohl ihrer Frauen, und dafür muß es besondere Gründe gegeben haben.

Die Niederkunft wurde sowohl in Athen als auch in Sparta als kritische Phase im Leben der Frau verstanden und mit dem Risiko des Mannes in der Schlacht verglichen. Immerhin läßt Euripides Medea sagen, sie stünde lieber dreimal hinter dem Schild, als daß sie einmal gebäre. Allerdings legt der Dichter diese Äußerung in den Mund einer Barbarin. Aber auch Aristoteles weiß, daß besonders junge Frauen bei der Geburt mehr leiden und häufiger sterben. Reflexion über die Gefahr, im Kindbett zu sterben, hat also offensichtlich auch in Athen stattgefunden. Von Konsequenzen dieser Überlegungen ist uns für das im Vergleich zu Sparta sehr viel besser dokumentierte Athen dagegen nichts bekannt.

Von der jeweiligen Sichtweise legen auch die Bestattungsbräuche Zeugnis ab: In Sparta waren von der üblichen anonymen Bestattung Männer, die in der Schlacht gefallen, und Frauen, die im Kindbett gestorben waren, ausgenommen. Beides wurde als Opfer für die Polis aufgefaßt und in gleicher Weise gewürdigt. Eine ähnliche Praxis, nämlich Frauen, die bei der Geburt ihres Kindes gestorben waren, auf ihrer Stele eine ähnliche Darstellung erfahren zu lassen wie Krieger, scheint auch zumindest im Attika des 4. Jahrhunderts v. Chr. praktiziert worden zu sein. Allerdings war diese Hervorhebung aus zwei Gründen nicht so außergewöhnlich wie in Sparta: erstens, da die Grabmonumente mit Bildern von Kreißszenen nur eine sehr kleine Gruppe innerhalb der attischen Grabkunst bilden und zudem im Vergleich zu Kriegergräbern künstlerisch wenig anspruchsvoll waren, und zweitens, da es sich um eine Gesellschaft handelte, in der anonyme Bestattung ohnehin grundsätzlich nicht üblich war.

Auffällig – und für athenische Männer vermutlich provozierend – dürfte schließlich das ausgeprägte Selbstbewußtsein der Spartiatinnen gewesen sein, wie es in Gorgos Bemerkung bereits deutlich zutage trat. Plutarchs Lykurgvita und seine Sammlung von Aussprüchen der Spartanerinnen, die ›Apophthegmata Lakainon‹, geben darüber in verschiedener Hinsicht Aufschluß. Bekannt ist das Beispiel der Mutter, die ihrem Sohn befiehlt, entweder mit dem Schild, also als Sieger, oder auf dem Schild, also als Gefallener, aus der Schlacht zurückzukehren. Die gleiche Geisteshaltung zeigt Damatria, als sie ihren Sohn nach seiner Rückkehr tötet, weil er sich in der Schlacht als Feigling und damit als ihrer nicht würdig erwiesen hatte. Bezeichnend ist auch der Ausspruch der Frau, die sich, als ihr Sohn sich von der Schlacht zu ihr geflüchtet hatte, ihr Gewand vom Leibe riß und fragte: »Wohin bist du auf deiner feigen Flucht gekommen? Willst du dich da wieder hineinschleichen, wo du einst hergekommen bist?«

Die Tradierung der Aussprüche von Frauen ist, gemessen an athenischen Normen, an sich schon ungewöhnlich, galt doch zumindest im 5. und 4. Jahrhundert v. Chr. die von Aristoteles zitierte Maxime: »Den Frauen gereicht das Schweigen zur Zierde.« Aus den überlieferten Aussagen der Spartanerinnen wird unter anderem deutlich, daß sich die Gattinnen der Bürger nicht scheuten, das Wort in einer Männerrunde zu ergreifen; daß sie sich wie ihre Männer kurz und pointiert, eben lakonisch ausdrückten – ein Hinweis darauf, daß die intellektuelle Ausbildung der Frauen der der Männer entsprach; weiter, daß sie offenbar in allen Lebensbereichen zu den gleichen Normen wie die Männer erzogen wurden, wie absoluter Gehorsam, Loyalität sowie Unterdrückung von Schmerz; und daß sich die Spartiatin, wie auch der Spartiate, total mit der Polis identifizierte. Dieser Identifikation wurden sämtliche privaten Gefühle und familiären Bande untergeordnet. Plutarch unterstellt dem sagenhaften Gesetzgeber sogar explizit die Erziehungsabsicht, »daß auch sie (scil. die Frau) nicht minder als der Mann Anteil haben sollte am Streben nach Tapferkeit und Ruhm«. Daß in den ›Apophthegmata‹ freilich ein Ideal dargestellt wird, tut diesen Aussagen keinen Abbruch, denn das athenische Rollenbild, das uns die Quellen präsentieren, ist ebenfalls an Idealen orientiert.

In Sparta erfolgte also auch eine starke mentale Integration der Frau in das Leben der Männer. Beide Geschlechter hatten dieselbe Ideologie, dieselben Ziele. Die Chancen für einen tiefgreifenden und grundsätzlichen Konflikt zwischen den Geschlechterrollen, wie er in Athen stattgefunden zu haben scheint, sind angesichts dieser Übereinstimmung erheblich geringer, ebenso wie ein Konflikt zwischen den Normen des Oikos und den Gesetzen der Polis, wie er etwa in Sophokles' ›Antigone‹ zum Ausdruck kommt. In der jeweiligen Einstellung zur Polis oder genauer: in der jeweiligen Prioritätenverteilung zwischen Oikos und Polis scheint daher ein wesentlicher Unterschied zwischen der Athenerin und der Spartanerin bestanden zu haben. Im Mittelpunkt der Erziehung der athenischen Frau, ihres ganzen Lebens stand die Familie, der Oikos. Dagegen mußte für die Spartiatin die Polis das erste Identifikationsmerkmal sein.

Die Konzepte der Aufgabenteilung in Sparta und Athen

Die Sozialisation der Spartiatin entsprach in wesentlichen Lebensbereichen der der Männer. Darüber hinaus wurde Rücksicht auf spezifisch weibliche Risiken genommen. Dagegen war die Athenerin durch ihre Sozialisation viel stärker von den Männern getrennt, und auch von vergleichbaren Rücksichtnahmen auf ihr physisches sowie psychisches Wohlbefinden ist nichts bekannt. Das Leben der Spartiatin wurde offenbar als ebenso wichtig eingeschätzt wie das des männlichen Bürgers –

und damit wohl höher als das der Athenerin. Dafür gab es besondere Gründe. Denn für Geburt und Aufzucht der Nachkommenschaft wurden Frauen immer, zu allen Zeiten und in allen Gesellschaften gebraucht, ohne daß dieser Umstand vergleichbare Konsequenzen für die Lebensverhältnisse der Frauen gehabt hätte. Die spartanische Bürgerschaft muß also – im Unterschied zu ihrem athenischen Pendant – in einem weiteren existentiellen Bereich auf ihre Frauen und deren Loyalität angewiesen gewesen sein.

Wie in Athen hatte die Frau in Sparta außer dem Gebären legitimer Kinder die Aufgabe, das Haus zu bestellen. Darin scheint sich die Rolle der Spartiatin zunächst eigentlich nicht von der der Athenerin unterschieden zu haben. Nur bedeutete das in Athen und Sparta nur bis zu einem gewissen Grad das gleiche, denn die Verwaltung und Bewirtschaftung des spartanischen Klaros, dem Landgut des politisch vollberechtigten Bürgers, hatte einen anderen Stellenwert als die Haushaltsführung eines athenischen Oikos.

Der wesentliche Unterschied bestand nämlich darin, daß die Spartiatin im Gegensatz zu ihrer athenischen Standesgenossin im wesentlichen allein für den ökonomischen Bestand des Oikos zuständig war und daß die Erfüllung dieser Aufgabe Voraussetzung für den Erhalt der gesellschaftlichen und damit zugleich politischen Stellung des Mannes war. Alfred Heuss stellte bereits fest: »Da die Männer durch die spartanische Zucht und ihren Lebensstil festgelegt waren, wurde die wirtschaftliche Verantwortung und das ökonomische Handeln eine Sache der Frauen.«

Zu der Festlegung auf das Militärische kam, daß der Spartiate seine vollen politischen Rechte nur ausüben konnte, wenn er in der Lage war, die vorgeschriebenen monatlichen Beiträge zu den Syssitien, den gemeinsamen Mählern, zu deren Teilnahme die Männer täglich verpflichtet waren, zu leisten. Das bedeutet: *Ihr* ökonomisches Versagen konnte *seinen* gesellschaftlichen Abstieg bedeuten. Denn durch seine Beschränkung auf ein Aufgabengebiet einerseits und die spezifische Art von Bürgerzensus in Form der Beiträge zu den Syssitien andererseits befand sich der spartanische Bürger in einem existentiellen Bereich in Abhängigkeit von seiner Frau.

Wir können in Sparta demnach eine relativ strenge Aufgabenteilung zwischen den Geschlechtern feststellen. Die Männer waren für die politische beziehungsweise militärische, die Frauen für die wirtschaftliche Organisation der Polis zuständig. Hinzu kam eine eigenartige Aufteilung der Lebensräume von Mann und Frau: Bedingt durch ihre Verwaltertätigkeit auf dem Klaros, lebten die Frauen im wesentlichen in einer rural geprägten Polis, wogegen die Männer, die sich auf den Sportplätzen, in den Sprechhallen und bei den gemeinsamen Mählern aufhielten, eine stärker urban geprägte Lebensform praktizierten. Daraus ergab sich unter anderem eine relativ strikte räumliche und auch zeitliche Trennung der Geschlechter. Mit anderen Worten: Man lebte in sehr verschiedenen Umgebungen und man sah sich selten.

Dagegen waren die Lebensräume und die damit verbundenen Aufgaben in Athen anders verteilt, und entsprechend andere Konsequenzen ergaben sich daraus: Die Männer kümmerten sich nicht nur um Politik und daraus resultierende militärische Unternehmungen, sondern auch um den wirtschaftlichen Fortbestand des Oikos. Die Frauen waren nur für Arbeiten innerhalb des Hauses zuständig. Das Bürgerrecht unterlag keinem Zensus und war somit von der Bewirtschaftung des privaten Haushalts abgekoppelt. Und obwohl von der Gattin durchaus erwartet wurde, daß sie zur Mehrung des Besitzes des Gatten beitrug, hat die Forschung gezeigt, daß der Bestand des Oikos gerade in der Demokratie immer weniger von der individuellen Haushaltsführung abhing. Indem die Polis seit der Mitte des 5. Jahrhunderts v. Chr. selbst auf direktem Weg zur Versorgung der Bürger beitrug, wurde sie zu einer Art »Super-Oikos«, der unmittelbar deren Existenz sicherte. Hinzu kamen der verstärkte Einsatz von Sklavenarbeit und die Ausgliederung verschiedener Arbeitsvorgänge aus dem Oikos infolge des Aufkommens entsprechender gewerblicher Produktion. Dadurch dürften die Bürger in wirtschaftlicher Hinsicht in immer geringerem Maß auf ihre Ehefrauen angewiesen gewesen sein. Zudem wurde auch von den Athenern mehr und mehr erwartet, private Interessen – und wirtschaftliche Belange galten als solche – den Ansprüchen der Polis unterzuordnen. Kurz: Da die individuelle Haushaltsführung nicht relevant war für den Erhalt des Bürgerstatus, war der Athener in einem für sein Selbstverständnis sehr wichtigen Bereich unabhängig von der Leistungsfähigkeit und Loyalität seiner Frau.

Da die Frau mit dem Oikos assoziiert wurde, hatte die beschriebene Entwicklung in der Prioritätenverteilung Konsequenzen für die Position und Wertschätzung der Hausfrau. Überhaupt wurden die Lebensräume Öffentlichkeit und Haus als Räume der Geschlechter zunehmend schärfer voneinander getrennt und als Gegensätze begriffen. Je mehr die Geschäfte der Polis eine breite Masse der Bürger beschäftigten und öffentlicher Raum primär politischer Raum wurde, mit der zunehmenden Politisierung und Demokratisierung also, wurde Öffentlichkeit immer mehr zu einem ausschließlich männlichen Raum. Die Konzentration auf die Politik einerseits und die räumlich definierte Aufgabenverteilung zwischen den Geschlechtern andererseits scheinen die wesentlichen Faktoren für die – wenigstens soweit es sich um die angestrebte gesellschaftliche Norm handelte – extreme Zurückdrängung der Frau beziehungsweise ihre verstärkte Eingrenzung ins Haus zu bilden, die von Peter Spahn als »eine Art Schutzhaft« charakterisiert wurde.

Sowohl Rechtfertigungen für dieses Rollenbild als auch die daraus folgende Abwertung der Frau werden im attischen Drama dokumentiert. Die Abwertung im ideologischen Bereich diente als Rechtfertigung für dieses Rollenbild. Denn offensichtlich stieß diese Entwicklung bei den Frauen auf Widerstand – oder wie sollte man den Rechtfertigungszwang, die ständige Wiederholung der Frauenschelte in der Öffentlichkeit sowie die Stigmatisierung der Frauen als ordnungsbedrohend sonst erklären? Eine Konsequenz daraus scheint gewesen zu sein, daß, da man im täglichen Leben eben doch auf sie angewiesen war und ihnen ein gewisses Vertrauen entgegenbringen mußte, das Verhältnis zwischen den Geschlechtern von Spannungen, Beklemmungen und Ängsten gekennzeichnet war, was wiederum zu einer weiteren Entfremdung der Lebensbereiche führte.

Die Gemeinsamkeiten und Unterschiede im Verhältnis von Oikos und Polis und analog in den Positionen von Frau und Mann zueinander sind unverkennbar:

In Athen wurde die Entscheidung, wem die Erledigung einer Aufgabe zufiel, grundsätzlich nach dem Kriterium getroffen, ob sie im Haus oder außerhalb des Hauses erledigt wurde – wenigstens solange es sich dabei um die ideale Norm handelte. Innerhalb des Hauses war die Frau zuständig, außerhalb des Hauses der Mann. Als Begründung für diese Aufgabenteilung galt die physische Konstitution der Frau. Das Entscheidungskriterium war also lokaler Art. Die Tatsache, daß gerade die ärmeren Athenerinnen schon aus ökonomischen Gründen häufiger das Haus verlassen mußten – Aristoteles beklagt das –, tut nichts zur Sache, da sie damit nicht dem gesellschaftlichen Ideal entsprachen.

Im Gegensatz dazu wurde in Sparta nach Aufgabenbereichen getrennt. Das Politische beziehungsweise Militärische (die Jagd kann durchaus als kriegerische Übung angesehen werden) oblag den Männern, das wirtschaftliche Management war Aufgabe der Frauen. Oder anders: Die Männer sicherten den Fortbestand der Polis nach außen, die Frauen im Inneren. Das dürfte Aufgaben innerhalb wie außerhalb des Hauses umfaßt haben. Eine gewisse körperliche Konstitution war dafür Voraussetzung. Das bedeutet weiter, daß der Gegensatz zwischen Öffentlichkeit und Haus in bezug auf Aktivitäten von Frau und Mann so nicht bestand.

Die Grenze zwischen Öffentlichkeit und Haus verlief in beiden Poleis an der Türschwelle. Und im täglichen Leben arbeiteten die Frauen beider Poleis außer Haus. Der maßgebliche Unterschied lag also in der Akzeptanz. In beiden Poleis orientierte sich die ideale Norm an der von der Oberschicht praktizierten Lebensform. Und hier lag der Unterschied: Durch die spezifischen Verhältnisse in Sparta war die Aktivität der Spartiatin außer Haus Existenzgrundlage der Ordnung. Dagegen konnte es sich Athens Oberschicht leisten, den Lebensbereich ihrer Frauen weitestgehend auf das Innere des Hauses zu beschränken.

Wie in Sparta fand auch in Athen eine Unterordnung des Oikos im Verhältnis zur Polis statt – wenn auch in Athen auf weniger radikale Weise. Damit einher ging eine Trennung der Lebensräume von Mann und Frau. Ebenso assoziierte man hier wie dort die Frau mit dem Oikos. Nur lag der wesentliche

Unterschied darin, daß der Oikos für den Spartiaten die Basis für den Erhalt seines Bürgerstatus war, der Athener als Bürger dagegen unabhängig von der Wirtschaftsführung seines Haushalts war. Und während man in Athen die Frau mit dem Oikos zurückdrängte, integrierte man in Sparta die Frau, die praktisch allein für ihren Bereich zuständig war, in die politische Mentalität und teilweise auch in das öffentliche Leben der Männer. Oder anders: Bei den einen war es gerade die Polis, die sie von den Frauen unabhängig machte und zu ihnen in Gegensatz brachte, bei den anderen war es die Polis, die die Integration der Frau notwendig machte.

Noch ein weiterer grundsätzlicher Unterschied zwischen Sparta und Athen wurde insgesamt deutlich: Bei der einen handelte es sich um eine Gesellschaft, die voll und ganz auf Spezialistentum setzte, bei der anderen um eine Gesellschaft, die die Spezialisierung so weit wie möglich vermied. In Sparta waren die Männer Spezialisten für den Krieg, die Frauen Spezialistinnen für Ökonomie. Diese Beschränkung, verbunden mit dem jeweiligen Monopol, das sich aus den besonderen gesellschaftlichen Konstellationen ergab, und der relativen räumlichen und zeitlichen Trennung der Geschlechter, führte zu der Notwendigkeit, Männer und Frauen durch eine gemeinsame Ideologie zu integrieren. Dagegen konnte man in Athen auf dieses Bindeglied zwischen den Geschlechtern weitgehend verzichten.

Heloten und Sklaven

Es stellt sich die Frage nach den gesellschaftlichen und politischen Voraussetzungen, die in Sparta zu der beschriebenen Aufgabenverteilung zwischen den Geschlechtern sowie dem daraus resultierenden Abhängigkeitsverhältnis führten und die einzigartige Position der Frau bedingten.

Aristoteles erklärt die selbstbewußte und unabhängige Stellung der Spartiatinnen mit der langen Abwesenheit der Männer in Kriegen in der frühen Zeit Spartas. Als Lykurg dann versucht habe, die Frauen seinen Gesetzen zu unterwerfen, hätten sie sich widerspenstig gezeigt, so daß er darauf verzichtete. Da die regionalen Ausdehnungen dieser Kriege verhältnismäßig gering waren und die Kriegshandlungen nicht durchgehend stattfanden, ist es jedoch wahrscheinlich, daß die Männer im Winter und zwischen den einzelnen Feldzügen heimkehrten. Als alleinige Ursache für eine lange räumliche Trennung der Geschlechter kommen Spartas frühe Kriege also kaum in Frage. Vielmehr spielte die extreme Konzentration der Männer auf das Kriegshandwerk die entscheidende Rolle. Nach dem zweiten Messenischen Krieg (ca. 660–640 v. Chr.), der den definitiven Sieg, die Helotisierung der unterworfenen Bevölkerung und damit die Bestätigung der spartanischen Ordnung brachten, konnte angesichts der weiterhin als gespannt angesehenen Lage kaum erwogen werden, die erfolgreiche Aufgabenverteilung zu verändern, obwohl Sparta von da an weniger häufig in den Krieg zog als andere griechische Poleis.

Die Männer der herrschenden Schicht standen also nicht zur Verfügung für die Organisation der wirtschaftlichen Interessen. Zudem entwickelte sich offensichtlich das gesellschaftliche Ideal, wonach sich der Bürger auf Schild und Speer beschränkte und »sich zum Kriegshandwerker und Diener des Ares machte«. Und Selbstbeschränkung bedeutet auch Spezialisierung. Sich mit wirtschaftlichen Dingen zu beschäftigen, galt für einen Spartiaten als nicht üblich. Vielmehr entwickelte man ein Mußeideal.

Aber auch die Männer der anderen gesellschaftlichen Gruppen kamen für die Aufgabe der Verwaltung der spartiatischen Klaroi nicht in Frage. Die Periöken, die auf wirtschaftlichem Gebiet am ehesten mit Erfahrung hätten aufwarten können, hatten sich um ihre eigenen Geschäfte zu kümmern und lebten in den Randgebieten Lakedaimons. Und während in anderen antiken Gesellschaften ein Vertrauensverhältnis zu einem besonders zuverlässigen und ausgebildeten Sklaven vorstellbar war, kamen Heloten als deren spartanisches Pendant für eine solche Vertrauensstellung im wesentlichen aus zwei Gründen nicht in Frage: Zum einen, da man ihnen als der in den messenischen Kriegen unterworfenen Bevölkerung mit grundsätzlichem Mißtrauen begegnete, das durch die jährliche Kriegserklärung institutionalisiert war, und dadurch die Frontstellung von Sieger und Besiegten grundsätzlich virulent blieb; zum anderen, da es sich bei ihnen um Staatssklaven handelte, die allen Homoioi (den Gleichen), wie sich die Spartiaten selbst nannten, unterstanden und damit nicht das persönliche Eigentum eines einzelnen werden konnten, was bedeutet, daß ein einzelner Spartiate einen einzelnen Heloten nicht mit vergleichbaren Privilegien an sich binden konnte, wie es zum Beispiel ein Athener mit einem von ihm erworbenen Kaufsklaven tun konnte.

Daraus wird deutlich, daß aufgrund der besonderen gesellschaftlichen Konstellation nur die Frauen der Homoioi für die Aufgabe der ökonomischen Organisation der Klaroi zur Verfügung standen. Dazu bedurfte es Frauen, die diesen für das Fortbestehen der Ordnung grundlegenden Aufgaben gerecht werden konnten. Eine Beschränkung der Kompetenz auf das Innere des Hauses sowie eine strikte Ausgrenzung aus dem politischen Leben wie in Athen wäre in Sparta demnach nicht sinnvoll gewesen. Vielmehr kam es darauf an, die Frauen, die – und das mußte für athenische Männer ein Stein des Anstoßes sein – praktisch unkontrolliert oder genauer: nur der Kontrolle des wirtschaftlichen Erfolges unterworfen, die Klaroi bewirtschafteten, trotz der räumlichen Trennung in die Männergesellschaft einzubinden. Nicht Ausgrenzung und Schmähung wie in Athen, sondern Integration und Identifikation mit den Maximen der Polis waren in Sparta notwendig.

Respekt und Autorität waren die Attribute, die die Spartiatin schon allein dazu brauchte, um sich gegenüber Periöken und Heloten durchzusetzen, denn sie war es, die die wirtschaftlichen Angelegenheiten mit diesen Bevölkerungsgruppen zu organisieren hatte. Die Anreden »Kyria« und »Despoina« weisen darauf hin. Zudem mußte gegenüber den unterdrückten Schichten die Homogenität der Führungsschicht betont werden. Schmähungen der Frauen in der Öffentlichkeit hätten dieses Bild untergraben.

Der Klaros war also Aufgabe und zugleich Machtbasis der Spartiatin. Grund für Aristoteles' Entrüstung waren unter anderem die in seiner Zeit herrschenden Eigentumsverhältnisse in Sparta. Seinen Angaben nach befanden sich damals zwei Fünftel des Landes in den Händen von Frauen, da es viele Erbtöchter gab. Auch aus anderen Quellen wissen wir, daß einige Spartiatinnen zumindest seit dem 4. Jahrhundert v. Chr. sehr reich waren und diesen Reichtum für politische Zwecke einsetzten.

Aus der Perspektive Athens, wo die Frau selbst so gut wie keine Besitzrechte hatte, mußte das zweifellos unerhört sein. Daher wird in der Forschung häufig angenommen, daß die Spartiatin Erbrechte an Grund und Boden hatte, auch dann, wenn Brüder vorhanden waren. Auch daß sie ähnliche Vollmachten über ihre Mitgift hatte wie die Frauen im dorischen Gortyn, wurde vermutet. Die Frage nach dem Erbrecht beziehungsweise den Ursachen für den Reichtum der Frauen und dem daraus resultierenden Einfluß hat zwar eine rege Diskussion hervorgerufen, konnte aber nicht beantwortet werden. Die Antwort liegt meines Erachtens nicht allein in den Erb- und Besitzverhältnissen, die nicht rekonstruiert werden können, sondern darin, wem die Verwaltung des Besitzes tatsächlich oblag. Und das waren eben die Frauen der Spartiaten.

Verstärkt wurde die ökonomische Macht der Frauen offenbar noch durch die in Sparta praktizierten Formen der Ehe. Polybios berichtet, bei den Spartanern habe von jeher die Sitte und Gewohnheit bestanden, daß eine Frau drei oder vier Männer hatte, manchmal auch noch mehr, wenn sie Brüder waren, und daß die Kinder ihnen gemeinsam gehörten und man es gewohnt war und für gut und recht hielt, wenn man genug Kinder gezeugt hatte, seine Frau an einen Freund abzutreten. Xenophon und Plutarch bestätigen das letztere Modell, wonach eine Frau zum Zweck der Zeugung gesunder Kinder bei Bedarf ausgeliehen werden konnte. Eine fruchtbare Gattin einem Standesgenossen abzutreten, ist allerdings für Athen ebenso wie für das republikanische Rom belegt und somit grundsätzlich nicht außergewöhnlich, auch wenn dort vorherige Scheidung und erneute Eheschließung Voraussetzung waren. Bei dem ersteren von Polybios geschilderten Modell scheint es sich dagegen in der Tat um praktizierte Polyandrie zu handeln. Der Grund für diese Bestimmung sei gewesen, sagt Plutarch, daß Lykurg den Männern die Eifersucht habe austreiben wollen; die Frau sollte nicht als das alleinige sexuelle Eigentum des Gatten betrachtet werden. Dieser Haltung entspricht die Regelung, daß die Kinder als Gemeineigentum angesehen wurden. Das Ideal der Kindergemeinschaft scheint also, wenn man Polybios' Bericht Glauben schenkt, verwirklicht worden zu sein. Wichtig in unserem Zusammenhang sind die Konsequenzen, die diese Regelungen für die Situation der Frau hatten. Sie führten nämlich dazu, daß einige Frauen – Xenophon bezeugt es ausdrücklich – gleichzeitig für die Verwaltung mehrerer Klaroi zuständig waren.

Dieser Sachverhalt deckt sich im Wortlaut genau mit Aristoteles' Formulierung, wonach vieles von den Frauen verwaltet wurde. Daran konnten sich offenbar weiterführende Machtstrukturen und Einflußmöglichkeiten knüpfen. Plutarch spricht von einer großen Menge an Klienten, Freunden und Schuldnern, durch welche die Mutter von Agis IV. großen Einfluß in der Polis hatte und in öffentlichen Angelegenheiten viel durchzusetzen vermochte.

Die Machtgrundlage der Frauen von Sparta ist soweit geklärt. Offen ist noch die Frage nach dem äußeren Rahmen der freimütig geübten Mitsprache. Durch den Ausschluß von den politischen Institutionen ist nur eine informelle Ebene denkbar, auf der sich die tonangebenden Spartiaten getroffen haben dürften, um den politischen Kurs zu bestimmen. Namentliche Beispiele politischen Einflusses seitens der Frauen sind uns zwar nur von einigen weiblichen Mitgliedern der Königshäuser überliefert, den Darstellungen der antiken Autoren zufolge war politische Mitsprache jedoch keineswegs auf einige prominente Königinnen beschränkt, sondern auch bei den Frauen der vollberechtigten Bürger üblich. Besondere Relevanz für die Polis dürfte das politische Interesse der Frauen in den besonders reichen und einflußreichen Familien Spartas gehabt haben. Insgesamt scheinen die Verhältnisse eher mit dem republikanischen Rom vergleichbar zu sein, wo die Damen der Oberschicht durchaus daran gewöhnt waren, sich auf einer informellen, privaten Ebene an der politischen Diskussion zu beteiligen, als mit dem demokratischen Athen, wo gerade von den Frauen der Oberschicht erwartet wurde, daß sie sich diesem Bereich konsequent fernhielten. In diesem Rahmen könnten die Spartiatinnen besonders bei Fragen zur ökonomischen Situation der Polis hinzugezogen worden sein. Denn wer außer ihnen hätte grundlegend darüber Bescheid wissen können? Allerdings sind wir in diesem Bereich auf Spekulationen angewiesen.

Zusammenfassung: Antike und moderne Mißverständnisse

Aus der Perspektive des Atheners betrachtet – und sie dürfte im wesentlichen Aristoteles' Perspektive entsprechen –, konnte die gesellschaftliche Position der spartanischen Frau leicht mißverstanden werden. Denn auf den ersten Blick hatte die Spartiatin keine anderen Aufgaben als die Athenerin. Eine genauere Betrachtung zeigt jedoch, daß die ursprünglich wohl ähnlichen Aufgaben in zwei gänzlich verschieden strukturierten Gesellschaften, die aus der jeweiligen historischen Entwicklung entstanden waren, zu zwei verschiedenen Organisationsmodellen in bezug auf die Aufteilung von Aufgaben und Raum führten. Eine Konsequenz war eine im hohen Maß divergierende Entwicklung der gesellschaftlichen Position und politischen Relevanz der Frauen. Denn anders als in Athen, wo die Zurückdrängung des Oikos zugunsten der Polis zu einer Zurückdrängung der Frau führte, hatte eine ähnliche Entwicklung in Sparta zu einer politischen Sozialisation der Frauen geführt.

Die athenische Sicht der Frau und ihrer Rolle ist vermutlich schon die eine Hälfte der Erklärung für die Anspielungen in der antiken Literatur auf die vermeintliche spartanische »Frauenherrschaft«. Als Sir Moses Finley die Frauen in seinem sonst brillanten Aufsatz über Sparta unter Spannungsfaktoren im spartanischen System einordnete, folgte er Aristoteles und sah dabei nicht, daß sie als Spezialistinnen für Ökonomie eine staatstragende Funktion ausübten. Die wirtschaftliche Macht der Frauen ist die andere Hälfte der Erklärung für deren ungewöhnliche Rezeption bei den übrigen Griechen.

Auslandserfahrung führt Finley als einen weiteren potentiellen Spannungsfaktor für das spartanische System an. Sofern Spartiatinnen in diesen Genuß kamen, dürften sie durchaus den Vergleich zu ihren griechischen Geschlechtsgenossinnen gezogen haben. Schon in der Kleidung, die ihrer Trägerin größere Bewegungsfreiheit gestattete, kam ihre größere Handlungsfreiheit sichtbar zum Ausdruck; und der sportlich trainierte Frauenkörper wurde auch außerhalb Spartas als schön empfunden. In ihrer ganzen äußeren Erscheinung scheint die gesellschaftliche Position der Spartiatin sichtbar zum Ausdruck gekommen zu sein. Bei den Frauen dürften diese Erfahrungen die Identifikation mit dem System eher verstärkt als zu kritischer Auseinandersetzung geführt haben. Letztlich werden die Spartiatinnen nicht nur für die Ökonomie der Polis existentiell, sondern auch im psychologischen Bereich für das innerspartanische politische Klima als Stabilisationsfaktor gewirkt haben.

Robert M. Ogilvie
Das Opfer in der römischen Religion

Man stelle sich vor, 160 000 brüllende, schmutzige Rinder würden die Whitehall (eine der Hauptstraßen im Regierungsviertel von London) entlanggetrieben und dann im Vorhof der Westminster Abtei (Krönungs- und Grabeskirche der englischen Könige in London) anläßlich einer Krönung geschlachtet. Und doch wurde genau diese Menge an Opfertieren innerhalb von drei Monaten auf dem Kapitol getötet, um die Thronbesteigung Caligulas zu feiern. Die Vorstellung empört uns, genau wie A. Y. Campbell bei dem Gedanken an Horaz, der aus Dankbarkeit für einen kühlen Trunk aus der Quelle Bandusia gelobte, einen jungen Ziegenbock in ihrem Gewässer zu opfern, entsetzt ausrief: »Wer wollte danach noch aus der Quelle Bandusia trinken!« Opfer, besonders Blutopfer, sind unserem heutigen Empfinden vollständig fremd geworden. Wir können nicht mehr die Glaubensvorstellungen von Juden oder Römern nachvollziehen, die davon überzeugt waren, daß Opfer das wirksamste Mittel zur Beeinflussung der Götter waren.

Opfer bedeutet wörtlich: Etwas ist heilig *(sacer)*, es ist dem profanen Gebrauch entzogen und ausschließlich den Göttern vorbehalten. Ein Ort ist heilig, wenn er einem Gott gehört, der dort seinen Wohnsitz hat; Menschen dürfen ihn normalerweise nicht betreten, wie zum Beispiel auf dem Vadimonischen See keine Schiffe fahren durften, weil er heilig war. In der Frühzeit konnte der Staat als äußerste Zwangsmaßnahme einen Verbrecher für »heilig« erklären; das bedeutete, daß er von jeder menschlichen Gemeinschaft ausgeschlossen war und straflos getötet werden konnte, damit die Götter möglichst bald ihr Eigentum erhielten – genaugenommen war es ein Todesurteil. So wählte auch bei Kulthandlungen der Gläubige etwas Besonderes aus und übergab es den Göttern. Aber es bestand ein grundsätzlicher Unterschied zwischen einem Opfer und einer Gabe aus Gold oder Edelsteinen: Ein Opfer mußte etwas Lebendiges sein. Es brauchte kein Tier zu sein; im häuslichen Kult bestanden die meisten Gaben an die Götter aus Getreide – Gebäck *(strues)* aus Dinkelmehl *(far)*, einer besonderen Weizenart, oder aus gesalzenem Schrotmehl *(mola salsa)*. Horaz skizzierte eine jedem Römer vertraute häusliche Szene, als er sagte, die erzürnten Hausgötter würden besänftigt »durch ehrfürchtig dargebrachtes Mehl und ein in der Flamme hüpfendes Salzkorn«, und Ovid schilderte etwas ausführlicher, wie die Hauptmahlzeit des Tages unterbrochen wurde, um etwas von der Speise auf eine Schale zu legen und ins Feuer zu werfen, damit die Hausgötter es verzehren konnten. Auch Blumen, Honig, Käse, Obst, Wein und Milch wurden als Opfergaben verwendet. Tiere aber galten als die wirksamsten und prächtigsten Opfer.

Es ist leicht einzusehen, warum man Tiere oder auch Pflanzen als Opfer wählte. Die Götter waren ihrem Wesen nach Götter des Handelns – zum Beispiel beschützten sie die Geburt oder hielten Unheil fern –, zum Handeln aber ist Lebenskraft nötig. Wenn die Lebenskraft der Götter nicht ständig gestärkt und erneuert wurde, erlahmte ihre Aktivität, und sie konnten nichts Wirksames mehr leisten. Es gab Mißernten und Seuchen, weil die zuständigen Götter aus Schwäche ihre Aufgabe nicht erfüllen konnten, selbst wenn sie es wollten. Varro drückte dies ganz einfach aus, als er schrieb, er fürchte, einige Götter gingen an purer Vernachlässigung zugrunde. Die Existenz der Götter hing weitgehend von der Fürsorge der Menschen ab. In den großen Gebeten, die bei Opferhandlungen gesprochen wurden, lautete der zentrale Ausdruck »Mögest du gestärkt werden« (durch diese Opfergabe), so etwa in den zitierten Gebeten Catos und Augustus'. Der lateinische Begriff dafür ist *macte* (von *mactare*), das man auf *magnus* (groß) und ähnliche Worte beziehen kann. Der Opfernde betete, seine Gabe möge dem Gott frische Lebenskraft verleihen und ihn dadurch befähigen, die vorgetragene Bitte zu erfüllen. Von allen Lebewesen besaßen Tiere am offensichtlichsten diese Lebenskraft, sie waren deswegen die wirksamsten Opfer; die lebenskräftigsten Teile des Tieres, die der eigentliche Sitz des Lebens zu sein schienen, waren Herz, Leber, Nieren und so weiter. Gewöhnlich opferte man nur sie den Göttern. Es war ein glücklicher Zufall, daß gerade sie vom menschlichen Standpunkt aus am wenigsten genießbar waren.

In augusteischer Zeit jedoch war diese ursprüngliche Auffassung von oberflächlicheren Beweggründen überdeckt worden. Man darf daran zweifeln, ob Horaz wirklich die Absicht hatte, die Frische des Wassers der Quelle Bandusia durch die Opferung eines Ziegenbocks zu steigern. Näher liegt eine andere Vermutung: Er wußte, daß ein Ziegenbock das übliche Opfer für eine Quellnymphe war – mochte der Ursprung dieser Tradition noch so unklar sein –, und weil man früher das Wohlwollen der Götter gewann, indem man sich an die Tradition hielt, glaubte er, man sollte es auch weiterhin tun. Andernfalls müßte man annehmen, er hätte die Götter für Wesen gehalten, die den gleichen Geschmack und die gleichen Vorlieben wie er hatten; dann aber hätte er sie doch wohl durch eine Gabe von Dingen zu erfreuen gesucht, die ihm selbst am meisten gefielen.

Auf jeden Fall waren Tieropfer im Leben der Römer eine Selbstverständlichkeit, sie werden bei Schriftstellern wie Vergil und Livius dauernd erwähnt. Man tut deswegen gut daran, genau zu untersuchen, was eigentlich vor sich ging. In den Tempeln Roms wurden Tieropfer einerseits von Beamten und Staatspriestern in der regelmäßigen Abfolge der offiziellen Feste, andererseits auf eigene Kosten von Privatpersonen vollzogen; so opferte Juvenal einmal der Juno Regina und der Minerva je ein weißes Lamm und dem Jupiter Capitolinus ein Stierkalb aufgrund eines Gelübdes für die glückliche Heimkehr seines Freundes Catull von einer Seereise. Man opferte, um – wie in diesem Beispiel – ein Gelübde zu erfüllen oder, wenn auch seltener, um einer Bitte Nachdruck zu verleihen. Der Ablauf war in beiden Fällen sehr ähnlich. Die Wahl des Opfertieres wurde in die Priesterakten eingetragen, wie Cicero schrieb; sie hing teils vom Wesen des betreffenden Gottes, teils vom Anliegen des Opfernden ab. Es galt als Regel, daß männliche Tiere Göttern, weibliche Göttinnen geopfert wurden. Auch die Farbe spielte eine Rolle: Weiße Tiere wurden Juno und Jupiter, also himmlischen Göttern, schwarze den Göttern der Unterwelt dargebracht. Lukrez berichtete von Menschen, »die schwarze Tiere opfern und den Göttern der Unterwelt als

Opfergabe spenden«; und Aeneas tötete »zwei Stiere mit schwarzem Rücken«, als sich der Todestag des Anchises zum ersten Mal jährte. Das Alter der Tiere – ob sie noch gesäugt wurden *(lactantes)* oder schon ausgewachsen *(maiores)* waren – richtete sich nach dem gegebenen Anlaß. Die Staatsfeste können uns eine gewisse Vorstellung davon geben, welche Tiere als Opfertiere geeignet waren: Ziegen an den Lupercalien, zwei trächtige Kühe für die Terra Mater (Erdmutter) am 15. April, ein roter Hund für Robigus (Gott des Getreiderosts) am 25. April, ein Pferd für Mars am 15. Oktober, Stier, Widder und Eber zum Abschluß des Zensus und so weiter. Der gewöhnliche Römer konnte erfahren, welches Tier bei seinem Gelübde in Frage kam, indem er sich beim Tempel des zuständigen Gottes erkundigte. In jedem Tempel scheint es eine Liste gegeben zu haben, in der die dem Gott genehmen Opfertiere aufgeführt waren.

Wenn jemand ein Gelübde einlösen mußte, ging er zuerst zum Tempel und vereinbarte mit dem Tempelhüter *(aedituus)* einen geeigneten Tag, sorgte für die Amtsdiener (die Leute, die den Tieren wirklich die Kehle durchschnitten und sie zerlegten – *popae* und *victimarii*) und bestellte einen Flötenspieler *(tibicen)*. Für diese Dienste gab es feste Preise; es ist ein Gesetz erhalten, in dem diese Einzelheiten angegeben sind. Da die wenigsten Römer Landgüter besaßen, konnten sie sich die Tiere nicht aus eigener Zucht besorgen. Deswegen war die zweite Aufgabe, zum Viehmarkt zu gehen und ein passendes Tier zu kaufen. Es mußte makellos sein, denn jeder Fehler wäre für den Gott eine Kränkung gewesen. Am Opfertag selbst zog der Opferer seine Toga an; er wickelte Bänder um die Hörner des Tieres (wenn er reich war, vergoldete er sie sogar) und flocht welche in den Schwanz; dann trieb er das Tier durch die Straßen zum Tempel. Es war ein gutes Vorzeichen, wenn es gutwillig zum Schlächter lief. Juvenal sprach voll Bewunderung von seinem Kalb, das am Strick zerrte, um schneller ans Messer des Priesters zu kommen. Wenn es sich aber sträubte und wegzurennen versuchte, galt das als böses Omen: Ein solches Tier konnte bei den Göttern kein Wohlgefallen finden. Der Mann mußte es wieder verkaufen, ein anderes erstehen und den ganzen Vorgang wiederholen. War er ohne Zwischenfälle am Tempel angelangt, so übergab er das Tier den Priestern, und das eigentliche Opfer konnte beginnen.

Antike Tempel sind in vieler Hinsicht das genaue Gegenteil unserer Kirchen. In römisch-katholischen Kirchen findet die Haupthandlung, die Messe, im Innern des Heiligtums statt, während sich bei den Tempeln alles außen vollzog. Jeder größere Tempel bestand aus vier Hauptteilen. Die Mitte bildete ein geschlossener Raum *(cella)*, in dem die Statue des Gottes stand; sie war oft überreich mit Gold und Edelsteinen behängt, die Gläubige ihr geweiht hatten. Außer der Statue befand sich nichts in dem Raum, höchstens vielleicht ein kleiner Altar, auf dem Weihrauch entzündet werden konnte. Jedenfalls gab es keine Sitze oder sonstige Einrichtungsgegenstände. Oft waren keine Fenster angebracht, sondern das Licht fiel durch eine Öffnung in der Decke. Die von Gold und Silber funkelnde Statue muß auf einen Gläubigen, der aus der gleißenden Sonnenglut in das dämmrige Licht des Tempels kam, einen überwältigenden Eindruck gemacht haben; eine gewisse Ahnung davon kann man bekommen, wenn man eine griechisch-orthodoxe Kirche betritt. Hinter der *cella* lagen ein oder mehrere sakristeiartige Räume, die den Tempelwächtern zur Verfügung standen und in denen die Tempelschätze aufbewahrt wurden, sofern diese nicht in der *cella* ausgestellt waren. Sogar bei kleinen Tempeln waren die Schätze beträchtlich. Hadrian fand in einem verfallenen Tempel bei Lanuvium zwei Pfund Gold und 206 Pfund Silber, während die Weihgeschenke, die allein Augustus fünf größeren Tempeln in Rom sandte, auf über hundert Millionen Sesterzen geschätzt wurden. Vor der *cella* lag ein Vorraum, in dessen Rückwand sich der Eingang zur *cella* befand und dessen Vorderfront gewöhnlich offen war. Dieser ganze Raumkomplex war von einer Säulenhalle umgeben, die bei italischen Tempeln meist rechteckig, bei kelto-romanischen quadratisch war. Sie sollte nur Schutz vor Regen und Sonne bieten.

Wenn ein Römer ein Gelübde ablegte, betrat er die *cella*, heftete das Wachstäfelchen an das Götterbild und betete dann, das Gesicht der Statue zugewandt und die Arme zu ihr ausgestreckt; wenn es ihm sehr ernst war, warf er sich wohl auch auf die Knie, wie etwa Tibull, oder er lag sogar vor der Statue auf dem Boden, wie es Lukrez voll Verachtung an abergläubischen Leuten beobachtete. Aber wo fand das Opfer denn nun tatsächlich statt? Selbst wenn es von geübten Fachleuten ausgeführt wurde, muß dabei ziemlich viel Blut geflossen sein. Merkwürdigerweise lassen uns hier die literarischen und archäologischen Zeugnisse vollständig im Stich. Es geschah nicht vor dem kleinen Altar in der *cella*. Das steht fest, und zwar vor allem deswegen, weil der Altar zu klein war und zu weit im Tempelinneren lag.

Wir hören zwar von Tempelopfern *(penetralia sacrificia),* aber sie bildeten offensichtlich die Ausnahme. Vielmehr gab es für Blutopfer einen steinernen Altar vor dem Tempel; dieser stand entweder vor den Stufen, die zum Tempel hinaufführten, oder vor dem Eingang zum Vorraum. In der Frühzeit wurde für jedes Opfer ein neuer Altar aus frischen Rasenstücken errichtet; eine Erinnerung daran hat sich bis in die augusteische Zeit und darüber hinaus in dem Brauch erhalten, vor dem Opfer eine Rasendecke über den Altar zu legen. Die römischen Tempel besaßen in der Regel feste Altäre aus Stein, weil sie einer ununterbrochenen Kette von Opfern gewachsen sein mußten.

Das Opfertier wurde nun vor diesen Altar geführt, auf dem ein ziemlich großes Feuer entzündet worden war, und die Zeremonie begann. Zuerst mußte festgestellt werden, ob sich unter den Teilnehmern auch keiner befand, der die Opferhandlung beflecken konnte. Frauen (und Hunde) waren zum Beispiel von Opfern für Herkules und Mars ausgeschlossen, Sklaven durften nur an ganz wenigen Kulten, zum Beispiel am Fortunakult, teilnehmen. Es ist unwahrscheinlich, daß ausnahmslos allen Auswärtigen die Anwesenheit untersagt war, wie man aufgrund einer vereinzelten antiken Quelle vermuten könnte; aber für Fremde, das heißt Nichtrömer, mag gegolten haben, daß sie gefährliche Feinde seien und das Opfer durch einen unheilvollen Zauber gefährden konnten. Dies ist in den Riten der umbrischen Stadt Iguvium festgelegt und erklärt auch den rituellen Ruf, alle Ungeweihten sollten sich entfernen: »*Procul, o procul este profani*«, so rief die Sibylle, als Aeneas das Opfer am Eingang zur Unterwelt vollzog. Aber seine Freunde und Bekannten hatte der Opfernde sicher zur Teilnahme an der Zeremonie eingeladen. Als nächstes reinigten sich die Priester und die Opfernden in einem besonderen Bekken die Hände mit dem heiligen Wasser eines fließenden Gewässers und trockneten sie an leinenen Tüchern ab. Auf Reinheit beim Opfern wurde größter Wert gelegt. Tibull forderte die Teilnehmer an einem ländlichen Fest auf, »in reinem Gewand zu kommen und mit reinen Händen Quellwasser zu schöpfen«; Livius gab einen römischen Brauch wieder, als er L. Atilius die Kultvorschriften von Samothrake erwähnen ließ, nach denen jeder Mensch mit unreinen Händen sich vom Opfer fernzuhalten hatte. Wegen dieser Vorschrift konnte ein Sabiner listig hintergangen werden, der der Diana ein prächtiges Rind in ihrem von Servius Tullius neuerbauten Tempel opfern wollte: Der Tempelwächter befahl ihm entrüstet, sich zuerst die Hände im Tiber zu waschen; während der Sabiner fort war, ergriff der Wächter die Gelegenheit und opferte das Rind selbst.

Nun wurden die Teilnehmer zum Stillschweigen aufgefordert (bei Staatsopfern geschah dies durch den altüberlieferten Ruf: »*Favete linguis!*« (Hütet eure Zungen!); nur die stetige Musik des Flötenspielers war zu hören, der mit seinem Spiel wie bei den feierlichen Gebeten jedes ungebührliche Geräusch übertönen sollte. Die Priester zogen die Toga über ihren Kopf und nahmen ein quadratisches Holzbrett in die Hand, auf dem heiliges, gesalzenes Schrotmehl *(mola salsa)* aufgehäuft war. Sie stäubten das Mehl zwischen die Hörner des Tieres, das die Diener festhielten, und über das Opfermesser. Dieser Teil der Handlung hieß *immolare*. Manchmal gossen sie auch noch Wein, der für diesen Zweck auf einem tragbaren Herdchen *(foculus)* bereitstand, aus einer Schale *(patera)* über den Kopf des Tieres; doch scheint dies ein freiwilliger Zusatz gewesen zu sein. Dido »hält in der rechten Hand die Schale und gießt Wein zwischen die Hörner der glänzenden Kuh«, die sie der Juno opfert. Jetzt wurden dem Tier die Bänder und der Stirnschmuck abgestreift, während der Opferer ihm symbolisch mit dem Messer vom Kopf bis zum Schwanz über den Rücken fuhr. An dieser Stelle der Opferhandlung sprach der Opfernde wahrscheinlich das Gebet, das vorher sorgfältig aufgeschrieben und ihm vorgelesen worden war, um auch das kleinste Versprechen zu vermeiden, denn dann mußte die ganze Zeremonie wiederholt werden. Er trug es stehend und sich nach rechts hin umwendend in Richtung auf die Kultstatue im Tempelinnern vor, genau wie Christen sich beim Glaubensbekenntnis dem Altar zuwenden. Es wurde als ein böses Omen betrachtet, daß Camillus hinfiel, als er sich beim Gebet, das er nach der Einnahme Vejis sprach, umwendete. Jetzt war der Höhepunkt des Opfers erreicht. Der rechts von dem Tier stehende »Opferschläger« *(popa)* fragte: »Soll ich schlagen?« *(agone?),* und auf die zustimmende Antwort hin gab er dem Tier einen gutgezielten Schlag mit einem Hammer auf die Stirn, der es so betäubte, daß es in die Knie sank. Dann zog der »Opferstecher« den Kopf des Tieres nach oben, wenn es den himmlischen Göttern geopfert wurde, oder drückte ihn nach unten bei einem Opfer für die Unterweltsgötter, und schnitt ihm die Kehle durch. In den Adern eines Rindes fließt eine Menge Blut (ungefähr zehn Liter), und wenn seine Hauptschlagader durchgeschnitten wird, schießt es heraus. Wir wissen nicht, was die Römer mit all dem Blut machten. Offensichtlich hielt man es für ein schlechtes Vorzeichen, wenn es nicht frei herausströmte, denn Vergil betrachtete ein Opfer, bei dem das Blut kaum das Messer befleckte, als ein Unglück, und Lukrez schilderte lebhaft das gräßliche Bild von »Altären, die vom strömenden Blut der Opfertiere übergossen werden«. Aber es kann wohl kaum alles über den Altar geflossen sein, denn sonst wäre das Feuer ausgegangen. Etwas davon wird in Gefäßen zu späterem rituellem Gebrauch aufgefangen worden sein; die Gefährten des Aeneas »setzen das Messer von unten an [die Kehle des Tieres] und fangen das warme Blut in Schalen auf«; und es gibt gelegentliche Hinweise darauf, daß die Priester von dem Blut tranken. Etwas wurde vielleicht über den Altar gesprengt; es war eine Ausnahme, daß der Altar vor dem Venustempel bei Paphos auf Zypern nicht mit Blut befleckt werden durfte. Das meiste aber ist sicher auf den Boden geflossen und nach der Zeremonie abgewaschen worden. Auf den Augenblick des Todes warteten alle Teilnehmer mit besorgter Spannung und waren ängstlich darauf bedacht, daß das Tier geschickt und rasch getötet wurde. Wenn es nur halb tot war, oder wenn es sich vor dem Stoß losriß und weglief, war das ganze Opfer umsonst. Es bedurfte der religiösen Unbedenklichkeit eines Julius Caesar, der sich bei einem Opfer vor dem Feldzug gegen den afrikanischen Fürsten Juba nicht davon beeindrucken ließ, daß das Opfertier davonrannte. Als Vitellius bei den Vorbereitungen zur Schlacht bei Mevania im Jahre 69 n. Chr. etwas Ähnliches zustieß, griff er den Wink der Götter auf und eilte zurück nach Rom. Wenn bis zu diesem Punkt alles gut gelaufen war, wurde das Tier zergliedert und in einzelne Teile zerlegt. Die inneren Organe wurden herausgeschnitten, damit sie genau daraufhin untersucht werden konnten, ob das Innere des Tieres ebenso makellos war wie sein Äußeres. Jeder Fehler machte die Zeremonie wirkungslos, zumal es sich um jene lebenswichtigsten Teile des Tieres handelte, die ausschließlich den Göttern zum Verzehr vorbehalten blieben: Es konnte sich sogar die Warnung vor einem Unheil dahinter verbergen. Als Caligula am 1. Januar 41 n. Chr. ein Opfer darbrachte, zeigte es sich, daß die Leber unvollständig war: Caligula wurde noch im gleichen Jahr ermordet. Die *exta* (Innereien) und einige Teile des übrigen Tierkörpers wurden in kleine Stücke geschnitten und auf den Altar gelegt, damit die Götter sie verspeisen konnten. Sie wurden verbrannt. Jetzt war noch das Problem zu lösen, was mit dem restlichen Fleisch geschehen sollte. Wenn es sich um ein kleines Tier handelte, eine Ziege oder ein Lamm, so war das nicht schwierig. Aber ein Rind kann gut und gern hundert Menschen sättigen, und zudem waren die Römer keine großen Fleischesser. (Tacitus erwähnte, daß der Hunger römische Soldaten einmal dazu trieb, Fleisch zu essen; Fleisch gehörte also offensichtlich nicht zu ihrer täglichen Nahrung, und das wird durch die Schilderungen gewöhnlicher Mahlzeiten bei Cicero oder Juvenal bestätigt.) Gelegentlich wurde der ganze restliche Tierkörper auf dem Altar verbrannt. Das nannte man den »achäischen Ritus« *(achivo ritu)*, der in der ausführlichen Beschreibung der Säkularspiele 17 v. Chr. erwähnt ist.

Bei den meisten Opfern muß das Fleisch aber an Ort und Stelle von den Priestern und dem Opferherrn und seinen Freunden gegessen worden sein. Häufig hören wir von einer Küche, die in der Nähe eines Tempels lag; dort könnte das Fleisch gekocht worden sein, denn der Altar war zu klein dazu. Auch erfahren wir oft von einem Speiseraum *(cenaculum)* am Tempel, in dem also eine Mahlzeit eingenommen werden konnte. Bei staatlichen Opfern wurden die Priester oder die Magistrate oder sogar der Senat und das ganze Volk, wenn es ein großes Fest war, zum Mahl eingeladen. Jene 160 000 Rinder lieferten wahrlich eine Menge Fleisch. Bei einigen Opfern, zum Beispiel für Herkules und Silvanus, war es ausdrücklich vorgeschrieben, daß alles Fleisch sofort verzehrt werden mußte. Im übrigen aber wird vieles davon wieder zu den Schlächtern gelangt sein, die es an die üblichen Marktbesucher verkauften. Der Apostel Paulus widmete sich eine Weile der Gesinnung der Korinther, die von gekauftem Opferfleisch essen.

Die Opferzeremonie war bis ins einzelne durch jahrhundertealte Vorschriften genauestens festgelegt. Von geschickten Priestern ausgeführt, war sie sicher ehrfurchterweckend und aufregend zugleich. Der Anblick des Todes, eines Menschen sowohl wie eines Tieres, kann höchste Erregung verursachen; das kann man bei einem Stierkampf erleben. Außerdem achteten die Römer sorgfältig darauf, daß die ganze Zeremonie entsprechend würdig durchgeführt wurde. Wenn der Opfernde an irgendeiner Stelle des Vorgangs ausrutschte, sich versprach, stolperte, so zog das die Wiederholung des gesamten Opfers (*instauratio*) nach sich, und er mußte noch ein zusätzliches Opfer zur Sühnung des Fehlers (*piaculum*) versprechen. Bei Cato ist die Formel für ein Sühneopfer an Mars erhalten, das zu vollziehen war, wenn die eigentlichen Opfertiere einen Makel hatten, ebenso wie es eine »Sühne für gefallene Speise« gab, wenn bei einer normalen Familienmahlzeit etwas von der Speise, die als Opfer ins Feuer geworfen worden war, wieder heraussprang und auf den Boden fiel (es mußte sorgfältig wiederaufgehoben und ins Feuer zurückgeworfen werden). Livius berichtete mehrfach, daß das äußerst aufwendige Latinerfest, bei dem dreißig latinische Stämme auf dem höchsten Gipfel des Albanergebirges Opfer darbrachten, wiederholt werden mußte, weil ein einziger Stamm übergangen worden war. Man konnte sogar ein Voropfer (*praecidanea*) bringen, um etwaige unbeabsichtigte Versehen im voraus zu sühnen. Um sich die fürchterlichen Dinge vorzustellen, die eventuell geschehen konnten, braucht man nur die Schilderung von Didos Opfer in der ›Aeneis‹ nachzulesen. Das heilige Wasser wurde schwarz, der Wein gerann zu Blut und so weiter. Die Würde des Opfers erhöhte sich noch durch die feste Überzeugung, daß nur zufällige Versehen wiedergutgemacht werden konnten. Ein absichtlicher Fehler war unsühnbar, wie der gelehrte Jurist Scaevola konstatierte. Kein Sühneopfer, so schrieb Horaz, konnte einen Menschen erlösen, der wissentlich die den Toten schuldigen Riten vernachlässigt hatte. Das war ein strenges Gesetz, aber es gab dem Menschen genau zu erkennen, was seine Aufgabe war und wie er sie zu erfüllen hatte.

Ein antikes Opfer kann man sich am besten vorstellen, wenn man Bilder betrachtet, so etwa die Wandgemälde im Haus der Vettier in Pompeji. Auch auf einigen Reliefs sind die zentralen Szenen der Zeremonie dargestellt. Die lebendigste Wiedergabe ist vielleicht auf einem Grabstein aus Mailand zu sehen. Der Opferer steht, mit dem Gesicht nach vorn, die Toga über den Kopf gezogen, rechts neben einem niedrigen, dreifüßigen Feueraltar. Hinter ihm bläst ein Flötenspieler mit vollen Backen in sein Instrument, und ein Diener hält ein Kästchen mit Weihrauch in den Händen, der ins Feuer gestreut werden soll. Links vom Altar hat ein *victimarius* einen winzigen Stier an der Kehle gepackt, der eifrig und heiter zu den Flammen auf dem Altar hinblickt.

Opfer gehörten zum römischen Alltagsleben. Sie waren nicht immer aufwendig; viele gerade der frömmsten Gaben bestanden aus Kuchen oder ganz kleinen Tieren. Auf jeden Fall aber wurde der Römer von Kindheit an erst durch den engeren Kult seiner Familie und dann durch die umfassendere Staatsreligion mit ihren sich wiederholenden Jahresfesten und ihren zahlreichen Sonderfeiern zu der Vorstellung erzogen, daß solche Opfer den Göttern angenehm waren. In einem kleinen Gedicht von Martial ist diese Gesinnung wirklichkeitsgetreu eingefangen: Martial hat sein Landgut an einen Mann namens Marius verkauft und macht sich nun Sorgen darüber, ob der neue Eigentümer die heiligen Plätze, die ihm selbst so viel bedeutet haben, auch genug achtet – die den Faunen geweihten Haine, die Heiligtümer der Diana und des Mars und vor allem die Altäre des Jupiter und des Silvanus, die der Vorbesitzer selbst mit ungeschickter Hand errichtet hat und »die oft vom

Blut eines Lammes oder Böckchens gefärbt wurden«. Horaz'
Verhalten der Quelle Bandusia gegenüber zeugt nicht von einer
bedauerlichen Geschmacksverirrung; es war das Benehmen eines normalen religiös veranlagten Menschen.

Leib und Stadtgemeinschaft
Keuschheit im frühen Christentum

»Ein Bollwerk für die Stadt«

In der Mitte des 5. Jahrhunderts n. Chr. beschloß ein christlicher Priester des Schreins der heiligen Thekla in Seleukia (heute Meryemlik in der Nähe von Silifke an der türkischen Südküste), eine verbesserte Fassung der Legende der jungfräulichen Heiligen zu schreiben. Er schilderte, wie Thamyris, der abgewiesene Verlobte Theklas, den heiligen Paulus vor dem örtlichen Statthalter verklagte, weil er in der Stadt immerwährende Jungfräulichkeit gepredigt habe und damit den Verzicht auf die Ehe. »Dieser Mann hat eine neue Lehre eingeführt, welche absonderlich ist und zur Zerrüttung des Menschengeschlechts führt. Er verunglimpft die Ehe: ja, die Ehe, von der man sagen könnte, sie sei der Anfang, die Wurzel und die Quelle unserer Natur. Ihr entspringen Väter, Mütter, Kinder und Familien. Städte, Dörfer und Landwirtschaft sind durch sie in Erscheinung getreten. Ackerbau, Seefahrt und alle Fertigkeiten dieses Staates – Gerichte, das Heer, das Oberkommando, Philosophie, Rhetorik, der ganze summende Schwarm der Redner – beruhen auf ihr. Mehr noch, aus der Ehe gehen die Tempel und Heiligtümer unseres Landes hervor, das Opfer, die Riten, Initiationen, Gebete und feierlichen Tage der Fürbitte.«

Wir sollten die Rede des Thamyris nicht sofort als bombastische Worte abtun, die lediglich einen Blick auf das Selbstverständliche werfen lassen. Unser Buch spielt in einer Gesellschaft, die dem Tode hilfloser ausgeliefert war als selbst das geplagteste unterentwickelte Land der modernen Welt. Bürger des Römischen Reiches wurden auf seinem Höhepunkt, im 2. Jahrhundert n. Chr., mit einer durchschnittlichen Lebenserwartung von weniger als 25 Jahren geboren. Der Tod fiel grausam über die jungen Menschen her. Wer die Jahre der Kindheit überlebte, blieb gefährdet. Nur vier von hundert Männern und noch weniger Frauen wurden älter als fünfzig Jahre. Es war eine Bevölkerung, die »vom Tode abgegrast« war. In einer derartigen Situation konnten sich nur die Privilegierten oder einige Exzentriker die Freiheit leisten, mit ihren Sexualtrieben zu tun, was sie wollten. Wie wenig streng in sexuellen Fragen die antike Stadt in so vieler Hinsicht auch sein mochte, sie erwartete von ihren Bürgern, daß sie einen angemessenen Teil ihrer Energie darauf verwandten, eheliche Kinder zu zeugen und aufzuziehen, um die Toten zu ersetzen. Ob durch gezielte Gesetzgebung wie die des Kaisers Augustus, die Junggesellen bestrafte und Familien dafür belohnte, daß sie Kinder hervorbrachten, oder einfach durch das unbestrittene Gewicht der Gewohnheit – junge Männer und Frauen wurden unaufdringlich dazu mobilisiert, ihren Körper zur Fortpflanzung einzusetzen. Der Druck auf die jungen Frauen war unerbittlich. Damit die Bevölkerung des Römischen Reiches auch nur konstant blieb, mußte, wie es scheint, jede Frau durchschnittlich fünf Kinder in die Welt gesetzt haben. Junge Mädchen wurden früh zu ihrer Aufgabe herangezogen. Der Mittelwert des Heiratsalters römischer Mädchen lag vielleicht nicht höher als vierzehn Jahre. In Nordafrika waren fast 95 Prozent der Frauen, die in Grabinschriften genannt sind, verheiratet gewesen, mehr als die Hälfte von ihnen in einem Alter von weniger als 23 Jahren.

Die Einwohner eines antiken mediterranen Gemeinwesens wie der kleinen Stadt Seleukia oder des im Landesinnern gelegenen Ikonium (das moderne Konya), wo Thekla so unglücklich mit Thamyris verlobt worden war, wußten nur zu gut, daß eine fruchtbare Mittelmeerlandschaft, die von alten Städten und ehrwürdigen Tempeln übersät war, an Mangel an Menschen sterben konnte. Sie wußten, daß sie wenige Hilfsmittel für Kontinuität und Zusammenhalt hatten, die verläßlicher waren und für die sie unmittelbarer verantwortlich waren als ihre eigenen Körper. Wenn ihre kleine Welt nicht aus Mangel an Bürgern ein Ende finden sollte, dann mußten sie sie, Generation für Generation, durch Ehe, Geschlechtsverkehr und das Zeugen und Aufziehen von Kindern reproduzieren. Wie die Gegner von Paulus und Thekla ausführten, war Fortpflanzung und nicht die frostige Lehre, die der heilige Paulus eingeführt hatte, der einzige Weg, eine »Auferstehung der Toten« zu sichern. Die wahre Auferstehung war »die, die durch die Natur des menschlichen Körpers selbst stattfindet und die mit menschlichen Mitteln jeden Tag stattfindet . . ., die Nachfolge von Kindern, die uns geboren werden, durch welche das Bild derer, die sie zeugten, in ihrer Nachkommenschaft erneuert wird, so daß es scheint, als ob die, die vor langer Zeit dahingegangen sind, noch unter den Lebenden wandeln, so als seien sie von den Toten auferstanden.«

Außerhalb der Stadtgemeinschaft riefen die Grabinschriften den Lebenden unaufhörlich zu, daß die Kette des menschlichen Lebens vom Tod nicht unterbrochen worden sei. Die Toten blieben für die Lebenden »Vorbilder der Tugend«. Sie waren »mit den Tugenden ihrer Vorfahren geschmückt« gewesen. Ihre *eutaxia* – das makellose Verhalten der wohlhabenden Männer und Frauen, die die Städte des Reiches wirksam kontrollierten – würde von den Lebenden genau nachgebildet und wiederum an ihre Kinder weitergegeben werden. Es war eine Welt, die entschlossen war, keinen Bruch in dem gemächlichen Fluß des zivilisierten Lebens von einer Generation zur nächsten zuzulassen.

Junggesellen gab es weiterhin in oberen Klassen, auch wenn sie gelegentlich von öffentlichkeitsbewußten Kaisern zurechtgewiesen wurden. Philosophen war es als professionellen Individualisten erlaubt gewesen, ihre wohlbekannte Exzentrizität dadurch zur Schau zu stellen, daß sie ohne eheliche Erben blieben oder sogar lebenslängliche Enthaltsamkeit praktizierten. Doch selbst ein Philosoph konnte aufgefordert werden, der Nachwelt »eine Kopie von sich« zu hinterlassen: Man drängte ihn, zu heiraten, sich um seinen Staat zu kümmern und zum Nutzen dieses Staates eine Familie zu gründen.

Jungfräuliche Frauen jedoch waren ein Teil der zeitlosen religiösen Landschaft der klassischen Welt gewesen. Soranus, ein griechischer Arzt, der im 2. Jahrhundert in Rom schrieb, versicherte seinen Lesern, daß die seltsame Keuschheit dieser Frauen ihrer Gesundheit keinen Abbruch tue: Einige »haben Menstruationsbeschwerden und werden dick und unförmig«, aber das beruhte auf Mangel an Bewegung infolge ihres abgeschlossenen Lebens in den Schreinen, wo sie als ständige Wächterinnen lebten.

Der Reichtum von Assoziationen, die sich durch die Jahrhunderte hindurch an solche Gestalten geknüpft hatten, ist nicht zu leugnen. Viele dieser Assoziationen verbanden sich später mit christlichen Jungfrauen. Wir sollten jedoch darauf achten, einige entscheidende Unterschiede zwischen heidnischen jungfräulichen Priesterinnen und christlichen Nonnen der späteren Zeit nicht zu übersehen. Die Botschaft, die von solchen Frauen wie den vestalischen Jungfrauen in Rom und den jungfräulichen Priesterinnen und Prophetinnen der klassischen griechischen Welt vermittelt wurde, war, daß ihr Zustand gerade darum entscheidende Bedeutung für die Gemeinschaft hatte, weil er anomal war. Sie fügten sich in einen klar umrissenen Raum in der städtischen Gesellschaft ein. So außergewöhnlich und bewundert sie waren, sie galten nicht als Exempel menschlicher Natur in ihrer Vollendung. Ihre Jungfräulichkeit sprach nicht zur Gemeinschaft als ganzer von einer vor langer Zeit verlorenen Vollkommenheit. Sie repräsentierte nicht den Urzustand der Menschheit, der von Männern wie von Frauen wiedergewonnen werden konnte und sollte. Die Keuschheit kündete nicht von der Morgenröte der Endzeit, nach Jahrtausenden verfehlten Geplänkels mit dem Tode durch ehelichen Verkehr – wie sie der Paulus unserer Legende in unmißverständlichen Worten der Thekla gepredigt hatte. Die Keuschheit vieler jungfräulicher Priesterinnen war für sie keine Sache der freien Entscheidung. Keine heroische Freiheit des individuellen Willens wurde von ihrer Entscheidung, nicht zu heiraten, zum Ausdruck gebracht. Die Stadt rekrutierte ihre Jungfrauen, indem sie sie dem Dienst der Götter weihte. Viele jungfräuliche Priesterinnen, wie etwa die Vestalinnen in Rom, waren frei, in späterem Alter zu heiraten. Das, worauf es bei ihnen angekommen war, war eine kunstvoll erdachte Unterbrechung des normalen Prozesses, der ein Mädchen ohne große Übergangszeit von der Pubertät zum Gebären von Kindern führte. Dadurch, daß sie erst mit dreißig Jahren heirateten, traten die vestalischen Jungfrauen als eklatante Anomalien hervor. Sie waren die Ausnahmen, die die Regel bestätigten. Die Tatsache, daß es in einigen Städten eine Handvoll junger Mädchen gab, die von anderen dazu auserwählt waren, auf die Ehe zu verzichten, erhöhte das Bewußtsein der Zeitgenossen dafür, daß Ehe und Gebären das fraglose Schicksal aller anderen Frauen war: »Die Frauenzimmer werden vom vierzehnten Altersjahr an von den Männern Herrinnen genannt. Da sie sehen, daß sie kein anderes Verdienst haben, als Bettgenossinnen der Männer zu sein, so fangen sie an, sich auf den Putz zu legen und alle ihre Hoffnung auf den äußern Reiz zu setzen.«

Ein junges Mädchen ins Haus zu bringen und Kinder mit ihr zu zeugen, warf für wohlhabende Männer Probleme auf, bei denen ihre gebildeteren Altersgenossen und Mentoren mit bemerkenswerter Ausdauer zu verweilen beliebten. Sehen wir uns die Welt von Ehe und Sexualität der Oberklassen – leider die einzige, in die unser Material einen Einblick zuläßt – in der spärlichen Beleuchtung durch diese umfangreiche Sammlung normativer Schriften an. Wir müssen derartiges Material bei der Rekonstruktion der Realitäten von Ehe und sexuellem Verhalten in der römischen Welt mit äußerster Vorsicht verwenden. Es macht jedoch deutlich, was bei den Wohlhabenden als wünschenswert, ja als dem gesunden Menschenverstand entsprechend galt: Es gestattet uns, die Horizonte abzustecken, über die hinaus die Mehrheit der gebildeten Männer in diesem und in den darauffolgenden Jahrhunderten nicht zu denken geneigt waren. Wie altvertraute Musik füllten die *idées reçues* der antiken Welt die Seelen gebildeter Christen, als sie ihrerseits darangingen, über Ehe und über sexuelles Begehren zu schreiben.

Im 2. Jahrhundert n. Chr. wuchs ein junger Mann aus den privilegierten Klassen des Römischen Reiches mit einer Weltsicht auf, die durch einen Standpunkt von unbestrittener Dominanz gekennzeichnet war. Frauen, Sklaven und Barbaren waren unabänderlich anders als er und standen unter ihm. Die auffälligste aller Polaritäten, die zwischen ihm und den Frauen, wurde ihm mittels einer Hierarchie erklärt, die auf der Natur selbst beruhte. Biologisch, so sagten die Ärzte, waren Männer diejenigen Föten, die ihr volles Potential verwirklicht hatten. Sie hatten in den frühen Stadien ihrer Entwicklung in der Gebärmutter einen entscheidenden Überschuß an »Hitze« und glühendem »Lebensgeist« angesammelt. Die heiße Ejakulation des männlichen Samens war der Beweis dafür: »Der lebendige Samen ist es eben, der uns zu Männern macht, der uns Wärme und Gelenkigkeit in den Gliedern verleiht, infolgedessen wir Bart, eine schöne Stimme und Mut bekommen und kräftig werden zum Denken und Handeln.«

Frauen dagegen waren mißglückte Männer. Die kostbare Lebenshitze war ihnen in der Gebärmutter nicht in genügender Menge zuteil geworden. Ihr Mangel an Hitze machte sie weicher, feuchter, kälter, überhaupt formloser als Männer. Die periodische Menstruation zeigte, daß ihr Körper die reichlichen Überschüsse, die sich in ihnen zusammenballten, nicht verbrennen konnte. Doch gerade solche Überschüsse waren erforderlich, um den heißen männlichen Samen zu nähren und aufzunehmen und so Kinder hervorzubringen. Wäre dies nicht so, fügte der Arzt Galen hinzu, könnten die Männer denken, daß »der Schöpfer absichtlich die eine Hälfte des ganzen Geschlechts unvollkommen und sozusagen verstümmelt gemacht habe«.

Die Empfindungen eines modernen Lesers werden von solchen Behauptungen verständlicherweise verletzt. Wir müssen daran denken, daß sie zu diesem Zeitpunkt schon seit über einem halben Jahrtausend aufgestellt worden waren und bis in dieses Jahrhundert hinein weiter aufgestellt wurden. Sie wiesen Frauen in einer unwiderlegbaren »natürlichen« Hierarchie wirksam eine tiefere Stellung zu als Männern. Im 2. Jahrhundert wurde diese Vorstellung allerdings auch dazu verwendet, um Männer selbst einem unaufhörlichen Prozeß der Feinabstimmung zu unterwerfen. Auch Männer konnten sich ihrer selbst nicht ganz sicher sein. Ihre Überlegenheit über Frauen beruhte nicht auf einer »Physiologie der Inkommensurabilität«, wie sie im 19. Jahrhundert entwickelt wurde, die da behauptete, Männer seien von Frauen unwiderruflich verschieden. Die medizinischen Gebilde Hitze und Lebensgeist waren Imponderabilien in der Ausstattung des Mannes. Es war zu vermuten, daß Männer immer mehr von dieser kostbaren Hitze besaßen als Frauen. Doch diese Hitze konnte, wenn sie nicht aktiv mobilisiert wurde, abkühlen, was selbst einen Mann dazu brachte, sich dem Status einer Frau zu nähern. In der römischen Welt dienten die physische Erscheinung und der bekannte Charakter von Eunuchen als ständige Mahnung daran, daß der männliche Körper ein schrecklich bildsames Ding war. Wie Galen in seiner Abhandlung ›Über den Samen‹ behauptete, konnte Mangel an Hitze von Kindheit an dazu führen, daß der männliche Körper in einen Zustand urtümlicher Undifferenziertheit zurückfiel. Kein normaler Mann konnte wirklich zu einer Frau werden; aber jeder Mann mußte ständig befürchten, er könne »weibisch« werden. Seine flackernde Hitze war eine unsichere Kraft. Wenn sie wirksam bleiben sollte, mußte ihr Schwung bewußt aufrechterhalten werden. Es genügte nie, daß man männlich war: Ein Mann mußte bestrebt sein, »viril« zu bleiben. Er mußte lernen, aus seinem Charakter und aus der Haltung und der Konstitution seines Körpers alle verräterischen Spuren von »Weichheit« zu tilgen, die an ihm den halbfertigen Status einer Frau verraten könnten. Die Kleinstadthonoratioren des 2. Jahrhunderts beobachteten sich gegenseitig mit harten, klaren Blicken. Sie achteten auf den Gang eines Mannes. Sie reagierten auf den Rhythmus seiner Sprache. Sie horchten aufmerksam auf den verräterischen Klang seiner Stimme. Jede dieser Äußerungen konnte den verhängnisvollen Verlust eines heißen, temperamentvollen Schwungs verraten, ein Nachlassen der klar umrissenen Selbstbeherrschung und ein Erlahmen der gestrafften Eleganz von Stimme und Gestik, die aus einem Mann einen Mann machte, den gelassenen Herrn einer untergebenen Welt.

Die Einhaltung dieser anspruchsvollen Verhaltensnormen war für die Männer des 2. Jahrhunderts keine Kleinigkeit. Von der furchteinflößenden römischen Regierung mit der Aufgabe betraut, ihre eigenen Städte zu kontrollieren, lernten die Eliten der griechischen Welt (für die und von denen der Großteil unseres Materials geschrieben wurde) schnell und gut, ihresgleichen und ihren Untergebenen die »sanfte Gewalt« eines Regierungsstils beizubringen, der von eifriger Selbstkontrolle und Wohlwollen gekennzeichnet war: »Vermeidung von Zwietracht, sanfte, aber feste Kontrolle über das gemeine Volk« waren ihre wichtigsten politischen und sozialen Ziele. Die Qualitäten, die sie aneinander priesen, waren Sanftmut, Umgänglichkeit, Selbstkontrolle und Mitgefühl. Sie erwarteten, auf diese höfliche Weise auch vom Kaiser und von seinen Vertretern behandelt zu werden, und sie waren bereit, diese sanften Tugenden auf ihre loyalen Untergebenen auszudehnen: Ein Mann hatte »gerecht und menschlich« zu seinen Sklaven zu sein, »ein Vater« für seine Hausdiener und immer »ungezwungen« seinen Mitbürgern gegenüber. Selbst ihre Ammen mußten derartige Qualitäten haben: Sie mußten die kleinen Männer sorgfältig wickeln, »wie es griechische Frauen tun«, so daß sie schon im Alter von einem Jahr lernten, eine korrekte Haltung einzunehmen.

Jeder Bruch der Gefaßtheit, mit der sie Befehlsgewalt über andere ausübten, verursachte heftige Angstgefühle. Zorn und nicht sexuelle Leidenschaft beschäftigte die Mentoren der oberen Klassen. Männer, die ohne Skrupel das Gemetzel der Gladiatorenspiele zu besuchen pflegten und die die römische Regierung dabei unterstützten, den unteren Klassen ein immer brutaleres und herrischeres Bestrafungssystem aufzuerlegen, gerieten in Sorge darüber, daß Wutausbrüche und irrationale Grausamkeit in ihre eigenen Beziehungen zu Abhängigen Eingang finden könnten. Das Sklavensystem der antiken Welt beruhte auf Zwang und Grausamkeit. Doch direkte physische Gewalttätigkeit, die Herren an Sklaven verübten, wurde häufig kritisiert. Galens Vater schalt Männer, die »sich eine Sehne verletzt hatten, als sie ihre Sklaven auf die Zähne schlugen. . . . Ich habe gesehen [fügte Galen hinzu], wie ein Mann einem Sklaven eine Rohrfeder ins Auge stieß.«

Galen wußte von einem Grundbesitzer auf Kreta – »sonst ein schätzenswerter Mensch« –, der »mit den Händen und manchmal sogar mit den Füßen, weit häufiger aber mit einer Peitsche oder einem Stück Holz, das gerade greifbar war«, über seine Diener herfiel.

Galen lernte früh in seiner eigenen Familie, nicht über die von alters her behauptete Polarität erstaunt zu sein, die man zwischen »männlicher« Selbstkontrolle und ihrem Gegenteil, einer krampfhaften Gewalttätigkeit, sah, die mit einem »weibischen« Mangel an Zurückhaltung in Verbindung gebracht wurde: Sein Vater war »der gerechteste, der aufopferungsvollste und freundlichste aller Männer [gewesen]. Meine Mutter dagegen neigt so stark zum Zorn, daß sie manchmal ihre Mägde biß.«

Beziehungen zu Sklaven waren fast ausnahmslos schroff. Mit Frauen dagegen konnten die Dinge anders liegen. Mit einer jungen Ehefrau einen Hausstand zu gründen, wurde als eine besonders beruhigende Übung darin geschildert, wie man einen tieferstehenden »Anderen« auf sanfte Weise lenkt und schließlich in die eigene Welt einbezieht. Die Griechen mißbilligten die Kinderehen der Römer. Gewöhnlich verheiratete man die Mädchen im Alter zwischen fünfzehn und zwanzig Jahren an junge Männer, die ihre Ausbildung beendet hatten und etwa fünf Jahre älter waren als sie. In der lateinischen Welt scheinen Männer noch später geheiratet zu haben. Sie konnten ihre jungen Frauen fast wie Töchter behandeln. Für ein griechisches Paar, Pollianos und Eurydike, schrieb Plutarch etwa im Jahre 100 n. Chr. seine ›Ratschläge über die Ehe‹. Er löste die Probleme von Hierarchie und Bindung zwischen einem Mann und einer Frau durch den Kunstgriff, daß er den Ehemann zum philosophischen Mentor seiner Braut machte. Plutarch warnte Pollianos, daß Frauen eigensinnige Geschöpfe seien. Sich selbst überlassen, »entwickeln sie viele widerspenstige Gedanken, niederträchtige Pläne und Empfindungen«.

Doch er drängte den gewissenhaften jungen Mann, nicht aufzugeben. Pollianos konnte Eurydike in seine eigene ernste Welt einbeziehen. Sie mußte mit ihm und seinen Freunden essen. Andernfalls würde sie lernen, »sich vollzustopfen, wenn sie allein war«. Sie mußte dieselben Götter mit ihm teilen und durfte sich nicht zu den unstet umherirrenden Mächten zurückziehen, die die Frauengemächer beherrschten. Ihr Eigentum würde stillschweigend im gemeinsamen Vermögen verschwinden, und mit ihm alle anderen Aspekte ihres Lebens, die sie ihr eigen nennen mochte. In der Zwischenzeit hatte Pollianos bereits Eleganz und bedachtes Wohlwollen im öffentlichen Umgang mit Männern seines Ranges und mit seinen Untergebenen praktiziert. Eine Beziehung zu einer Frau war für ihn gerade deshalb eine größere Herausforderung, weil sie sich nicht in der harten, klar geregelten Welt des öffentlichen Lebens abspielte. Sie führte ihn so nahe, wie es je in seinem Leben möglich sein würde, an eine unmotivierte Freundschaft heran, die auf seinem eigenen Talent als moralischer Berater seiner Frau beruhte. Dank seines Takts und seiner stillen Autorität würde Eurydike »ihm in Wohlwollen verbunden sein«, so wie der geschmeidige Körper an der alles kontrollierenden, besonnenen Seele hing.

Uns begegnen solche Frauen auf den Sarkophagen Italiens und Kleinasiens im 2. und 3. Jahrhundert. Auf ihnen wurde die Gattin dargestellt, wie sie aufmerksam vor ihrem Gatten stand oder saß, während er die Rechte erhob, um ein Argument vorzubringen, während er in der Linken die Schriftrolle entfaltete, die die überlegene literarische Kultur repräsentierte, auf die er seinen Anspruch auf völlige Dominanz in der Gesellschaft als ganzer wie in seiner Ehe gründete. Die Frau, die auf solchen Sarkophagen dargestellt wurde, war nicht mehr das kleine Geschöpf, das ein leidenschaftlicher junger Mann abrupt entjungferte, um Erben zu erhalten, was ihm von seiner jungen Frau »Haß und Furcht« eintrug, weil ihr wider die Stimme der Natur Gewalt angetan wurde. Sie würde nicht sich selbst überlassen bleiben und unbemerkt in den Frauengemächern verwahrlosen können. Von ihrem kultivierten Gatten war sie in den Bannkreis einer gemeinsamen Vortrefflichkeit gezogen worden.

Besonders schöne Exemplare solcher Sarkophage stehen heute im archäologischen Museum von Konya, der Heimatstadt der legendären Thekla. Hätte Paulus nicht, wie in der Legende von Paulus und Thekla, dramatisch interveniert, um die Rolle des männlichen Mentors der jungen Frau an sich zu reißen, hätte es dazu kommen können, daß Thekla in dieser Haltung vor Thamyris gesessen hätte. Für diejenigen, die derart kostspielige Denkmäler errichteten, hätte ihre eheliche Eintracht eine Botschaft gütiger Ordnung ausgestrahlt, die ganz natürlich aus ihrem häuslichen Kreis in die Öffentlichkeit übergegriffen hätte. Einem Mann, der sein häusliches Leben mit solcher Eleganz und Autorität »harmonisiert« hatte, konnte man zutrauen, daß er »Staat, Forum und Freunde harmonisieren« würde.

Plutarchs ›Ratschläge über die Ehe‹ waren ein gestelzter Traktat, dem eine lange Zukunft in christlichen Moralpredigten beschieden sein sollte. Doch er hatte die Realität des 2. Jahrhunderts auf seiner Seite. Wir haben es mit festgefügten regionalen Oligarchien zu tun. Die Mädchen kamen aus derselben

Klasse wie die Knaben; manche waren vielleicht Cousin und Cousine, und viele waren Töchter oder Schwestern von Freunden und Verbündeten. Sie waren in den verhältnismäßig freien Jahren, die der Pubertät vorausgingen, gemeinsam in großen Haushalten aufgewachsen. Gelegentlich konnten Mädchen diskrete Liebesaffären mit ihren künftigen Verlobten genossen haben.

Die Romane der damaligen Zeit entdeckten mit ganz neuem Respektsempfinden das Thema der Liebe auf den ersten Blick unter jungen Leuten. Man schilderte, wie Held und Heldin dramatische Prüfungen durchmachten, um ihre Keuschheit für eine vorbestimmte Ehe zu bewahren. Die klarste Botschaft dieser Romane war, daß in den oberen Klassen edle Seelen füreinander bestimmt waren: Es war kein Genre, in dem Prinzen Bettlermädchen heiraten.

Sobald das Paar verheiratet war, trat es in der Öffentlichkeit auf. Die Stadt brauchte den Reichtum ihrer führenden Frauen und war bereit, die Frauen, die als Wohltäterinnen der Gemeinschaft auftraten, mit öffentlichen Ehren zu überhäufen. In seinem ›Traumbuch‹ schrieb Artemidoros von Daldis, »daß es für freie und reiche Jungfrauen Gutes bedeutet, [im Traum] mit einem Wagen durch die Stadt zu fahren; es verschafft ihnen angesehene Priesterämter«. Armen Mädchen dagegen, fügte er hinzu, konnte eine solche Entblößung vor öffentlichen Blicken nur Hurerei ankündigen.

In höherem Alter würde ein Mann erwarten, in seiner Gattin das eine zu finden, das er von seinesgleichen nicht erwarten konnte – Ehrlichkeit. *Parrhésia*, unerschrockene Aufrichtigkeit gegenüber Gefährten und Höhergestellten, war ein unendlich seltenes und kostbares Gut. Es war nur von den einzigen beiden maßgeblichen Gestalten zu haben, die am Rande des politischen Lebens standen – von einem Philosophen und von der eigenen Frau. Wir sollten nicht unterschätzen, wie schwer das Bedürfnis nach Vertrautheit dieser Art auf Männern der Antike lastete. Praetextatus, ein Heide aus dem 4. Jahrhundert, schrieb von seiner Gattin Paulina: »Dir konnte ich die fest verschlossenen Tiefen meiner Seele anvertrauen. ... / Und so sind wir als Freunde in Vertrauen verbunden gewesen, / Durch lange Bekanntschaft, durch gemeinsame Initiationen der Götter, / Alles in einem Band des Vertrauens, einem einzigen Herzen, in einem Sinn vereint.«

Als Theodora im 6. Jahrhundert Kaiser Justinian dafür schalt, daß er während des Nika-Aufstands die Nerven verloren hatte, wurden ihre entscheidenden Worte – »der Purpur ist ein schönes Totenkleid« – vor dem vollständig anwesenden Staatsrat gesprochen. Bei dieser Gelegenheit machte Theodora Gebrauch von der *parrhésia,* der privilegierten Redefreiheit, die eine römische Ehefrau ihrem Mann gegenüber besaß. Es muß viele solche Frauen in den geschäftigen Oligarchien des 2. Jahrhunderts gegeben haben. Mit Männern verheiratet, für die politische und kulturelle Aktivitäten endlose Reisen in die Zentren der Macht mit sich brachten, wurden diese Frauen von ihren Gatten zurückgelassen, um das Miniaturreich eines aristokratischen Besitztums zu verwalten: »So träumte die Frau des Diognetos [möglicherweise des Erziehers von Mark Aurel], sie habe nur auf der rechten Wange einen Bart. ... [Hier war es so, daß die Frau] lange Zeit, während ihr Mann verreist war, sich in der Heimatstadt auf sich allein gestellt sah und das Haus besorgte.« (Artemidoros, Oneiocritica 4, 83).

Es scheint, daß die Kernfamilie und mit ihr eine Tendenz zur Betonung der affektiven Bindungen zwischen Mann und Frau und zwischen Eltern und Kindern bereits eine feststehende Einrichtung der römischen Gesellschaft zumindest im Westen war. Bedeutsam wird das 2. Jahrhundert durch die Häufigkeit, mit der die häusliche Eintracht, die man mit der Kernfamilie assoziierte, symbolisch hochgespielt wurde, als Teil eines öffentlich zur Sprache gebrachten Bestrebens, die mühelose Harmonie der römischen Ordnung hervorzuheben. Kaiser Mark Aurel ließ seine Gattin Faustina die Jüngere auf Münzen abbilden, die das Motto *concordia* trugen. Von jungen Ehepaaren wurde erwartet, daß sie zusammenkamen und zu Ehren der »außerordentlichen Eintracht« des Kaiserpaars Opfer darbrachten. Sarkophage zeigen die Karrieren bedeutender Römer, die in Szenen präsentiert werden, mit denen man die spezifischen traditionellen Tugenden illustrierte, die sich bei verschiedenen Anlässen im Leben ihrer Helden manifestierten – Opferszenen stellten seine *pietas* dar, Schlachtszenen und die Unterwerfung von Barbaren repräsentierten seine *virtus* und seine *clementia*. Der Zeitpunkt der Ehe wurde jetzt gewählt, um die so überaus wichtige soziale und politische Tugend der *concordia* darzustellen.

Der Kaiser selbst hatte eheliche Schicklichkeit auszustrahlen. In Musterreden für kaiserliche Anlässe sollte der Rhetor einflechten: »Wegen des Kaisers sind die Ehen keusch, und die Väter haben legitime Kinder. ... Die Dame, die er bewundert und geliebt hat, hat er auch zur Teilhaberin seines Throns gemacht. Was die übrigen Frauen betrifft, so weiß er nicht einmal, daß sie existieren.«

Die römische Auffassung von der Ehe als freier Übereinstimmung von Mann und Frau ist als »Idee von bemerkenswertem theoretischen Potential für den Ausdruck einer umfassenden und befriedigenden Liebe« gelobt worden. Zu Beginn der spätantiken Epoche hatte jedoch das gewaltige Gewicht des Reiches sichergestellt, daß das römische Ideal ehelicher Eintracht eine kristallene Härte angenommen hatte: Das Ehepaar wurde nicht so sehr als ein Paar von gleichen Liebenden dargestellt, sondern vielmehr als beruhigender Mikrokosmos der gesellschaftlichen Ordnung.

»Eine Schule des gesitteten Verhaltens«

Was immer solche Männer in der Praxis taten, es war für sie nicht leicht, ihre Erfahrungen mit Frauen in schriftlicher Form niederzulegen. Es war schwer auszudrücken, wie der Akt des Geschlechtsverkehrs, auf den sie ihre Hoffnungen auf vornehme Kinder gründeten, in ihre gesittete Welt paßte. Galen räumte ein, es sei seltsam, daß die Götter beschlossen hätten, die menschliche Spezies mittels eines so heftigen und potentiell so antisozialen Vergnügens zu erhalten, denn »eine sehr große Lust ist mit dem Gebrauch der Zeugungsorgane verbunden, und ein rasendes Begehren geht ihrem Gebrauch voran«.

Diese Lust ließ sich auch nicht umgehen. Die gelehrten Abhandlungen der damaligen Zeit versahen in Übereinstimmung mit Vorstellungen antiker Alltagsvernunft die Männer und Frauen der Spätantike mit Leibern, die ganz anders waren als die moderner Menschen. Hier waren kleine feurige Universen, durch deren Herz, Hirn und Adern dieselbe Hitze und derselbe Lebensgeist pulsierten wie die, die in den Sternen leuchteten. Sich körperlich zu lieben bedeutete, daß man sein Blut zum Kochen brachte, wobei der feurige Lebensgeist die Venen durchflutete und das Blut in den weißgefärbten Schaum des Samens verwandelte. Das war ein Vorgang, bei dem der Körper als ganzer – Hirnschale, Rückenmark, die Nieren und der Unterleib – ins Spiel kam »wie in einem gewaltigen Chor«. Die Genitalien waren nur Durchgangspunkte. Sie waren die Ventile einer menschlichen Espresso-Maschine. Der Körper als ganzer und nicht nur die Geschlechtsorgane machten den Orgasmus möglich. Tertullian, der düstere, aber belesene Christ, schrieb: »Dadurch, daß beide [Körper und Seele] mit einem einzigen Antrieb den ganzen Menschen in Erregung versetzen, tritt schäumend sein gesamter Samen hervor, der von der körperlichen Substanz die Feuchtigkeit, aus der seelischen die Wärme besitzt. ... Endlich – um eher die Schamhaftigkeit als den Beweis in Gefahr zu bringen –, eben in jener Glut der höchsten Lust, in der die Zeugungsflüssigkeit hinausgedrängt wird, fühlen wir da nicht, daß auch die Seele einen Verlust erleidet?«

Die Ehefrau war zwar ein kälteres Geschöpf, durch das feuchte Nebel wirbelten, doch auch sie mußte sich ganz hingeben, wenn ihr Samen in die Gebärmutter abgegeben werden sollte, um den ihres Gatten zu umschließen. Auch sie mußte kurz nach dem Augenblick der Ejakulation des Mannes »ein ungewohntes, zitterndes Gefühl« empfinden. Wohlgeborene Kinder, vorzugsweise ein männlicher Erbe, der beiden Eltern ähnelte (so tief war ihre Bindung im Liebesakt gewesen), konnten aus einer derartigen Verbindung hervorgehen. Man betrachtete es als völlig angemessen, daß Venus, Aphrodite, ihren Namen von dem heißen Schaum – dem *aphros* – herleitete, der in dieser Form an die Küsten der Liebe brandete. Kurzum: Das junge Paar wurde von seinen klugen Beratern ausdrücklich ermutigt, die Seele mit einem gehörigen Vorrat von Phantasien beträchtlicher Wärme zu füllen, wenn sie zu Bett gingen.

Doch die Ärzte beeilten sich, ein bedeutsames Wort der Warnung für den Mann hinzuzufügen. Erfolgreicher Geschlechtsverkehr war ein krampfartiger Akt, der sich in seinen

Ursachen und physischen Wirkungen wenig von einem plötzlichen Wutausbruch unterschied. Er hatte schreckliche Ähnlichkeit mit der Fallsucht: Der Orgasmus war »eine kleine Epilepsie«. Ließ nicht der Mund des Epileptikers Schaum hervortreten, der aus demselben sprudelnden, weißgefärbten Blut bestand, wie es der Penis hervorbrachte? Wir haben es mit Herren zu tun, deren Gang gemessen sein mußte, deren Gesten kontrolliert waren und die von Plutarch in seiner Schrift ›Über die Bewahrung der Gesundheit‹ den Rat erhielten, sie sollten zur Erhaltung ihres Wohlbefindens laut aus harmonisch verfaßten Deklamationen vorlesen und »leidenschaftliches und krampfhaftes Geschrei«, gleich welcher Art, vermeiden. Es überrascht kaum, daß man dem jungen Paar nahelegte, dieser, »der heiligsten aller Aussaaten«, mit gebührender Umsicht näherzutreten.

Die Sorge um Anstand und die medizinische Wissenschaft kamen beim Thema Geschlechtsverkehr zu denselben Ergebnissen. Der feurige Körper war ein zerbrechliches Reservoir, aus dem Lebensenergie entweichen konnte. Seine Feuer mußten sorgfältig eingedämmt werden, wenn sie von Dauer sein sollten. Häufige sexuelle Aktivität wurde mißbilligt. Sie setzte die Fruchtbarkeit des männlichen Samens herab und verringerte daher für den Vater die Chance, Kinder zu haben. Die Ejakulation führte zu einer merklichen Verringerung der Hitze, die den Schwung eines virilen Mannes aufrechterhielt. Die »zwanghaft virile Moralität«, die seit langem in der griechisch-römischen Welt verbreitet war, wurde von den medizinischen Handbüchern bestätigt. Der Liebhaber und der seiner Frau ergebene Gatte fielen nicht nur in einen verdächtigen Zustand emotionaler Abhängigkeit von einer Frau; physiologisch drohte der zunehmende Verlust an Hitze, der bei ihnen stattfand, sie »weibisch« zu machen.

Eine mächtige »Phantasievorstellung vom Verlust des Lebensgeistes« lag vielen spätklassischen Einstellungen zum männlichen Körper zugrunde. Sie ist eine der vielen Einstellungen, die männliche Enthaltsamkeit fest in der Volksweisheit der Welt verankerten, in der bald danach der christliche Zölibat gepredigt wurde. Der virilste Mann war derjenige, der am meisten von seinem Lebensgeist bewahrt hatte – also der, der wenig oder keinen Samen verlor. Daher die Ambivalenz, die den postpubertären Eunuchen – wie etwa den Attis-Verehrer, der sich selbst kastriert hatte – umgab. Weit davon entfernt, sich in eine präsexuelle Gestaltlosigkeit aufzulösen, wie es mit denen geschah, die als Kinder kastriert worden waren, wurde der ausgewachsene Mann, der sich zum Eunuchen machte, indem er sorgfältig seine Hoden abband, ein *asporos,* ein Mann, der kein Lebensfeuer an andere verschwendete. Galen war der Meinung, wenn man olympische Athleten auf eine solche Weise kastrieren könnte, daß ihre Hitzereserven durch die Operation keinen Schaden litten, würden sie stärker sein. Soranus stimmte dem zu: »Männer, die keusch bleiben, sind stärker und besser als andere und verbringen ihr Leben bei besserer Gesundheit.«

Um die männliche Stimme, die der römische Rhetoriker Quintilian so gerne in den Gerichtssälen um das Forum erschallen hörte, »stark, voll, geschmeidig und fest« zu bewahren, mußte der geschäftige Rechtsanwalt unter anderem »Enthaltung vom Geschlechtsverkehr« praktizieren. Artemidoros schrieb von einem Athleten: »Er träumte, er habe, nachdem er sich das Geschlechtsglied abgeschnitten und mit einem Ölzweig den Kopf umwunden hätte, den Siegeskranz erhalten. ... Solange er jungfräulich [*aphthoros*] lebte, errang er als Athlet glänzende Erfolge und Ruhm; als er sich aber den Freuden der Liebe ergeben hatte, mußte er ruhmlos seinen Beruf aufgeben.«

Wir sollten uns hüten, aus diesen Warnungen zu schließen, daß Männer im 2. Jahrhundert von Sexualängsten geplagt wurden. Weit davon entfernt: Sie betrachteten den Geschlechtsakt als einen der vielen Aspekte ihres Lebens, die sie durch Vernunft und gute Manieren unter Kontrolle bringen konnten. Sie lebten in angenehmen Verhältnissen, hatten einen trainierten Körper, waren gut ernährt und wußten, wie man den Gefahren, die mit ihren periodischen und ausnehmend lustvollen Verausgabungen von Lebensgeist verbunden sein konnten, durch klug gewählte Diät und körperliche Bewegung begegnen konnte. Bisweilen rieten Ärzte sogar zur Ejakulation, um den Körper von den überschüssigen Ablagerungen von Samen zu befreien, die Kopfschmerzen und Trägheit verursachten: Herren, die auf ihre Gesundheit bedacht waren, so schrieb Galen, übten den Beischlaf aus, auch wenn ihnen der Akt kein besonderes Vergnügen bereitete.

Geschlechtsverkehr war eine Sache, die der wache Mann glaubte kontrollieren zu können. Das Ehepaar wurde in dem Glauben bestärkt, daß der Geschlechtsakt selbst, wenn er in der richtigen Geistesverfassung – und das heißt, in korrekter Schicklichkeit – durchgeführt wurde, positive Auswirkungen auf den Charakter und das Geschlecht des daraus hervorgehenden Kindes haben würde und daß zweifellos die Mißachtung solcher Schicklichkeit zu Nachkommen führen würde, die Anlaß zu Scham und Mitleid gäben. Der Mythos der eugenischen Sexualität war weit verbreitet, auch wenn Belege dafür vor allem in jüdischen Quellen zutage getreten sind. Der Mythos lieferte dem jungen Paar einen schrecklich zweischneidigen sexuellen Freibrief. Er besagte, daß die junge Braut bewußt als bereitwillige Partnerin am Geschlechtsakt beteiligt sein mußte. Ihr Geist mußte im Augenblick der Empfängnis wenn schon nicht gerade in Hochstimmung, so doch jedenfalls gelassen sein. Dieser Glaube schützte das Mädchen vor den schlimmsten Auswirkungen brutalen und gefühllosen Verkehrs: Nur die Ungebildeten, sagten die Rabbiner, würden es unterlassen, zu einer Frau »zärtlich zu sein«, bevor sie versuchten, ein Kind mit ihr zu zeugen. Doch der eugenische Mythos erlegte ihr auch eine eigentümlich intime und unterschwellige Disziplin auf. Als der flüssigere und labilere Teil, dessen Samen die feuchte Nahrung für das Kind bereitstellte, hatte die Ehefrau die besondere Pflicht, sich während des Verkehrs zu konzentrieren. Unangemessene Vorstellungen und Gefühle zu diesem Zeitpunkt konnten das Temperament des Kindes ihres Gatten beeinflussen, denn: »Oftmals, wenn eine Frau mit ihrem Gatten gezwungenermaßen schläft, ihr Herz aber bei dem Ehebrecher ist, mit dem sie Verkehr hat, gebiert sie den, den sie gebären wird, indem er dem Ehebrecher gleicht.«

Die Tatsache, daß dieses besonders unerfreuliche Stück gelehrter Folklore in einem gnostischen Traktat auftaucht, in dem es um spirituelle Anleitung geht, zeigt, wie beherrschend und wie kontrollierend solche Glaubensvorstellungen sein konnten.

Die Idee des eugenischen Sex verpflichtete den Mann ebenso wie die Frau zu Anstandsregeln im Bett, die eine Fortsetzung der öffentlichen Persönlichkeit darstellten. Wenn die Stoiker darauf beharrten, daß der Verkehr nur »der Natur entsprechend« stattfinden sollte, so stand das im Einklang mit dieser mächtigen Phantasievorstellung. Für die Stoiker sollte der Geschlechtsverkehr nur ausgeübt werden, um Kinder hervorzubringen. Das Paar durfte sich nicht bloß zum Vergnügen lieben; selbst die Positionen, die sie einnahmen, sollten nur diejenigen sein, in denen der Samen am wirksamsten »gesät« werden konnte. Alle anderen Formen der körperlichen Liebe waren ein *tolméma:* Sie waren »unberechtigte Akte«. Die Philosophen betrachteten sie als etwas, worin Menschen in bedrückender Weise eine willkürliche Freiheit geltend machten, mit ihrem Körper zu tun, was sie wollten. Das Einnehmen einer Vielzahl sexueller Positionen bedeutete, im Widerspruch zur »Natur«, der großen Mutter der Menschheit, herumzuspielen: Die Menschen ersannen »alle übrigen Stellungen aus Übermut, Zügellosigkeit und Unbeherrschtheit«.

Stoische Einstellungen zum ehelichen Verkehr übersahen bewußt die Möglichkeit erotischer Befriedigung zugunsten der würdevollen und zielbewußten Gesten des öffentlichen Menschen. Selbst das Ehegemach sollte eine »Schule des gesitteten Verhaltens« sein. Im Augenblick des Verkehrs durfte es den Leibern der Elite nicht gestattet werden, auch nur einen einzigen willkürlichen Strudel in dem feierlichen Strom aufzuwühlen, der von Generation zu Generation durch das Ehebett floß.

Trotz ihrer offensichtlichen Beschränkungen stützen die Belege, die wir bisher behandelt haben, kaum die weitverbreitete romantische Auffassung, daß die vorchristliche römische Welt ein sonniges »Paradies der Repressionsfreien« gewesen sei. Noch weniger ist es möglich, die Strenge christlicher Sexualethik und das Neuartige der christlichen Verhärtung in Richtung auf totalen sexuellen Verzicht so zu erklären und damit zu entschuldigen, als seien diese Dinge nicht mehr als eine verständliche, wenn auch übertriebene Reaktion auf die Zügellosigkeit, die in den gebildeten Klassen des Reiches herrschte. Was wir vor uns haben, ist vielmehr ein Reich, dessen Mentalität schon lange von melancholischen und umsichtigen Menschen festgelegt worden war. Ihre Mentoren schrieben in solcher Ausführlichkeit über Frauen und Ehe und sogar über den Geschlechtsverkehr, um einen Weg zu finden, Mitglieder der Oberklasse dazu zu befähigen, mit ihresgleichen über die gewichtigen Fragen von Macht, angemessener Ordnung und ungestörter Kontinuität laut nachzudenken.

Die herrschenden Klassen hatten keine Neigung, ihren Zugriff auf eine Welt zu lockern, die sie mit so unumstößlicher Gewißheit betrachteten. Die Instabilität des 3. Jahrhunderts brachte in dieser Hinsicht wenig Änderung: Sie verstärkte nur ihre Entschlossenheit, an der Selbstdisziplin festzuhalten und die Symbole der öffentlichen Ordnung aufrechtzuerhalten, die in friedlicheren Tagen hervorgetreten waren. Eine *severitas*, eine verbissene männliche Strenge, die wenig Zugeständnisse an Frauen oder an die Lust machte, war die gängige Münze des öffentlichen Ausdrucks des 3. Jahrhunderts. Die Bekehrung Konstantins zum Christentum machte die Verhärtung der öffentlichen Stimmung nur unwiderruflich. Die Oberklassen des Römischen Reiches in seinen letzten Jahrhunderten, Heiden wie Christen, lebten nach Regeln sexueller Zurückhaltung und öffentlichen Anstands, die sie sich gern als kontinuierliche Fortsetzung der virilen Strenge des archaischen Roms dachten. Sexuelle Toleranz war im öffentlichen Bereich fehl am Platz. In der Mitte des 4. Jahrhunderts n. Chr. war Kaiser Jovian, obwohl demonstrativer Christ, übermäßig dem Wein und den Frauen zugetan gewesen; doch das waren Fehler, die er (wenn er länger gelebt hätte) »vielleicht mit kaiserlicher Zurückhaltung gebessert« hätte.

Eine lateinische Schularbeit aus derselben Zeit, die aus Gallien überliefert ist, gibt die Worte eines Vaters wieder, dessen Sohn sich durch ungebührliches Benehmen bei einem Bankett in Schande gebracht hatte: »Was würden die Leute sagen, wenn sie sähen, daß du dich so benimmst? ... Jemand, der anderen Ratschläge gibt, muß sich zu beherrschen wissen. ... Du hast schwere Schande auf dich geladen.«

Der Vater des jungen Mannes brauchte kein Christ zu sein, um darauf zu bestehen, daß sich sein Sohn in der Öffentlichkeit mit einer puritanischen Korrektheit benahm, die der Einstellung von Männern in einem modernen fundamentalistischen muslimischen Land näher steht als unseren neuzeitlichen romantischen Phantasievorstellungen von einem »dekadenten« Römischen Reich.

Diese Regeln galten jedoch nicht für alle. Selbst unter den Eliten waren sie eine Sache der Entscheidung. Es war schließlich durchaus möglich, seinen Bereich zu beherrschen, wohlgestaltete Söhne zu zeugen und mit einer Reputation für unerschütterliche eheliche Eintracht ins Grab zu sinken, ohne sich den Kopf mit allen möglichen gelehrten Spinnweben zu füllen. Gewisse Einschränkungen, die in christlichen Kreisen befürwortet wurden, hatten für Männer der Oberklasse geringes Gewicht. Der wohlhabende Grieche oder Römer war Sklavenhalter. Männer besaßen die Körper ihrer männlichen und weiblichen Diener. In den Mauern eines großen, weitläufigen Hauses voller junger Sklaven, über die der Herr uneingeschränkt herrschte, blieb Treue zur eigenen Gattin eine persönliche Entscheidung. Es gab zwar strenge Gesetze, die verheiratete Frauen für Ehebruch bestraften, aber Untreue ihrer Ehemänner war keiner gesetzlichen Strafe unterworfen und stieß auf sehr wenig moralische Mißbilligung. Man hielt es für ausreichend, die Treue »auf die Mauern rings um das Haus zu beschränken, sie aber nicht an das Ehebett selbst zu binden«. Der Ehemann wurde nicht dazu ermutigt, in den Bordellen zu leben, sich ein auswärtiges Verhältnis zuzulegen oder neue Frauen ins Haus zu bringen. Doch Untreue mit Bediensteten war »ein Verhalten, das manche geradezu für unschuldig halten, da doch jeder Herr (von Sklaven) völlig souverän gilt bei dem, was er mit seiner Sklavin machen will«.

Die Führer der christlichen Kirche in der Spätantike folgten den Philosophen darin, daß sie die Anomalie der römischen »doppelten Moral« verurteilten, die die Frau für Ehebruch bestraft hatte, während sie Untreue beim Mann akzeptierte. Doch die Geistlichen zeigten sich ebensowenig geneigt, die Institution der Haussklaverei umzustürzen, wie es die Philosophen gewesen waren. Durch ihr Zögern in diesem Punkt verdammten sie sich von Anfang an zu einer ehrenwerten Wirkungslosigkeit in Sachen eheliche Treue. Die meiste Untreue bestand darin, daß man mit seinen Sklaven schlief. Das war lediglich eine von zahlreichen Varianten, in denen der Herr seine Macht über die Leiber der von ihm Abhängigen behauptete. Ein halbes Jahrtausend nachdem Musonius Rufus untreue Ehemänner verurteilt hatte, dröhnte durch die Höfe der Kirche von Arles noch immer das schallende Gelächter der Söhne eines christlichen Adels, die sich ihrer sexuellen Abenteuer mit Dienstmädchen brüsteten.

Die Autoren des 2. Jahrhunderts n. Chr. faßten ihre Vorschriften in universelle Begriffe. In Wirklichkeit schrieben sie für die privilegierte Minderheit. Die Regeln für sexuelles Verhalten, die wir beschrieben haben, wurden von den Empfängern moralischer Ratschläge geschätzt, weil man sie im Einklang mit der Kultiviertheit und Selbstkontrolle sah, durch die sich die Vornehmen von ihren unbotmäßigen Untergebenen unterschieden. Solche gehobenen Regeln für Vortrefflichkeit, in der Ehe wie in allem anderen, brauchte man nicht mit anderen zu teilen. Daher die eklatanten Inkonsequenzen der Epoche, auf die christliche Polemiker und Prediger ständig die Aufmerksamkeit lenkten. Männer, die um sich und ihre Frauen einen Panzer moralischer Strenge legen wollten, waren durchaus bereit, ihre Position in den Städten durch große Verzeihungsmomente bei den öffentlichen Spielen zu festigen, bei denen Grausamkeit und sexuelles Vergnügen als ganz normal betrachtet wurden. Auch hier bedeutete die Bekehrung Konstantins nichts. Noch im 6. Jahrhundert n. Chr. waren die Honoratioren von Gerasa (Jerash in Jordanien) stolz darauf, für ein Wasserfest zu sorgen, bei dem Scharen nackter Mädchen vor einer Volksmenge herumtollten, die zu dieser Zeit schon ganz aus Christen bestand. Es war, wie sie sagten, »ein ganz entzückendes Schauspiel«. Die Körper solcher Frauen zählten wenig. Während die Frauen von Schenkenbesitzern als so ehrbar galten, daß gegen sie von ihren Ehemännern Anklage wegen Ehebruchs erhoben werden konnte, wenn sie Sex mit durchreisenden Gästen hatten, war dies bei Barmädchen nicht der Fall. »Denn von den Frauen, auf die das Gesetz Anwendung findet, sollte Keuschheit erwartet werden; aber diejenigen Mädchen sind frei von der Strenge des gerichtlichen Verfahrens, deren wertloses Leben sie so tief stellt, daß sie das Gesetz nicht zu beachten brauchen.« So ließ sich die öffentliche Stimme Konstantins, des ersten christlichen Kaisers, vernehmen.

All dies ist eine Welt, die wir von einem entschieden männlichen Standpunkt aus kennen. Es gab vieles auf der Welt ringsum, was gebildete Griechen und Römer nicht zu sehen oder nicht zur Sprache zu bringen wünschten. Das erlesene Ideal ehelicher Eintracht übersah bewußt den Kummer, die Schmerzen und die Krankheit, die mit dem Gebären von Kindern verbunden waren. Es zielte darauf, die Ehe in die größere Ordnung der Stadtgemeinschaft zu integrieren. Doch in deren hartnäckigem Kampf mit dem Tode kämpften die Frauen im Alter von zwanzig bis dreißig Jahren in vorderster Front. Viele Männer lernten früh zu trauern: »Was nützte dir, Probina, dein fruchtbarer Schoß? / Du empfingst Zuneigung; doch Grauen ist dein einzig Kind.«

Quintilian, der große römische Rhetoriklehrer, verlor seine Frau, als sie achtzehn Jahre alt war. Sie hatte ihm bereits zwei Söhne geboren: »Ihr Tod war wie der Verlust nicht nur einer Frau, sondern einer Tochter.«

Christlichen Abhandlungen über Jungfräulichkeit blieb es überlassen, in der Öffentlichkeit über die physische Verfassung der verheirateten Frau zu sprechen – über ihre Gefährdung im Kindbett, über ihre Schmerzen in der Brust beim Säugen, über ihre Bedrohung durch Infektionen der Kinder, über die schreckliche Schande der Unfruchtbarkeit und über die Erniedrigung, wenn Dienerinnen an ihre Stelle in der Zuneigung der Gatten traten: »Und alles dies erdulden sie, ohne ein Ende ihrer Mühen zu sehen.« Hätten sie nicht geheiratet, »so wären sie gesegnet, selbst wenn es kein Himmelreich gäbe, das ihnen zuteil werden könnte«.

Das ist ein Einblick in das gewaltige Leid, das jede unterentwickelte Gesellschaft den Körpern ihrer gebärfähigen Frauen auferlegt. Die herrschenden Klassen des Römischen Reiches besaßen zwar eine hochentwickelte medizinische Tradition und waren bereit, Empfängnisverhütung und Abtreibung zu praktizieren, aber sie konnten wenig tun, um Schmerzen und Tod bei ihren Frauen zu lindern. Was die christlichen Geistlichen anbelangte, so war die Mehrzahl von ihnen ebensowenig geneigt, die Institution der Ehe umzustürzen, wie sie es im

Falle der Haussklaverei gewesen waren. Wie die heidnischen Moralisten, an deren Vorstellungen sie anknüpften, begnügten sich die christlichen Autoren im wesentlichen damit, die schrofferen Aspekte des Ehelebens auszubügeln. Wenn sie mit größter Leidenschaft von den Übeln der Ehe sprachen, so wandten sie sich nicht an Ehefrauen, sondern an unverheiratete junge Menschen. Christliche Mahnungen zur Jungfräulichkeit trugen wenig dazu bei, die Leiden derjenigen zu verringern, die durch die Ehe bereits zum Gebären von Kindern verpflichtet waren.

PAUL VEYNE
Christliche Barmherzigkeit

Volksmoral und Sektenmoral

Die Geschichte der Barmherzigkeit ist recht merkwürdig. In
ihr treffen zusammen: eine Tugend, die dem jüdischen Volk
teuer war, nämlich die Liebe zur Sanftmut, die untersagte, sein
Recht bis zum äußersten zu verfolgen und die Almosen zur
Pflicht erhob; eine heidnische Volksmoral, der ebenfalls die bei
den niederen Ständen überall auf der Welt so natürliche Liebe
zur Mildtätigkeit nicht fremd war; eine Solidarität schließlich,
welche die Mitglieder der christlichen Sekte (wie die jeder Sekte) untereinander verband. Doch die Modalitäten und Grenzen
dieses Zusammentreffens halten einige Überraschungen bereit.

Du sollst »deine Hand nicht zuhalten gegenüber deinem armen Bruder, sondern sollst sie ihm auftun«, heißt es im ›Deu-
teronomium‹. Ähnlich beruft sich im ägyptischen ›Totenbuch‹
der Verstorbene darauf, einem Hungernden Brot gegeben zu
haben. Vom Bundesbuch des ›Exodus‹ bis hin zur deuterono-
mischen Utopie zeigt sich eine immer weitergehende Entwicklung der Barmherzigkeit, die auf eine patriarchalische Gesellschaft schließen läßt, in der Familiengemeinschaft und Nach-
barschaft viel zählen und in der die Priester nicht taub bleiben
für die Klagen des leidenden Gerechten. Almosen zu geben
wird schließlich zu einer strengen Verpflichtung. Sie ist Aufgabe des Gerechten, der durchaus weiß, daß er selbst seinerseits
zum Bettler werden kann, und der gelernt hat, sich in Gedanken an die Stelle seines Nächsten zu versetzen. »Die Fremdlinge sollst du nicht bedrängen und bedrücken«, heißt es in einem
erstaunlichen Vers des ›Exodus‹, »denn ihr seid auch Fremdlinge in Ägyptenland gewesen«. Es wäre überaus merkwürdig
gewesen, von einem Bürger Athens zu verlangen, sich in die
Rolle eines Fremdlings zu versetzen! Der Autor des Buches
›Sirach‹ ist sich bewußt, daß es Reiche und Arme gibt. Er reiht
sich unter die letzteren ein: »Wenn der Reiche zu fallen droht,
so stützen ihn seine Freunde; wenn der Arme fällt, stoßen ihn

selbst seine Freunde zu Boden. Wenn ein Reicher den Halt verliert, so gibt es viele, die ihm beistehen; wenn er sich mit Worten vergriffen hat, so gibt man ihm noch recht. Wenn aber ein Armer den Halt verliert, so bauscht man es noch auf; und wenn er auch verständig redet, so läßt man's doch nicht gelten. Wenn der Reiche redet, so schweigen alle, und seine Worte hebt man in den Himmel. Wenn aber der Arme redet, so fragt man: Wer ist denn das? Und wenn er Anstoß erregt, so fallen sie über ihn her.«

Es gibt also Reiche und Arme. Das Christentum wird den Gegensatz zwischen ihnen niemals vergessen, während ein Bürger Athens nicht allzusehr an ihn dachte. Die heidnischen Literaturen sind voll von Bürger- oder Patrizierstolz. Ihr hartes Klima ist das des Euergetismus [antike Form der Wohltätigkeit], der den Mitbürgern Bauwerke oder Vergnügungen spendiert, statt den Armen Almosen zu geben. Gewiß ist auch Milde gegenüber Sklaven und Bettlern nicht unbekannt. In der ›Odyssee‹ bringen sich die Freier dadurch in Mißkredit, daß sie dem als Bettler verkleideten Odysseus einen üblen Empfang bereiten. »Behandle Kassandra gut, denn ein Gott wacht über die Schwachen«, sagt Agamemnon zu Klytämnestra. Kann nicht auch ein freier Mann eines Tages zum Sklaven werden? Doch Patrizierstolz und politischer Ernst weisen zumeist derlei Rührseligkeiten ab. Denn es gilt als politisch demoralisierend, allzuviel an die Schwachen und an die Möglichkeit einer Umwälzung der Lebensbedingungen zu denken. Ein freier Bürger läßt sich nicht zu einem Lob der Mildtätigkeit herab. Das überläßt er den Leuten aus dem Volk, die interessiert sind, ihre Herren davon zu überzeugen, sie gut zu behandeln, und die ihre ganze Hoffnung aufs Bitten verlegen. Das Volk weiß aus Erfahrung sehr wohl, was es heißt, im Elend zu stecken, während ein Bürger sich seinen Mitbürgern gegenüber solidarisch fühlt und sich durch eine hochmütige Haltung schützt. Erst als im Kaiserreich der Bürger zu einem treuen Untertan seines Princeps wird, ändert sich das allmählich. Auf den Grabsteinen der Kaiserzeit liest man überraschenderweise hier und da, der Verstorbene habe »die Armen geliebt« oder Mitleid mit allen gehabt. Selbst bei Intellektuellen aristokratischer Abstammung löst sich der Hochmut auf: Der Stoizismus der

Kaiserzeit hat philanthropische Züge, die an die Moral des Volkes und den Geist der Evangelien erinnern.

Die Moral der Evangelien entstammt der des Volkes ebenso wie der des Judentums. Lassen wir die oft bewundernswürdigen philosophischen und theologischen Begriffskonstruktionen der Barmherzigkeit beiseite und halten wir uns an die synoptischen Evangelien, die uns ein schon etwas banalisiertes Portrait Christi zeigen, aus dem dann das Christentum das offizielle Bild von Jesus gemacht hat. Es ist bereits häufiger bemerkt worden, daß das Ideal der Evangelien, welches diesem Bild besonderen Wert beimißt, der am wenigsten originelle Teil von Christi Lehre ist, der Teil, in dem er die größten Anleihen bei seinem Volk macht. Dieses Ideal war zu jener Zeit ein Gemeingut des Judentums. Christus konnte nicht umhin, es sich zueigen zu machen. Ein volkstümlicher Prediger, der sich anders verhalten hätte, wäre nicht gehört worden.

Wie hätte er es im übrigen unerwähnt lassen können? Er war doch selbst ein Mann des Volkes, einer aus der Menge, die voll Erstaunen aufblickt zu jenen, die in ihren Palästen in purpurne Kleider gehüllt in Luxus leben. Der Blick dieser Menge erstreckt sich nicht sehr weit und nimmt die große Welt nicht zur Kenntnis: »Ich bin nur gesandt zu den verlorenen Schafen des Hauses Israels« sagt er selbst zu dem kanaanäischen Weib. Wenn man bei der Lektüre der Evangelien von der Interpretation absieht, die die christliche Tradition ihnen verleiht, dann ist kaum ein Zweifel daran möglich, daß es bei Jesus keinen Universalismus gibt. Wollte er vielleicht ein jüdischer Nationalprophet sein? Nein, er hat weder daran gedacht, dies zu sein, noch es nicht zu sein; denn er blickte kaum über die Grenzen seines Landes hinaus. Ein Samariter, das kanaanäische Weib und einige Soldaten – sie waren für ihn die große weite Welt. Er war weder Universalist noch bewußter Nationalist; dieses Dilemma war ihm unbegreiflich. Gewiß wußte und sagte er, daß alle Menschen von Noah abstammen, daß sie alle Brüder und Kinder Gottes sind. Der christliche Universalismus folgt logisch aus dieser Einstellung. Unter historischem Gesichtspunkt ist jedoch festzuhalten, daß Jesus selbst dieser Logik nicht gefolgt ist und daß man die Früchte nicht an den Wurzeln suchen darf.

Mit der Moral des Evangeliums ist es wie mit dem Universalismus: Auch ihr darf man keine Fragen stellen, die ein Mann aus dem Volk, wie genial er auch immer sein mag, sich nicht stellen kann. Soll Barmherzigkeit die politische Ordnung verändern? Ist sie weiter nichts als eine Zuflucht des Geistes? Handelt es sich bei ihr um Gesinnungsethik oder um Verantwortungsethik? Solche Fragen stellte Jesus sich nicht. Nur die Mächtigen dieser Welt, die alle Hebel in der Hand haben, stellen sie sich. Jesus unterwirft sich nicht bewußt der etablierten Ordnung, um jedem Menschen ein Beispiel zu geben. Er gibt dem Kaiser, was des Kaisers ist, denn wie sollte ein Mann aus dem Volk sich gegen den Kaiser erheben, es sei denn, er ginge in den Untergrund? Die etablierte Ordnung ist unerschütterlich wie die Natur; Menschen von niedriger Geburt müssen sie hinnehmen. Was können sie sonst machen? Einander helfen, sich als Brüder im Elend behandeln und diejenigen unter ihnen, welche kleine Handlanger der Mächtigen sind, bitten, ihr Stückchen Macht nicht zu mißbrauchen. Zöllner und Soldaten fragten Jesus eines Tages, was sie tun sollten. Konnte er ihnen raten, einen anderen Beruf zu ergreifen? Sie waren wie er von niederer Geburt, und solche Menschen sind keine Helden. Er riet ihnen, ihr Brot zu verdienen, ohne sich im Dienste ihrer Herren allzusehr zu ereifern oder ihre Macht zu mißbrauchen. Sah er also voraus, daß das Reich dieser Welt eigene Gesetze hatte, an die sich die Barmherzigkeit anpassen mußte? Nein, denn er konnte nicht vorhersehen, was die Kirche ihn eines Tages sagen lassen würde. Er wußte nur, daß alle leben und ihr Brot verdienen mußten.

Das war eine »unverantwortliche« Ethik, wenn man so will, aus dem einen Grund, weil sie von einem Menschen und für Menschen geschaffen wurde, die keine gemeinsame Verantwortung tragen müssen. Ihnen bleibt nur, sich gegenseitig davon zu überzeugen, daß es zu ihrer aller Vorteil ist, wenn sie eine Ordnung und Gesetze abschwächen und mildern, deren Urheber sie weder faktisch noch per Konsens sind. Diese Volksmoral entwickelt keine abstrakten Prinzipien. Sie drückt sich in Sentenzen und typischen Beispielen aus. Seinen Nächsten lieben wie sich selbst: Das ist nicht länger die nationalistische Solidarität des alten kriegerischen Israel, sondern die Solidarität der Schwachen. Auch die andere Wange hinhalten, statt sich auf das Gesetz der Talion gegen einen Bruder im Elend zu berufen. Man soll sein Recht nicht bis zum äußersten ausschöpfen; denn selbst wenn man im Recht ist, muß man seinem Gegner ein Stück weit entgegenkommen. Was könnte im übrigen ein Armer dabei gewinnen, wenn er seinen Fall den Mächtigen vortrüge? Schließlich gibt es für alle Juden *eine* Verpflichtung, die alle anderen in sich enthält. Es ist die, Almosen zu geben. Wer ein Almosen gibt, mildert das harte Gesetz der ökonomischen Ordnung und versetzt sich an die Stelle der Schwachen, mit denen er sich solidarisch fühlt.

Die Volksmoral der gegenseitigen Hilfeleistung und der Almosen wurde zu einer Sektenmoral. Bevor das Christentum eine Religion wurde, in die man hineingeboren wird, wie man als Franzose oder Schweizer geboren wird, war es lange Zeit eine Sekte, in die man sich einzutreten entschloß. Die Praktiken gegenseitiger Hilfe und die Doktrin der Liebe sind in dieser Atmosphäre der Abgeschlossenheit entstanden, die intensive affektive Bindungen erzeugte. Von der Außenwelt abgeschlossen festigt sich die Sekte nach innen allein durch die Solidarität ihrer Mitglieder. Statt Euergesien zu stiften, schreibt Tertullian, geben wir das Geld aus »für den Unterhalt und das Begräbnis Armer, für Knaben und Mädchen, die kein Geld und keine Eltern mehr haben, und für alt gewordene Diener ...«. »Doch eben solcher Liebe Werk drückt uns in den Augen vieler ein Mal auf. ›Seht‹, sagen sie, ›wie sie sich gegenseitig lieben.‹« Diese exklusive Freimaurerei beunruhigte die Gesellschaft wie eine Drohung.

Die sektenhafte Solidarität geht auf Jesus selbst zurück; das Johannesevangelium entwirft von Jesus ein lebensnahes, leidenschaftliches, ganz und gar nicht konventionelles Bild. Noch einmal ist Jesus nach Jerusalem gegangen, um dort seiner Botschaft zum Triumph zu verhelfen. Doch er spürt, daß dies seine letzte Reise sein wird: »Liebe Kinder«, sagt er zu seinen Jüngern, »ich bin noch eine kleine Weile bei euch ... Ein neues Gebot gebe ich euch, daß ihr euch untereinander liebet, wie ich euch geliebt habe, damit auch ihr einander lieb habet. Daran wird jeder erkennen, daß ihr meine Jünger seid.« Dieses Gebot wendet sich nicht mehr an alle Menschen, sondern nur an die

Jünger. Sie sollen zusammenbleiben und sich nach dem Verschwinden ihres Meisters solidarisch verhalten, eine Sekte bilden, um seine Lehren weiterzutragen. Gegenseitige Hilfeleistung ist eine der Auswirkungen der Solidarität, die bei jüdischen Sekten traditionell praktiziert wurde. Eines der Manuskripte der Essener vom Toten Meer, das ›Dokument von Damaskus‹, schreibt eine Steuer vor zur Errichtung eines gemeinsamen Unterstützungsfonds für Arme und Alte. Auch die christliche Kirche gab sich zumindest seit dem 2. Jahrhundert nicht mehr damit zufrieden, die Gläubigen zu privater Wohltätigkeit aufzufordern, sondern institutionalisierte diese durch Gründung einer Kasse *(arca)* zur Unterstützung von Witwen, Waisen, Armen, Alten, Kranken und Gefangenen. Die Geschäftsführung dieser Kasse wurde der Hierarchie übertragen.

Öffentlich verkündigte Ethik und praktizierte Ethik

Als die Bevölkerung des Kaiserreichs sich massenhaft bekehrte (oder zumindest das Etikett ihres Glaubens wechselte) und als aus der Sekte eine Kirche wurde, wurden die Praktiken der Barmherzigkeit weiterhin intensiv gepflegt, weil sie in der heidnischen Volksethik auf fruchtbaren Boden fielen. Das Christentum führte zu einem »Anstieg« der Volksmoral im Inneren der aristokratischen Moral Roms. Seit dessen Hellenisierung hatten sich beide Moralen auseinanderentwickelt. (Man denke hier nur an das Beispiel Rousseaus, der im Adel *seines* Jahrhunderts die Praktiken und Verbote der bürgerlichen Moral in Mode brachte.) Die römische Aristokratie stimmte der neuen Moral im Hinblick auf deren öffentlich verkündigten und anerkannten Prinzipien zu; sie setzte davon in die Praxis um, was sie konnte. Als rigoristische Sekte tat das Christentum, was Sekten häufig tun: Sie verpflichten ihre Mitglieder auf eine Moral, die keine andere ist als die ihrer Zeit; denn sie können sich keine andere vorstellen. Aber sie verpflichten sie mit sehr viel Energie darauf. Gewisse Bestimmungen, welche die landläufige Moral nicht absolut zur Pflicht erhebt, machen sie obligatorisch. Oder sie machen sich die Volksmoral zu eigen, die in vielen Punkten strenger ist als die der Aristokratie. (Die heidnische Volksmoral ließ in bezug auf die guten Sitten oder den Selbstmord ebensowenig mit sich spaßen wie das Christentum.) Im übrigen ist das Christentum eine Schriftreligion, die nicht zögerte, Neuerungen oder merkwürdige Praktiken wie das Almosengeben aus dem einzigen Grunde durchzusetzen, weil sie von der Schrift als verbindlich bezeichnet wurden.

Mit welchem Erfolg hat es sie durchgesetzt? Haben der Rigorismus und der Geist der Evangelien wenn schon nicht die Gesellschaftsstruktur und die großen Institutionen, so doch wenigstens die alltäglichen Beziehungen und den Nationalcharakter der Menschen verändert? Dies ist eine schwierige Frage, denn derart ungreifbare Realitäten sind von den Quellen her nicht zu belegen. Wir wollen sie kurz beantworten, ohne weitreichende Folgerungen zu ziehen. Es gibt in der Geschichte Beispiele dafür, daß eine Ethik der Milde sich in bestimmten gesellschaftlichen Schichten oder bei ganzen Völkern ausgebreitet und die Beziehungen der Menschen im Alltagsleben verändert hat, wie dies bei einigen Nationen Zentralasiens oder bei den Mongolen im Laufe einiger Jahrhunderte durch den Buddhismus und Lamaismus geschehen ist. Im Falle des Okzidents ist schwer festzustellen, was er dem Christentum verdankt. Verlangte nicht schon das Heidentum Rücksichtnahme, Billigkeitserwägungen, Milde, gegenseitige Hilfeleistung und all das, was man als den Geist der Evangelien bezeichnen würde, oder verdankt der Okzident dem Christentum die Physiognomie seines Alltags? Hier wird man wohl weitere Unterscheidungen treffen müssen.

Barmherzigkeit ist eine Moral aus der Fremde, die in Rom heimisch geworden ist, die Moral einer zur Kirche gewordenen Sekte, eine Volksmoral, die im Namen religiöser Prinzipien allen auferlegt wurde. Ihr war ein durchaus wechselnder Erfolg beschieden. Wir sollten sorgfältig unterscheiden zwischen jener Ethik, die eine Gesellschaft praktiziert (unabhängig davon, ob sie dies bewußt tut oder implizit durch ihr Verhalten zum Ausdruck bringt), und jener Ethik, die diese Gesellschaft öffentlich verkündigt. Beide Ethiken haben generell wenig miteinander gemein. Voneinander verschiedene soziale Gruppierungen können dieselbe Moral im Namen konträrer religiöser

Bekenntnisse praktizieren. So unterschieden sich Julian Apostata und die Christen nur aufgrund ihrer Prinzipien. Eine öffentlich verkündigte Moral gerät nie deshalb in Mißkredit, weil sie nicht in Handlungen umgesetzt wird; meist bemerkt man kaum, daß ihre Prinzipien nicht praktiziert werden. Wichtig ist nur, daß diese Prinzipien nicht bestritten werden. Dies geschah auch nicht im Fall der Barmherzigkeit. In einigen Punkten wurde sie zur praktizierten Moral, löste frühere Verhaltensweisen ab, stand im Dienst bestimmter Interessen oder bezog sich im Gegenteil auf einen für indifferent gehaltenen Bereich. In anderen Punkten blieb sie eine öffentlich verkündigte Ethik, die man nicht, ohne den Anstand zu verletzen, hätte in Frage stellen dürfen und die man ehrlich und überall glaubte in die Praxis umzusetzen.

Die Barmherzigkeit oder allgemeiner: ein frommes Verhalten sind der Ursprung von drei neuen Praktiken. Die römische Aristokratie legte ein Verhalten an den Tag, das von Prunksucht und gesellschaftlicher Verantwortlichkeit gekennzeichnet war, und ihre Angehörigen ließen als Euergeten öffentliche Gebäude errichten. Von einem bestimmten Zeitpunkt an aber ließen sie Kirchen bauen. Das Interesse der Individuen an ihrem Schicksal im Jenseits erhöhte die religiöse Freigebigkeit und die Erbschaften zugunsten der Kirche, deren große Zahl den Eindruck vermittelt, die Menschen seien von der Idee ihres Seelenheils besessen gewesen. Schließlich und endlich nahmen die Praktiken der Barmherzigkeit zwischen den politischen und gesellschaftlichen Interessen jene Randstellung ein, die wir näher erläutern werden. Denn sie führten zu sehr ernstzunehmenden Ergebnissen.

Freigebigkeit und testamentarische Verfügungen zugunsten der Kirche

Im 4. Jahrhundert sind die Aristokraten Roms und die Honoratioren der Munizipien auch weiterhin Euergeten: »Sie wetteifern darum, ihr Vermögen auszugeben, um ihre Stadt zu schmücken«, schreibt der Heide Symmachus. Das städtische

Leben hat sich in der Tat so wenig verändert, daß die griechischen Kirchenväter eine der reichsten Quellen für die Geschichte des Euergetismus darstellen. Die christlichen Honoratioren stehen nicht hinter denen zurück, die Heiden geblieben sind, da beide Gruppierungen denselben formalen und moralischen Verpflichtungen unterliegen. Es gibt dabei jedoch Unterschiede. Von einem christlichen Euergeten würde man nicht erwarten, daß er einen Tempel baut. Im 4. Jahrhundert werden im römischen Afrika Profanbauten seltener. Darüber hinaus werden jene Gebäude restauriert, die zu verfallen drohen, da dies dem Willen des Kaisers und des Statthalters entspricht. Handelt es sich dabei um eine ökonomische Krise oder um das Ende der Großzügigkeit? Wer dies behauptet, würde übersehen, daß zur selben Zeit in Afrika zahlreiche christliche Basiliken erbaut werden. Der Euergetismus hat seine Objekte gewechselt. In anderen Fällen verändert er seine Intentionen: Der heilige Ambrosius empfiehlt den Reichen, aus Barmherzigkeit Brot unter die Armen zu verteilen, und der heilige Augustinus setzt dem heidnischen Euergetismus, der nur Vergnügungen schafft, die Barmherzigkeit entgegen, die sich um die wirklichen Interessen der Menschen sorgt, welche im Elend leben. Almosen treten also an die Stelle der Euergesien. Der heilige Cyprianus vergleicht sie mit den von einem Euergeten finanzierten öffentlichen Spielen, bei denen aber Gott und die Engel die Zuschauer sind. Es wäre besser, das für die Spiele bestimmte Geld den Armen zu geben, schreibt Augustinus. Bei dieser Verurteilung der Spiele ist der moralische Rigorismus ebenso wichtig wie die Barmherzigkeit.

Die christlichen Honoratioren sind mildtätig und lassen Kirchen bauen. Schon vor dem Triumph der neuen Religion übernehmen Bischöfe die gesellschaftlichen Verpflichtungen von Honoratioren zusätzlich zu ihren eigenen Verpflichtungen. Als er Bischof geworden war, ruinierte sich der heilige Cyprianus in der Erfüllung seiner Aufgaben, öffnete seine Tür allen, die ihn um Rat baten und unterstützte alle Angehörigen der niederen Stände gegen die Übergriffe der Mächtigen. Solche Einstellungen der Honoratioren kamen den Hoffnungen des Volkes entgegen, das von ihnen nicht weniger erwartete. Von der neuen ethischen Religion erhoffte sich die Menge dieselben Annehmlichkeiten, die es unter dem Heidentum genossen hatte: also Feste und Bankette. Bekanntlich wurde es gegen Ende der Antike üblich, zum Gedenken an die Märtyrer Begräbnisbankette zu veranstalten. Im ›Leben des Porphyrius aus Gaza‹ liest man von einem Bischof, der bei den Einweihungsfeierlichkeiten einer Kirche »keinerlei Ausgaben scheute« (das war die übliche Formel für die Freigebigkeit der Euergeten) und die gesamte Bevölkerung, den Klerus, die Mönche und Laien zu einem Bankett einlud, das die ganzen Ostertage hindurch dauerte. Auch heidnische Euergeten gaben Bankette zur Einweihung ihrer Profanbauten, und die öffentlichen Lobpreisungen, die ihnen von seiten der Stadt zuteil wurden, ließen nicht unerwähnt, welche Teile der Bevölkerung eingeladen worden waren und wie viele Tage das Fest gedauert hatte.

Christliche Honoratioren ruinierten sich durch fromme und mildtätige Werke, weil sie eben Honoratioren waren. Ihre Macht verlieh ihnen Verantwortung auf allen Gebieten des gesellschaftlichen Lebens und verpflichtete sie zu einem gewissen Prunk. Aufgrund ihres Reichtums mußten sie in ihrer Person das in den Augen ihrer Zeitgenossen höchste menschliche Ideal verwirklichen, denn ihr Reichtum verlieh ihnen die Mittel dazu. Wenn sie dieser Möglichkeit nicht nachgekommen wären, wären sie unter ihrem Niveau geblieben und hätten ihre Selbstachtung eingebüßt.

Aber sie ruinierten sich auch in dieser Weise, weil sie Christen waren. Ein Heide hätte in seiner Person ein anderes Ideal zu verwirklichen gesucht als das eines frommen und mildtätigen Geistes. Die neue Praxis der frommen Freigebigkeit und der testamentarischen Verfügungen zugunsten der Kirche geht wohl ganz auf religiöse Glaubensinhalte und beinahe gar nicht auf gesellschaftliche Prunksucht oder das Pharisäertum der Reichen zurück, die gewiß bereit waren zu glauben, daß ihre Seele nicht so billig sei wie die der Armen.

Die testamentarischen Verfügungen der heidnischen Euergeten der vorangegangenen Epoche und die fromme Freigebigkeit gleichen sich nur in der ungeheuren Größe ihrer Wirkungen. Beträchtliche Mengen an Gütern wurden den Städten gestiftet oder der Kirche vermacht. Die Motivationen dazu sind in beiden Fällen einander fast entgegengesetzt. Die Euergeten unternehmen Schenkungen aus Patriotismus, aus Bürgersinn oder um eine gesellschaftliche Distanzierung zu erreichen, in jedem Fall aber aus Interesse an den Dingen dieser Welt. Mit den testamentarischen Verfügungen zugunsten der Kirche dagegen wollen die Erblasser sich zum Schaden der Interessen ihrer Erben von ihren Sünden loskaufen. Diese Verfügungen erfolgen also im Blick auf ein Jenseits.

Ich glaube sogar, daß sie stärker als durch die Furcht vor dem Jenseits durch die Liebe zur Kirche motiviert waren. Wie dem auch sei, die Geschichte der Religionen ist ein schwieriges Gebiet, auf dem man sich weder allzusehr an Voltaire noch an einem Köhlerglauben orientieren sollte.

Genügt es mithin (so könnte ein Advocatus Diaboli sagen), daß eine Religion beteuert, es gebe ein Leben nach dem Tode, damit eine große Menschenmenge dies glaubt und ihren Glauben auch praktiziert? In anderen Punkten scheinen die Religionen durchaus nicht dazu fähig, den alten Adam zu verändern. Darüber hinaus kann sich der Glaube in durchaus unterschiedlicher Weise äußern. Mit Gabriel Le Bras gehen wir davon aus, daß es nie eine einheitliche Christenheit gegeben hat. Hinter jeder Orthodoxie verbergen sich selbst im Mittelalter immer Ungläubige, die zahlreicher sind, als man denkt. Weiter nehmen wir an, daß nur an das geglaubt wird, woran nicht zu glauben ohne Interesse wäre. Es gibt Orthodoxien, die zwar einmütige Zustimmung finden, die aber in einer abseitigen, rein geistigen Welt leben, einer Welt der für edel oder heilig gehaltenen Glaubensinhalte, die nicht mit anderen in Widerspruch gerät oder sich an den Interessen anderer Welten stößt. Warum haben so viele Erblasser ihre Reichtümer der Furcht vor dem Jenseits geopfert und darüber die konkreten Interessen der Wirklichkeit vernachlässigt? Das zu erklären ist leicht: Viele dieser frommen Schenkungen sind testamentarisch verfügt worden; sie treten in Kraft, wenn der Erblasser sein Vermögen nicht mehr genießen kann. Er hat also nichts zu verlieren, wenn er sich mit einem Federstrich eine Rückversicherung für die vage Möglichkeit eines Lebens nach dem Tode verschafft. Das fällt ihm leichter, als wenn er Tag für Tag sein Leben hätte ändern müssen. Mit einem Schlag kauft er sich auf gut Glück und ohne auf etwas zu verzichten von allen seinen

Sünden los. Hat man es nicht erlebt, daß Erblasser, die glaubten, ihre letzte Stunde sei gekommen, eine testamentarische Verfügung zugunsten der Kirche vornahmen, die sie widerriefen, als sie ihre Gesundheit wiedererlangten?

Der Advocatus Diaboli hat im Prinzip recht (denn man kann auf vielerlei Art glauben), aber er hat im Einzelfall unrecht. Die Menschen sind nicht desinteressiert an dem, was nach ihrem Tod geschieht. Sie können freiwillig um einer Sache willen sterben, deren Sieg sie nicht erleben. Sie können ihr Seelenheil gefährden, wenn sie sich nicht desinteressiert zeigen an ihren Erben und an der Zukunft ihres Hauses. Aber wenn sie es nun vorziehen, ihre Güter der Kirche zu hinterlassen, statt sie ihr bei Lebzeiten zu schenken? Wer kalkulierte nicht gern ein wenig? Und welcher Reiche versuchte nicht, mit einer List das Desinteresse Gottes auf die Probe zu stellen? Für alle Menschen bleibt die Idee des Jenseits stets ein wenig irreal und selbst für die gläubigsten wird sie durch die Furcht vor dem Tod entwertet. So ist wohl auch weniger die Furcht vor dem Jenseits als vielmehr Liebe zur Kirche das Motiv für die (testamentarisch oder anders vollzogene) fromme Freigebigkeit.

Der Loskauf von den Sünden und das Leben nach dem Tode sind wenig mehr als eine Gelegenheit, die eigens dazu bereitstehende Institutionen einem Gläubigen anbieten. Wir sollten uns ein Mitglied der Kirche nicht als Ungläubigen vorstellen, der sich plötzlich mit der Möglichkeit konfrontiert sieht, in die Hölle zu kommen, und sich nun fragt, ob er wirklich daran glaubt und wieviel er riskiert. Ebensowenig sollten wir ihn uns als jemanden vorstellen, der bereit ist, um seines Seelenheils willen all seine Interessen zu vernachlässigen. Er wird sich vielmehr mit ihnen zu arrangieren suchen. Aber zwischen den großen Interessen gibt es weite Bereiche der Alltäglichkeit, die von der Religion durchdrungen werden können. Sie kann sich mit allen Verhaltensweisen und mit allem, was Freude macht, verbinden, die Gebärden und sogar die Modulation der Stimme beeinflussen und sich als überall präsent erweisen. Vor allem kann sie dazu beitragen, daß die Menschen die Kirche lieben. Gern hinterließ man einem geliebten Dienstboten oder einer alten Amme etwas. Ebenso vermachte man sein Vermögen der Kirche, die man geliebt und respektiert hat. Darüber hinaus war ein derartiges Vermächtnis ein Versicherungsvertrag für das Jenseits.

Almosen als Kompromiß

Auch Almosen sind eine Versicherung für das Leben nach dem Tode, vor allem aber sind sie Ausdruck des Mitleids mit den Bedürftigen. Man hat mehrfach die Geschichte der Armenpflege im Verlauf der Jahrhunderte so geschrieben, daß die christliche Barmherzigkeit als Fortsetzung des Euergetismus erschien und dessen Funktionen übernahm. Es ist wohl unnötig zu betonen, daß diese Kontinuität falsch ist. [...] Das Wort »ein Armer« entstammt dem Vokabular der Juden und Christen; das Heidentum kannte diesen Begriff nicht. In Griechenland und Rom war das, was wir als Armenpflege, Umverteilung oder Euergetismus bezeichnen, dem Volk als solchem, also der Gesamtheit der Bürger und nur ihnen vorbehalten (oder sollte ihnen zumindest vorbehalten sein). Die Sklaven blieben außer in Fällen besonderer Großzügigkeit prinzipiell ausgeschlossen. Die den Bürgern zugedachten Maßnahmen umfaßten Agrargesetze, Euergesien sowie die Verteilung von preiswertem Getreide.

Muß man sich also an dem vorhandenen Vokabular orientieren oder sich im Gegenteil fragen, ob die Heiden nicht ebenso mildtätig waren wie andere Völker, ohne die entsprechenden Ausdrücke dafür zu besitzen. Selbst wenn die Terminologie jener Zeit die gesellschaftliche Kategorie der Armen im Universalismus eines bürgerlichen Gesetzes auflöste, so waren es doch nur die armen *Bürger*, die von den Agrargesetzen profitierten oder in die neuen Kolonien auswanderten. Wenn ein Heide einen Fonds für die Erziehung von Bürgern (also offensichtlich von armen Bürgern) einrichtete, dann wußten die römischen Juristen nicht, wie sie diesen Fonds einstufen sollten und entschieden, daß er zur Ehre der Stadt diente und aus diesem Grund eine Euergesie darstellte.

Wo liegt die Wahrheit – bei der Wortgeschichte oder bei der Ideologiekritik? Weder hier noch da, denn die Sprache sagt ebenso oft die Wahrheit, wie sie lügt. Das Heidentum hat tatsächlich zuweilen Arme unterstützt, ohne sie zu benennen, während andere unterstützt wurden, die ausdrücklich als notleidend bezeichnet wurden. (Zuweilen ließ ein Euerget Sklaven in den Genuß seiner Großzügigkeit gelangen, machte dabei jedoch deutlich, daß es sich um eine außergewöhnliche Wohltätigkeit handelte.) Es gab aber auch viele Arme, die keinerlei Unterstützung erhielten. Insgesamt erwies sich das Heidentum viel weniger mildtätig in seinen Handlungen als das Christentum, obwohl es verständlicherweise auch seinerseits nicht ohne Mildtätigkeit auskam. Denn karitatives Verhalten ist zwar meist von den Religionen entwickelt, aber von ihnen nicht erfunden worden. Im Heidentum konnte es ebenso thematisiert werden wie der ererbte Landbesitz der Bürger.

Agrargesetze und Kolonien sind Einrichtungen, die auf die Idee gegründet sind, daß ein Bürger ohne Landbesitz kein richtiger Bürger sein kann. Die Gracchen wollten unter den armen Bürgern Roms das Land weniger deshalb verteilen, um das Elend zu beseitigen, als vielmehr um die Gesellschaft zu stabilisieren. Jedes Gemeinwesen »hat seine Armen«. Die des Heidentums waren Bürger ohne Vermögen. Für die Christen ist jeder Mensch arm, der Almosen nötig hat. Das Heidentum kennt den Armen nur in seiner alltäglichsten Form: als Bettler auf der Straße. »Der Weise«, schreibt Seneca, »wird ... den Bedürftigen ... unterstützen, aber nicht auf kränkende Art, wie es die Mehrzahl derer tut, die auf den Ruf eines Mitfühlenden bedacht sind.« Das Geldstück für den Bettler gehörte also zum Alltagsleben, nicht aber die Einrichtungen der Wohltätigkeit, die erst die Christen erfunden haben. Die Philanthropie, auf die sich Demosthenes und Cicero etwas zugute hielten, bestand darin, den verwaisten Töchtern römischer Bürger eine Aussteuer zur Verfügung zu stellen. Bedeutsam ist die Philanthropie erst dann, wenn sie größeres Unglück lindert. Almosen zu geben war eine alltägliche Geste, aber keine Verpflichtung des Staates oder moralisch gebotenes Handeln. Die Philosophen erwähnen es fast gar nicht.

Mit dem Christentum, in dem Almosen Teil einer neuen religiösen Ethik werden, tritt eine Änderung ein. Die Barmherzigkeit, die zu einem überaus bedeutsamen Verhalten geworden ist, erhält nun den Rang einer Verpflichtung der höheren Klassen, bei denen sie die Freigebigkeit ersetzt. Aufgrund ihrer materiellen und spirituellen Bedeutung und wegen der Institutionen, die sie hervorruft, wird die Barmherzigkeit zur neuen historischen Tugend.

Almosen erscheinen als wichtigster Imperativ der neuen religiösen Moral, als jenes *Kerngebot*, das Max Weber in ihnen sah. Sie sind ein Unterpfand der Uneigennützigkeit und der einfachste Beweis, den ein Gläubiger von der Ernsthaftigkeit seines Glaubens zu geben vermag. Sie ähneln um so mehr einem symbolischen Akt, als der Gläubige mit nur geringen Kosten seine Handlungen in Übereinstimmung mit seinen Worten bringen und die Beweise seiner Ernsthaftigkeit vervielfältigen kann, indem er wenig auf einmal, aber häufig gibt. Unsere Reichen, schreibt der heilige Justinus, »geben, was sie wollen und wann sie wollen«. Von allen verdienstvollen Handlungen verursachen Almosen die geringsten psychischen Kosten. Sie gestatten es, sich mit einem Schlag von den Sünden eines ganzen Lebens loszukaufen. Almosen sind gottgewollt und werden von Gott als Verdienst angerechnet. Bald werden sie auch als ein Geschenk an Gott selbst aufgefaßt wie ein Austausch und ein Lösegeld. Der ›Brief an die Hebräer‹ bezeichnet Wohltätigkeit als ein »Opfer«, und der heilige Cyprianus sieht in Almosen das einzige Mittel des Menschen, sich nach der Taufe von seinen Sünden loszukaufen. (Bekanntlich existierte das Sakrament der Ohrenbeichte noch nicht.)

Fromme und mildtätige Werke bildeten schließlich einen Kompromiß zwischen der Askese und dem mondänen Leben. Sollte man auf die Güter dieser Welt verzichten? Mittlerweile war die gesamte Bevölkerung des Kaiserreichs christlich, und das Christentum stellte nicht mehr nur »eine Religion der Armen und Sklaven« dar, sondern eine Religion, in die man hineingeboren wurde, und nicht mehr eine Sekte. Sollte man die Welt fliehen? Das konnte nur von Freiwilligen verlangt werden. Was sollte aus denen werden, die reich und als Christen geboren wurden, wenn für sie der Eingang zum Paradies so eng war wie ein Nadelöhr? Im 3. Jahrhundert erklärt ein realistischer und gemäßigter Geist wie Clemens von Alexandrien, wichtig sei nicht der Reichtum, sondern die Art seiner Verwendung. In einem Traktat unter dem Titel ›Wie kann ein Reicher erlöst werden?‹ schreibt er den Besitzenden eine stoische Haltung gegenüber ihren Reichtümern vor. Die Dinge der Außenwelt, die nicht von uns abhängen, sind weder gut noch schlecht, sondern werden dies erst durch den Gebrauch, den wir von ihnen machen. Gott, so schreibt er an anderer Stelle, hat uns zwar den Gebrauch aller Güter freigestellt, aber er hat eine Grenze vorgeschrieben: unsere Bedürfnisse. Die Sünde besteht in dem unendlichen Verlangen nach Reichtum um des Reichtums (und nicht um eines Bedürfnisses) willen, das sich mit ihm verbindet. Almosen und der Geist, aus dem heraus sie gegeben werden, sind das beste Unterpfand einer gesunden Einstellung zu den Gütern dieser Welt. Es entwickelt sich also seit dem 4. Jahrhundert eine Doppelmoral: Die vollkommenen Christen fliehen die Welt und das Fleisch, während andere Christen, die zahlreicher sind, in der Welt ausharren. Letztere erkaufen ihr Seelenheil durch Almosen und durch testamentarische Verfügungen zugunsten der Kirche.

Almosen sind nicht nur ein Kompromiß mit dem Ideal der Askese innerhalb einer Religion, die zwischen Armut und Verdammung des Reichtums keinen Mittelweg kennt, sondern sie sind zugleich eine Konsequenz dieses Ideals. Im Neuen Testament haben Almosen zumindest zwei Ursprünge: die Volksmoral, von der wir bereits gesprochen haben, dann aber auch ein Ideal von Askese [...]. Wenn man dem Problem auf den Grund geht, gelangt man zu der Auffassung, daß Askese mit Philanthropie nichts gemein hat. Wer seine Güter den Armen schenkt, um der Welt zu entfliehen, sorgt sich weniger darum, seinem Nächsten zu helfen, als sich um seines Seelenheils willen von seinen Gütern zu trennen. Leicht vollzieht sich also der Übergang von der Askese zu einer »Klassenmoral«, derzufolge Almosen ein Verdienst der Reichen sind, die sich dem göttlichen Gebot gegenüber gelehrig zeigen, keineswegs aber ein Recht der Armen. Gott hat den Reichen vorgeschrieben, etwas zu geben; er hat aber nicht gewollt, daß die Armen aufhören, arm zu sein. Im übrigen versteht es sich von selbst, daß der Reiche gibt, wann und soviel er will.

Moses I. Finley
Athen und Rom
Staatswesen im Vergleich

Im Jahre 415 setzten die Athener zu einer umfassend angelegten Invasion Siziliens an: Mit einer kühnen und einfallsreichen Unternehmung sollte ein erfolgreicher Abschluß des Krieges mit Sparta herbeigeführt werden, der vor über fünfzehn Jahren begonnen worden war. Kurz nach der Landung in Sizilien wurde Alkibiades zurückberufen, einer der Initiatoren des Unternehmens und einer der drei kommandierenden Generale, damit er sich Anklagen wegen Verschwörung gegen die Demokratie stellte. Er ging statt dessen ins Exil, wurde *in absentia* zum Tode verurteilt und fand dann schnell seinen Weg nach Sparta. Dort beteiligte er sich öffentlich an Diskussionen über die militärische Strategie; sein Überlaufen erklärte er mit diesen Worten: »Vaterlandsliebe habe ich auch nicht als Gekränkter, sondern solang ich unbehelligt als Bürger wirken durfte. Ich betrachte es gar nicht als Vaterland, was ich angreife – ich suche mein Nicht-Vaterland zurückzugewinnen. Das ist erst die rechte Vaterlandsliebe, nicht auf jeden Angriff zu verzichten, wenn man ungerecht vertrieben ist, sondern eben in leidenschaftlicher Begier um jeden Preis zu versuchen, wie man das Verlorene wiederbekommt.«

Die schäbige Apologie eines Verräters? Sicherlich gehört Alkibiades heute zu den ersten Namen, die ein Politiker oder Journalist nennt, wenn er ein wenig Bildung zum Thema Verrat demonstrieren möchte; auch Historiker begnügen sich im allgemeinen damit, Alkibiades auf diese Weise abzutun. Wenn wir uns einmal von den Emotionen, die mit dem Begriff Verrat verbunden sind, freimachen, dann sollte klar sein, daß die Verteidigung des Alkibiades (für wie stark oder wie schwach wir sie auch halten mögen) zwei entscheidende, miteinander verknüpfte Fragen an einem Extremfall offenlegt: Was verleiht einem Regime Legitimität? Was sind Natur, Grenzen und der Geltungsgrund der Verpflichtung zu politischem Gehorsam? Oder konkreter, warum sollte, abgesehen von der Drohung mit Bestrafung, ein Bürger einen Befehl als bindend ansehen, in den Krieg zu ziehen, Steuern zu zahlen oder sich einem Prozeß wegen Blasphemie zu stellen? Dies sind schwierige Fragen, die sich mit dem Hinweis auf die Bedeutung von Patriotismus zum Beispiel nicht hinreichend beantworten lassen, denn Patriotismus bedeutet nicht mehr als eine bestimmte Vorstellung von der Grundlage einer Verpflichtung der Gemeinschaft gegenüber. Die Athener selbst scheinen die Sache mit Alkibiades für nicht so einfach gehalten zu haben; er wurde vier Jahre später zurückberufen, um die Führung des Krieges wieder zu übernehmen, und diejenigen, die gegen diesen Schritt waren, konnten nicht viel Kapital aus dem Verratsvorwurf schlagen. Heute gewähren wir sowjetischen Dissidenten oder iranischen Flüchtlingen vor dem Ayatollah-Regime politisches Asyl, und wir verhandeln mit Exilregierungen oder wir finanzieren sie sogar; wir erkennen ein Recht der Kriegsdienstverweigerung aus Gewissensgründen an, wir befassen uns mit möglichen theoretischen Rechtfertigungen für zivilen Ungehorsam. Politische Loyalitätspflicht ist nicht unbegrenzt: Ihre Schranken ergeben sich aus der Natur des Regimes und durch die Festlegung der Gebiete, in denen es »legitimerweise« Befehle geben kann.

Es ist unbestreitbar, daß sich die stabilen griechischen Stadtstaaten und das republikanische Rom für lange Zeit der Loyalität ihrer Bürger erfreuen konnten. Aber das ist nur eine Tautologie. Es ist genauso eine Tatsache, daß es vielen Stadtstaaten nicht gelang, sich dauernde Loyalität zu sichern, und sie deshalb eine *stasis* [Bürgerkrieg] nach der anderen erlebten. Diese Tatsache – und die Vielfalt der politischen Systeme in der griechischen Welt – gab den Anstoß für die ersten Versuche bewußter politischer Analyse und Reflexion in der Geschichte überhaupt, wie wir sie in Ansätzen seit der Mitte des

5. Jahrhunderts im athenischen Theater, in der Geschichtsschreibung von Herodot und Thukydides, in dem Pamphlet über die athenische »Verfassung«, das fälschlicherweise Xenophon zugeschrieben wurde, sowie in Fragmenten und Zitaten der Sophisten erkennen können. Wieviel Widerhall die Diskussion in den Hunderten verschiedener griechischer Gemeinwesen fand, läßt sich bei der spärlichen Überlieferung nicht entscheiden. Über Athen kann es jedoch keinen Zweifel geben: Hier gab es eine ständige, intensive und vor allem öffentliche Diskussion. Bezeichnend ist jedoch, daß keiner der wichtigsten Sophisten Athener war, daß sie sowohl aus ganz Griechenland stammten wie in ganz Griechenland ihre Tätigkeit entfalteten (obwohl sie natürlich eine Zeit in Athen verbrachten) und daß sie in ihren Heimatgemeinden respektiert wurden und eine beachtliche Rolle dort spielten. Der Makel, der ihnen und dem Begriff Sophist selbst bis heute anhaftet, entspringt einer historischen Unwahrheit, für die Platon, mit einer gewissen Unterstützung durch Aristophanes, verantwortlich ist.

Politisches Denken braucht keine systematische Analyse zu sein, und dies ist auch nur selten der Fall. Für den Bereich der Politik können allein Platon und Aristoteles (und möglicherweise der Sophist Protagoras, der eine Übergangsposition verkörpert) als systematische Denker bezeichnet werden. Sie waren die ersten genuin politischen Theoretiker der Antike und zugleich die letzten. Sie waren die ersten und die letzten, die eine umfassende und zusammenhängende Darstellung der idealen Organisation der Gesellschaft gaben, die systematisch in Metaphysik, Epistemologie, Psychologie und Ethik begründet war – und beide scheiterten und räumten ihr Scheitern ein; Platon, indem er die ›Gesetze‹ schrieb, Aristoteles durch den Zustand, in dem er die Papiere hinterließ, die mehr als drei Jahrhunderte später unter dem Titel ›Politik‹ publiziert wurden, ein ungeordnetes und unvollständiges, mitunter auch unzusammenhängendes und ungereimtes Manuskript voll von Abschweifungen. Bei ihren Versuchen bewegten sich Aristoteles und Platon beide auf einem Niveau philosophischer Abstraktion, intellektueller Differenziertheit und Generalisierung, das die Auffassungsgabe ihrer Mitmenschen überstieg und sich auch für die Zwecke unserer Diskussion hier nicht eignet. Sie sagen uns nicht, was die Griechen im allgemeinen unter Legitimität, Verpflichtung zu politischem Gehorsam oder unter angemessenem politischen Verhalten verstanden, und können das auch gar nicht. Sie sagen uns nur, warum die Griechen angeblich ihr eigenes Verhalten ständig mißverstanden haben und warum sie es auch gar nicht verstehen konnten.

Das bedeutet nicht, der immer noch beharrlich vertretenen Auffassung zuzustimmen, daß Historiker, Pamphletisten und besonders Dramatiker (und ihr Publikum) überhaupt nicht als Denker analysiert werden können, oder daß es keine Brücke zwischen irgendeiner Spezies von ihnen und den paar »rationalen« Theoretikern und Philosophen gebe. MacIntyre hat schlagend formuliert, daß »die Athener nicht, wie wir es durch institutionelle Arrangements tun, die Verfolgung politischer Ziele von der Bühnendarstellung oder die Formulierung philosophischer Fragen von beidem getrennt hätten. Uns fehlt, im Gegensatz zu ihnen, jegliche öffentliche, allen zugängliche Weise, politische Konflikte darzustellen oder unsere Politik einer philosophischen Fragestellung zu unterziehen.«

Kann man sich vorstellen, daß unter den zehn-, zwölf-, oder vierzehntausend Zuschauern, die bei der Aufführung der ›Antigone‹ des Sophokles um 442 v. Chr. anwesend waren, nur ein paar Philosophen verstanden hätten, daß das Stück unter anderem die Frage von Legitimität und politischer Gehorsamspflicht aufwarf? Oder daß das Publikum während der Aufführung der ›Acharner‹ des Aristophanes im bereits sechsten Jahr des Krieges mit Sparta das ganze Stück hindurch gelacht hätte, ohne daß jemand gemerkt hätte, daß die Lösung in dem privaten Friedensabkommen eines alten athenischen Bauern mit Sparta bestand und daß er den Namen *Dikaiopolis* hatte, was »gerechte, rechtschaffene Stadt« bedeutet? Oder daß allein moderne Gelehrte die gezielte Antwort auf die Lehre des Sokrates, daß niemand wissentlich das Böse tue, in dem Monolog der Medea des Euripides entdeckt hätten, bevor sie ihre Kinder tötet: »Wohl fühl ich, welchen Groll ich vollbringen will, / doch stärker als mein Denken ist die Leidenschaft *(thymos),* / die stets den Sterblichen die größten Übel bringt.«

Nicht alle Athener hatten die gleichen Ansichten, und nicht alle Griechen waren Athener, aber es gibt überzeugende Belege dafür, daß sie beinahe alle als Prämissen, man könnte sogar sagen als Axiome, akzeptiert hätten, daß das gute Leben nur in der *polis* möglich ist; daß der gute Mann mehr oder weniger mit dem guten Bürger identisch ist; daß Sklaven, Frauen und Barbaren von Natur aus tiefer stehen und deshalb von jeglicher Diskussion ausgeschlossen sind; daß deshalb rechtes politisches Urteil – bei der Wahl zwischen Regierungssystemen für eine *polis* oder bei der Festlegung einer bestimmten politischen Linie eines Gemeinwesens – sich an dem Maßstab ausrichten muß, welche Alternative dem guten Leben förderlich ist. Die wichtigsten Unterschiede bezogen sich auf Urteile in der Praxis, nicht auf die Prämissen. Sowohl Platon wie Aristoteles teilten diese Grundannahmen, die sie, was der Hervorhebung wert ist, nicht ernsthaft zu beweisen suchten; sie betteten sie vielmehr in ein umfassendes Schema der menschlichen Natur und des menschlichen Lebens ein, wodurch sie logischerweise gezwungen wurden, gängige politische Ansichten zu bezweifeln beziehungsweise sie, wie im Falle Platons, sämtlich als falsch zurückzuweisen. Aristoteles bietet zugegebenermaßen einen vielfältigeren Zugriff; sein »Empirismus« und seine stark soziologische Neigung führten ihn ständig von seinen idealistischen oder »metanormativen« Überlegungen zu normativen Urteilen über die Praxis und die gängigen Vorstellungen. So konnte er zum Beispiel nicht der Versuchung widerstehen, selbst Tyrannen und Oligarchen zu lehren, wie sie ihr Geschäft erfolgreicher betreiben könnten. Deshalb scheint es so, daß Aristoteles der Soziologe, nicht Aristoteles der Philosoph uns glänzende Einblicke in die gegebenen politischen Ansichten bei den Griechen eröffnet. Tatsächlich tut er das auch, so etwa mit seiner Hervorhebung der Klassengegensätze [...]. Der Soziologe und der Philosoph waren jedoch nicht zwei verschiedene Persönlichkeiten, die es unterlassen hätten, miteinander zu kommunizieren. Solch eine unangemessene Trennung führt auf dem Gebiet, das uns hier unmittelbar interessiert, dazu, daß sich Schlüsse von einzelnen Informationen bei Aristoteles auf die politische Realität und umgekehrt bei zu vielen wichtigen Fragen als zirkulär herausstellen, wenn andere Kontrollmöglichkeiten fehlen.

Bisher habe ich allein die Griechen betrachtet, einfach deshalb, weil im Hinblick auf politische Reflexion und Diskussion der Unterschied zwischen Griechen und Römern nicht hätte größer sein können. Man könnte das Zitat von MacIntyre genauso gut wiederholen, indem man an die Stelle von »uns« »die Römer« setzte. Den Römern fehlte ein öffentliches, allen zugängliches Verfahren, politische Konflikte darzustellen oder ihre Politik philosophisch zu hinterfragen. Keines der Medien politischer Reflexion, die wir für Athen im 5. Jahrhundert genannt haben, existierte in der römischen Gesellschaft. Ganz besonders waren die römischen Dramatiker Männer von geringem sozialen Status, die es selten wagten, bedeutende Figuren des öffentlichen Lebens zu verspotten, und die niemals grundlegende Fragen der politischen Institutionen oder Loyalitäten diskutierten. Auf politische Theorie müssen wir bis Polybios warten; es ist bezeichnend, daß er ein Grieche war, der Mitte des 2. Jahrhunderts v. Chr. für Griechen schrieb. Das Thema seiner ›Geschichte‹ nennt er gleich zu Beginn: »Wie und durch welche Art von ›Verfassung‹ gelang es den Römern, innerhalb eines halben Jahrhunderts den größten Teil der bewohnten Welt zu unterwerfen?« Das war eine griechische, keine römische Frage; Polybios suchte die Antwort in der griechischen Verfassungsgeschichte und -theorie, in der es tatsächlich keine für Rom passende Antwort gab. So griff er auf die »Mischverfassung« zurück, die es in der Realität nie gegeben hatte. Auf wenigen Seiten des 6. Buches produziert er einen Mischmasch aus pseudo-theoretischen, zum Teil miteinander inkompatiblen Konzepten, die in den hellenistischen Rhetorenschulen gelehrt wurden, in denen die Sprößlinge der herrschenden Klasse des Achäischen Bundes ausgebildet wurden. Das Ergebnis war, daß er, weil er Rom (das ebenfalls keine Mischverfassung hatte) in sein Schema pressen wollte, kein angemessenes Bild des römischen Regierungssystems zu zeichnen vermochte. Seine prätentiöse, tatsächlich nur oberflächliche und spekulative Analyse »machte ihn in außerordentlichem Maße blind für die kunstvollen Strukturen des politischen Lebens, durch die in dieser Periode die Vorherrschaft der *nobiles* gesichert wurde.«

Die »philosophischen« Ideen des Polybios blieben ohne Einfluß oder auch nur Resonanz unter den Römern seiner Zeit. Es hält sich hartnäckig die Fiktion eines intellektuellen »Kreises« um Scipio Aemilianus, der – unter dem unmittelbaren Einfluß des Philosophen Panaitios von Rhodos – die Nobilität mit stoischen Ideen von *humanitas* und Naturrecht zu erfüllen versucht habe; aber es ist unwiderlegbar gezeigt worden, daß dieser »Scipionenkreis« eine Erfindung Ciceros war. Als Cicero zwischen 54 und 51 v. Chr. seinen ›Staat‹ schrieb, war das langandauernde Debakel, das den römischen Stadtstaat zerstörte, in sein letztes Jahrzehnt getreten. Cicero siedelte seinen »Dialog« im Jahre 129 v. Chr. an, um seine düstere Einschätzung des Zustandes der *res publica* deutlich zu machen. Er wählte als Protagonisten den berühmten Feldherrn Scipio Aemilianus und seinen eher unbedeutenden Freund Laelius und gab damit seiner Meinung Ausdruck, die explizit mehr als einmal in dem Werk wiederholt wird, daß nämlich das, was ein erfahrener römischer Staatsmann zu sagen habe, »gehaltvoller als alle Schriften der Griechen« sei. Soviel zu den Philosophen, die Cicero, anders als Polybios, einschließlich Platons gelesen hatte, nach dessen Vorbild er angeblich sowohl den ›Staat‹ wie das ergänzende Werk, ›Die Gesetze‹, konzipiert hat. Wie Mommsen halte ich die zentrale Idee des ›Staates‹ für »ebenso unphilosophisch wie unhistorisch« und ich bin auch durch die nicht enden wollende Flut schmeichelhafter Kommentare nicht eines Besseren belehrt worden. Beide Werke enthalten zahlreiche wertvolle Erklärungen zum Funktionieren und zum »Geist« des römischen politischen Systems und besonders zu den Methoden, mit denen man die *plebs* so völlig im Zaum hielt (ein Charakteristikum des römischen Systems, das Polybios gänzlich ignoriert hatte). Doch gibt es hier keinerlei »metanormative« Analyse, sondern nur Rhetorik, wozu auch die stoischen Ideen von »Naturrecht« und »natürlicher Vernunft« zählen, die in der abendländischen Literatur von den Kirchenvätern bis in unsere Zeit eine solche Bedeutung haben sollten; was immer die genuin philosophische Bedeutung dieser Begriffe für die Stoiker selbst gewesen sein mag, bei Cicero wurden sie zu reiner Rhetorik, zu Begriffen, mit denen man »Zustimmung für jede Idee reklamieren konnte, die man zu einer bestimmten Zeit empfehlen wollte«, in seinem Fall für die Idee der römischen Verfassung der guten alten Zeit.

Unabhängig von der Einschätzung Ciceros bleibt die entscheidende Tatsache, daß die Römer bis zu Cicero und seinem jüngeren Zeitgenossen, dem Historiker Sallust, warten mußten, bis eine genuin römische politische Reflexion der Art angeboten wurde, mit der die Griechen seit dem 5. Jahrhundert vertraut gewesen waren. Auch wenn wir die Möglichkeit einräumen, daß frühere Belege, zum Beispiel aus den Reden Catos oder des Tiberius Gracchus verlorengegangen sind, so bleibt der grundlegende Unterschied zwischen beiden Gesellschaften doch bestehen. Fragt man nach einer Erklärung, dann fällt sofort auf, daß in Rom die beiden Phänomene fehlten, die, wie erwähnt, den Anstoß zur griechischen politischen Reflexion geliefert hatten. Die Römer waren nicht mit dem Rätsel einer Mannigfaltigkeit von Verfassungsordnungen konfrontiert, wie sie für die klassische griechische Welt charakteristisch gewesen war. Es mag innerhalb Italiens Unterschiede gegeben haben, aber das einzige Interesse, das Rom an seinen Nachbarn (inner- oder außerhalb Italiens) hatte, bestand darin, sie zu erobern; und dies tat man mit wohlkalkulierter, mit Verachtung gepaarter Grausamkeit. Es gab nichts, das Analyse oder Erklärung erfordert hätte. Zweitens war die schwere *stasis* der frühen Republik ein Konflikt, der durch plebeische Forderungen nach Zugeständnissen hervorgerufen worden war, kein Bürgerkrieg über Verfassungsalternativen. Die Römer hatten somit keine Erfahrung mit dem »Kreislauf der Verfassungen«, noch nicht einmal mit einer Alternative zwischen Demokratie und Oligarchie oder mit der Gefahr der Tyrannis (außer von seiten der etruskischen Könige, die zuvor gestürzt worden waren); diese beiden Themen, die die politische Literatur der Griechen bestimmten, kommen bei römischen Autoren nicht vor.

Ein weiterer Unterschied ist zu bedenken. Oben ist der Zusammenhang der Rollen von Bürger und Soldat betont und die »Normalität« des Krieges für die Stadtstaaten, sowohl für Rom wie für Griechenland hervorgehoben worden. Es gab in diesem Punkt jedoch Unterschiede, die dem Verhalten und besonders der Psychologie der Römer eine andere Qualität, zumindest eine deutliche Nuance verlieh, die sie von den Griechen (vor allem im Vergleich zu Athen, am wenigsten gegenüber Sparta) abhob. Erstens waren Regelmäßigkeit, Ausdehnung, Dauer und geographische Erstreckung der römischen Kriegführung mit griechischer Praxis unvergleichlich, und diese Unterschiede vergrößerten sich ständig, als die Römer unbarmherzig von der Unterwerfung ihrer Nachbarn zur Eroberung Italiens und der gesamten bewohnten Welt übergingen. Zweitens war die römische Bürger-Miliz ganz in die hierarchische Struktur der Gesellschaft eingefügt, wie es bei der athenischen nicht der Fall war. Man braucht nur daran zu erinnern, daß der Oberbefehl über die Armee automatisch Aufgabe der Konsuln (oder wenn nötig ihrer Stellvertreter) war, so daß »Konsul« und »Feldherr« synonym waren (wozu es in Griechenland keine Entsprechung gab), und daß die Konsuln über *imperium* verfügten, eine Vollmacht mit sakralen Implikationen, die Polybios nicht zum Ausdruck bringen konnte, weil er kein angemessenes griechisches Wort dafür hatte. Und drittens war *imperium* nur eine Erscheinungsform des Ausdrucks der zentralen Stellung des Krieges in Religion und Staatskult der Römer. Natürlich appellierten auch die Griechen zu Beginn und während eines Krieges an die Götter und leisteten am Ende Danksagungen, aber im religiösen Kalender der Griechen gab es nicht die große Zahl von Festen kriegerischer Natur, die sich im Kalender der römischen Priester die gesamte Feldzugsaison hindurch fanden, und es gab praktisch keine Kulte ihres Kriegsgottes Ares – im Gegensatz zu dem sehr mächtigen Mars, dem ständig gehuldigt wurde. Es gab auch keine griechische Parallele zum *sacramentum,* einem besonders feierlichen Loyalitätseid, den jeder römische Soldat und Offizier seinem Feldherrn jedesmal, wenn er einberufen wurde, zu schwören und den er bei jedem Wechsel eines Feldherrn zu wiederholen hatte.

All dies stützt meine Annahme, daß die gewöhnlichen römischen Bürger den Gehorsam den Autoritäten gegenüber so sehr internalisiert hatten, daß dies auch Auswirkungen auf ihr eigentlich politisches Verhalten hatte. Wie bei den Spartanern stützte dies die Akzeptanz des Systems in einem Ausmaß, daß es keinerlei politische Diskussion grundsätzlicher Natur gab (im Unterschied zu Meinungsverschiedenheiten, die eine konkrete Richtung der Politik betrafen, durch die unmittelbar Klasseninteressen berührt waren). Mir scheint es zum Beispiel unvorstellbar, daß ein Athener oder auch ein Bürger vieler anderer griechischer Stadtstaaten die Einführung des *senatus consultum ultimum* durch den Senat ohne eine ernsthafte oder gar grundsätzliche Infragestellung seiner Legitimität hingenommen hätte.

Damit befinden wir uns (wie in der Überschrift dieses Kapitels zum Ausdruck kommt) mitten auf dem Feld der Ideologie und nicht auf dem Gebiet der politischen Theorie und Philosophie. Wir bewegen uns genau in dem Bereich solcher Vorstellungen und Haltungen, welche die wenigen eigentlichen Theoretiker normalerweise ablehnten. Damit sind wir zugleich in einem durch ständigen Wandel und eine gewisse Diffusität bestimmten Bereich. Es gab grundlegende Unterschiede in der politischen Ideologie zwischen Griechen und Römern, sowie zwischen den jeweils archaischen und klassischen Epochen bei beiden; bei den Griechen zwischen Athenern und Spartanern, Demokraten und Oligarchen, Staaten mit mehr und solchen mit weniger Partizipation des Volkes. Die Analyse wird weiter durch die Art und Weise erschwert, in der eine kleine Zahl von Wörtern und Ausdrücken mit verschiedenen Nuancen und manchmal divergierenden oder sich sogar wechselseitig ausschließenden Bedeutungen verwendet werden. So hatte zum Beispiel *eunomia,* ein beliebtes Schlagwort in ideologischen Debatten bei den Griechen, die Grundbedeutung »Wohlordnung«, »Eintracht«, wurde dann ein gängiges aristokratisches Schlagwort, das schließlich von Protagonisten der Demokratie ihren Gegnern vorgehalten wurde. Manchmal ist die Bedeutung in einer bestimmten Passage offensichtlich; aber oft kann man sie nur durch eine genaue Betrachtung von Zielsetzung und Standpunkt des Sprechers und des genauen Kontexts rekonstruieren. Das gleiche gilt natürlich für die griechischen und lateinischen Begriffe, die wir als »Vätersitte«, »Freiheit«, »Gemeinwesen« *(res publica)* übersetzen, beziehungsweise für das gesamte politische Vokabular.

Dennoch gab es weite Übereinstimmung über einige generelle Annahmen (neben den schon erwähnten Prämissen über die *polis* und das gute Leben). Die erste ist eine negative Fest-stellung: Es bestand keine Notwendigkeit, sich mit dem Pro-blem der Legitimität herumzuschlagen, das heute das »zentrale Problem unserer Auseinandersetzung mit Natur und Wert der modernen Gesellschaft« und »eine entscheidende Dimension politischer Kultur« ausmacht. Es ist überhaupt nicht einsich-tig, warum ein Problem, das im Mittelalter in den Vordergrund getreten und seitdem stets bedeutsam geblieben ist, sich in der Antike nicht gestellt hat; ich habe dafür auch keine Erklärung anzubieten. Die Annahme, daß sein Aufkommen im Mittelal-ter durch »den Zusammenbruch direkter Herrschaft in der Antike« verursacht worden sein soll, überzeugt nicht; warum hat die Umformung des athenischen Regierungssystems durch Kleisthenes, die Beständigkeit von Oligarchien, die Hinnahme der Oberhoheit der hellenistischen Monarchien und später Roms durch die griechischen Stadtstaaten, die überragenden Vollmachten des römischen Senats und der höheren Magistra-te, oder die Errichtung einer Monarchie durch Augustus keine vergleichbare Diskussion über den Herrschaftstitel hervorge-rufen? Nicht daß es nicht genügend Diskussion gegeben hätte, aber man kann nicht ernsthaft sagen, daß zum Beispiel die Be-hauptung des Augustus, er habe die *res publica* wiederherge-stellt, oder die verstreuten juristischen Stellungnahmen, durch die die Vollmacht des Kaisers auf eine Übertragung durch »Senat und Volk« zurückgeführt wurden, auf dem gleichen Diskussionsniveau wären wie jene Tradition, die von Wilhelm von Ockham über Bodin, Hobbes, Locke, Rousseau bis Raw-les führt.

Was von einem vergleichsweise frühen Zeitpunkt an disku-tiert worden ist, ist die Frage der Gerechtigkeit. Ein wohlge-ordneter Staat war ein Instrument der Gerechtigkeit: Staaten wurden entsprechend nach dem Kriterium gut und schlecht, besser und schlechter beurteilt, nicht (außer eher beiläufig im Falle einer Tyrannis) nach dem von legitim oder illegitim. Auf einer abstrakten Ebene wurden vor allem von den Sophisten Unterscheidungen zwischen den notwendigen »natürlichen« Elementen *(pyhsis)* und den kontingenten *(nomos)* getroffen; es gab unterschiedliche Meinungen über die Vorzüge des einen oder des anderen für das staatliche System. Aber selbst jene

Sophisten, die im Ansatz eine Vertragstheorie formulierten – die Gesetze ergeben sich aus einer Übereinkunft (oder sogar Verschwörung) der Schwachen, um die »natürliche« Macht der Starken zu brechen –, boten keine Herrschaftstitel, kein Konzept der Legitimität an, aus dem sich der Vorzug des einen politischen Systems gegenüber dem anderen hätte herleiten lassen. Auch Aristoteles hat das nicht getan; doch Platon hat natürlich gezeigt, daß alle bestehenden Systeme notwendig illegitim waren. Auch die Religion leistete, wie im gesamten Leben, keinen Beitrag zu einer spezifischen Legitimierung, obwohl sie ein beständiger Faktor im Hintergrund war. Gerechtigkeit ging auf die Götter zurück, die die Menschen mit dem Verstand und der Fähigkeit zu moralischem und damit auch zu politischem Urteil befähigt hatten. Weder die griechische noch die römische Religion verfügte jedoch über spezifische Doktrinen noch gar über eine kirchenähnliche Organisation, um einen bestimmten Herrscher, ein bestimmtes Regime oder System sanktionieren oder legitimieren zu können. Gesetzgeber, Rhetoriker und Ideologen sprachen sämtlich im Namen der Gerechtigkeit, doch kenne ich keinen einzigen Fall, in dem eine göttliche Legitimation für eine bestimmte Maßnahme, ein Regime, eine Reform oder Revolution behauptet worden wäre. Vor dem Triumph des Christentums gab es in der griechisch-römischen Welt weder Gottesgnadentum noch Theodizee. Nicht einmal die Ptolemäer, die buchstäblich als Gottheiten verehrt wurden, und ebensowenig die heidnischen römischen Kaiser, deren religiöse Verehrung komplizierter war, nichtsdestoweniger aber doch einen Kult darstellte, haben jemals ein Edikt als einen göttlichen Befehl ausgegeben.

In späteren Zeiten haben selbst Könige, die sich auf göttliches Recht beriefen, nicht weniger beharrlich (wenn es dafür etwas an Grundlage, und sei es noch so dünn, gegeben hat) auf der langen Tradition ihrer Familie bestanden. Legitimität, die durch »Tradition geheiligt« war, war oft angesichts konkurrierender dynastischer Ansprüche oder revolutionärer Bedrohung eine stärkere Ideologie als die Einsetzung durch Gott. In der Antike diente – wie auch sonst in der Geschichte – die Beschwörung der Vergangenheit im Regelfall als konservatives Argument gegen tiefgreifende Veränderungen oder auch – wie in Athen im Jahre 411 v. Chr. – als Argument für die Wiederherstellung eines früheren Zustands. Wie es schon mit *eunomia* der Fall gewesen war, so konnte auch hier die politische Gegenseite den »Aristokraten« eine solch starke ideologische Waffe nicht einfach überlassen; es genügt, auf das Beispiel des Demosthenes hinzuweisen. Keiner Seite ging es um historische Genauigkeit; sie suchten eine als Argument »verwendbare« Vergangenheit, auch wenn man sie zu erfinden hatte. Es ist bemerkenswert, wie viele der großen lokalen Heroen – Lykurg in Sparta, Theseus in Athen, Romulus in Rom – völlig legendäre Gestalten waren. Es fehlen unmittelbare Anhaltspunkte, um abschätzen zu können, wie stark sich die beständige Hervorhebung des großen Alters eines Systems oder aller oder einzelner Sitten, Einrichtungen und Verfahren auswirkte. Es gibt jedoch genügend Anhaltspunkte aus späterer Zeit, bis in unsere Gegenwart, um vermuten zu können, daß dies von erheblicher psychologischer Bedeutung war. Kontinuität trug zur Entstehung »nationaler« Identität bei und damit zur Identifikation mit dem System, zu einem Gefühl der Schicksalsgemeinschaft, zum Glauben an die Legitimität des Regimes.

Aber Kontinuität über lange Zeit, ob nun realer oder fiktiver Natur, kann allein den Glauben an die Legitimität des Systems nicht garantieren. Ciceros verzweifelter Versuch im ›Staat‹, die Tradition zu sichern, war zum Scheitern verurteilt, denn das System war (um noch einmal die Webersche Kategorie zu verwenden) nicht mehr zweckrational. Für die antiken Stadtstaaten gilt ebenso wie für unsere heutige Welt, daß innerhalb der Bürgerschaft als Ganzer ein »breiter pragmatischer Konsens (darüber besteht), daß politischer Gehorsam solchen – und nur solchen – politischen Systemen geschuldet wird, denen gegenüber sich dies längerfristig zum allgemeinen Vorteil auswirkt«. Wie schwierig es für die griechischen *poleis* war, diesen Konsens aufrechtzuerhalten, zeigt sich unmittelbar an der Häufigkeit der *stasis*. Die einzige Erklärung, die ich dafür anbieten kann, ist die, [...daß] unter den Bedingungen eines antiken Stadtstaates allein Expansion politische Stabilität und damit auch diesen pragmatischen Konsens ermöglichte. Rom ist das beste Beispiel: Nach dem »Ständekampf« in archaischer Zeit gab es keine schwerwiegende *stasis* mehr bis zur Endphase der

Republik, die mit den Gracchen begann. In der Geschichte antiker *stasis* war Legitimität keine Kategorie, die zur Rechtfertigung von Rebellionen bemüht worden wäre, noch wurde ein Recht auf Rebellion oder nur ein Recht auf Ungehorsam in allgemeiner Form formuliert. Die Verteidigung seines Verhaltens durch Alkibiades war ein außergewöhnlicher, wenn nicht einzigartiger Fall. *Stasis* war erklärtermaßen der Zusammenstoß von Interessen, nicht mehr, ob er mit Rhetorik über Gerechtigkeit oder über »wahre« Gleichheit bemäntelt wurde oder nicht.

Die aus der Legitimität abgeleitete Pflicht zu politischem Gehorsam ist in der Antike ebenfalls nur sehr beiläufig untersucht worden, wenn sie nicht einfach für selbstverständlich gehalten wurde; wiederum ein deutlicher Unterschied zu der zentralen Bedeutung im politischen Denken seit dem Spätmittelalter. Die Befehle der Magistrate »sollen gerecht sein, und die Bürger sollen ihnen willig und ohne Widerrede gehorchen« – das steht bei Cicero ohne jede Erörterung der moralischen Konsequenzen für den Fall, daß ein Befehl eines Magistrats ungerecht sein sollte. Es gilt das Gesetz zu untermauern, das war Ciceros frühere Formel für die Doktrin, daß *imperium* nach römischer Art die notwendige Voraussetzung für einen wohlgeordneten Staat sei, für das, was die Griechen *eunomia* nannten. Das ist schon alles, doch selbst die Leichenrede des Perikles mit all ihrer wunderbaren Rhetorik über die Überlegenheit Athens und seiner Institutionen kann dem, was man ein utilitaristisches Argument nennen könnte, nicht mehr hinzufügen als die kurze, überraschende Feststellung, daß es vor allem die Furcht ist, die uns von Gesetzesübertretung im öffentlichen Leben abhält. Mit Furcht kann man zwar faktischen Gehorsam, nicht jedoch ideologisch fundierte Loyalität erklären. (Die Pflicht zum Kriegsdienst ist natürlich sowohl in der Leichenrede wie auf endlosen Seiten bei Livius Gegenstand einer ausführlicheren Rhetorik anderer Art gewesen, die den Ruhm und die Notwendigkeit der Verteidigung der Gemeinschaft hervorhob.)

Die einzige Ausnahme, das einzige mir bekannte Beispiel für eine wirklich argumentative Begründung der Verpflichtung zu politischem Gehorsam findet sich an einer unerwarteten Stelle, in Platons ›Kriton‹, einem kurzen frühen Dialog. Sokrates, der im Gefängnis auf seine Hinrichtung wartet, weist das Angebot seiner Freunde, ihm zur Flucht zu verhelfen, entschieden zurück. Er argumentiert, kurz gesagt, mit einer rudimentären Vertragstheorie: Jeder, der sich entschieden hat, sein ganzes Leben als Bürger in der *polis* zu verbringen, der ferner als Ratsherr fungiert hat und seiner Pflicht zum Militärdienst nachgekommen ist, hat damit zugestimmt, dem Gesetz zu gehorchen und die Entscheidungen der legitimen Instanzen zu akzeptieren. Deshalb wäre Ungehorsam, auch dann, wenn die Entscheidung ungerecht gewesen wäre, moralisch falsch. Es gibt damit einige nicht auszuräumende Schwierigkeiten: Das Argument widerspricht der Auffassung, die Platon Sokrates in der ›Apologie‹ vertreten läßt; es ist unvereinbar mit allem, was Platon selbst glaubte; es kann schließlich unabhängig von der Frage der Authentizität als Argument angefochten werden. Trotz allem, es gibt nun einmal diesen Text des ›Kriton‹, und gerade seine Ausnahmestellung sagt genug aus über die geringe Bedeutung, welche die Frage der Gehorsamspflicht (und des zivilen Ungehorsams) im Zusammenhang ideologischer Interessen und Diskussionen in der Antike besaß.

Hinter dem Argument des ›Kriton‹ steht eine andere Behauptung, die im Gegensatz dazu endlos wiederholt und beinahe allgemein sowohl von den in den Stadtstaaten lebenden Griechen wie von den Römern und sogar selbst von Platon und Aristoteles geglaubt wurde: Die entscheidende Voraussetzung für eine wirklich politisch verfaßte Gesellschaft, für eine wahre *polis* und damit für das gute Leben ist die »Herrschaft der Gesetze, nicht die Herrschaft von Menschen«. Demokratie und Oligarchie nahmen beide diese Tugend für sich in Anspruch; das gleiche gilt aus der Retrospektive für die legendäre Königsherrschaft der archaischen Zeit, nachdem man sie in späterer Zeit mit allen Institutionen ausgestattet hatte. Zahllose Feststellungen dieser Formel lassen sich bis zu Cicero in den letzten Tagen der römischen Republik finden. Ein Zitat aus den ›Schutzflehenden‹ (›Hiketides‹) des Euripides genügt: »Denn was der Menschen Städte schirmt, ist, wenn man weislich auf Gesetz *(nomos)* hält.« Moderne analytische Philosophen tun sich nicht schwer, diese Formel als vage und bis zur

Unbrauchbarkeit verschwommen abzutun, aber damit verschwenden sie ihre Energie: Ideologie ist eben keine Theorie und sollte nicht einer gleichartig strengen Analyse unterzogen werden. Ideologie ist an pragmatischen und nicht an logischen Maßstäben zu messen. In der Antike war Stabilität das Kriterium, die Fähigkeit, häufige *staseis* und besonders *stasis* in der extremen Form des Bürgerkriegs zu vermeiden. Es hatte schon konkreten Sinn gehabt, in der archaischen Zeit der Adelsherrschaft auf geschriebenen Gesetzen und Gesetzeskodifikationen zu bestehen und dafür zu kämpfen. Eindeutig festgelegte und öffentlich bekannte Gesetze zu fordern, beruhte auf gesundem Urteil und eminent praktischer Überlegung.

In den ›Schutzflehenden‹ des Euripides fragt wenig später ein Herold, der aus Theben angekommen ist: »Wer ist des Landes Herrscher *(tyrannos)*?« Theseus entgegnet: »Schon der Anfang deiner Rede, Fremder, war falsch, wenn du hier einen Tyrannen suchst. Die Stadt ist frei und wird nicht von einem Mann regiert. Der *demos* herrscht im jährlichen Wechsel. Die Reichen haben kein Übergewicht; der arme Mann hat den gleichen Anteil«. »Das ist die Herrschaft des Pöbels«, entgegnet der Herold, »der *demos* ist kein richtiger Beurteiler von Argumenten, wie kann er dann über das Geschick der Polis recht entscheiden?« Aber der Herold hat nicht das Prinzip der Herrschaft des Gesetzes in Frage gestellt. Die Meinungsunterschiede bestanden darüber, wer die Gesetze formulierte, die dann jeden banden, Herrscher wie Beherrschte gleichermaßen. Das machte den entscheidenden Unterschied zwischen den Verfassungssystemen und politischen Strukturen der Stadtstaaten aus, zwischen Demokratien und Oligarchien, beziehungsweise wie man mit Blick auf das römische Beispiel genauer sagen sollte, entsprechend der formalen Ausdehnung und tatsächlichen Bedeutung der politischen Partizipation des Volkes.

Dieser Gegensatz in der Frage, wer im Prinzip am Gesetzgebungsprozeß teilhaben soll, manifestiert sich in einer Fülle politischer Begriffe und Aussagen. Aristoteles beginnt die ›Politik‹ mit einer Polemik gegen diejenigen, die meinten, daß der »Staatsmann« einfach nur eine größere Ausgabe des Herrn über Sklaven oder des Hauptes eines Haushalts sei. Er lehnt dies mit der Begründung ab, daß der Staatsmann »abwechselnd regiert und regiert wird«; das ist natürlich, heißt es an späterer Stelle, wenn die Bürger »Freie und Gleiche« sind. Gegenüber dem Anspruch der Athener, daß sie diese Normen am besten erfüllten, weil bei ihnen der *demos,* alle Bürger Freie und Gleiche seien und deshalb alle abwechselnd regierten und regiert würden, lautete die Antwort des Aristoteles, daß ein demokratisches Verfahren dieser Art auf einer falschen, arithmetischen Konzeption von Gleichheit beruhe, bei der allein Köpfe gezählt werden, was schließlich Demagogen in die Hände spiele, die innerhalb kürzester Zeit die denkbar schlechtesten Verhältnisse, nämlich die Herrschaft von Menschen an Stelle der Herrschaft des Gesetzes herbeiführten. Platon stimmte ausdrücklich zu, aber im Gegensatz zu Aristoteles glaubte er nicht, daß ein anderes Konzept von Gleichheit das Prinzip des abwechselnden Regierens und Regiertwerdens akzeptabel machen könne.

Cicero hält in einem kurzen, bombastischen Exkurs in einer seiner Reden den Athenern und Griechen allgemein vor, sie hätten auf diese Weise Zügellosigkeit an die Stelle wahrer Freiheit gesetzt. Cicero selbst hatte jedoch keine Schwierigkeiten, das Prinzip des abwechselnden Regierens und Regiertwerdens auch für Rom gutzuheißen, da sich dies unter römischen Bedingungen allein auf die höheren Magistrate beziehen konnte, die jährlich unter der Nobilität und einzelnen ihrer Protegés geringerer Herkunft verteilt wurden. Wir kennen diesen andauernden und unlösbaren ideologischen Gegensatz von den stärker reflektierenden Autoren her, doch lassen die Hitze und die Heftigkeit, mit der die sich widersprechenden Auffassungen wiedergegeben werden, vermuten, daß diese Debatte auch bei den sich weniger artikulierenden Gruppen Resonanz gefunden hat. Die Tatsache, daß jeder Athener an der Volksversammlung teilnehmen, im Volksgericht oder im Rat sitzen und viele der Ämter ausüben konnte, konnte nicht ohne psychologische Auswirkung bleiben, ebensowenig wie die Tatsache, daß in Rom allein die Aristokraten abwechselnd regierten und regiert wurden.

Allen diesen Meinungsverschiedenheiten und Diskussionen lagen unterschiedliche Bewertungen der moralischen und intellektuellen Qualitäten ganzer Gruppen und Klassen, besonders der Klassen der Bürgerschaft zugrunde. Eine zutiefst hierarchisch orientierte Einschätzung kam in der Antwort des thebanischen Herolds an Theseus deutlich genug zum Ausdruck, sie zeigt sich mehr metaphorisch, wenngleich nicht weniger offen, in dem reichhaltigen Vokabular für Arme und Reiche [...]. Falls der *demos* (wie es bei Euripides heißt) kein »rechter Beurteiler« von Argumenten ist, oder wie es in Ciceros ausladender Rhetorik heißt, er aus »unerfahrenen, gänzlich ahnungslosen und unwissenden Leuten« besteht, »aus Handwerkern und Kleinhändlern und dem ganzen Pöbel einer Stadt«, dann ist die Folgerung unausweichlich, daß er sich nicht zur Teilnahme am politischen Entscheidungsprozeß eignet. Die Sache wurde jedoch bei Griechen und Römern durch die Präsenz einer großen Zahl von Menschen kompliziert, die ungeachtet ihrer persönlichen Qualitäten auf Grund ihres Rechtsstatus als Sklaven noch unter Ciceros Pöbel standen. Der Gegenbegriff zum »Sklaven« ist der »freie Mann«; selbst ein Cicero räumte ein, daß allen Bürgern die Eigenschaft der Freiheit zukomme (so, wie auch allen die Mitgliedschaft in der Polis-Gemeinschaft zukam, anders als den ansässigen freien Nichtbürgern [...]).

Alle Stadtstaaten erkannten eindeutig an, daß alle Bürger frei waren (von Übeltätern abgesehen, die ihre Freiheit aus dem einen oder anderen Grunde ganz verloren hatten). Das besagt einiges, aber noch nicht genug. Es ist ein Gemeinplatz, daß der konkrete Gehalt von »Freiheit« sich je nach Zeit und Ort erheblich unterscheidet. Ich will dies hier nicht allgemein weiter verfolgen, sondern mich auf den Minimalgehalt von Freiheit im Sinne von Gleichheit vor dem Gesetz beschränken, der für unseren Kontext einschlägig ist. Die meisten, wenn nicht alle Stadtstaaten akzeptierten förmlich dieses Prinzip für die Privatsphäre, das heißt in allen persönlichen Beziehungen zwischen Individuen, die Gegenstand von Prozessen werden konnten, und selbst für solche Konflikte zwischen Individuen und dem Staat, die im Streitfall Gegenstand einer gerichtlichen Entscheidung werden konnten. Es ist wiederum ein Gemeinplatz, daß solche formale Gleichheit – unter Bedingungen der Ungleichheit in bezug auf Reichtum, gesellschaftliche Stellung, politischen Einfluß – in der Praxis niemals erreicht worden ist.

Es kommt hier auf die Korrelation zwischen dem Ausmaß der Gleichheit vor dem Gesetz und der Ausdehnung der politischen Partizipation des Volkes an (zumal, wenn auch nicht allein, durch die Mitgliedschaft in Juries und anderen Organen der Rechtsprechung). Der englische Hegelianer Bernard Bosanquet hat geschrieben: »Es gibt keine wirkliche Garantie für Freiheit im rechtlichen Sinne außer durch politische Freiheit; es sind stets Verstöße gegen die Freiheit im rechtlichen Sinne gewesen, die Forderungen nach einer Teilhabe an wirklichen politischen Pflichten und Funktionen hervorgerufen haben.«

In der Antike sind natürlich die Athener das beste Beispiel für diese These. Für sie (und vermutlich auch für kleinere Demokratien nach athenischem Vorbild) gewann *isonomia,* der Begriff, den wir als Gleichheit vor dem Gesetz übersetzen, auch die Bedeutung von Gleichheit durch das Gesetz, das heißt Gleichheit der politischen Rechte für alle Bürger, eine Gleichheit, die durch Verfassung und Gesetz geschaffen wurde. Diese Gleichheit implizierte nicht nur das Recht, wählen und Ämter ausüben zu dürfen und so weiter, sondern bedeutete vor allem das Recht, bei der politischen Entscheidungsfindung in Rat und Volksversammlung teilnehmen zu können. Debatten in der Volksversammlung wurden von einem Herold mit den Worten eröffnet, »Wer will mit gutem Rat seiner Stadt dienen?« Das, sagt Theseus in den ›Hiketiden‹, ist Freiheit. Protagoras erläuterte das Prinzip: »Wenn der Gegenstand der Beratung politische Tugend erfordert, ... dann hören sie allen zu, denn sie glauben, daß alle daran teilhaben müssen; sonst könnte es keine *polis* geben.« Sogar ein treffender Begriff wurde dafür im 5. Jahrhundert geprägt, *isegoria:* Dieser Begriff von Redefreiheit hat nicht so sehr wie unser herkömmlicher Begriff den Akzent auf der Freiheit von Zensur, sondern legt positiv den Nachdruck auf das Recht, dort zu sprechen, wo es am meisten von Bedeutung war, nämlich in der Volksversammlung. Es gibt kein lateinisches Wort als Äquivalent dazu, denn die einzige römische Parallele dazu war die (zumindest formale) Gleichheit und Freiheit unter den *nobiles.* In Rom spürt man, [...] »daß Redefreiheit genausosehr in den Bereich der *auctoritas* wie in den der *libertas* gehört.«

Die Doktrin des Protagoras, wenn man davon sprechen kann, ging nicht so weit zu behaupten, daß jeder an der »Tugend« politischer Weisheit in gleichem Maße Anteil habe. Die Überlieferung läßt deutlich erkennen, daß selbst in Athen nur wenige ihr Recht auf *isegoria* in Anspruch nahmen, und sie läßt keinen Zweifel daran zu, daß die politische Führung von einer relativ kleinen Schicht monopolisiert wurde, wenngleich es sich nicht um eine sich nur selbst rekrutierende Schicht wie in Rom handelte. Aus dem Grundsatz, daß alle Bürger politische Tugend hätten, leitete man nur das Prinzip her, daß alle an der endgültigen Entscheidung auf der Basis gleichen Stimmrechts, nach dem Prinzip: »ein Mann, eine Stimme«, teilnehmen konnten. Jenseits dessen galt das Prinzip der Ungleichheit und der Hierarchie. Die Konsequenz war ironischerweise, daß zwei oder mehr Jahrhunderte lang Athen verhältnismäßig weniger inkompetente Feldherren und Politiker hatte als Rom mit seiner sich selbst perpetuierenden Elite und dem jährlichen Wechsel auf der höchsten Ebene, bei Konsuln und Prätoren. Innerhalb des Senats hatten inkompetente Magistrate sicherlich nicht viel Einfluß, sie hatten jedoch auf Grund ihres *imperium* im Felde uneingeschränkte und bei ihren Handlungen in der Stadt beinahe ebensoweit reichende Vollmachten.

Die Tatsache – ich betone Tatsache –, daß der athenische *demos* ein solch gutes Urteil bei der Auswahl seiner Führer durch die Wahl im Falle der Strategen und durch die Unterstützung einzelner führender Politiker in der Volksversammlung bewies, kann nicht mit seiner Apathie, dem bevorzugten Konzept der Elitetheoretiker unter den Politologen, erklärt werden. Apathie paßt nicht auf die vielen Tausend, die mit solcher Häufigkeit die Volksversammlung besuchten, ein- oder zweimal als Ratsherren fungierten und, wiederum zu Tausenden, die Geschworenengerichtshöfe bildeten. Die einzige Alternative der Erklärung scheint mir darin zu bestehen, von weitverbreiteter Verantwortung der Bürger zu sprechen; das ist ein moralisches Attribut, vor dem viele Historiker zurückzuschrecken scheinen, was zum Teil (aber auch nur zum Teil) verständlich ist bei der offensichtlichen Subjektivität, die mit dieser Kategorie involviert ist, und bei der Schwierigkeit, ein solches Phänomen empirisch nachweisen zu können. Es ist so viel einfacher, sich die wenigen Beispiele scheinbar unverantwortlichen Verhaltens – wie den Volksbeschluß über die Hinrichtung der Strategen, die die siegreiche attische Flotte bei der Schlacht bei den Arginusen im Jahre 406 v. Chr. kommandiert hatten – zum Anlaß für die Verurteilung des gesamten Systems zu nehmen. Daran gemessen kann keine Gesellschaft, ob in der Vergangenheit, Gegenwart oder Zukunft, dem Kriterium der Verantwortlichkeit genügen. Es lohnt sich kaum, dies ausdrücklich zu sagen, wohl jedoch, darauf hinzuweisen, daß hinter solch einem Vorgehen eine Konfusion über die moralischen Kategorien steht, eine Verwechslung von politischem Verantwortungsbewußtsein in dem Sinne eines systematischen Strebens nach allgemein akzeptierten Zielen im Rahmen zeitgenössischer Moralvorstellungen mit modernen Begriffen von Anstand und Humanität. Ein Historiker kann durchaus eine Handlung oder ein Verhalten in der Vergangenheit für politisch verantwortungsbewußt halten und dennoch zur gleichen Zeit die moralischen Implikationen verdammen.

Ich will damit nicht sagen, daß politische (oder bürgerliche) Verantwortung sich in der Antike nur in Demokratien gefunden hätte. Oligarchien und selbst despotische Regimes konnten ebenfalls verantwortlich handeln; aber dann muß sich, wie auch für Rom, die Beurteilung auf diejenigen beschränken, die an der Entscheidungsfindung Anteil hatten. Von den anderen, dem *demos,* der *plebs,* wurde nur Gehorsam erwartet, was die herrschende Klasse verantwortliches Verhalten nannte. Der römische *demos* war die meiste Zeit über bemerkenswert folgsam. Es fragt sich, warum das so war und vor allem warum die römische *plebs,* nachdem sie in einem bestimmten Maße rechtliche Freiheit gewonnen hatte, nicht im Sinne Bosanquets beständige Versuche unternahm, auch politische Freiheit, oder zumindest einen größeren Anteil politischer Freiheit zu erhalten. Die gleiche Frage kann man natürlich auch für viele andere Gesellschaften stellen, jedoch nur für wenige, in denen die folgsame Bevölkerung die Streitkräfte stellte, und zwar in Wahrnehmung ihrer Bürgerpflicht und nicht aufgrund von Anheuerung oder Pressen zum Dienst. Roms einzigartige militärische Entwicklung gibt [...] zum Teil die Antwort selbst, aber das entscheidende Element müssen wir in der Ideologie sehen, in dem ganzen Bereich von Vorstellungen und Einstellungen, die ein Leitmotiv dieses Buches gewesen sind. Die Ideologie einer herrschenden Klasse kann wenig bewirken, wenn sie nicht auch von den Beherrschten akzeptiert wird; dies war in Rom in einem außerordentlichen Maße der Fall. Als dann der Wertekonsens innerhalb der Elite selbst verfiel, war die Konsequenz nicht, daß die politische Freiheit auf eine breitere Basis innerhalb der Bürgerschaft gestellt worden wäre, sondern im Gegenteil, daß die Freiheit aller zerstört wurde.

OSWYN MURRAY
Der große Perserkrieg

Die Quellen in Herodots Darstellung

Herodots Darstellung der persischen Invasion in den letzten drei Büchern seines Werkes zählt zu den bedeutendsten Geschichtserzählungen der Weltliteratur. Aus griechischer Sicht war dieser Zug das wichtigste Geschehnis der eigenen Vergangenheit, galt es doch, die Freiheit der *polis* gegen den orientalischen Despotismus zu verteidigen. Die mündliche Tradition überlieferte eine Schilderung, wie sie für einen erfolgreich geführten Kampf typisch ist: Sie glorifizierte die Protagonisten und betonte die gewaltige Überzahl der Feinde, die man abgewehrt hatte; sie bot mithin ein zusammenhängendes Bild der Ereignisse, in dem sich die Einheit der Griechen zeigen sollte. Denn obwohl die athenische, die spartanische und die korinthische Version der Geschehnisse sicher jeweils gewisse eigene Tendenzen hatten, scheinen sie sich nicht direkt widersprochen zu haben, so daß Herodot sie hätte harmonisieren müssen. Vielmehr geht die kohärente Darstellung Herodots auf die Kohärenz seiner mündlichen Quellenangaben zurück. Tatsächlich hatte man ja allen Grund, die großen Ereignisse nicht in Vergessenheit geraten zu lassen; die Teilnahme der einzelnen *poleis* wurde in den folgenden zwei Jahrhunderten zur Grundlage der zwischenstaatlichen griechischen Diplomatie. Eine verzerrte Darstellung war also kaum möglich. Die ständige Wiederholung des eigenen Anteils am Erfolg der Griechen konnte eine *polis* vielleicht bekannter machen, ein gefälschter Anspruch jedoch verbot sich schon wegen der (ja auch im internationalen Bereich üblichen) Wettbewerbsethik in der griechischen Politik. Daher also waren die verschiedenen griechischen Überlieferungen der Ereignisse des Perserkriegs im wesentlichen übereinstimmend und zutreffend.

Aus diesem Material nun schuf Herodot eine Geschichte, wie sie auf Homerische Helden gepaßt hätte. Für den »neuen

Trojanischen Krieg« übernahm er Erzähltechniken aus dem Epos und setzte außerdem die traditionellen Mittel der *logos*-Macher [Exkurs zur Geographie, Ethnologie und Geschichte ohne Anspruch auf Historizität] von Ionien besonders dafür ein, die Ereignisse auf der persischen Seite (über die die Griechen natürlich weniger gut Bescheid wußten) lebhaft und direkt zu schildern. So läßt Herodot zu Beginn des siebten Buches den jungen König Xerxes die Entscheidung zur Eroberung Griechenlands fassen; dabei treten zwei Berater auf, Mardonios, der auf einen Feldzug drängt, und Artabanos, der sich dagegen ausspricht: »Du siehst, wie der Gott mit seinem Wetterstrahl die großen Geschöpfe trifft und sie sich nicht überheben läßt, während ihn die kleinen nicht reizen; du siehst, wie er seine Geschosse immer in die größten Gebäude und in derartige Bäume schleudert. Denn der Gott pflegt alles zu stürzen, was sich überhebt.« Doch der Gott schickt Xerxes einen Traum, um ihn zu einem Feldzug zu verlocken, und als Artabanos in Xerxes' Bett schläft, bedroht auch ihn der Gott in einem Traum, falls er weiterhin von der Unternehmung abrate. Artabanos ist nun überzeugt. Auf dem eigentlichen Feldzug übernimmt seine Warnerrolle der exilierte Spartanerkönig Demaratos, der die griechischen Werte »Unabhängigkeit« und »Genügsamkeit« gegen die persische Kriecherei und Prachtentfaltung vertritt.

Auch ein anderes Werk arbeitet mit der Faszination des persischen Blickpunkts, nämlich die älteste erhaltene griechische Tragödie, Aischylos' ›Persai‹ (›Die Perser‹), die 472 v. Chr. (mit Perikles' finanzieller Unterstützung) aufgeführt wurde. Im Zentrum des Geschehens steht hier die Schlacht von Salamis, bei der Aischylos und ein Großteil seiner Zuschauer mitgekämpft hatten. Dargestellt ist aber die Ankunft der Nachricht von der Niederlage in Persien und ihre Auswirkungen am persischen Hof. Der griechische Sieg wird als Tragödie für Persien gesehen, das Stück versucht dabei, die persische Situation durch eine Übertragung in griechische Begriffe verständlich zu machen. Natürlich können solche Darstellungen, wie sie Herodot und Aischylos geben, die persische Seite nicht adäquat erfassen, denn sie verstehen die Motive und Handlungen der Perser im Rahmen der Hoplitenethik von »Übermaß« und dem dadurch hervorgerufenen »Neid der Götter«.

Auch die Analyse der persischen Logistik bei Herodot ist wohl nicht richtig. Zwar hatte er sonst einen gewissen Zugang zu schriftlichen Dokumenten und teilweise auch zur mündlichen Tradition der Perser, doch scheint er sie nicht bei der Darstellung des Perserzuges verwendet zu haben. Schriftliche persische Dokumente liegen zum Beispiel der Liste der Provinzen und ihrer Besteuerung im dritten Buch zugrunde, auf ebensolche Quellen oder aber auf Auskünfte der griechischen Spionage stützt sich Herodot bei der Beschreibung der persischen Armeekontingente. Mündliche persische Tradition hingegen kennt er zum Beispiel zur Geburt und Jugend des Kyros und zum Aufstieg des Dareios, wo seine Darstellung mit der in erhaltenen persischen Inschriften weitgehend übereinstimmt. Man hat die plausible Vermutung angestellt, daß ein Großteil dieser Informationen von Zopyros, dem Enkel eines der Generäle des Dareios, stammt, der in der Mitte des fünften Jahrhunderts v. Chr. zu den Athenern übergelaufen war. – Nun gibt es aber in Herodots Darstellung der persischen Invasion keine deutlichen Anzeichen für eine persische mündliche Tradition, und auch die verwendeten schriftlichen Dokumente beschränken sich offenbar auf allgemeine Angaben über die Gesamtgröße des persischen Landheeres, das für den speziellen Feldzug vielleicht gar nicht als Ganzes ausgerückt war; außerdem waren diese Zahlenangaben ohnehin nur auf einem etwas dubiosen Weg gewonnen worden. Genannt wird eine Gesamtzahl von 1 700 000 Mann, die sogar noch deutlich unter den zeitgenössischen griechischen Schätzungen liegt: Das Epigramm, das man auf dem Schlachtfeld bei den Thermopylen aufgestellt hat, spricht von einer fast doppelt so großen Anzahl: »Drei Millionen Feinde bekämpften an dieser Stelle viermal tausend Mann von der Peloponnes.«

Zur persischen Flotte macht Herodot jedoch genaue Angaben, die addiert eine Zahl von 1207 Trieren [Dreiruderer] ergeben; auch hier wird man die Gesamtzahl der persischen Schiffe und nicht nur die für den Griechenlandfeldzug tatsächlich eingesetzten sehen müssen. Herodot, der dies leugnet, muß nämlich die unglaubliche Menge von sechshundert persischen Trieren schon vor Salamis Schiffbruch erleiden lassen, um die erste den Griechen tatsächlich einsehbare Stärke der Perser bei dieser Schlacht zu erklären. Moderne Schätzungen nehmen zweihunderttausend Mann im Landheer und etwa sechshundert Schiffe an, doch auch diese Zahlen zeigen die gewaltige Überlegenheit der Perser über die Griechen. Die griechische Strategie mußte also 480 v. Chr. damit rechnen, daß man der persischen Übermacht zu Lande bei einer offenen Feldschlacht trotz der eigenen Überlegenheit in Bewaffnung und Taktik nicht gewachsen war, während zur See die Perser an Zahl und Übung zwar auch überlegen waren, man hier aber wenigstens eine kleine Hoffnung auf einen griechischen Sieg nähren konnte.

Die Einigung der Griechen

Die Verteidigung Griechenlands hing also davon ab, inwieweit man eine gemeinsame Strategie würde durchführen können. Die Probleme auf dem Weg zur notwendigen Einigung bagatellisiert Herodot, der die griechischen Verhandlungen um einen gemeinsamen Oberbefehl als lose Folge zeitloser Episoden darstellt. Ordnet man seine Angaben, so ergibt sich, daß die Griechen sich bei offenbar zwei Zusammenkünften auf das grundsätzliche Vorgehen einigten: Beim ersten Kongreß, 481 v. Chr., »versammelten sich alle, die die bessere Gesinnung Griechenland gegenüber hatten, berieten sich und tauschten Pfänder aus«. Man beschloß, die gegenseitigen Fehden zu beenden (insbesondere die zwischen Athen und Aigina), Spione nach Asien und Gesandte zu den unabhängigen *poleis* Argos, Syrakus, Korkyra und zu den Städten auf Kreta zu schicken. Sparta sollte den Oberbefehl der griechischen Streitmacht zu Lande und zu Wasser haben – ein Zeichen dafür, daß der Peloponnesische Bund das eigentliche Fundament des griechischen Widerstandes war, und auch dafür, daß Athen den eigenen Führungsanspruch klug den gemeingriechischen Interessen unterzuordnen bereit war. Offenbar schon auf diesem Kongreß wurde auch in einem Eid beschworen, daß man all die Städte, die ohne Zwang zum Feind überliefen, zerstören und den zehnten Teil der Beute nach Delphi weihen werde.

Der Versuch, die Basis dieses Bundes gegen die Perser um die vier genannten Mächte zu erweitern, schlug allerdings fehl. Argos erhob auf Delphis Rat angeblich unerfüllbare Bedingungen und schien sich sogar mit den Persern geeinigt zu haben. Auch Kreta trat, von Delphi gewarnt, nicht bei; Korkyra versprach sechzig Schiffe, die allerdings im entscheidenden Augenblick ausblieben. In Syrakus sind die Verhältnisse interessanter:

Seit etwa 505 v. Chr. war die *polis* Gela von Tyrannen regiert worden, von Kleandros und seinem Bruder Hippokrates. Schon 491 erstreckte sich deren Reich über den Großteil Ostsiziliens, wo sich von den größeren Städten allein Syrakus unabhängig halten konnte. In diesem Jahr nun folgte auf Hippokrates dessen Reiteroberst Gelon, der sich sogleich durch eine doppelte Heiratsverbindung mit dem Tyrannen von Akragas (Agrigent), Theron, zusammenschloß. 485 griff Gelon in Syrakus in den bürgerkriegsähnlichen Streit zwischen den *gamoroi* (der alten Siedleraristokratie) und den *killyrioi* (der versklavten Vorbevölkerung) ein. Er eroberte Syrakus und machte es zu seiner Hauptstadt, in der er die Bevölkerung aus anderen Städten umsiedelte; Gela überließ er seinem Bruder Hieron. Somit lag 481 praktisch das ganze griechische Sizilien in den Händen von drei Tyrannen: Gelon, Theron und Hieron. Als nun die griechischen Gesandten Gelon um eine Unterstützung gegen Persien baten, soll er ihnen seine riesige Armee angeboten haben, wenn er den Oberbefehl erhalte. Tatsächlich mußte er allerdings eher für die unvermeidliche Reaktion Karthagos auf die Einigung des griechischen Sizilien gerüstet sein. 480 fiel der karthagische König Hamilkar mit dreihunderttausend Mann auf der Insel ein. Der Historiker Ephoros, der im 4. Jahrhundert v. Chr. schrieb, behauptet sogar, Karthager und Perser hätten den Zeitpunkt ihrer Unternehmungen miteinander abgesprochen, was gar nicht ganz unwahrscheinlich ist: Die Phoiniker werden beunruhigt gewesen sein, daß so viele (vor allem ionische) Griechen auf der Flucht vor den Persern ins westliche Mittelmeergebiet gezogen kamen, und werden vielleicht gehofft haben, man könnte die Griechen im Westen und im Osten gleichzeitig vernichtend schlagen. In derselben Zeit im Jahr, in der vor Salamis gekämpft wurde, besiegten

Gelon und Theron im Westen bei Himera den Karthagerkönig Hamilkar, töteten ihn und nahmen die ganze Expeditionsstreitmacht in Gefangenschaft. Die Karthager fürchteten nun sogar eine griechische Invasion in Afrika und mußten auf Gelons Forderung nach zweitausend Talenten Kriegsentschädigung eingehen. Möglicherweise war es dieses Geld, aus dem eine Serie von Siegesmünzen geprägt wurde, die zu den schönsten griechischen Münzen überhaupt zählen. Die großen Tempel von Akragas stehen noch heute, gebaut von den kriegsgefangenen Karthagern, von denen manche Bürger in Akragas fünfhundert als Sklaven besaßen. 474 v. Chr. besiegte Hieron schließlich noch die Etrusker in der Schlacht bei Kyme; der Westen war damit gesichert.

Gelon hatte als Rückversicherung einen hohen Geldbetrag in Delphi hinterlegt, der Xerxes überreicht werden sollte, wenn der Perserkönig siegte. Delphi erschien tatsächlich immer auf der Seite der Perser; das Orakel riet ständig von einem Widerstand der Griechen ab und oft zur Unterwerfung unter die Perser. Als Gesandte aus Athen kamen, empfahl ihnen die Pythia, noch bevor sie überhaupt die Frage der Athener gehört hatte, nach Westen zu fliehen, und ließ sich erst nach einiger Zeit zu einem nicht eindeutigen Orakel bewegen, dessen Ende lautete:

»Dann gibt die Mauer aus Holz der Triton-Geborenen weitschauend
Zeus unbezwungen allein, dir und deinen Kindern zu Nutze.
Doch erwarte du nicht der Reiter Schar und das Fußvolk,
ruhig auf festem Boden! Entweiche dem drohenden Angriff,
wende den Rücken ihm zu! Einst wirst du ja dennoch sie treffen.
Salamis, göttliche Insel, die Kinder der Frauen vertilgst du,
Sei es zu Demeters Saat oder sei es zum Zeitpunkt der Ernte.«

Diese defätistische Prophezeiung interpretierte Themistokles dann so, daß mit der »Mauer aus Holz« die Flotte gemeint sei, und daß Salamis, da es als »göttliche« und nicht als schreckliche Insel bezeichnet sei, den Persern und nicht den Griechen Verderben bedeuten werde. Mit Mühe gelang es ihm, das athenische Volk von seiner Deutung zu überzeugen: »In der auf das Ergehen des Gottesspruches folgenden Versammlung faßten die Athener den formellen Beschluß, im Gehorsam gegenüber dem Gott dem Angriff des Barbaren auf Griechenland mit aller Macht auf den Schiffen zu begegnen, zusammen mit allen Griechen, die dazu bereit seien.« Dieser lapidare Satz liest sich tatsächlich wie ein zeitgenössischer Volksbeschluß.

Der zweite Kongreß der griechischen Verbündeten fand im Frühjahr des Jahres 480 v. Chr. am Isthmos von Korinth statt; es ging um die Strategie für die nahe Zukunft. Im Vertrauen auf die bedeutende thessalische Reiterei versuchte man zunächst, schon Thessalien durch eine Besetzung der Nordlinie des Olympos zu sichern und schickte dazu zehntausend Hopliten ins Tempetal. Doch ließ sich der dortige Paß zu leicht umgehen und war ohnehin nur für das feindliche Landheer ein Hindernis; außerdem war ein großer Teil der thessalischen Regierungsschicht seit langem pro-persisch eingestellt. Die Vertreter der griechischen Verbündeten zogen sich erneut auf den Isthmos zurück und beschlossen wahrscheinlich erst jetzt, die Perser sowohl zu Lande als auch zur See aufzuhalten, also an den Thermopylai *und* am Kap Artemision, oder – wenn dies nicht gelänge – am Isthmos *und* bei Salamis. Die Wahl dieser beiden Linien war unvermeidbar, sobald man sich auf eine Doppelstrategie dieser Art geeinigt hatte; sie zeigt aber auch die unterschiedlichen Interessen der *poleis* in Zentralgriechenland (besonders Athen) und derer auf der Peloponnes hinter dem Isthmos (besonders Sparta). Diese naturgegebene Teilung, auf die Herodot in seiner Darstellung immer wieder eingeht, bedrohte nicht selten die Gemeinsamkeit des griechischen Widerstands. Man kann tatsächlich fragen, ob es diese labile Einheit der Griechen war, oder ob es die Fehler der Feinde, der Zufall oder der Heldenmut und die Begabung der militärischen Führer waren, die den Griechen den Sieg ermöglichten – ich werde aber nicht versuchen, auf diese Fragen eine Antwort zu geben.

Aus der Sicht der modernen Strategie bot zweifellos die Linie Thermopylai – Artemision die besten Chancen für die Griechen. Der Paß bei den Thermopylai war schwer zu umgehen und ließ sich auch gegen eine Überzahl gut verteidigen; bei Artemision konnte die Flotte mit der befreundeten Insel Euboia im Rücken kämpfen, wo es sichere Häfen gab und ein guter Fluchtweg für die Schiffe zwischen der Insel und dem Festland offenstand, während die Feinde am Strand einer ungeschützten Meeresbucht landen mußten. Allerdings war das Meer dort nicht eng genug, so daß die Perser ihre Überzahl eher zur Geltung bringen konnten. Doch insgesamt bot diese Linie als einzige die Möglichkeit, daß das Landheer und die Flotte sozusagen Seite an Seite kämpfen konnten.

Ob schon die Griechen die Lage so analysierten, ja welche Strategie sie überhaupt zu Lande und zur See verfolgten, ist infolge von drei Faktoren nicht ganz klar. Erstens erzählt Herodot, unsere Hauptquelle, die Geschichte der Ereignisse an den Thermopylai getrennt von denen am Kap Artemision, so daß die genauen Beziehungen zwischen den beiden Schlachten im dunkeln bleiben. Anscheinend war geplant, die Thermopylai (nur) zu verteidigen, während man zur See eher offensiv vorgehen wollte. Die Griechen überfielen jedenfalls einige persische Schiffe und nahmen schließlich das Schlachtangebot der Perser an. Viel wird man vom Vorgehen der Feinde abhängig gemacht haben: Würden sie vor allem das Landheer einsetzen, da ein persischer Sieg an den Thermopylai auch den Rückzug der griechischen Flotte nach sich ziehen müßte? Oder würden sie ihre Aktivität auf die See konzentrieren? Die Flotte war ja besonders exponiert, so daß ein späterer Einsatz gefährlich sein konnte (eine Gefahr, die sich wohl in den oft wiederholten Geschichten von Sturmschäden an den Schiffen spiegelt). Anscheinend entschieden sich die Perser dann zunächst für ein verstärktes Vorgehen zu Lande, und damit hatten sie Erfolg.

Der zweite Faktor, der für die Analyse der griechischen Strategie von Bedeutung ist, besteht in dem Problem der Zahlenangaben für die griechische Seite. Die Zahl der Schiffe läßt sich aus den Angaben für die Schlacht bei Artemision entnehmen, für die die gesamte griechische Flotte aufgeboten war: Die Griechen hatten 271 Trieren, von denen 53 offenbar zur Sicherung des Rückwegs eingesetzt waren. Darunter befanden sich alle zweihundert Schiffe Athens sowie etwa drei Viertel der peloponnesischen Flotte, in die Korinth und Megara, nicht aber Aigina alle ihre Trieren entsandt hatten. Für die Zahlen des griechischen Landheeres bei der Schlacht an den Thermopylai 480 v. Chr. sind die Zahlenangaben problematischer. Herodot nennt nur dreihundert Spartaner, 2120 Arkader und vierhundert Korinther; die für die im Gefallenenepigramm genannte Zahl von viertausend Mann noch fehlenden Soldaten waren möglicherweise spartanische Heloten. Hinzu kamen 1100 Boioter und tausend Phoker. Vergleicht man diese Angaben mit der Größe des Landheeres der Verbündeten bei der Schlacht von Plataiai 479 v. Chr., so ergibt sich eine erstaunliche Diskrepanz: Ein Jahr nach den Thermopylai boten die Griechen die zehnfache Anzahl von Soldaten auf, nämlich 38700 Mann, zumeist Peloponnesier. Der Unterschied läßt sich nicht dadurch erklären, daß bei den Thermopylai achttausend Athener und weitere, an Bord der Schiffe kämpfende Krieger nicht mitgezählt worden sind. Er zeigt vielmehr, wie wenig die peloponnesischen *poleis* offenbar bereit waren, ihre Truppen so weit im Norden einzusetzen; viele Soldaten waren offenbar am Isthmos geblieben und hatten diese Linie befestigt. Die Spartaner behaupteten, ihre dreihundert Mann bei den Thermopylai seien nur eine Vorhut gewesen, die übrige Truppe hätte nach dem Fest der Karneia nachkommen sollen. Tatsächlich war ein Grund für die Niederlage der Griechen an den Thermopylai ihr Mangel an Soldaten: Sie konnten daher den Bergpfad, der eine Umgehung des Passes ermöglichte, nur von einem kleinen Kontingent der Phoker bewachen lassen (was nicht ausreichte und tatsächlich schlachtentscheidend wurde). Wie läßt sich das geringe Aufgebot der Griechen an den Thermopylai erklären? Entweder galt die Isthmos-Linie als echte Alternative (dann wäre dem Kampf an den Thermopylai nur eine verzögernde Funktion zugekommen), oder aber die Einheit der Griechen war an den geographischen Gegebenheiten zerbrochen, als insbesondere die peloponnesischen Staaten die eigentlich vereinbarte Nordlinie (Thermopylai-Artemision) nicht mehr zu verteidigen bereit waren. Die Diskrepanz zwischen der geringen Größe des griechischen Landheeres und dem recht großen (und im Gegensatz zum Heer nicht auf den Peloponnesiern beruhenden) Flottenaufgebot macht die letztgenannte Erklärung wahrscheinlicher. Stimmt dies, so wurde allein durch den heroischen Tod der Leute um Leonidas die Einheit der Griechen gerettet: Hätte er aufgegeben, so hätte man die Schuld an der Niederlage sogleich bei den Peloponnesiern suchen können. Leonidas aber hatte auf die Nachricht von der Wendung des Schlachtverlaufs hin (ein Verräter hatte den Persern den Bergpfad gezeigt) alle Verbündeten entlassen und war selbst mit seinen dreihundert Spartanern sowie den Boiotern, die sich weigerten, ihn zu verlassen, auf dem Schlachtfeld zurückgeblieben, wo alle den Heldentod fanden: »Wanderer, kommst du nach Sparta, verkündige dorten, du habest uns hier liegen gesehen, wie das Gesetz es befahl.« Leonidas' Haltung hat Griechenland gerettet: Die Spartaner hatten Wort gehalten.

Das »Themistokles-Dekret«

Der dritte Faktor, den wir bei der Analyse der griechischen Strategie berücksichtigen müssen, ist das sogenannte Themistokles-Dekret, eine Inschrift, die man 1959 in Troizen an der Ostküste der Peloponnes gegenüber Attika gefunden hat. Der Stein ist fast vollständig und relativ gut erhalten, so daß sich nur geringe Unsicherheiten bei der Lesung ergeben. Die Inschrift lautet:

»[Götter!]
Der Rat und das Volk haben (folgendes) beschlossen; Themis[tokl]es, Sohn des Neokles, aus (dem *dēmos*) Phrearrhioi hat (es) beantragt: Die Stadt soll man der Göttin Athene, der [Beschützerin] Athens, u[nd allen ander]en Göttern anvertrauen, sie beschützen und [den Barba]ren zur Rettung des Landes abw[ehren]. Alle Athener und die in Athen ansässigen [Fremden sollen die Kinder und Frauen na]ch Troizen bringen [in die

Obhut des X (?)], des *archēgetēs* des Landes. Die [Alten aber und die] Habe sollen sie nach Salamis bringen. [Die Schatzmeister aber und] die Priesterinnen sollen auf der Akropolis [bleiben und den Besitz der] Götter [bewachen]. Alle anderen Athe[ner aber und die Fre]mden im waffenfähigen Alter sollen die [bereitliegenden] zweihundert Schiffe besteigen und den Barbaren abwehren, für ihre eigene Freiheit und [für die der anderen Griechen], zusammen mit Lakedaimoniern, Korinthern, [Aigineten] und den anderen, die die [Gefahr] teilen wollen.

Die *stratēgoi* (Generäle) sollen [zweihundert] *trierarchoi* (Kapitäne, [einen für] jedes Schiff, [von] morgen ab ernennen aus der Zahl derer, die Land und ein Haus in Athen besitzen, die ehe[liche] Kinder haben [und nicht ält]er als fünfzig Jahre sind, und sie sollen ihnen die Schiffe durch das Los zuteilen. Und sie sollen zehn Soldaten für [jedes] Schiff ausheben aus denen, die über zwanzig und [unter] dreißig Jahren sind, und vier Bogenschützen. Und sie sollen die *hypēresiai* (Maate) für die Schiffe aus[losen] zur gleichen Zeit, wie sie auch die *[trierar]choi* erlosen. Und die *stratēgoi* sollen die [restlichen Abteilungen nach den] Schiffen durch Anschlag an den weißen Tafeln bekanntmachen, [und zwar die] Athener aus den Bürgerlisten der *dēmoi*, [die Frem]den aber aus den Verzeichnissen beim *[polemarchos]*. Sie sollen sie aber aufschreiben eingeteilt in zweihundert Abteilungen bis zu einer Zahl von hundert (Mann pro Abteilung), und über jede Abteilung den Namen der Triere und des *trierarchos* und der *hypēresia* setzen, damit sie wissen, auf welcher Triere sich jede Abteilung einzufinden hat. Wenn aber alle Abteilungen eingeteilt und den Schiffen durch das Los zugeteilt sind, sollen der Rat und die *stratēgoi* alle zweihundert Schiffe bemannen, nachdem sie ein Versöhnungsopfer dargebracht haben Zeus, dem alles Beherrschenden, und Athene, der Siegesgöttin (oder: und Athene und Nike) und Poseidon, dem Beschützer. Wenn die Schiffe aber bemannt sind, sollen die *stratēgoi* mit hundert von ihnen am euboischen Artemision helfen und mit hundert von ihnen um Salamis und das übrige Attika vor Anker bleiben und das Land bewachen.

Damit aber alle Athener einhellig den Barbaren abwehren, sollen diejenigen, die für zehn Jahre verbannt waren, sich nach

Salamis begeben und dort so lange bleiben, bis das Volk einen Beschluß über sie faßt. Diejenigen aber, die [Ehrverlust(?) . . .]«

Datierung und Zweck dieser Inschrift sind nicht ernsthaft umstritten: Sie wurde im ausgehenden 4. oder beginnenden 3. Jahrhundert v. Chr. auf dem Stein eingemeißelt, der dann in Troizen, dem Zufluchtsort der Athener, aufgestellt wurde. Sie sollte an die Einheit und die Tapferkeit erinnern, die die Griechen einst fremden Invasoren gegenüber bewiesen hatten. Den Anlaß für die Aufstellung bot wahrscheinlich eine politische Situation wie die im Jahre 323 v. Chr., als die Athener auf die Nachricht von Alexanders des Großen Tod hin einen Aufstand gegen die Makedonenherrschaft zu wagen beschlossen: »Die Redner machten sogleich den Wunsch der Masse zu ihrer eigenen Sache und schrieben einen Beschluß, das Volk solle sich der gemeinsamen Freiheit der Griechen annehmen und die Städte, in denen eine Besatzung liege, befreien. Man solle vierzig Tetreren (Vierdecker) und zweihundert Trieren ausrüsten; alle Athener unter vierzig Jahren sollten ins Feld ziehen; drei *phylai* sollten Attika beschützen, die sieben anderen sich für einen Feldzug außerhalb bereit halten. Man sollte Gesandte ausschicken, die von einer griechischen Stadt zur anderen gehen und dort erklären sollten, daß schon früher das Volk (von Athen) in dem Glauben, ganz Griechenland sei das gemeinsame Vaterland der Griechen, gegen die Barbaren gekämpft habe, die zu seiner Versklavung gekommen seien, und daß es auch jetzt dem Volk notwendig erscheine, Leben, Geld und Schiffe für die gemeinsame Rettung der Griechen zu riskieren.«

Sprachlich erinnert dieser Beschluß an den des Themistokles-Dekrets, und wahrscheinlich haben die Troizener in der bei Diodor beschriebenen oder einer ähnlichen Situation die Inschrift als Zeichen dafür aufgestellt, daß sie die von Athen vorgeschlagene neue Allianz annahmen. Tatsächlich war der Beschluß des Themistokles schon zuvor in der Propaganda benutzt worden; der älteste Beleg dafür, Demosthenes' Rede ›Über die Truggesandtschaft‹, stammt aus dem Jahr 348 v. Chr. Damit stellt sich die Frage, ob die Inschrift eine Fälschung war, mit der man den Aufruf zur politischen Einheit unterstützen wollte, wie das – zumindest nach der Ansicht mancher

Forscher – auch für andere »Dokumente« aus dem Perserkrieg gilt [. . .].

Auf die Frage nach der Authentizität des Themistokles-Dekrets wird sich nie eine einhellige Antwort finden lassen. Der Inhalt der Inschrift soll sicher dem von Herodot überlieferten Beschluß entsprechen, während ihre Sprache und Form aus dem 4. Jahrhundert stammen und über eine bloße Bearbeitung eines alten Dokuments hinausgehen. In seinem Aufbau ist das Themistokles-Dekret durchaus literarisch, so kohärent und so geordnet wie sonst keine der echten Inschriften aus jener frühen Zeit; es ist um eine Darstellung aller Aspekte des großen Ereignisses bemüht. Diese Beobachtungen deuten zumindest auf eine grundlegende Bearbeitung der Vorlage(n), gleich welcher Art diese war(en).

Andererseits werden nebensächliche Details erwähnt, wie sie kaum einem späteren Fälscher eingefallen sein können; darunter sind zwei besonders aussagekräftige. Erstens sollen der Inschrift zufolge die Schiffe »bis zu einer Zahl von hundert« gefüllt werden. Nach allem, was wir wissen, bestand die Besatzung einer Triere aber immer aus zweihundert Mann, und es gibt keinen Grund, warum ein Fälscher nicht auch diese Zahl hätte schreiben sollen. Wenn die athenischen Schiffe aber tatsächlich nur zur Hälfte besetzt werden sollten, so ist dies ein Hinweis auf einen ernstlichen Mangel an Menschen, wie er ja von Herodot bezeugt ist (ihm zufolge soll Athen zwanzig Schiffe an Siedler aus Chalkis ausgeliehen haben) und wie er überhaupt wahrscheinlich ist: 480 v. Chr. wird die Gesamtzahl der erwachsenen Männer Athens näher an zwanzigtausend als an vierzigtausend gewesen sein; die Zahl von achttausend Hopliten ist belegt. Man ist also versucht, zumindest dieses Detail des Themistokles-Dekrets für echt zu halten; die Inschrift müßte demnach auf ein authentisches Dokument zurückgehen, das auch andere echte Details enthielt.

Zweitens widerspricht die Inschrift gerade in der beschlossenen Strategie (die athenische Flotte soll in zwei Teile geteilt werden, wobei Salamis und Artemision als von vornherein gleich wichtige Linien gelten) dem, was bei Herodot steht (alle Schiffe sollen in Artemision eingesetzt werden). Dieser Widerspruch läßt sich paradoxerweise am besten mit der Echtheit des inschriftlichen Themistokles-Dekrets erklären: Dort nämlich scheint der ursprüngliche Plan des griechischen Vorgehens aufgezeichnet zu sein, während bei Herodot der tatsächliche Verlauf der Aktion geschildert wird. Erst als nämlich klar wurde, daß die Perser kein zweites Mal in Marathon an Land gehen würden, konnte man *alle* griechischen Schiffe nach Artemision schicken. Dafür, daß ursprünglich etwas anderes, eben die Teilung der Flotte geplant war, spricht sogar eine Andeutung bei Herodot, der erwähnt, daß ein Geschwader von 53 athenischen Schiffen erst am letzten Tag der Schlacht bei Artemision eintraf. Offenbar hatten diese Trieren zunächst die Meerenge von Euboia gegen eine mögliche Umseglung durch die Perser bewacht. – Sieht man hingegen die Inschrift in diesem Punkt als Fälschung an, so ist der genannte Widerspruch schwieriger zu erklären: Ein Fälscher arbeitet gewöhnlich nicht gegen das, was er für das tatsächliche Geschehen hält; auf der Inschrift aber ist von einer Ereignisfolge und einer Strategie die Rede, wie sie sich in keiner der literarischen Quellen finden. Also hätte der Fälscher in diesem Punkt bestimmte Gründe für eine Abweichung von der »orthodoxen« Darstellung der athenischen Strategie haben müssen. Welche Gründe? Wollte er schlichtweg nur, daß auf der Inschrift beide großen Seeschlachten des Perserkrieges vorkommen? Ein solches Streben nach Vollständigkeit ist ein häufiger Fehler bei Fälschungen, noch dazu einer, den diese Inschrift auch sonst an den Tag legt. Oder wollte er eine bestimmte Strategie, die er für seine eigene Zeit befürwortete, sozusagen historisch untermauern? 323 v. Chr. wurde ja eine Strategie der geteilten Streitmächte vorgeschlagen und mit dem Kampf gegen die Perser (»Barbaren«) in Verbindung gebracht, was aber durchaus schon zuvor in der zweiten Hälfte des 4. Jahrhunderts (also in der Zeit, in der das Themistokles-Dekret frühestens aufgezeichnet worden sein kann) möglich war.

Eine endgültige Entscheidung der Frage nach der Echtheit des Themistokles-Dekrets ist aber, wie schon gesagt, nicht zu erreichen; zumindest sichern die angesprochenen Probleme der griechischen Strategie im Perserkrieg der Inschrift auch weiterhin einen Platz in der wissenschaftlichen Diskussion.

Der griechische Sieg und seine Folgen

Die Griechen hatten in Zentralgriechenland, an der Linie
Thermopylai – Artemision, keine völlige Niederlage erlitten;
immerhin hatte die persische Flotte so viele Schiffe verloren,
daß sie der griechischen an Zahl kaum noch oder gar nicht
mehr überlegen war. Doch bedeutete der persische Sieg an den
Thermopylai, daß Boiotien verloren war und daß Athen eva-
kuiert werden mußte; das persische Heer zerstörte die Stadt.
Diese Evakuierung Athens zeigt wieder, wie klug und überlegt
Themistokles vorging: Statt die nicht am Kampf beteiligten
Athener (Kinder, Frauen, Alte) hinter die Isthmos-Linie auf
die relativ sichere Peloponnes zu bringen, zog er die weniger
sicheren Zufluchtsorte Aigina, Troizen und Salamis vor, die
aber einen wichtigen Vorteil hatten: Sie lagen außerhalb von
Spartas Machtbereich. So konnte Athen seine wichtige und
unabhängige Stimme bei den Beratungen über die griechische
Strategie nicht verlieren. Und dadurch, daß Themistokles die
Schiffe Athens, die ja über die Hälfte der griechischen Flotte
ausmachten, in Salamis hielt, zwang er auch die anderen See-
streitkräfte der Griechen, dort zu kämpfen. Auf ihn scheint
außerdem die Geheimbotschaft eines »Verräters« zurückzuge-
hen, in der den Persern von einer (zweifellos erfolgreichen)
Blockade ab- und zu einer offenen Seeschlacht in der engen
Bucht von Salamis zugeraten wurde (was die persische Niederlage zur Folge hatte). Damit erscheint Themistokles als der Inbegriff des griechischen Volkshelden, als gerissener Schlaukopf,
und so als die historische Version des »typischen Griechen«
Odysseus.
   Der griechische Sieg schloß die erste Phase der Perserkriege
ab; die Griechen hatten mit ihrem Erfolg bei Salamis die See-
herrschaft gewonnen. Die eine Hälfte der persischen Armee
zog unter Xerxes ins Reich zurück, die andere verbrachte den
Winter unter Mardonios in Nordgriechenland. Während des
Winters bemühten sich die Perser auf diplomatischem Wege,
Athen von der Seite der Griechen zu trennen und den anderen
poleis zu entfremden, doch ohne Erfolg. 479 v. Chr. zwang
Themistokles die Peloponnesier zu einer Schlacht gegen die
Perser nördlich der Isthmos-Linie, bei Plataiai. Auch in dieser

Schlacht mit ihren hochkomplizierten Manövern zeigte sich, wie ungern die Spartaner sich tatsächlich einem Kampf stellten und wie wenig entschlossen der Generalstab unter dem spartanischen Feldherrn Pausanias war, dem Neffen des Kleomenes und Regenten für Leonidas' kleinen Sohn. Doch der Mut und die Disziplin der Hopliten aus Sparta, Tegea und Athen führten auch bei Plataiai zu einem griechischen Sieg in der größten Hoplitenschlacht, die die griechische Welt erlebt hatte: Auf griechischer Seite fielen 159 Soldaten, während allein dreitausend Perser gefangengenommen wurden und eine noch größere Zahl unter dem Schutz der persischen Reiterei entfliehen konnte. An demselben Tag stürmten die griechischen Flottensoldaten den Strand bei Mykale (auf dem kleinasiatischen Festland gegenüber von Samos) und zerstörten die dort liegende Flotte der Perser – die Befreiung der Griechen hatte begonnen.

Die griechischen Verbündeten feierten ihren Sieg mit vielen Monumenten. Simonides von Keos, der Schöpfer der Siegesode, der nacheinander für die Tyrannen von Athen, die Aristokraten von Thessalien und für die Alkmeoniden gearbeitet hatte, fand nun im hohen Alter eine neue Rolle als Verfasser von Epigrammen auf die Gefallenen des Perserkriegs; ein neues Fragment seines Gedichts auf Plataiai wurde 1992 bekannt. Doch am meisten bewegt uns das Denkmal, das in Delphi aufgestellt wurde und acht Jahrhunderte später von Konstantin dem Großen in die neue Hauptstadt Konstantinopel gebracht wurde, wo es heute noch im antiken Hippodrom steht, kaum mehr lesbar und nur selten beachtet zwischen der ganzen Pracht von Istanbul: Es ist die Bronzesäule aus drei ineinander verschlungenen Schlangen, die ursprünglich von einem goldenen Dreifuß gekrönt war. Ihre Inschrift lautet schlicht:

»DIESE HABEN IM KRIEG GEKÄMPFT: Lakedaimonier, Athener, Korinther, Tegeaten, Sikyonier, Aigineten, Megarer, Epidaurier, Erchomenier, Phleiasier, Troizener, Hermioneer, Tirynthier, Plataier, Thespier, Mykener, Keer, Melier, Tenier, Naxier, Eretrier, Chalkider, Styrier, Eleer, Poteidaiaten, Leukadier, Anaktorier, Kynthier, Siphnier, Ambrakioten, Lepreaten.«

Mythos und Realität verbinden sich. Politisch hatte der Perserkrieg eine neue Art von Helden geschaffen, die die Vorfahren vor Troja sogar noch übertrafen. Vom Selbstbewußtsein der klassischen *polis,* in der der Mensch das Maß aller Dinge war, zur *hybris* war es nur noch ein kleiner Schritt, wie die Griechen selbst wußten. In diesem Sinne begann mit den Perserkriegen eine neue Epoche, eine alte ging zu Ende: Die griechische Kultur war aus dem fruchtbaren Austausch zwischen Osten und Westen entstanden – eine gegenseitige Verpflichtung, die jetzt vergessen war. Ein eiserner Vorhang war gefallen. Ost stand nun gegen West, Despotismus gegen Freiheit. Die Dichotomien des Perserkriegs kehren in der Weltgeschichte immer wieder, und sie werden immer wiederkehren, solange die Menschheit nicht aufhört, auf alten oder neuen Wegen ihre Seele zu quälen.

Alexander der Große
Persönlichkeit und Bedeutung

Person und Charakter

Von Alexanders äußerer Erscheinung wie von seinem Charakter können wir uns nur ein unvollkommenes Bild machen, da die Quellen darüber fragmentarisch und zum Teil widersprüchlich sind. Einige sichere Einzelheiten und gewisse Grundzüge treten aber doch deutlich hervor. Er war von untersetzter, kaum mittelgroßer Gestalt, was fremden Besuchern, die vor ihn traten, auffiel. Als er sich auf den Thron des Dareios setzte, mußte ihm ein Schemel untergeschoben werden. Den Kopf hielt er, vielleicht infolge eines Geburtsfehlers, etwas nach links zurückgeneigt, eine Eigentümlichkeit, die von manchen seiner Freunde und Diadochen in manierierter Weise nachgeahmt wurde. Sein Blick soll »feucht«, besonders lebhaft oder glänzend und oft in die Ferne oder nach oben gerichtet gewesen sein. Ausgeprägte Stirnwülste über den Augen, wie sie die Bildnisse zeigen, deuten auf Energie und starke Willenskraft. Der Gesichtsausdruck konnte »Furcht erregen«. Die Hautfarbe war hell. Das dunkelblonde Haar trug er lang in den Nacken fallend, mit einer Strähne oder Locke, die sich über der Stirn teilte und aufsträubte, was als charakteristisch galt. Er war bartlos, trug aber einen Backenbart. Im ganzen war sein Aussehen »männlich und löwenhaft«. So stellte ihn auch der Bildhauer Lysipp dar, von dem er sich ebenso wie von dem Maler Apelles mit Vorliebe oder sogar »als einzigem« porträtieren ließ.

Nach seiner körperlichen Konstitution muß Alexander ungemein ausdauernd, zäh und leistungsfähig gewesen sein. Schon in seiner Jugend übte er sich athletisch, so daß man glaubte, er könne bei den Olympischen Spielen auftreten. Auch später fand er Gefallen an leichtathletischen Wettkämpfen, die er während der Ruhepausen der Feldzüge im Lager durchführen ließ. Er selbst schulte sich immer wieder, auch beim Vormarsch und auf der Jagd, im Gebrauch der Waffen. Die vielen Verwundungen, die er sich bei seinem schonungslosen Einsatz im Nahkampf zuzog, überstand er bemerkenswert gut, sogar die sehr schweren letzten Wunden, als er nach seinem verwegenen Sprung in die Mallerburg angeschossen und zusammengeschlagen besinnungslos auf dem Boden lag. Bei Strapazen, Erkrankungen und operativen Eingriffen zeigte er sich entsprechend widerstandsfähig und hart. Seine Todeskrankheit, gegen die sich seine Vitalität bis zuletzt aufbäumte, bleibt auch unter diesem Aspekt rätselhaft.

In seinen leiblichen Bedürfnissen war er von einer gewissen Anspruchslosigkeit. In der Regel nahm er früh am Morgen sitzend ein Frühstück ein, die Hauptmahlzeit erst nach dem Bade abends, im Kreis seiner Freunde und Gäste liegend, wobei er auf sorgfältige Zubereitung und Verteilung der Speisen achtete, aber auf besondere Leckerbissen verzichtete und sie lieber an andere weitergab. Doch an nächtlichen Trinkgelagen nahm er unentwegt teil und konnte so stark berauscht sein, daß er den ganzen folgenden Tag nicht aufstand. »Weder Wein noch Schlaf« hielten ihn aber ab, wenn es etwas zu unternehmen gab. Daß er am Morgen der Schlacht bei Gaugamela von Parmenion geweckt werden mußte, läßt vielleicht Gelassenheit und Nervenstärke auch in kritischen Situationen erkennen, kann aber auch auf Übermüdung beruhen. Über sein sexuelles Verhalten wird verschieden geurteilt. Er war leidenschaftlicher Liebe fähig, wie zu Rhoxane, auch hat er mehrere Kinder gezeugt. Erlesene Hetären standen ihm nach Belieben zur Verfügung. Dennoch ist eine gewisse Distanz gegenüber Frauen bei ihm nicht zu verkennen. Er lehnte verlockende Angebote ab und verzichtete auf Siegerrechte über weibliche Gefangene, so bei der Familie des Dareios, wie er auch gelegentlich gegen Vergewaltigungen einschritt, die ihm aus dem Heer gemeldet wurden. Auf diese Weise respektierte er die Frau. Dabei besteht wohl ein Zusammenhang mit seiner Gewohnheit des homosexuellen Verkehrs, wie er in der makedonischen Oberschicht und bei den Griechen, besonders in Kriegergemeinschaften, als gesellschaftlicher Brauch, nicht als individuelle Perversion, üblich war. In diesem engen Sinne waren auch Alexander und Hephaistion Freunde und Kampfgefährten.

Die charakterlichen Eigenschaften Alexanders werden von der Überlieferung, die ihm teils günstig, teils ungünstig gesonnen ist, noch uneinheitlicher und zwiespältiger dargestellt als seine physische Erscheinung. Der Versuch, ein umfassendes Bild seiner Persönlichkeit zu gewinnen, kann daher kaum gelingen. Daß so verschiedene Auffassungen über ihn möglich waren, liegt aber nicht allein an den Beurteilern, sondern schon in seinem Wesen selbst. Er vereinigte in sich sehr gegensätzliche Züge, was wohl als Erbteil seiner so grundverschiedenen Eltern, des klugen, erfolgreichen Philipp und der leidenschaftlichen Olympias, zu verstehen ist. Der »rationale« Alexander kann von dem »Träumer« nicht getrennt werden. Das zweckmäßige, vernünftige Handeln und das irrationale Verlangen seines »Pothos« lassen sich bei ihm nicht gegeneinander ausspielen. Es geht nicht an, das eine oder das andere als besonderes Wesensmerkmal bei ihm hervorzuheben. Erst beides zusammen macht den ganzen Alexander aus und bedingt sich wechselseitig in allen seinen Unternehmungen. Es ist daher auch in einem tieferen Sinne zutreffend, wenn Plutarch moralisierend meint, Alexanders Charakter sei eine »Synthese« solcher Eigenschaften und Gegensätze gewesen wie »Kriegertum und Menschenfreundlichkeit, Milde und Tapferkeit, Freigebigkeit und Sparsamkeit, Zorn und Versöhnlichkeit, Leidenschaft und Besonnenheit«.

Was ihn freilich in erster Linie kennzeichnet, ist sein Elan, eine beispiellose Willenskraft, die sich in unermüdlich tätiger Energie äußert. Arrian nennt es seine »Vielgeschäftigkeit, Rastlosigkeit«. Diese Aktivität trieb ihn dazu, alles Begonnene »unverzüglich« zu Ende zu bringen und immer neue Aufgaben in Angriff zu nehmen. »Ruhe und Nichtstun ertrug er nicht«, wie es heißt, so daß er auch in Ruhepausen, die er dem Heer gönnte, mit seinem Gefolge irgendein Unternehmen durchführte. Seine letzten »Westpläne« müßten daher, auch wenn sie nicht bezeugt wären, geradezu postuliert werden, da es nicht vorstellbar ist, daß er bei seinem damaligen Alter ruhig als Herrscher in Babylon oder Alexandreia sitzen geblieben wäre. Der sofortige, unheimliche Stillstand und Abbruch aller laufenden Arbeiten, Vorbereitungen und Pläne nach seinem Tod beleuchtet am besten seinen motorischen, ruhelosen Initiativgeist.

Mit diesem Tätigkeitstrieb hängen Schnelligkeit und Zähigkeit seines Handelns zusammen. Nach Curtius war das schnelle Vollbringen überhaupt seine rühmenswerteste Eigenschaft. Sie zeigte sich in kriegerischen Überraschungsaktionen, in Verfolgungsjagden mit einer berittenen Vorausabteilung, aber auch im blitzschnellen Reagieren bei unmittelbarer Bedrohung oder Gefahr. Die Ziele wurden zäh verfolgt, bis ein Abschluß erreicht war, auch wenn es scheinbar zweitrangige Aufgaben waren, wie die Einnahme einer Bergfestung oder die Befriedung eines Grenzgebiets. In solchen Fällen lag wohl ebenfalls ein Sicherheitsbedürfnis vor. Das unaufhörliche Vorgehen und Bezwingen, weithin mehr ein Schweifen, hatte aber auch zur Folge, daß die dabei getroffenen Maßnahmen, besonders in der Verwaltung der Gebiete, nur provisorisch erscheinen. Es kam vor allem darauf an, die momentanen Aufgaben und Schwierigkeiten zu bewältigen, während anderes wohl später geregelt werden sollte.

Aller Intensität und Eile dieses Handelns liegt ein sehr hohes Maß von Rationalität zugrunde. Sie zeigt sich bei Alexander nicht nur in der Planung und der militärischen, technischen, diplomatischen Vorbereitung eines ganzen Feldzugs wie nach Indien, sondern auch in der Anpassungsfähigkeit und Kunst der Improvisation in einer unerwarteten Lage wie vor der Schlacht bei Issos. Selbst ein so verwegenes, unheilvolles Unternehmen wie der Marsch durch die gedrosische Wüste war durch Errichtung von Proviantlagern und durch entsprechende Aufträge an die Satrapen so gut wie möglich vorbereitet. Alles hatte Methode und läßt auf eine praktische, selbstsichere Intelligenz schließen, die aber auch der Anstiftung zum Mord fähig war, wie gegen Attalos und Parmenion. Unsere Quellen, die meist nur über die Geschehnisse selbst berichten, lassen die vorausgehenden Entscheidungen, Anordnungen und Denkleistungen bloß indirekt erkennen. Klares, kühles Berechnen und Organisieren ist besonders auch in der Nachschubsicherung, im Versorgungswesen, bei den Erkundungen und Stadtgründungen vorauszusetzen. Das nüchterne, überlegene Selbstbewußtsein Alexanders, der etwa für die feindlichen Abwehrdämme am Tigris nur ein Lachen übrig hatte, beruhte auf Einsicht und Stärke. Er blieb auch in der Menschenbehandlung und Führung des Heeres erfolgreich, wie die Vertrauenskrise in Opis zeigt, die nicht zuletzt durch kluge Kalkulation beigelegt wurde.

Das starke geistige Interesse Alexanders, das bei einem Machthaber seiner Art eher eine Ausnahme darstellt, steht mit seinem Denken und Planen wohl in Verbindung, berührt aber auch schon die emotionale Seite seines Wesens. Dieses Interesse wurde durch seine Lehrer, besonders Aristoteles, geweckt und gefördert, äußerte sich jedoch so spontan und war so nachhaltig, daß es anlagebedingt erscheint. Alexander las und zitierte griechische Dichter, mit Vorliebe Homer, unterhielt sich mit griechischen Philosophen und indischen Brahmanen, ließ Theaterstücke im Lager spielen. Musik wirkte auf ihn stimulierend. Ein Kreis von Philosophen, Dichtern, Geschichtsschreibern, darstellenden und bildenden Künstlern gehörte zu seinem ständigen Gefolge und trat vor allem bei den abendlichen Gelagen in Erscheinung. Auch wenn dabei bloße Unterhaltungsdarbietungen und propagandistische Absichten, viel Schmeichelei und Prahlerei im Spiele waren, und die Anwesenheit griechischer Dichter und Künstler schon früher am makedonischen Königshof geschätzt war, so tritt doch die persönliche Neigung Alexanders in dieser Hinsicht deutlich hervor. Offenkundig erscheint sie bei seinem geographischen Forschungsdrang, der nicht nur von militärischen und politischen Erfordernissen bestimmt war, sondern sich bei ihm auch als reiner Wissenstrieb zeigte, besonders dort, wo es um wissenschaftliche, schon von Aristoteles erörterte Fragen ging, wie beim Nil oder Hindukusch. Ebenso dienten die landeskundlichen Beobachtungen und Vermessungen der Bematisten, bei denen es Alexander auf »Akribie« ankam, nicht allein praktischen Zwecken.

Das Emotionale oder »Irrationale« im Charakter Alexanders ist ein komplexer Bereich, in dem sich aber doch einzelne Züge zu erkennen geben. Sie charakterisieren seine Individualität zum Teil besonders intim. Es gehört dazu vor allem sein »Pothos«, ein Wunsch oder Verlangen nach Durchführung bestimmter Unternehmungen, die den Begleitern oder Berichterstattern nicht ohne weiteres verständlich oder geradezu unsinnig erschienen, wie etwa der Zug zum Ammonsorakel in der libyschen Wüste. Immer wieder wird von solchen Extravaganzen oder Eskapaden berichtet, die also nicht unwesentlich waren. Wenn ihre Motive dunkel oder unbegreiflich blieben, so auch deshalb, weil sie von Alexander aus persönlichen oder taktischen Gründen verschwiegen wurden. Über die Frage seiner göttlichen Abstammung oder seiner letzten Ziele im Osten konnte er sich nicht äußern, ohne Befremden oder Anstoß zu erregen. Scheinbar unvernünftig, aber doch persönlich begründet war auch der »Wunsch«, das Orakel in Gordion zu besuchen, bei der Gründung von Alexandreia in Ägypten den Stadtplan selbst zu entwerfen, bei der Eroberung von Aornos sogar Herakles übertreffen zu wollen. Alle diese Episoden lassen gewisse Eigenheiten der Persönlichkeit erkennen, so die Religiosität, die an die eigene Göttlichkeit glaubt und kaum eine Orakelstätte am Wege unbesucht läßt. Es ist derselbe Mann, der sonst so rational und zweckmäßig zu handeln vermag. Sein Handeln und seine Willenskraft wurden durch solche irrationalen Wünsche ebenso stark und unbeugsam in Bewegung gesetzt wie durch sachliche Erwägungen. Daß irgendwelche Notwendigkeiten dabei von dem »Romantiker« oder »Abenteurer« Alexander leichtfertig außer acht gelassen worden wären, muß man bezweifeln.

Um so gewisser ist es, daß er sich seinen Emotionen und Affekten in extremen Situationen hemmungslos überließ. In der Schlacht, die er unter sorgfältiger Berechnung verschiedener Eventualitäten vorbereitet hatte, stürzte er sich wie von Sinnen ins dichte Kampfgewühl, um seinen Gegner Dareios zu treffen. In solchen Momenten erschien er furchtbar und konnte, wenn er sich bedroht fühlte, sogar im Freundeskreis zum Totschläger werden, wie beim Streit mit Kleitos. Es ist nur die andere Seite dieser maßlosen Erregbarkeit, wenn er die Tat hernach tagelang beweinte und bitter bereute. Daß er echter Reue fähig war, als »einziger der Könige«, läßt nach Arrian einen »edlen« Charakter erkennen. Es läßt ihn jedenfalls menschlich erscheinen, wie auch die fassungslose Trauer beim Tode Hephaistions. Ebenso ließ sich Alexander bei Szenen des Wiedersehens und der Versöhnung zu Tränen rühren. Er war darin gleichfalls unverstellt derselbe.

Wieweit sich sein Wesen im Laufe der Jahre wandelte oder veränderte, ist schwer zu bestimmen. Die charakteristische Art seines raschen, sicheren Handelns oder Reagierens, seine persönlichen Interessen und anderes erscheint in der letzten Zeit seines Lebens nicht anders als nach seinem Regierungsantritt. Wie er in dieser Weise damals schon der ganze Alexander war, so ist er es auch geblieben. Unverkennbar ist jedoch ein Wachstum seiner Leistungsfähigkeit mit der Zunahme der Aufgaben, ihrer Schwierigkeiten und Dimensionen. Seine Kapazität blieb den Dingen bis zuletzt gewachsen. Mit der Steigerung seiner Macht und Erhöhung seiner Stellung mußten sich seine Anschauungen und Gewohnheiten in mancher Hinsicht ändern, doch weist nichts auf charakterliche Depravation im Sinne eines stärkeren Machtmißbrauchs, herrischen Auftretens oder willkürlichen Handelns. Auch für eine geistige Deformation, die sich in zunehmender Hektik, durch Exzesse und Größenwahn geäußert hätte, finden sich keine sicheren Anhaltspunkte. Starke Trinkgelage, wie sie aus der letzten Zeit erwähnt werden, gab es auch vorher. Die letzten Bauvorhaben und Feldzugspläne waren unter den gegebenen Voraussetzungen durchaus realistisch. Schließlich kann auch von aufkommender Isolation oder gar Resignation Alexan-ders keine Rede sein, der gerade in dem Augenblick, als er nach umfassenden Vorbereitungen ein neues, großes Unternehmen ins Werk setzen wollte, vom Tode weggerafft wurde.

Ziele und Leistung

Von seinem Vater Philipp hatte Alexander die politischen Ziele übernommen, die er nach seinem Regierungsantritt sichern mußte oder noch zu erreichen hoffte. Die errungene Großmachtstellung Makedoniens sollte nach drei Richtungen erhalten und ausgebaut werden, gegenüber den Griechen durch die Hegemonie im Korinthischen Bund, gegen die Thraker und Illyrier durch Festigung und Ausdehnung des makedonischen Herrschaftsgebiets, gegen Persien durch einen Angriff auf Kleinasien, wo es zugleich darum ging, die Ostgriechen endlich von der persischen Herrschaft zu befreien. Nach der Bewältigung der Krise, die durch den unerwarteten Tod Philipps entstand, erfüllte Alexander die ersten Aufgaben rasch und kriegerisch. Die Hegemonie in Griechenland wurde durch die Zerstörung des abgefallenen Theben nachdrücklich, freilich auch abschreckend bekräftigt, die Herrschaft im Balkanraum durch den Donaufeldzug verstärkt und erweitert.

Der Übergang nach Asien zum Angriff auf das Perserreich erfolgte mit geringen militärischen Kräften und finanziellen Mitteln, doch läßt sich daraus nicht auf eine begrenzte Zielsetzung schließen. Außer dem Teil des Heeres, der notwendig zur Sicherung der europäischen Gebiete zurückgelassen werden mußte, war nichts mehr verfügbar. Doch konnte genug Beute erwartet werden, was sich nach dem ersten Erfolg am Granikos sogleich bestätigte. Die Ostgriechen wurden durch Alexander befreit, ein Erfolg, der einst weder Athen noch Sparta gelungen war, doch wurden sie nicht als selbständige Verbündete der Hegemonie angeschlossen, sondern innerhalb des asiatischen Herrschaftsgebiets privilegiert. Auch Nichtgriechen in Lydien und Karien sowie einzelne überwundene persische Gegner erfuhren eine bevorzugte Behandlung, die darauf hinweist, daß Alexander schon hier die griechischen Vorstellungen über das Verhältnis zu den Barbaren, wie sie auch Aristoteles vertrat, nicht mehr teilte. Sein rascher weiterer Vormarsch nach Osten zum Kampf gegen Dareios, wobei er nur die persischen Flottenbasen in seine Hand brachte, den Nordosten jedoch außer acht ließ, zeigt außerdem, daß es ihm nicht mehr darum ging, etwa im westlichen Kleinasien sich mit dem eroberten Gebiet zu begnügen und es abzusichern, was vielleicht Philipps Taktik oder Ziel gewesen wäre. Alexanders Sieg über Dareios bei Issos, der aus ungünstiger Position errungen wurde, mußte den Anspruch begründen, daß der Eroberer dem Perserkönig nicht nur gleichrangig, sondern schon überlegen sei. Der darauffolgende Briefwechsel der beiden Könige enthält eine authentische Erklärung Alexanders, unter dieser Voraussetzung künftig zu handeln.

Mit sicherem Blick zog es Alexander vor, Phönikien und Ägypten in Besitz zu nehmen, anstatt vorher die letzte Auseinandersetzung mit Dareios zu suchen. Militärisch, politisch und wirtschaftlich brachte die Übernahme dieser Küstenländer des Ostmittelmeers, die zu den wichtigsten Gebieten des Perserreichs gehörten, größeren Gewinn. Es hatte auch keine Eile wie beim Zug durch Kleinasien, so daß viele Monate dazu verwendet werden konnten, den Widerstand von Tyros zu brechen. Daß Dareios nach einiger Zeit nochmals ein Heer heranführen könne, war zu erwarten, doch nach Issos nicht mehr zu fürchten. Dennoch wurde die Schlacht bei Gaugamela noch kritischer und gefährlicher, da die Perser zahlenmäßig weit stärker waren und sich taktisch besser auf den Gegner eingestellt hatten. Alexander, der durch eine Improvisation gegen alle Regeln auch hier die Entscheidung zu seinen Gunsten herbeiführte, trat jetzt offen als König des Perserreiches anstelle des wiederum entkommenen Dareios auf und wurde bei seinem Einzug in Babylon als solcher anerkannt. Damit war die Besetzung der persischen Residenzen und der östlichen Satrapien bis zum Indusgebiet vorgezeichnet. Sie erwies sich politisch und militärisch auch als notwendig, da Dareios und nach ihm Bessos oder Artaxerxes auf persischer Seite immer noch die Rechtmäßigkeit beanspruchten und zunehmender Widerstand der iranischen Volksstämme zu überwinden war. Unter den schweren Anforderungen und veränderten Verhältnissen dieser Jahre wandelten sich auch die Ziele Alexanders.

Das Verhältnis zu Griechenland, vielleicht sogar zu Makedonien, trat an Bedeutung zurück, wenn auch die Verbindungen stets erhalten blieben. Durch den Brand des Palastes in Persepolis und die Entlassung der griechischen Bundestruppen in Ekbatana war der Rachefeldzug des Korinthischen Bundes beendet und auch das einstige Kriegsziel Philipps wohl schon weit überschritten. Der Westen war für Alexander während dieser Jahre zur Randzone des Geschehens geworden. Im Vordergrund stand der iranische Raum, dessen Bezwingung so viel Ausdauer und Anstrengungen, dazu immer neue Methoden und Taktiken erforderte. In dem Gebiet zwischen Kaspischem Meer, Hindukusch und Syr-Darja wurde Alexander zum geographischen und ethnographischen Entdecker. Hier wurde er zugleich zum anerkannten Nachfolger des Dareios, was ihn bewog, die einheimischen Traditionen weitgehend zu übernehmen. Dieses Bestreben, das ihn wiederholt in Konflikt mit Makedonen und Griechen seiner Umgebung wie mit Kleitos und Kallisthenes brachte, zeugt nicht nur von seiner Anpassungsfähigkeit, sondern läßt auch den Willen erkennen, die unterworfenen Länder für immer in Besitz zu nehmen. Die Eroberungszüge hatten nicht Beutegewinn und Zerstörung zum Ziel, sondern sollten zu einer neuen, dauerhaften Herrschaftsordnung führen. Alexander kleidete sich in einer makedonisch-persischen oder auch landesüblichen Tracht, nahm Einheimische in seinen persönlichen Dienst und begann, die Gebräuche der persischen Hofhaltung zu übernehmen. In der Gebietsverwaltung erhielten Perser hohe Stellungen, im Heer bedeutete die Einstellung einheimischer Verbände mit ihrer eigenen Bewaffnung eine Angleichung an die Bedingungen der Gebirgs- und Steppenkämpfe, besonders an Baktrien und Sogdien. Nur dadurch und durch organisatorische und taktische Veränderungen auch bei den makedonischen Heeresverbänden konnte der erbitterte, jahrelange Kleinkrieg in den nordöstlichen Satrapien erfolgreich beendet werden.

In der feierlichen Hochzeit Alexanders mit der baktrischen Fürstentochter Rhoxane findet diese Politik der Anpassung oder Angleichung ihren hervorragendsten Ausdruck. Nichts deutet dabei auf ein Programm der Völkerverschmelzung oder der Aufhebung der nationalen Eigenarten, doch sollten die alten Gegensätze, vor allem die Mißachtung der »Barbaren«, überwunden werden, selbst im persönlichen Bereich. Schon in Kleinasien, dann in Ägypten, aber noch mehr im iranischen Raum zeigte Alexander die Neigung, die fremde Welt des Orients zu tolerieren und zu respektieren, nicht nur ihre Sitten, Kulte und Einrichtungen, sondern auch die Menschen selbst. Er wollte in diesen Ländern so wenig ein Fremdherrscher sein wie in Makedonien und Griechenland. Wie er diese umfassende Rolle, deren verschiedene rechtliche Aspekte er in einer Art provisorischer Personalunion in sich verband, weiter zu spielen habe, konnte erst die Zukunft lehren. Durch Maßnahmen des Austauschs und der Zusammenführung konnte das Einigungswerk weitergeführt werden. Außer dem Hofwesen, der Verwaltung und dem Heer trugen dazu auch wirtschaftliche Anordnungen bei, so die Entsendung iranischer Zuchtrinder nach Makedonien und vor allem die Ausprägung persischer

Königsschätze zu Münzgeld, eine Innovation von weittragender Bedeutung.

Schon an der Nordgrenze des persischen Reiches ging Alexander mehrmals darauf aus, diese Grenze zu überschreiten oder doch die Außengebiete zu erkunden und die dortigen Volksstämme zurückzudrängen oder durch Vertrag zu gewinnen, so am Kaspischen Meer, in Choresmien und am Syr-Darja. Doch erst der indische Feldzug macht deutlich, daß Alexanders Zielsetzung nun über die Beherrschung des Perserreiches hinausging. Die Erreichung des Ozeans im Osten, jenseits der persischen Grenze, am Rande der Oikumene, also die natürliche Weltgrenze, war hier sein Ziel. Er erreichte es zwar nicht auf dem zuerst eingeschlagenen Wege, doch nach der »taktischen« Wendung am Hyphasis nicht viel später an der Mündung des Indus. Sein dortiges Verhalten, die Erregung angesichts des Ozeans und das feierliche Opfer beweisen, daß er sich der Bedeutung dieser Situation bewußt war. Er hatte seine Züge im Osten beendet und konnte jetzt umkehren, um wieder nach Westen zu gelangen. Seine Annahme, daß eine solche Rückkehr auf direktem Wege zu Lande und zur See möglich sein müsse, beruhte wohl zum Teil auf Erkundung, war aber weithin noch hypothetisch. Durch den verlustreichen Marsch durch Gedrosien und die Küstenfahrt der Flotte unter Nearch wurde sie als richtig erwiesen, womit nicht nur eine neue Verbindung der Reichsteile hergestellt wurde, sondern zugleich hier im Süden eine Entdeckung gemacht war, die für das geographische Weltbild von größer Bedeutung werden mußte.

Die Anstrengungen und Leistungen Alexanders und seines Heeres wurden während dieser Ausweitung der Ziele nach Osten nicht geringer, sondern eher größer. In militärischer Hinsicht sind dabei vor allem die Bezwingung der Bergfestung Aornos, der Übergang über den Hydaspes und die Feldschlacht gegen Poros, die durch eine nochmals veränderte, neuartige Taktik gewonnen wurde, hervorzuheben. Der Vormarsch im indischen Monsunregen und die Rückkehr durch die gedrosische Wüste erscheinen wie ein Kampf mit der Natur. Als Alexander nach der schweren Verwundung, die er bei den Mallern erlitt, für tot galt, breitete sich Verzweiflung im Heer aus. Alles hing von seiner Person ab. Dennoch traten auch bewährte Unterführer mit der selbständigen Durchführung bedeutender Aufgaben während dieser Jahre hervor, so Koinos in der Porosschlacht, Krateros bei seinem Rückmarsch durch Karmanien und Nearch als Flottenführer.

In der letzten Lebensphase Alexanders, von der Rückkehr aus Indien bis zum abrupten Ende in Babylon, blieben die gleichen Ziele und Mittel zu ihrer Verwirklichung, wie sie schon vorher zu erkennen waren, doch erscheinen sie jetzt noch deutlicher und gleichsam aus größerer Nähe. Die Politik der Zusammenführung der Völker wurde entschieden fortgesetzt, am sichtbarsten durch die Eheschließungen von Makedonen und Asiatinnen in Susa. Indem sich Alexander selbst dabei mit der Familie des Dareios verband, brachte er zum Ausdruck, daß nach der Zeit der Kämpfe und Gegensätze jetzt die persische Tradition voll wiederaufgenommen und eine gemeinsame Zukunft geschaffen werden sollte. Diese »Eintracht und Gemeinsamkeit der Herrschaft« in Alexanders programmatischer Erklärung von Opis bezog sich vor allem auf die Makedonen und die Perser, beschränkte sich aber nicht auf sie. Der Schritt in dieser Richtung, der durch die Aufstellung neuer persischer Heeresverbände noch bekräftigt wurde, war so groß und wohl unerwartet, daß sich Alexander auf die trotzige Reaktion vieler Makedonen zu einem halben Entgegenkommen gezwungen sah, indem er diesen eine Art ehrenvoller Vorrangstellung einräumte, im übrigen aber an seiner Zielsetzung festhielt.

Es ist daher anzunehmen, daß nach weiteren Eroberungszügen auch noch andere Völker in die »Gemeinschaft« einbezogen werden sollten, bis sich diese mit den schließlich erreichten Grenzen deckte. Nachdem Alexander schon im Nordosten, Osten und Südosten nach Möglichkeit die »natürlichen« Grenzen der Steppen, Wüsten und des Ozeans erstrebt und erreicht hatte, mußte er sie auch im Westen zu gewinnen suchen. Sein definitives Herrschaftsgebiet konnte also nur ein ökumenisches Reich sein, das den »bewohnten« Teil der Welt umfaßte.

An Alexanders Vorhaben, die Eroberungszüge nach Südwesten, Westen und Nordwesten fortzusetzen, läßt sich nicht zweifeln. Das Unternehmen gegen Arabien war schon vollständig vorbereitet und konnte begonnen werden. Es war die

Voraussetzung für den weiteren Zug nach Westen, besonders gegen Karthago, wofür es schon Pläne gab. Im Nordwesten war die Erkundung des Kaspischen Meeres und der Verbindung zum Schwarzen Meer eingeleitet worden. Die ständige Planung und Vorbereitung solcher neuer Züge und Ziele ist für den damals erst wenig über dreißigjährigen Alexander, der sich nur vorübergehend in Ekbatana und Babylon aufhielt oder dort residierte, charakteristisch. Dabei stand ihm jetzt ein weit größeres militärisches und finanzielles Potential zur Verfügung als seinerzeit bei Beginn seines Perserfeldzugs, wie auch durch die Zahlenangaben über den Flottenbau und andere Einzelheiten der letzten Projekte bestätigt wird.

Die Verfolgung dieser Hauptziele bis zum letzten Tag war für Alexander so bestimmend, daß seine ganze übrige Aktivität während dieser Zeit fast als Nebenbeschäftigung erscheint. Dabei läßt sich erkennen, daß seine Tätigkeit hier im politischen und kulturellen Zentrum des Ostens, wo auch die Verbindungen zum Westen wieder stärker wurden, besonders vielfältig war. Es handelte sich nicht allein um die nach jahrelanger Abwesenheit weithin notwendig gewordene Neuordnung der Verwaltung, vor allem durch Einsetzung neuer Satrapen, sondern auch um weitere Heeresreformen, die Alexander bis zuletzt beschäftigten, schließlich um Bescheide von grundsätzlicher Bedeutung nach Griechenland und an fremde Gesandte, um Anordnungen für eine großangelegte Bautätigkeit in Babylon, beim mesopotamischen Kanalsystem und vieles andere.

Alexanders plötzlicher Tod brachte alles zum Stillstand. Was geplant und begonnen war, blieb unausgeführt und wurde abgebrochen. »Niemand kümmerte sich mehr darum.«

Geschichtliche Bedeutung

Die Beurteilung der geschichtlichen Bedeutung Alexanders hat davon auszugehen, daß sein Werk in jeder Hinsicht unvollendet blieb. Das umfassende Reich, das er beherrschen wollte, hatte weder seine äußeren Grenzen erreicht, noch war es im

Innern einheitlich definitiv organisiert. Das Heer, Alexanders Machtinstrument, war bis zuletzt in Umbildung begriffen. Die Zusammenführung und »Gemeinsamkeit« der Völker war erst in Ansätzen verwirklicht. Nach Alexanders frühem Tod brach sogar dieser halbfertige Bau in den Kämpfen der Diadochen zusammen. Einen konstruktiven, stabilen Neubau hat Alexander der Nachwelt nicht hinterlassen.

So war er doch in erster Linie der »große Weltbezwinger«, der Eroberer und Zerstörer. Die im Perserreich geeinigte und geordnete Welt des Alten Orients hat er zerschlagen und auch das Zeitalter der souveränen griechischen Polis hat er, nicht Philipp, für immer beendet. Wie ein Naturereignis fiel er an der Spitze seines Heeres über die Länder und Völker her und brach allen Widerstand, der sich ihm entgegenstellte. Diese makedonische Expansionsbewegung läßt sich nicht nur in ihrer räumlichen Ausdehnung, sondern auch in ihrer elementaren Gewalt und Vernichtungskraft gegenüber einer alten Kulturwelt mit anderen Völkerwanderungen vergleichen, die wohl nur deshalb nicht alle so erfolgreich waren, weil sie keine so außerordentlich befähigten Anführer besaßen. Das Perserreich war nicht so »morsch«, daß es nur geringer Anstrengung bedurft hätte, es niederzureißen. Die Schlachten bei Issos und bei Gaugamela waren gefährliche, blutige Entscheidungen. Nur ein Feldherr wie Alexander, dem wenige an die Seite zu stellen sind, konnte sie zu seinen Gunsten wenden.

Dennoch hat das ganze Eroberungs- und Zerstörungswerk auch einen positiven Aspekt, wie dies im Wesen solcher geschichtlicher Ereignisse oft selbst begründet ist. Sie schaffen Raum für neue, andere Verhältnisse, die sich schon vorbereitet hatten und deren Kommen nun beschleunigt wurde. In diesem Sinne war Alexander zugleich der große Vollstrecker seiner Zeit, der die Bahn für die Ausbreitung der griechischen Kultur, für die Epoche des »Hellenismus«, frei machte. Darin liegt seine epochemachende Bedeutung. Es war gewiß nicht seine Absicht, die Länder und Völker des Orients zu hellenisieren, doch eröffnete er, der selbst von der griechischen Bildung durchdrungen war, dem Griechentum im Osten ungeahnte Möglichkeiten. Durch ihn und nach ihm strömten griechische Söldner und Siedler, Beamte und Kaufleute in größter Zahl dorthin, eine Auswanderungsbewegung, die sich mit der älteren griechischen Kolonisation im Westmittelmeerraum und Schwarzmeergebiet vergleichen läßt. Auch die Makedonen wurden dadurch vollends zu Griechen, wie es die hellenistischen Herrscher makedonischer Abstammung waren.

Der Hellenismus zeigte sich vor allem in der zunehmenden Verbreitung der griechischen Sprache, die sich als »Gemeinsprache« (Koiné) auf der Grundlage des attischen Dialekts entwickelt hatte und zur Amts- und Verkehrssprache wurde. Die Zentren und Ausgangspunkte waren Alexanders Stadtgründungen und Militärstützpunkte, von wo die griechische Sprache und Kultur in verschiedenem Maße auch ins Hinterland eindrang. Dieses Städtewesen mit seinen Kommunalverfassungen, Theatern und Gymnasien, die als Kennzeichen griechischer Kultur galten, ließen die neue soziale Schicht eines privilegierten Stadtbürgertums entstehen. Alexandreia in Ägypten, später Residenz und der Hauptsitz der hellenistischen Wissenschaft, wurde zur Metropole dieses ganzen »alexandrinischen« Zeitalters, wozu auch seine wirtschaftliche Bedeutung als einer der großen Handelsplätze gehörte.

Gerade für die Entwicklung des Wirtschaftslebens hat Alexander entscheidende Impulse gegeben, die von ihm auch deutlich beabsichtigt waren. Es war sein Ziel, innerhalb seines Reiches wirtschaftliche Schranken und Verkehrsgrenzen niederzulegen, neue Handelswege zu erschließen, die Erzeugung und den Austausch von Gütern zu intensivieren. Daher beschäftigten ihn auch bis zuletzt Hafen-, Straßen- und Kanalbauten. Die Schaffung eines einheitlichen, größeren Wirtschaftsraums lag in der Richtung seines umfassenden Reichsgedankens. In diesem Sinne förderte er den »Welthandel«, die »Weltwirtschaft« mehr als andere vor ihm. In der Organisation des wirtschaftlichen Lebens schlugen die hellenistischen Herrscher verschiedene Wege ein, wobei sie sich teils auf einheimische Traditionen ihrer Länder, teils auf das zugewanderte Griechentum stützten. Private und staatliche Wirtschaftsbereiche bestanden nebeneinander. Für alles war jedoch Alexanders gewaltige Geldschöpfung die notwendige Voraussetzung. Indem Alexander die gehorteten persischen Königsschätze zu Münzgeld nach Maßgabe des attischen Münzfußes ausprägen ließ und mit diesen Alexandermünzen eine »Weltwährung« schuf, setzte er eine wirtschaftliche Konjunktur von größtem Ausmaß in Gang. Auch im Orient, wo bis dahin Naturalsteuern erhoben worden waren und naturalwirtschaftlicher Verkehr üblich war, setzte sich jetzt die Geldwirtschaft immer stärker durch. Für die Wirtschaftsgeschichte hatte hier ebenso wie für die Kulturgeschichte eine neue Epoche begonnen.

Doch Alexanders größte Bedeutung lag schließlich auf politischem Gebiet, in der maßgebenden Art seines monarchischen Herrschertums und noch mehr in seinem universalen Staatsgedanken. Die absolute Monarchie wurde durch ihn zur typischen Regierungsform der hellenistischen Zeit, nachdem er selbst als »König Alexander« seine verschiedenen Rechtsstellungen gegenüber den Makedonen, den Griechen, den Ägyptern und den Asiaten, die er in seiner Person vereinigte, mehr und mehr absolutistisch und einheitlich verstand. Wenn der ungebundene Wille des Herrschers ausschlaggebend war, konnte er nur noch von der Gottheit her begründet werden. So wurde er durch den Glauben an seine Göttlichkeit, den er selbst nur selten zu erkennen gab, auch zum Begründer des hellenistischen Königskults, an den sich der römische Kaiserkult anschloß. Damit war zugleich die Hofgesellschaft und der Verwaltungsaufbau der späteren Monarchien mit ihren Fachdirektoren und Berufsbeamten durch Alexander vorgebildet, der an die Stelle der griechischen Ehrenämter und der persischen Feudalordnung ein Verhältnis persönlicher Abhängigkeit und Verantwortung der Verwaltungsorgane gegenüber dem Herrscher gesetzt hatte.

Alexanders universale Staatsidee, die in den Wirren der Diadochenkämpfe unterzugehen schien und auch in der Zeit des Gleichgewichts der hellenistischen Mächte keine besondere Bedeutung für die praktische Politik hatte, blieb doch dadurch lebendig, daß die Vorstellung von der Einheit der Welt und der Menschheit, also auch im politischen oder kosmopolitischen Sinn, von der universalistischen Philosophie dieses Zeitalters, besonders von den Stoikern, gelehrt wurde und durch den wirtschaftlichen Verkehr in weiteren Kreisen verbreitet war. Die Erinnerung an das Alexanderreich spielte dabei wahrscheinlich eine Rolle. Durch die neue, überlegene Großmacht

Rom, von der die hellenistischen Könige nacheinander zurück-gedrängt und unterworfen wurden, mußte der Gedanke des Universalstaats dann auch in der Wirklichkeit wieder aktiviert werden. Pompeius, Caesar und Augustus waren die politischen Erben Alexanders. Die griechische Oikumene wurde zum römischen Orbis. Auch in ihrer Entwicklung vom Prinzipat zum absoluten Dominat näherte sich die römische Herrscher-gewalt dem Vorbild Alexanders wieder an. Anders als das Alexanderreich überdauerte die politische Ordnung und Ein-heit des »römischen Erdkreises« mehrere Jahrhunderte, so daß sich auch nach dem Ende des Römerreichs das Bewußtsein da-von nicht mehr verlor. Der universale Anspruch vererbte sich auf das mittelalterliche Kaisertum im abendländischen Westen und über das noch lange fortdauernde byzantinische Reich auf die Zaren im Osten, bis in der Neuzeit der Begriff des Welt-reichs fast schon globale Bedeutung erhielt. In den gleichen Zusammenhang gehört auch die Ausbreitung des Christen-tums und der Aufbau der Kirche, deren geschichtliche Voraus-setzungen im Osten die gemeinsame hellenistische Sprache und Kultur, dann im Westen die lateinische Amtssprache und die römische Staatsordnung waren.

Das Verhältnis des Westens und des Ostens erhielt durch Alexander weltgeschichtliche Bedeutung. Darin liegt vielleicht seine nachhaltigste Wirkung. Er war es, der die herkömmliche Auffassung vom Gegensatz Europas und Asiens, von Hellenen und Barbaren überwand, indem es ihm gelang, erstmals eine politische und friedliche, nicht nur kriegerische Verbindung der beiden Welten einzuleiten. Von dem Augenblick an, als er, vom Westen kommend, bei Troja, wo jene beiden Welten nach Herodot zum ersten Mal zusammenstießen, östlichen Boden betrat, sah er sich in zunehmendem Maße vor diese Aufgabe gestellt. Daß er den Brand von Persepolis bereute und sich später mit der Tochter des Dareios vermählte, war daher von tieferer Bedeutung. Wie er im Osten zum Begründer des Hel-lenismus wurde, so war er für den Westen der Wegbereiter des Orientalismus. Die alten Grenzen wurden durch ihn in beiden Richtungen relativiert. Er verwestlichte oder europäisierte weit-hin den Orient, indem er ihm auf kulturellem und wirtschaftli-chem Gebiet, wo es Rückstände gab, die Überlegenheit des

Westens vermittelte. Er leitete aber auch eine gewisse Orientalisierung des Westens ein, wo die monarchischen Formen und die religiösen Bewegungen des Ostens sich ihrerseits als überlegen durchsetzen konnten. Auch der Bevölkerungsaustausch, der zuerst von Westen nach Osten ging, erfolgte in römischer Zeit ebenso stark in umgekehrter Richtung. Der Widerstand, der sich in Alexanders eigener Umgebung und nach ihm bei den Diadochen und den hellenistischen Herrschern gegen das Aufkommen orientalischer Elemente erhob, war nach dem Eindringen des Hellenismus und des Orientalismus in Rom nicht mehr von Bedeutung. Für Rom und für alle späteren Epochen stellten sich die Probleme der Rezeption immer wieder aufs neue und in anderer Weise.

MICHAEL CRAWFORD

Von der Herrschaft über Italien zur Herrschaft über den Mittelmeerraum

Appius Claudius Caecus

Auf die Zulassung der Plebejer zum politischen und religiösen Leben des römischen Staates [ca. 342] folgten die endgültige Vorherrschaft Roms über Latium, der Sieg über die Samniten sowie der über die einfallenden Gallier im Jahre 295 v.Chr. Die aus Patriziern und Plebejern zusammengesetzte Nobilität bewährte sich und wurde durch die Erfolge jener Jahre in ihrer Macht bestätigt; doch ist es auch wahrscheinlich, daß die neuen Wege zur Macht, die sich den bisher unterprivilegierten Gruppen eröffneten, zuweilen zu Unruhen führten. Ein Beispiel hierfür ist der Werdegang des Appius Claudius Caecus, des ersten Römers, der in unseren Quellen als wirkliche Persönlichkeit erscheint (im Gegensatz zu den Stereotypen, in denen die Geschichtsschreibung der späteren Republik oder der Zeit des Augustus Figuren der Frühzeit beschreibt). Trotz der verzerrten Wiedergabe der historischen Überlieferung, die der *gens,* der er angehörte, häufig feindlich gesinnt war, sind die wesentlichen Fakten klar zu erkennen. Sein *elogium,* das unter Augustus in Arretium (Arezzo) erneut aufgezeichnet wurde, beeindruckt durch die Aufzählung zahlreicher Ämter, die er mehrfach bekleidete: »Appius Claudius, des Gaius Sohn, Caecus (der Blinde), Zensor, Konsul zweimal, Diktator, Interrex dreimal, Prätor zweimal, kurulischer Ädil zweimal, Quästor, Militärtribun dreimal, nahm mehrere Städte von den Samniten ein, zerstreute ein Heer der Sabiner und Etrusker und verhinderte einen Friedensschluß mit König Pyrrhos. Als Zensor ließ er die Via Appia pflastern, einen Aquädukt für Rom bauen und den Tempel der Bellona errichten.«

Die revolutionärste Phase seiner Karriere fiel in das Jahr 312, als er das Amt des Zensors innehatte:

»Ap. Claudius, der seinen Kollegen L. Plautius ganz in seiner Hand hatte, brachte viele überlieferte Gepflogenheiten durcheinander; er tat, was dem Volk gefiel, und achtete den Senat gering.

So ließ er einen Aquädukt, den man dann (aqua) Appia nannte, über achtzig Stadien (ca. 15 km) nach Rom bauen und gab für dessen Errichtung viele öffentliche Mittel aus, ohne daß dazu ein Senatsbeschluß vorlag. Darauf ließ er die – dann nach ihm (via) Appia benannte – Straße von Rom bis Capua zum Großteil mit festen Platten pflastern, also über tausend Stadien (ca. 180 km); dazu ließ er Hügel abgraben und Schluchten und Senken mit enormen Mengen Füllstoff auffüllen und gab so alle öffentlichen Einnahmen aus, schuf sich freilich selbst ein unvergängliches Denkmal als einem, der zu aller Nutzen ehrgeizige Pläne verwirklichte.

Er veränderte auch die Zusammensetzung des Senats, indem er nicht mehr nur die Adligen nach Geburt und Verdienst zuließ, wie es üblich gewesen war, sondern auch viele Söhne von Freigelassenen aufnahm, was ihm die übelnahmen, die auf ihre edle Abstammung stolz waren. Er gab auch den Bürgern die Möglichkeit, sich in einer *tribus (phylē)* ihrer Wahl von den Zensoren einschreiben zu lassen (? der Text ist hier verderbt).

Kurz, er sah den Haß, den die edlen Herren gegen ihn aufstauten, vermied es aber, bei anderen Bürgern Anstoß zu erregen und nahm so das Wohlwollen der Menge als Gegengewicht gegen die Entfremdung vom Adel. So ließ er bei der Inspektion der Reiterei (eine der Aufgaben des Zensors) keinem das (vom Staat gestellte) Pferd wegnehmen (was herabsetzend gewirkt hätte) und strich bei der Zusammenstellung der Senatorenliste keinen als unwürdig aus, was die Zensoren sonst immer getan hatten.

Da beriefen die Konsuln aufgrund ihres Hasses (gegen ihn) und aus dem Wunsch heraus, den Adligen zu Gefallen zu sein, den Senat nicht in der durch Appius erstellten Zusammensetzung ein, sondern in der, die frühere Zensoren erstellt hatten. Doch das Volk leistete dagegen Widerstand – es verfolgte ja dasselbe Ziel wie Appius –, und um das Vorankommen ihrer Ranggenossen zu sichern, wählten die Leute (304 v. Chr.) zum kurulischen Ädil Cn. Flavius, den Sohn eines Freigelassenen, der als erster Römer dieses (und wohl überhaupt ein) Amt als Sohn eines früheren Sklaven bekam.«

Abgesehen von anderen Ordnungswidrigkeiten, die er beging, weigerte sich Ap. Claudius, sein Zensorenamt nach achtzehn Monaten niederzulegen, wie das Gesetz es forderte, und war einer Überlieferung zufolge noch Zensor, als er im Jahre 307 für das Amt des Konsuls kandidierte. Auch blieb der Nachwelt im Gedächtnis, daß er die Familie der Potitii dazu überredet haben soll, die Öffentlichkeit über die Riten zu unterrichten, die in ihrem Auftrag am Herkulesaltar vollzogen worden waren; dadurch habe er den Zorn der Gottheit heraufbeschworen, die die Familie vernichtete. Auch habe er die Privilegien des ehrwürdigen Kollegiums der Flötenbläser (tibicines) angeprangert.

Vieles von dem mag zweifelhaft erscheinen, nicht jedoch die Sonderstellung des Ap. Claudius unter den Politikern seiner Generation; und eine andere, kaum zu bezweifelnde Tat kann in Verbindung mit anderen Neuerungen um die Wende vom 4. zum 3. Jahrhundert gesehen werden. Es handelt sich um die Errichtung des Tempels der Bellona, den er während einer Schlacht zur Zeit seines zweiten Konsulats im Jahre 296 [...] in Erfüllung eines Gelübdes hatte bauen lassen. Die Errichtung dieses Tempels ist dem Interesse an rituellen Ehrungen der Kriegs- und Siegesgötter zuzurechnen. Sie zeugten von Roms neuem Machtbewußtsein und – was noch mehr bedeutet – von seiner Vertrautheit mit der griechischen Siegesideologie. Erwähnenswert ist auch, daß Rom während der Zeit des Ap. Claudius die griechische Münzprägetechnik übernahm.

Gewiß veranlaßte das Bewußtsein der Machtfülle Roms Ap. Claudius gegen Ende seines Lebens zu seiner berühmten Rede an den Senat, in der er den Friedensschluß mit König Pyrrhos von Epeiros ablehnte: »Wohin hat euer Sinn, der bisher immer so aufrecht stand, sich im Wahnsinn gewendet, verlassend die Bahn des Rechten?«

[...], Rom beherrschte zur Zeit der Invasion durch Pyrrhos praktisch ganz Italien südlich der Po-Ebene und war dadurch in der Lage, Pyrrhos – und andere Feinde nach ihm – zu besiegen. Darüber hinaus gibt die Art der römischen Herrschaft über Italien weitgehend Aufschluß über das Wesen des römischen Imperialismus überhaupt, das für uns von Interesse ist, für Polybios dagegen etwas Selbstverständliches war. Während des Krieges gegen Pyrrhos sah sich Rom nun zum erstenmal einem Feind aus der zivilisierten Mittelmeerwelt gegenüber – und die Niederlage des Königs machte diese Welt auf Rom aufmerksam. Über Roms Kriege seit dem 3. Jahrhundert steht uns relativ viel Material zur Verfügung. Durch diese Kriege gelangte Rom in den Jahren zwischen 280 und 200 von einer Randposition innerhalb der Mittelmeerwelt zu einer – wie wir rückblickend sagen können – dominierenden Stellung. Zunächst wollen wir uns kurz dem Wesen des römischen Imperialismus zuwenden, um anschließend den Verlauf der Kriege Roms bis zum Sieg über Hannibal zu betrachten.

Der römische Imperialismus

Die römische Gesellschaft erscheint durch und durch militaristisch, und zwar in einem Ausmaß, wie es auf keinen griechischen Staat, nicht einmal auf Sparta zutraf. Wenn die Römer auch behaupteten – und sicher teilweise auch glaubten –, ausschließlich gerechte Kriege zu führen, so äußerte sich doch die hohe Bewertung erfolgreicher Eroberungskriege in zahlreichen wichtigen Institutionen. So durften einem alten Brauch zufolge, den Sulla wieder aufleben ließ, diejenigen, die geholfen hatten, das römische Territorium in Italien zu vergrößern, das *pomerium,* die geheiligte Grenzlinie um die Stadt Rom, erweitern; am Ende ihrer Amtszeit beteten die Zensoren zu den Göttern, daß Rom an Reichtum und Ausdehnung zunehmen möge; und die *haruspices,* Priester aus Etrurien, wurden zumindest vom 3. Jahrhundert an darüber befragt, ob die Opferhandlung zu Beginn des Krieges die (erhoffte) Erweiterung des römischen Territoriums anzeige; und Ennius sprach von »euch, die ihr Rom und Latium wachsen lassen wollt«. Daß sich das römische Territorium tatsächlich ausdehnte während der gesamten Zeit, da Rom seine Oberherrschaft in Italien sicherte, ist jedenfalls offensichtlich. Das Land, das den besiegten Völkern genommen und zur Gründung neuer Kolonien oder Einzelsiedlungen verwendet wurde, wurde zum *ager Romanus,* zum römischen Territorium, wenn es nicht den latinischen Kolonien zugewiesen wurde. Bis zum Jahre 200 kann seine ständig zunehmende Ausweitung festgestellt werden, danach blieb die Situation bis zum Jahre 91 unverändert. Es scheint, daß die Römer ihre erfolgreichen Eroberungsfeldzüge als Lohn für ihre Frömmigkeit und die Gerechtigkeit ihrer Sache betrachtet haben.

Ein General, der einen Krieg siegreich beendete, erwarb sich natürlich großes Ansehen, reiche Kriegsbeute und Beliebtheit dadurch, daß er diese Beute verteilte, sowie neue Klienten unter den Besiegten; meist wurde ihm auch ein Triumphzug zugestanden, eine glanzvolle öffentliche und religiöse Siegesfeier. All dies konnte einem ehrgeizigen Mitglied der vom Konkurrenzgeist geprägten Oligarchie nur willkommen sein. In seinen Komödien persifliert Plautus die Geltungssucht solcher Männer: ». . . geschlagen ist der Feind, den niemand für besiegbar hielt. / Den haben wir unter meiner Führung *(auspicium)* und meinem Befehl / *(ductus)* beim ersten Treffen gleich besiegt.« Oder auch in der Komödie ›Epidicus‹: ». . . ich gehe jetzt viel fröhlicher als ich gekommen: / Die Tapferkeit *(virtus)* und Führung *(auspicium)* des Epidicus bringt / mich beuteschwer ins Lager heim.«

Ein weiterer Faktor, der sich sowohl auf die Gemeinschaft als auch auf den einzelnen auswirkte, bestand in der Tendenz, sich in die Angelegenheiten entfernter Gebiete einzumischen: Als Rom im Jahre 220 von Sagunt um Beistand gebeten wurde, konnte es der Versuchung nicht widerstehen, diesem Hilferuf Folge zu leisten, obwohl Sagunt in Spanien lag, das Karthago mit Recht zu seinem Einflußgebiet zählte; dies gab der Feindschaft Karthagos gegenüber Rom neue Nahrung. In ähnlicher Weise mischten sich während des 2. Jahrhunderts einzelne Mitglieder der Oligarchie in die inneren Angelegenheiten der Königreiche Makedonien, Syrien und Pergamon; wieder ein Zeichen für den Konkurrenzgeist innerhalb der Oligarchie.

Im übrigen hatte Rom natürlich auch Niederlagen erlitten, die im Augenblick verhängnisvoll erschienen; doch das erklärt noch nicht, warum ein Bedürfnis nach Sicherheit, das jedes

Gemeinwesen empfindet, in Rom zu einem fast neurotischen Gefühl der eigenen Verletzlichkeit gesteigert war; so war Rom 149 v. Chr. überzeugt, von Karthago bedroht zu sein, und zerstörte es bald darauf.

Oft spielte auch reine Habgier mit, wie eine Figur bei Plautus offen zeigt: »Den Senat will ich in Finanzfragen einberufen; Tagungsort: mein Kopf, Tagesordnung: Wem erklären wir den Krieg, damit ich Geld von daher holen kann? . . .«

Entscheidender aber als alle diese Faktoren war wohl die Beschaffenheit des römischen Bündnisses in Italien. Rom forderte von keinem seiner Bundesgenossen ein *tributum* (außer von den *cives sine suffragio*), sondern verlangte statt dessen, daß sie Krieger zur Verfügung stellten. Die Gründe für eine solche Entwicklung sind durchaus einleuchtend, wenn man bedenkt, daß Rom, Latium und die Herniker ursprünglich ständig durch plündernde Stämme aus dem Hochland bedroht waren. Doch andererseits war die Folge dieser Einrichtung, daß Rom ausschließlich in Form von Truppenaushebungen Nutzen aus seinem Bündnis ziehen konnte. Die einzige Möglichkeit, seine Führungsrolle zu demonstrieren – was für ein Reich mindestens so wichtig ist wie die praktischen Vorteile einer Führungsrolle – bestand für Rom darin, die Truppen des Staatenbundes der Befehlsgewalt seiner Konsuln zu unterstellen; was also blieb, außer Krieg und Eroberung?

Pyrrhos

Roms Auseinandersetzung mit Pyrrhos ergab sich aus der Notlage Tarents. Unter dem wachsenden Druck der barbarischen Stämme aus dem Landesinneren während der zweiten Hälfte des 4. Jahrhunderts wandte sich Tarent an das griechische Mutterland um Unterstützung und wurde nacheinander von einer Reihe griechischer Heerführer verteidigt: von Archidamos von Sparta, Alexandros von Epeiros, Akrotatos von Sparta, Kleonymos von Sparta (er blieb von 304 bis 299 in Italien) und schließlich von Pyrrhos von Epeiros (der sich von 280 bis 275 im Westen aufhielt). Dieser nun wurde nicht um

Hilfe gegen die barbarischen Stämme gerufen, die Tarent benachbart waren, sondern zur Unterstützung gegen die wachsende Macht Roms.

Nach einer Reihe militärischer Erfolge und nach einer Expedition nach Sizilien wurde Pyrrhos schließlich bei Beneventum von den Römern geschlagen und überließ die Bewohner Tarents ihrem Schicksal. Die Konfrontation mit Rom betraf die Karriere des Pyrrhos nur am Rande. Wichtig war, daß es sich um eine Konfrontation zwischen Rom und einem Nachfolger Alexanders des Großen gehandelt hatte, was bedeutete, daß Rom nun endgültig in der griechischen Welt eine Rolle spielte.

Der Erste Punische Krieg

Kurz nach dem Sieg über Pyrrhos sah sich Rom im Jahre 264 veranlaßt, erstmals außerhalb Italiens zu intervenieren. [So berichtet Polybios:]

»Von den Mamertinern (in Messene [Messina] angesiedelte italische Söldner, denen ein Angriff von Syrakus drohte) ... wollten die einen zu den Karthagern ihre Zuflucht nehmen (der zweiten Großmacht im westlichen Mittelmeerraum neben Rom) und sich selbst und die Akropolis in ihre Hände geben, andere aber schickten Gesandte nach Rom, boten die Übergabe der Stadt an und baten, ihnen als Stammverwandten beizustehen. Die Römer waren lange unschlüssig, was sie tun sollten, denn die Inkonsequenz einer solchen Hilfeleistung war allzu deutlich: Kurz vorher hatten sie nämlich ihre eigenen Mitbürger auf das schwerste bestraft und hingerichtet, weil sie Verrat an den Leuten von Rhegion (Reggio) verübt hatten; gleich danach zu versuchen, den Marmertinern, die sich in gleicher Weise nicht nur an den Messeniern, sondern eben auch an Rhegion vergangen hatten, zu helfen, hielt man für ein schwer zu entschuldigendes Unrecht. Die Römer waren sich hierüber völlig im klaren; da sie aber auf der anderen Seite sahen, daß die Karthager sich nicht nur ganz Libyen (Afrika), sondern auch große Teile von Iberien (Spanien) unterworfen hatten (Polybios – oder seine Quelle – übertreibt hier), dazu alle Inseln im Sardinischen und Tyrrhenischen Meer in ihrer Gewalt hatten, waren sie in großer Sorge, die Karthager könnten, wenn sie auch noch die Herrschaft über Sizilien gewönnen, ihnen äußerst gefährliche Nachbarn werden, da jene sie dann eingekreist hätten und Italien von allen Seiten bedrohten. Daß die Karthager Sizilien in kurzer Zeit unter ihre Herrschaft bringen würden, wenn die Mamertiner keine Hilfe erhielten, war offenbar. Würde ihnen nämlich Messene ausgeliefert und wären sie dann Herren dieser Stadt, dann würden sie binnen kurzem Syrakus vernichten, da sie beinahe über ganz Sizilien geboten.

Dies alles sahen die Römer voraus und erkannten, daß ihnen nichts anderes übrigblieb, als Messene nicht preiszugeben und eben nicht zuzulassen, daß die Karthager einen Brückenkopf für den Übergang nach Italien gewönnen. Lange berieten sie, und der Senat faßte aus den angegebenen Gründen überhaupt keinen endgültigen Entschluß (Messene zu Hilfe zu kommen), denn die Inkonsequenz einer Hilfeleistung für die Mamertiner schien den daraus entspringenden Vorteilen das Gleichgewicht zu halten.

Das Volk dagegen, das durch die vorangegangenen Kriege schwer gelitten hatte und in vielfältiger Weise einer Verbesserung seiner Lage bedurfte, und dem die vorgesehenen Feldherren zugleich mit den eben genannten Gründen – also den Vorteilen des Kriegs für die Gesamtheit – auch den offenbaren und großen Nutzen für den einzelnen (nämlich Beute) vor Augen hielten, dieses Volk also beschloß (auf der Volksversammlung), die Hilfeleistung zu gewähren.«

Nachdem Rom einige Erfolge errungen hatte – unter anderem hatte es Hieron von Syrakus als Verbündeten gewonnen –, stellte es fest, daß der Krieg in eine Sackgasse geraten war: Die Karthager beherrschten das Meer, die Römer beherrschten Sizilien, mit Ausnahme einiger weniger Befestigungen. Da sie auf technischem Gebiet zu Neuerungen ebenso fähig waren wie auf anderen Gebieten, machten sich die Römer daran, die See zu erobern. »Da sie nämlich sahen, daß sich der Krieg in die Länge zog, gingen sie – erstmals – daran, Schiffe zu bauen, hundert Fünfruderer und zwanzig Dreiruderer. Da aber die Schiffsbaumeister im Bau von Fünfruderern völlig unerfahren waren – bis dahin hatte noch niemand in Italien solche Schiffe benutzt –, bereitete ihnen diese Aufgabe große Schwierigkeiten. Eben hieran aber kann man wohl am besten den hohen Sinn und den Wagemut erkennen, der den Römern eigen ist. (Nach dem Modell eines karthagischen Schiffswracks bauten die Römer schließlich eine Flotte und stachen in See.)«

Es war die Ausdauer der Römer, die den Krieg entschied – ein Wesenszug, der ihnen schon geholfen hatte, Pyrrhos zu besiegen, und der ihnen später dazu verhelfen sollte, Hannibal, den größten karthagischen General des Zweiten Punischen Krieges, zu schlagen. Rom war Karthago gegenüber mit einer Flotte im Vorteil und zwang es im Friedensschluß von 241 dazu, sich aus Sizilien zurückzuziehen und hohe Reparationen zu zahlen. Durch eine Aktion, die sogar von Polybios als unlauter betrachtet wurde, brachte Rom kurz darauf Sardinien in seine Gewalt.

Hannibal

Es ist nicht verwunderlich, daß in Karthago Stimmen laut wurden, die das Verdikt des Ersten Punischen Krieges als nicht endgültig bezeichneten. Nach der Gründung eines Reiches in Spanien, die ihm beträchtliche militärische und finanzielle Möglichkeiten in die Hand gab, fiel Hannibal im Jahre 218 in Italien ein. (Die römische Geschichtsschreibung versuchte, den völlig berechtigten Angriff der Karthager auf Sagunt als casus belli hinzustellen; damit sollte das schlechte Gewissen Roms beruhigt werden, das auf den Hilferuf Sagunts nicht mit der nötigen Einsatzbereitschaft reagiert hatte.) Durch eine Ironie des Schicksals kam es zur entscheidenden Konfrontation zwischen Rom und Karthago zu einem Zeitpunkt, als die Handelsbeziehungen zwischen den beiden Mächten intensiver waren als je zuvor – ein Großteil der kunstvollen Töpferwaren, die Rom zwischen 250 und 225 v. Chr. exportierte, ging nach Karthago und seiner Umgebung. Hannibals Anfangserfolge waren aufsehenerregend. Er drang mit zwanzigtausend Mann Fußvolk und sechstausend berittenen Soldaten in Italien ein und schlug die Römer in einer Folge von Schlachten: im Jahre 218 am Ticinus und an der Trebia in der Po-Ebene, 217 am

Trasimenischen See in Etrurien und 216 bei Cannae im Südosten Italiens. Die geringe Zahl seiner Streitkräfte zwang ihn, sich durch jeden verfügbaren Verbündeten Verstärkung zu verschaffen, und der endgültige Sieg hing tatsächlich davon ab, ob es ihm gelingen würde, den größten Teil der Verbündeten Roms für sich zu gewinnen. Aufgrund der jahrhundertealten Feindschaft zwischen den Römern und den Galliern, die die Po-Ebene bewohnten, und weil Rom unmittelbar vor dem Jahre 218 versucht hatte, dort Kolonien zu gründen, hatten die Gallier natürlich ein Interesse daran, sich Hannibal anzuschließen – ganz abgesehen von der Aussicht auf Kriegsbeute. Doch machte die Unterstützung der Gallier Hannibal im übrigen Italien nicht beliebter.

Hannibals aufsehenerregende Anfangserfolge verdeckten nur die Tatsache, daß er letztes Endes scheitern mußte. Auf die Schlacht bei Cannae folgte der Aufstand mehrerer italischer Gemeinwesen, besonders der Capuas: Manche wollten sich von Rom lösen, andere wurden mit Waffengewalt zum Aufstand gezwungen. Hieronymos, der Enkel des Hieron von Syrakus, des Verbündeten Roms im Ersten Punischen Krieg, wurde dazu bewogen, sich Karthago anzuschließen. Doch die meisten Verbündeten Roms blieben loyal, und die Interessen, die sie mit Rom verbanden, waren ausschlaggebend für den Ausgang des Krieges.

Unmittelbar nach der Schlacht bei Cannae stand fest, daß Rom sich niemals ergeben würde; angesichts dieser Erkenntnis erinnerten sich seine Verbündeten daran, wie sie in einer Reihe von Schlachten gegen die Gallier von Rom geführt worden waren und daß die Gallier nun Verbündete Hannibals waren; sie erinnerten sich des Zusammengehörigkeitsgefühls, das Italien unter Roms Oberherrschaft vereint hatte; und vor allem erinnerten sie sich der gemeinsam geteilten Kriegsbeute.

Im Jahre 211 wurde von M. Claudius Marcellus Syrakus zurückerobert, das nur wegen der genialen Kriegsmaschinen des Achimedes (der bei der Plünderung der Stadt den Tod fand) so lange hatte standhalten können. Im Jahre 209 eroberte P. Cornelius Scipio den karthagischen Stützpunkt in Spanien, Nova Carthago. Inzwischen mußte Hannibal in Italien zusehen, wie der ihm an Kriegsstärke überlegene und im Grunde ungebrochene römische Staatenbund allmählich die Städte unterwarf, die er auf seine Seite gezogen hatte und die er nicht zu verteidigen vermochte. 207 rief er Hasdrubal und die verbliebenen karthagischen Streitkräfte aus Spanien herbei, die jedoch in einer Schlacht am Metaurus in Norditalien aufgerieben wurden. Hannibals Abzug aus Italien und seine endgültige Niederlage (bei Zama, 202) war nur noch eine Frage der Zeit; das römische Expeditionskorps, das ihn besiegte, wurde von P. Cornelius Scipio angeführt, der in der Folge den Beinamen Africanus erhielt.

Zwölf latinische Kolonien erklärten im Jahre 209 in einem an Rom gerichteten Appell, daß sie weder in der Lage seien, mehr Männer aufzubieten, noch die Geldmittel für sie aufzubringen. Aus Roms Reaktion [in der Überlieferung durch Livius] geht hervor, in welchem Maße es seine Verbündeten unter Kontrolle hatte: »Damals gab es dreißig (latinische) *coloniae* des römischen Volkes, von denen zwölf bei einer Zusammenkunft der Abgesandten in Rom den Konsuln erklärten, sie wüßten nicht mehr, woher sie Soldaten und Geld nehmen sollten (und kündigten ihre Unterstützung auf). Getroffen von dieser Neuigkeit glaubten die Konsuln, diese von ihrem verabscheuenswerten Plan eher mit Tadeln und Schelten abbringen zu können als sie mit Freundlichkeit zu gewinnen, und sagten, sie hätten da etwas zu sagen gewagt, das die Konsuln niemals wagen könnten, im Senat zu wiederholen. Es handle sich ja nicht um einen Versuch, sich der Pflichten des Kriegsdiensts zu entziehen, sondern vielmehr um einen offenen Abfall vom römischen Volk ... (Schließlich leisteten die anderen *coloniae* mehr als ihr jeweiliges Soll, weshalb die zwölf genannten zunächst ignoriert wurden; später strafte man sie mit zusätzlichen Belastungen.)«

Die Opposition

Die Beteiligung am Kriegsgewinn bewirkte Loyalität sowohl bei den Verbündeten gegenüber Rom als auch bei den niederen Schichten gegenüber der Herrschaft der Oligarchie, wenn es auch in beiden Fällen zu gelegentlichem Aufbegehren kam.

Die Laufbahn des Manius Curius Dentatus, eines *homo novus,* der nicht auf Vorfahren mit hohen Ämtern zurückblicken konnte, war sicherlich von der Unterstützung des Volkes abhängig. Während seines Konsulats im Jahre 290 besiegte er die Samniten und die Sabiner, hielt zwei Triumphzüge ab und verteilte anschließend das Land, das er den Sabinern abgenommen hatte, unter die Bedürftigen Roms. Kein Wunder, daß man ihm in den achtziger Jahren des 2. vorchristlichen Jahrhunderts im Kampf gegen die Senonen wieder die Befehlsgewalt übertrug. Er bekleidete das Amt noch ein weiteres Mal und besiegte Pyrrhos im Jahre 275. Ein letztes Konsulat im Jahre 274 war sein Lohn.

Doch den schwersten Zusammenstoß zwischen der Oligarchie und einem Volksvertreter rief C. Flaminius hervor; er war 232 Tribun und setzte in jenem Jahr gegen den Widerstand des Senats ein Gesetz durch, das römischen Bürgern private Anteile am *ager Gallicus* und am *ager Picenus* zusprach. Welchen Groll die Oligarchie gegen C. Flaminius hegte, konnte Polybios um die Mitte des folgenden Jahrhunderts seinen aristokratischen Quellen entnehmen: »An Kolonisten verteilten die Römer in Gallien (in der Po-Ebene) den sogenannten *ager Picenus,* aus dem sie den gallischen Stamm der Senoni nach ihrem Sieg vertrieben hatten; C. Flaminius war der Urheber dieser demagogischen Politik, die man sozusagen als Roms ersten Schritt weg vom graden Weg (des Gehorsams gegenüber der Oligarchie) bezeichnen muß, aber auch für die Ursache des nun folgenden Kriegs gegen die Gallier halten kann. Denn viele von diesen waren jetzt bereit, den Krieg aufzunehmen, vor allem die Boii, deren Gebiet an das römische grenzt, und die glaubten, daß die Römer mit ihnen nicht mehr um Vormachtstellung und Herrschaft Krieg führten, sondern mit dem Ziel ihrer vollständigen Vertreibung und Vernichtung.«

Weshalb sich der Senat dem Vorschlag des C. Flaminius widersetzte, ist unschwer zu erraten: Es ging nicht etwa um die Sorge, eine Ausdehnung des römischen Territoriums könne sich negativ auf den Stadtstaat auswirken, sondern ganz einfach um die Befürchtung, C. Flaminius könne zuviel Ansehen und zu viele Klienten gewinnen.

Doch wurde der Zwist zwischen C. Flaminius und dem Senat nicht nur durch das Gesetz von 232 ausgelöst: »Bei den Senatoren [so Livius] war er auch wegen eines neuen Gesetzes verhaßt, das der Volkstribun Q. Claudius gegen den Senat und mit Unterstützung nur eines einzigen Senators, C. Flaminius, durchgebracht hatte: Niemand, der selbst oder dessen Vater Senator sei, dürfe ein Seeschiff von mehr als dreihundert Amphoren Ladekapazität besitzen. Diese Größe genüge, um damit Früchte aus den Landgütern abzuholen; jegliche Art Spekulation sei für Senatoren nicht geziemend. Die Folge dieser mit großer Heftigkeit geführten Verhandlung war für Flaminius als Befürworter des Gesetzes Haß von seiten des Adels, Wohlwollen von seiten des Volkes und von daher das zweite Konsulat.«

Das Gesetz, die *lex Claudia*, hatte keine praktischen Folgen, da ein Senator sich bei wirtschaftlichen Transaktionen eines Mittelsmannes bedienen konnte, wie Cato der Ältere, dieser Verfechter traditioneller Werte, entdeckte; in der Tat gab das Gesetz sogar der Grundüberzeugung der römischen Führungsschicht Ausdruck, ein Edelmann müsse von seinem Grundbesitz leben – oder jedenfalls so tun. Die Hauptbedeutung des Gesetzes lag darin, daß es die öffentliche Anerkennung des Senats als herrschende Ratsversammlung des römischen Gemeinwesens beinhaltete (und in der Anerkennung der Tatsache, daß ein Senator *und* noch dessen Sohn einer besonderen Gesellschaftsschicht angehörten); das Gesetz betonte, Senatsmitglieder müßten über weltliches Tun erhaben sein. Auch kam die Bereitschaft des Volkes zum Ausdruck, feste Regeln für das Verhalten seiner Anführer aufzustellen, und hier lag der eigentliche Anstoß für die Handlungsweise jener Anführer, die – und dies sollte sich mehrfach wiederholen – während des Umschwungs in der späten Republik eine Rolle spielten.

Das zweite Konsulat des C. Flaminius, das er durch seine Unterstützung der *lex Claudia* erwarb, war das von 217. Die Niederlage am Trasimenischen See kostete ihn das Leben und lieferte der Oligarchie zusätzliche Gelegenheit, sein Andenken zu verunglimpfen. Doch er sollte nicht der letzte Anführer sein, dem das Volk während des Hannibalischen Krieges gegen den Willen der Oligarchie ins Amt verhalf. C. Terentius Varro, einer der Konsuln des Jahres 216, wurde nicht zuletzt deswegen ernannt, weil das Volk mit der Kriegführung der Oligarchie unzufrieden war [...]; es wurde dem Q. Fabius Maximus vorgeworfen, er habe, indem er Schlachten mit Hannibal aus dem Wege ging, den Krieg in die Länge gezogen, der ohne weiteres hätte gewonnen werden können. Durch C. Terentius Varro erlitten die römischen Legionen dann die schwerste Niederlage dieses Krieges bei Cannae.

Trotz Varros Versagen dauerten die Unruhen an. Es kann nicht überraschen, daß die Oligarchie mehrmals während des Hannibalischen Krieges einen Konsul damit beauftragte, einen Diktator zu ernennen, der sechs Monate lang die höchste Macht innehatte. Dieses für Notzeiten geschaffene Amt war schon (im Jahr 217) ad absurdum geführt worden, als das Volk M. Minucius Rufus neben Q. Fabius Maximus zum Diktator erhob. Merkwürdigerweise schwächte der Senat selbst die Stellung des Maximus: Er machte ihm zum Vorwurf, daß er Lösegeld für Gefangene aus öffentlichen Mitteln verlangt hatte. Das Volk ernannte im Jahre 210 erneut einen Diktator; und in jenem Jahr war es den Volkstribunen erstmals erlaubt, sich in die Aktivitäten eines Diktators einzumischen. Das Amt kam dann außer Gebrauch, und seine Aufgaben wurden später, als sich die Notwendigkeit ergab, von einer ganz anderen Institution übernommen; in neuer Form wurde es unter Sulla und Caesar wiedereingeführt.

Doch das bemerkenswerteste Ereignis, in dem das Volksempfinden während des Hannibalischen Krieges seinen Ausdruck fand, war das Auftauchen eines Führers, der sich zwar für den Augenblick mit der Oligarchie nicht anlegen wollte, dessen Beispiel jedoch nicht ohne ernste Folgen für die Zukunft bleiben sollte: P. Cornelius Scipio. Das begeisterte Volk machte ihn zum Befehlshaber in Spanien, wo er von einigen spanischen Truppen als König gefeiert wurde. Als Reaktion auf dieses peinliche Kompliment schlug er ihnen statt dessen den Titel *imperator* vor. Dieser Titel war zunächst ausschließlich auf Mitglieder seiner eigenen Familie beschränkt; während der immer heftigeren politischen Machtkämpfe der späten Republik bewarben sich auch andere um ihn. Sein Sieg über Karthago bei Zama brachte Scipio den Beinamen Africanus ein und verhalf ihm zu einer bisher nie dagewesenen Vorrangstellung über die ihm Gleichgestellten. Noch war jedoch die Macht des Senats nicht gefährdet; das Erstaunliche ist nicht, daß sich die Volksversammlung im Jahre 200 gegen einen weiteren Krieg, nämlich gegen Philipp V. von Makedonien, aussprach, sondern daß sie so leicht umzustimmen war: So fest hielt die Oligarchie den römischen Staat im Griff.

CHRISTIAN MEIER
Cäsars Ruhm und Ende

[. . .] Ende 45 oder Anfang 44 setzte der Senat zu immer neuen
Ehrenbeschlüssen an. Es war eine ganze und nun erstmals
nicht durch Siege begründete Serie. Stets und überall sollte
Caesar etwa das Triumphalgewand tragen dürfen. Es sollte ihm
erlaubt sein, die sogenannten *spolia opima* (Ehrenbeute) zu
weihen, was ein Feldherr durfte, wenn er den feindlichen Feldherrn mit eigener Hand getötet hatte; dabei traf diese Voraussetzung für Caesar gar nicht zu. Die Rutenbündel seiner Lik-
toren sollten stets mit Lorbeer umwunden sein. Er erhielt offiziell den Titel »Vater des Vaterlandes« – mit dem man früher
verdienten Politikern höchstens einmal akklamiert hatte. Sein
Geburtstag wurde zum öffentlichen Feiertag erklärt, mit Opfern sollte er begangen werden. Später wurde sein Geburtsmo-
nat in Julius (Juli) umgetauft. In allen Tempeln Roms und in
den italischen Städten sollten Statuen von ihm aufgestellt werden, auf der Rednertribüne gleich zwei mit je verschiedenen
Auszeichnungen – als Retter der Bürger und Befreier der Stadt
von Belagerung. Ein Tempel der Neuen Concordia sollte die
durch Caesar begründete Eintracht besiegeln, ein Felicitas-
Tempel anstelle der alten Curie sein Glück. Damals wurde
auch der Bau der Curia Julia angeordnet. Es wurde ihm die tri-
bunicische Unverletzlichkeit verliehen. Dann gab man Caesar
das Recht, anstelle des gewöhnlichen Amtssessels einen goldenen für Senats- und Gerichtssitzungen zu gebrauchen. Er
sollte den goldenen Kranz der etruskischen Könige tragen dürfen. In den hohen roten Stiefeln der albanischen Könige war er
schon gelegentlich aufgetreten; sie gefielen ihm, und er fand,
sie kämen ihm als Nachkommen des Aeneas zu. Dann sollten
sich alle Senatoren eidlich verpflichten, sein Leben zu schützen
und eine Leibwache aus Senatoren und Rittern ihm dienen.
Seine Regierungsakte wurden im voraus für gültig erklärt.

Andere Beschlüsse besagten, daß ihm alle vier Jahre wie einem Heros Spiele gefeiert werden sollten. Das schon früher

beschlossene Götterbild, das in der Circusprozession mitgeführt wurde, sollte eine heilige Ruhestatt bekommen wie andere Gottheiten; auf sein Haus war ein Giebel zu setzen, wie wenn es ein Tempel wäre. Ihm und der Clementia wurde ein Heiligtum geweiht. Er sollte einen Priester haben; Antonius wurde schon dazu bestellt. Der Kult für den neuen Gott sollte aber erst nach seinem Tod einsetzen. Im Gegensatz zu anderen Sterblichen sollte Caesar in der Stadt begraben werden. Die Vergottungsbeschlüsse wurden mit goldenen Buchstaben auf silberne Tafeln gesetzt und zu Füßen des capitolinischen Juppiter aufgestellt.

Schließlich wurden auch Caesars Sittenaufseheramt und dann vor allem seine Dictatur auf Lebenszeit verlängert. Er hat zunächst gezögert, die neue Dictatur anzutreten. Kurz vor dem 15. Februar 44 hat er es jedoch getan. Damit war auch der Schein des Provisoriums seiner De-facto-Monarchie zerstört.

Man hat sich viel Mühe gegeben, die Herkunft dieser und anderer Ehren und Vollmachten und den Sinn zu ergründen, der sich aus ihrer Zusammenstellung ergab. Vermutlich trugen die Senatoren alles zusammen, was ihnen nur einfiel. Einer übertraf den anderen, in immer neuen Sitzungen wurden immer neue Beschlüsse gefaßt. Eine wahre Ehrungshysterie hatte den Senat erfaßt. Und Caesar hat fast alles angenommen, gelegentlich auch Freude darüber geäußert.

Verschiedene Motive kamen zusammen. Viele wollten ihm schmeicheln und gefällig sein. Manche mögen ihn wirklich für übermenschlich gehalten haben. »Gegen große Vorzüge eines anderen gibt es«, wie es bei Goethe heißt, »kein Rettungsmittel als die Liebe.« Der Übergang zwischen Mensch und Gott war in der Antike fließend. Außergewöhnlichkeit konnte als Göttergleichheit empfunden werden. Es ist auch keineswegs ausgeschlossen, daß Caesar sich mindestens einige der Ehren gewünscht hat. Daneben aber war gewiß ein anderes Motiv wirksam, nämlich ihn als Tyrannen zu brandmarken; er sei mit Ehren geschmückt worden wie ein Opfertier, heißt es in einer Quelle. Es war also auch ein Fall panegyrischer Entlarvung.

Caesars Position immer weiter zu steigern, scheint jedenfalls die einzige freie Initiative gewesen zu sein, die dem Senat geblieben war, durch die man um Caesars Gunst wetteifern konnte. Es mochte manch einen schwindeln; aber nachdem einmal der erste Schritt gegangen war, mußten Ehrgeiz, Furcht und Mißtrauen zur Fortsetzung treiben. Mit jeder Ehrung wurden weitere Beschlüsse herausgefordert. Je prächtiger, überwältigender und entrückter Caesar dastand, um so mehr nahmen Unsicherheit, Furcht, Ratlosigkeit, Mißtrauen zu. Und je mehr sie zunahmen, um so dringender wurde es, ihn neuerdings durch Ehren für sich einzunehmen. Da war kein Widerstand mehr, kein Ernst, von Unmißverständlichkeit der Wirklichkeit ganz zu schweigen.

Caesar wurde selbst von diesem Prozeß erfaßt: Als der Senat einmal in feierlichem Zug eine neue Reihe von Ehrenbeschlüssen überbringen wollte, empfing er ihn sitzend. Auf seinem Forum war er gerade damit beschäftigt, Aufträge an Künstler zu vergeben. Die Empörung über den Mangel an Respekt war allgemein. Er ließ daraufhin Entschuldigungen ausstreuen – es sei ihm gerade übel geworden. Die Szene paßte zu seinem Ausspruch, wonach seine Worte an Gesetzes Statt zu nehmen seien.

Doch welche Ehrungen Caesar immer erfahren hatte, eine war einstweilen noch übriggeblieben: das war der Titel eines Königs. Es fragt sich, ob er den auch wollte. Wohl mag es nach all dem, was vorausgegangen war, so scheinen, wie wenn dieser Titel nur eine weitere Ehre hätte sein können, ein letzter Schritt. Aber gerade weil es der letzte war, konnte es auch der längste sein. Denn auf Königtum stand in der Republik der Tod. Nur mochte, von unten besehen, die Entfernung, die Caesar davon noch trennte, gering erscheinen. Und so setzten sich mit dieser Frage allerhand Verdächtigungen auf ihn fest, die er nicht mehr hat abschütteln können.

Ob er den Titel wollte, kann nicht mehr festgestellt werden. Die Wahrscheinlichkeit spricht eher dagegen. Er hat seinen Anhängern untersagt, einen entsprechenden Antrag im Senat einzubringen. Aber viele meinten trotzdem, daß er König sein wollte, oder gaben es mindestens vor. Mehrfach wurde ihm, in welcher Absicht immer, der Königstitel zugerufen, auch das Königssymbol des Diadems angetragen. Er hat es stets abgelehnt, und jedesmal hat sich neuer Verdacht erhoben.

Einmal war die Caesarstatue auf der Rednertribüne mit einem Diadem geschmückt. Zwei Volkstribunen ließen es abnehmen. Am 26. Januar wurde Caesar, als er in die Stadt einritt, von einigen Umstehenden als König begrüßte. Geistesgegenwärtig antwortete er, er heiße nicht Rex, sondern Caesar; Rex war ja der Beiname der Familie seiner Großmutter. Als aber die beiden Volkstribunen denjenigen, der zuerst das verhaßte Wort gerufen hatte, abführen ließen, um ihn vor Gericht zu stellen, und dabei von der Menge lauten Beifall erhielten, traf sie der Zorn des Dictators. Die beiden antworteten in einem Edikt, die Freiheit ihrer Amtsführung sei bedroht. Caesar berief darauf den Senat ein, beklagte sich, er müsse entweder gegen seine Natur handeln oder einen Verlust an Dignitas hinnehmen. Der Senat setzte die Volkstribunen ab und ließ sie von der Senatsliste streichen. Caesar verlangte sogar vom Vater des einen, den Sohn zu enterben. Der freilich weigerte sich, und Caesar ließ es gut sein. Aber wie leicht er die Rechte der Volkstribunen nahm, um deretwillen er doch angeblich den Bürgerkrieg eröffnet hatte, war wiederum offensichtlich.

Wenn Caesar, da die Vokstribunen jemanden verhafteten, der ihn als Rex begrüßte, in seiner Ehre tief getroffen wurde, so kann das nur bedeuten, daß der Verdacht, er strebe nach dem Königstitel, ihn beleidigte. Mit dem Königtum war Willkür gegen Leib und Leben der Untertanen verbunden; und er konnte für sich in Anspruch nehmen, daß er die nicht übte. Aber die Trennlinie, die er zwischen dem Königtum und der mit allen möglichen göttlichen und ja auch königlichen Attributen ausgestatteten Alleinherrschaft zog, war zu fein, um wirklich wahrgenommen zu werden.

Am 15. Februar scheint er sie noch einmal demonstriert zu haben: Wenige Tage vorher hatte er den Titel des Dictator Perpetuo angenommen. Jetzt wurde das Lupercalienfest gefeiert. Caesar saß, angetan mit Triumphalgewand und goldenem Kranz im goldenen Sessel auf der Rednertribüne am Forum. Sein Consulatscollege und bedeutendster Gefolgsmann Marcus Antonius, der am traditionellen Lauf der nur mit einem Schurz bekleideten Luperci teilgenommen hatte, »legte« ihm – wie Cicero sagt – ein Diadem »auf«. Caesar wies es zurück und ließ es dem Juppiter als dem einzigen König Roms schicken.

Antonius befahl, in den offiziellen Kalender einzutragen, Caesar sei vom Consul Antonius auf Befehl des Volkes das Königtum (regnum) angetragen worden; er habe es nicht annehmen wollen.

Man kann den Vorgang verschieden deuten. Entweder: Caesar habe das Diadem gewollt und nur abgelehnt, weil er nicht den nötigen Beifall erhielt; oder: Er habe es sich in aller Öffentlichkeit antragen lassen, um es sichtbar zurückzuweisen und so allen Verdächtigungen und neuerlichen Proklamationen entgegenzuwirken. Es ist auch vermutet worden, Antonius habe ohne sein Wissen gehandelt – um sich beliebt zu machen oder um ihn zu verleumden. Was davon zutrifft, läßt sich nicht ausmachen. Man kann sagen, daß der Beifall, wenn Caesar das Diadem denn hätte haben wollen, sich hätte inszenieren lassen. Dann wäre es ihm um dessen Zurückweisung gegangen. Und dafür spricht wohl die Wahrscheinlichkeit. Aber vielleicht wollte er es zwar, doch aus freien Stücken? Indem er, wie überliefert, damals Hals und Brust entblößte und offen darbot, machte er dann jedenfalls eindrucksvoll klar, daß er die römische Auffassung respektierte, wonach, wer nach der Krone strebte, des Todes würdig war.

Aber auch das half nichts. Die Gerüchte jagten sich. So meinte man eben, nur mangelnder Beifall hätte ihn veranlaßt, das Diadem zurückzuweisen. Man glaubte auch zu wissen, er plane, die Hauptstadt nach Alexandria zu verlegen. Kleopatras Anwesenheit – sie residierte immer noch in Caesars Gärten jenseits des Tiber – beflügelte die Phantasie. Damals hieß es wohl auch, es sei ein Antrag in Vorbereitung, wonach Caesar so viele Frauen heiraten könne, wie er wolle, um männliche Nachkommenschaft zu zeugen. Das zielte offenkundig auf den Sohn der ägyptischen Königin. Caesar konnte machen, was er wollte, er kam von dem Verdacht, nach der Krone zu streben, nicht mehr los. Seine Gegner haben sicherlich das ihre dazu beigetragen. So verbreitete man denn auch, in der Senatssitzung vom 15. März solle der Antrag eingebracht werden, ihn auf Grund einer sibyllinischen Weissagung zum König für die Provinzen zu ernennen. Unglaubhaft erschien es nicht mehr. Dazu war die Stimmung zu sehr aufgepeitscht, war die Wirklichkeit zu wenig eindeutig, mußte alles zu sehr als möglich erscheinen.

Man fragt sich, warum Caesar sich erst an dieser letzten Linie, die ihn vom Königtum trennte, zur Wehr setzte. Warum hat er den Ehrungen nicht Einhalt geboten, bevor es zu spät war? Haben sie ihm wirklich gefallen? Oder hat er sich nur willig-unwillig darein gefügt? Die Wahrscheinlichkeit spricht eher für die erste Möglichkeit. Immerhin dienten die Ehrungen, die seine überragende Qualität, sein Glück, seine Leistungen, sein nahezu göttliches Wesen dokumentierten, seinem Ruhm. Freilich nicht dem, was man im Abendland so erstrebt wie verachtet, der gloria mundi, die eitel erscheinen mag in den zur Transzendenz und zugleich zu den Jahrtausenden aufgerissenen Horizonten der Neuzeit. Sondern demjenigen Ruhm, in dem der große Römer im Gedächtnis seiner Bürgerschaft aufgehoben blieb, jener antiken Form der Unsterblichkeit. Wenn nicht vor dem Tod, so hat Caesar sich gewiß vor der Vergänglichkeit gefürchtet. Das war einer der Antriebe zu seinen Taten, zu deren literarischer Fixierung, zur Verewigung in großen Denkmälern der Architektur. War es nicht auch deswegen, daß er sich in seinen letzten Monaten so pausenlos verzehrte? Die Furcht mußte um so bedrängender werden, je weniger er in seiner Gegenwart Grund für sie fand. Sollten ihm da die Senatoren nicht wenigstens Manifestationen des Ruhms verleihen, die ihm eine Gewähr für die Zukunft sein konnten? »Pompeius wollte aus freiem Willen geehrt werden, [. . .] Caesar machte es nichts aus, wenn er sich die Ehren selber gab«, schrieb der griechische Historiker Dio. Vielleicht war er wirklich zuletzt nur mehr von der Ursache, nicht von den Ehrungen selber unabhängig. Dann hätte auch dieses Ziel sich ihm verabsolutiert.

Zugleich mag er es in der Ordnung gefunden haben, daß er durch die Ehrungen in die Nähe der Götter gerückt wurde, deren Gunst sich in seinem ganzen Leben unendlich oft bewährt, die er gerade in ihrer Unwahrscheinlichkeit so stark erfahren und die ihn weit über alle hinausgehoben hatte. Die christlichen Tugenden der Demut galten gegenüber antiken Göttern nicht. Die republikanischen der Gleichheit hatte er hinter sich gelassen. Wenn die Senatoren Felicitas und Clementia als göttliche Kraft verstanden, wenn sie ihn unter dem ganz besonderen Schutz der Victoria darstellten, war das so falsch? Und wenn sie ihn durch die purpurne Toga auszeichneten, konnte es ihm nicht recht sein, daß er dadurch immer unnahbarer, unerreichbarer wurde?

Schließlich könnte er sehr wohl seine Freude daran gehabt haben, wie der Senat, die Nachfolger der alten Herren der Republik und seine Anhänger, die sich in ihrer neuen Würde so großartig vorkamen, immer tiefer sich beugten, indem sie ihn immer höher hoben. Er konnte sie wohl nur mehr verachten. Und er wäre wohl nicht er selbst gewesen, wenn er dieser Verachtung jetzt nicht freien Lauf gelassen hätte.

Ohnehin wollte Caesar keine Rücksichten mehr walten lassen. Seine Selbstbeherrschung machte ihm zuweilen Mühe. Seine Kräfte ließen nach. Er war nicht gesund. Cicero hat geschrieben, aus dem Partherkrieg wäre er »nie zurückgekommen«. Mochte da nicht eine diabolische Lust ihn hinreißen angesichts dieses unwürdigen Schauspiels? Mußte er nicht versucht sein, mitzuspielen in der Rolle, die ihm da zugemessen wurde; vielleicht gar, indem ihn sein alter Mutwille wieder trieb? Schließlich nahm er vieles nicht mehr so genau. Wenige Wochen trennten ihn noch vom Aufbruch in den Partherfeldzug. Und wie er schon 46 zu der Meinung gekommen war, er habe für sich und seinen Ruhm genug gelebt, so scheint in diesen Wochen ein Fatalismus in ihm Platz gegriffen zu haben. Dafür spricht, daß er seine aus Spaniern gebildete Leibwache entließ. Denn die Meinung eines Späteren, daß Caesar aus den Ehrungen fälschlich auf allgemeine Beliebtheit geschlossen hätte, ist kaum glaubwürdig. Eher beliebte es ihm, zu bekunden, daß er seine Gegner nicht ernstnahm.

Nicht Blindheit sei es, was die Menschen und Staaten verdürbe, hat Ranke geschrieben. »Aber es ist in ihnen ein Trieb, von ihrer Natur begünstigt, von der Gewohnheit bestärkt, dem sie nicht widerstehen, der sie weiter vorwärts reißt, solange sie noch einen Rest von Kraft haben.« So trieb es Caesar immer mehr, zu sein, was er zu sein wußte: Roms Erster Mann, unvergleichlich durch seine Taten und Siege. Da er es war, wollte er es bleiben. Immer höher war er gestiegen, alle hatte er besiegt. Wo sollte seine Grenze sein?

Welches immer die Motive, die Dispositionen waren, aus denen Caesar sich in die reißende Folge der sich überschlagenden Ehrungen verwickeln ließ: In diesem Prozeß gegenseitiger

Abstoßung stand er um so weniger über dem Geschehen, je mehr er über den Menschen stand. Er war Herr über alles, was sich verfügen ließ, aber nicht über die Republik, die er zwar unterworfen, aber nicht besiegt hatte, die er so wenig kannte, wie sie ihn verstand, in der er keinen Platz, keinen Halt, keinen Sinn fand. Daraus nährte sich die Dynamik dessen, was sich wie ein Verhängnis ausnimmt – es vielleicht gar ist.

Während Caesar sich dem Unmaß – und vielleicht gar Rausch – der Vollmachten und Ehrungen hingab, traf sich ein Kreis von Männern in dem Gedanken, daß man ihn ermorden müsse.

Endlich schien es klar, daß Caesar seine Macht nur immer weiter ausbauen wollte bis zur Tyrannis. Maßgebend war für sie die alte, feste Überzeugung, daß jeder, der nach der Tyrannis strebte, zu töten sei. Der Stadtgründer Romulus war nach damaliger Auffassung getötet worden, weil sein Königtum zur Tyrannis entartet sei. Freilich war er zugleich – als Quirinus – ein Gott, und daher hatte Cicero Caesar nach den Ehrenbeschlüssen von 46 gern als Tempelgenossen gerade des Quirinus gesehen. Man wußte auch von einem Eid, den das römische Volk nach dem Sturz des letzten Königs geschworen hatte, nie wieder solle in Rom ein König regieren. Das Bewußtsein der Republik lebte ja wesentlich aus der Ablehnung der Monarchie.

Der Plan, ein Attentat auf Caesar zu verüben, war schon älter. Cicero hatte ihn betrieben, im Sommer 45 sollte Antonius dafür gewonnen werden. Unter den Verschwörern, etwa sechzig Männern, die übrigens darauf verzichteten, sich gegenseitig durch Eide zu verpflichten, fanden sich ehemalige Pompeianer und Caesarianer. Die führenden Persönlichkeiten standen alle hoch in der Gunst des Dictators. Trebonius war 45 Consul gewesen, Decimus Brutus war zum Consul 42 gewählt, Gaius Cassius Longinus und sein Schwager Marcus Brutus waren Praetoren und sollten wohl 41 Consuln werden.

Marcus Brutus wurde zum eigentlichen Führer der Verschwörung. Er war wie prädisponiert dazu; durch die von ihm behauptete Abstammung von den zwei Männern, die Rom von der Tyrannis befreit hatten, als Neffe Catos und schließlich durch das Gewicht seiner eigenen Persönlichkeit. Eine der merkwürdigsten Verknüpfungen der Geschichte: daß diese drei Momente in ihm zusammenkamen – und daß seine Mutter auch noch die erste unter den Geliebten Caesars war. So konzentrierten sich alle Erwartungen einer gewaltsamen Beseitigung des Tyrannen auf ihn; er hatte sich ja auch früher schon auf seinen Münzen zum Vorkämpfer der republikanischen Freiheit gemacht. Doch hielt er besonders lange zu Caesar, hatte ja auch die Hoffnung gehegt, daß der sich zu den »Guten« schlage. Sein Urteil war offenbar von der Alternative: Wiederherstellung des *res publica* oder Rechtlosigkeit und Despotie bestimmt gewesen. Da Caesar sich so wenig despotisch verhielt, schloß er auf seinen guten Willen.

Brutus war von einfacher, rechtschaffener Wesensart. Und die hatte er philosophisch untermauert: Wie sein Onkel hatte er sich eingehend und ernsthaft mit Philosophie und Wissenschaft befaßt. Im Feldlager bei Pharsalos, so hören wir, hat er Auszüge aus Polybios' Geschichtswerk gemacht, saß ständig über seinen Büchern. Höchst gewissenhaft und gerade, wie er dachte, ließ er sich nicht leicht zu etwas hinreißen. Er prüfte alles genau und war stets bereit, eher gegen das eigene Empfinden zu entscheiden. Nur wenn er sich dann getäuscht vorkam, wenn er Unrecht erfuhr oder wenn ihm klar wurde, daß er falsch entschieden hatte, dann wuchs ihm beachtliche Kraft zu, um das, was er inzwischen als recht erkannt hatte, zu verfechten.

So kam er dazu, sich 48 sehr bewußt und entschieden auf Caesars Seite zu schlagen. Das Bild des verhaßten Consuls von 59 und gallischen Proconsuls schien falsch zu sein. Man hatte ihm Unrecht getan. Allein das schon mußte Brutus für ihn einnehmen. Wenn Caesars Liebenswürdigkeit auf ihn wirkte, so war er durch sein Rechtsbewußtsein dafür empfänglich geworden.

Wie weit seine Mutter dabei ihre Hand im Spiel hatte, ist unklar. Vermutlich konnte sie in Hinsicht auf Caesar keine rechte Autorität für Brutus sein. Er konnte sich gegenüber dem Liebhaber seiner Mutter nur Mühe geben, seine private Betroffenheit hintanzuhalten – bevor er dann darauf kam, daß die Gerechtigkeit seinen Anschluß an ihn forderte. Daß Cato sein Onkel war, hat ihn anscheinend nicht gestört, zumal er fand, daß der sich geirrt hatte. Vermutlich war er ihm in jenen Jahren auch ferngerückt. Dann aber lag in seinem Einsatz für den toten Cato etwas von persönlicher Wiedergutmachung; keine Wendung gegen Caesar, aber eine Stellungnahme für den Unterlegenen, dessen Tod ihn beschämte. Und so stellte er sich schließlich entschlossen gegen Caesar, als auch für ihn kein Zweifel mehr darüber möglich war, daß der die Alleinherrschaft anstrebte. Das war spätestens, als er Dictator auf Lebenszeit wurde. Caesar hatte einmal von ihm gesagt: »Es kommt sehr darauf an, was er will; aber was er will, das will er ganz.« Ebenso war es jetzt. Und gerade weil er so lange zu Caesar gehalten hatte und so ungemein gewissenhaft war, kam seinem Entschluß höchste Autorität zu. Vielleicht hat er erst den Ausschlag gegeben, daß mit den Plänen für einen Anschlag Ernst gemacht wurde.

Jedenfalls war er mit der ganzen Festigkeit seiner inneren Statur bei der Sache. Aber dem Ernst seines Entschlusses entsprachen seine Grenzen: Er bestand streng darauf, nur Caesar, nicht auch Antonius zu ermorden.

Die Verschwörer meinten überhaupt, mit der Beseitigung des Tyrannen sei alles getan. Sie bereiteten nichts vor, um die Übernahme der Macht zu sichern, ohne die sie schwerlich Senat und Magistraten die Führung der Republik hätten gewährleisten können. Schließlich war Antonius der Consul, Lepidus der Vertreter Caesars als Dictator; sie hatten mehrere Legionen in ihrer Hand, und Caesar hatte, um von anderem abzusehen, sehr viele Veteranen, die ihn zu rächen suchen mußten.

Cicero urteilte, die Verschwörung sei mit »männlichem Herzen und kindlichem Verstand« (animo virili consilio puerili) geplant worden, und das ist wahr. Es war ein weiteres Beispiel für die Einseitigkeit der späten Republik, daß diese Gruppe von aufrechten, ehrenhaften Republikanern unangefochten davon überzeugt war, daß die Republik wieder in Kraft treten würde, sobald der Tyrann ermordet war. Nichts hatten sie von den Voraussetzungen seines Aufstiegs begriffen. So hatten sie soviel Recht wie Unrecht – gerade wie Caesar auch. Aber nach ihren Maßstäben konnten sie nicht anders handeln. Die Republik war in ihrer Vorstellung so klar wie Caesars Tyrannis. Da gab es kein Wenn und kein Aber, sondern nur die Tat. Sie hat Rom dann nicht die Republik, sondern – wie Caesar vorausgesagt hatte – den Bürgerkrieg gebracht. Nahezu fünfzehn Jahre mußte gekämpft werden; die römische Gesellschaft machte einen schweren Zermürbungsprozeß durch. Er war dann die Bedingung der Möglichkeit dafür, daß der Erbe des Dictators – freilich mit sehr viel Geschick, Geduld und Selbstverleugnung – in Rom die Monarchie errichten konnte.

Man hat auch von der Ermordung Caesars gesagt, sie sei mehr als ein Verbrechen gewesen, nämlich ein Fehler. Wenn Caesar aber eines natürlichen Todes gestorben wäre, wäre es vermutlich kaum anders gekommen. Und wie kann es ein Fehler sein zu handeln, wie man anders nicht handeln kann?

In Brutus und seinen Mitverschworenen regte sich ziemlich unmittelbar die Sicherheit, in der die *res publica* die römische Bürgerschaft noch beseelte. Soviel sie auch darüber nachgedacht, diskutiert, gezweifelt, wie sehr sie ihr Gewissen geprüft haben mögen, nachher waren es die Macht und die Eindeutigkeit der überkommenen Form, die sich in ihnen in die Tat umsetzte. So sehr prägte sie sie, war sie in ihnen lebendig, hatte sie ihrem Leben, wie sie jetzt merkten, als Sinn zugrunde gelegen.

Die Faszination, welche Caesar auf viele der Verschwörer ausgeübt hatte, verblaßte dann: Nur noch den Tyrannen konnten sie in ihm sehen. Das Bewußtsein der Pflicht schirmte sie ab gegen die Erfahrung der Person, ihrer Großzügigkeit und ihrer Milde. Sie konnten ihn nicht schonen, obwohl er vielen von ihnen das Leben geschenkt hatte.

Und sie hatten recht: So sehr sie im Alten befangen waren, wenn Caesar wirklich etwas Neues gewußt hätte, so hatte er es nicht mitgeteilt. Und so fruchtbar sein Wirken in vielen Einzelheiten war, im Ganzen hatte er nur zerstört. Er hatte keine neue Ordnung gewiesen, sondern lediglich die alte mit dem Bürgerkrieg und der Etablierung seines Sieges belastet. So hat er den Niedergang der überkommenen Institutionen stark beschleunigt.

Das Eigenartige ist nur, daß diese Zerstörung ins Werk gesetzt wurde von einem Mann, der nicht nur ganz außerordentliche Fähigkeiten besaß, sondern auch ungemein überlegen und von großem persönlichen Zauber war, in dem so viele Möglichkeiten antiker Menschheit kulminierten, griechische wie römische. Alles, was ein Mensch zu seiner Entfaltung braucht, hatte ihm die Kultur dieser Zeit dargeboten, und seine Begabung war reich genug, um es sich anzuverwandeln.

Nur hatte er scheinbar den Preis nicht zu erlegen, um den eine Kultur so viel hergibt: Er brauchte sich nur sehr bedingt in sie einzufügen. Die ehedem so fruchtbare Spannung zwischen Individualinteressen und den Forderungen der Allgemeinheit, die sich schon vor Caesar vielfach gelockert hatte, hielt seiner Dynamik nicht stand. Er lernte einfach nicht, was das Spiel der republikanischen Institutionen war. Zunächst hatte er es verachtet; hatte es aus der Distanz zwar gut genug durchschaut, daß er sich glanzvoll in ihm durchzusetzen wußte. Aber wozu es diente, wie es sich trug, wie in ihm alle Kräfte sich ausglichen und was es von allen zu verlangen hatte, das nahm er nicht wahr. Dann geriet er mit den Institutionen in Konflikt, wurde anschließend von ihnen abgestoßen; wurde dadurch vielleicht gar erst genötigt zu vielem, was er ursprünglich nicht gewollt hatte.

Und da sich dieser Vorgang in einer weltbeherrschenden Aristokratie abspielte, konnte solch ein Außenseiter angesichts der Desintegration ihrer Ordnung höchste Macht gewinnen; mit dem Reiz, der Klarheit, Unbedingtheit und Freiheit seiner Position also äußerste Handlungsmöglichkeiten verbinden. Dazu kamen die Unwahrscheinlichkeit seiner Erfolge, Mutwille, spielerische Kühnheit; Überlegenheit und Souveränität; der große Atem, die Aura und nicht zuletzt jene Eleganz der Bedenkenlosigkeit, die ihm bei aller Anstrengung den Anschein des Mühelosen gibt und zum hohen ästhetischen Reiz seiner Größe so viel beiträgt. Denn schließlich ist es doch wohl nicht zuletzt das geheime Ideal größten Handlungsvermögens und einer persönlichen Autarkie, die Lust, so zu sein, wie wir es wollen, was uns für die Größe Caesars so empfänglich macht.

Zweifellos steckt darin ein ganzes Stück Immoralität. Cicero meinte später sogar, in Caesar sei »eine solche Lust zum Unrechttun gewesen, daß eben dies selbst ihn ergötzte, Unrecht zu tun, auch wenn er keinen Grund dazu hatte«. Das ist gewiß ungerecht. Caesar müßte denn unendlich viele Gelegenheiten dazu ausgelassen haben. Aber natürlich konnte Cicero zu Recht meinen, Caesar habe »alle göttlichen und menschlichen Satzungen mit Füßen getreten«. Und Cato konnte finden, daß er gegen das Weltgesetz verstoßen habe. Nur stellt sich die Immoralität Caesars in Wirklichkeit nicht so einfach dar, wie sie seinen Gegnern erschien. Er scheint durchaus ein Empfinden für das Unrecht gehabt zu haben, das er tat. Wenn er bei Pharsalos den Gegnern die Schuld gab, so kommt darin nicht nur sein Bewußtsein des eigenen Rechts, sondern auch der wache Sinn für die Ungeheuerlichkeit dieser Bürgerkriegsschlacht und die quälende Frage nach der Verantwortung zum Ausdruck. Als Cicero 46 für die Begnadigung des Quintus Ligarius vor Caesar sprach, soll der seinem Gefolge vorher hochmütig erklärt haben, er wolle sich gern wieder einmal eine Cicero-Rede anhören; aber sein Urteil würde dadurch nicht verändert. Als Cicero dann aber alle Register gezogen habe, »da habe Caesars Gesicht mehrfach die Farbe gewechselt und alle Seelenregungen deutlich widergespiegelt, und als der Redner schließlich auf die Schlacht bei Pharsalos zu sprechen kam, da sei Caesar ganz außer sich geraten, habe am ganzen Leib gezittert und einige Aktenstücke aus der Hand fallen lassen. Überwältigt sprach er endlich den Mann von der Schuld frei.« (Plutarch) Und Caesars Milde ist gewiß nicht nur eine Äußerungsform von Überlegenheit und Siegeswillen, sondern es wird ihr auch ein Bewußtsein von Recht und Unrecht zugrunde gelegen haben.

Nur hinderte ihn dieses Bewußtsein nicht daran, in größter Freiheit aus höchstpersönlichen Interessen Roms Institutionen mit Füßen zu treten, Gallien zu erobern und den Bürgerkrieg zu eröffnen. Es milderte nur die menschlichen Konsequenzen, die sich daraus ergaben. Und gegen diese Freiheit der kühnsten, ausgreifendsten Wahrnehmung eigener Interessen war ihm kein moralischer Einwand stark genug. Insoweit ist ihm in der Tat Immoralität oder besser: Unberührtheit von den herkömmlicher- und berechtigterweise an einen römischen Aristokraten sich richtenden moralischen Erwartungen zuzusprechen.

Aber wenn dann als Bezugspunkt all seiner Freiheit gegen das Überkommene nur seine Person und seine Ehre erscheint, so zeigt dies bloß, daß es die großen Legitimationszwänge der Neuzeit nicht gab, die den tätigen Außenseiter beengen und stärken: die Beziehung auf eine transzendente Religion und eine auf andere Weise transzendente Staatlichkeit, die unter Umständen jede Unmoral rechtfertigen kann. Im Bann dieser Zwänge erscheint Caesars Selbstbezogenheit uns leicht um so viel ungeheuerlicher, je menschlicher, milder und vornehmer sie eigentlich war. Selbst in antiken Dimensionen hatte Sulla aus der Beziehung auf die Republik das Recht zu den schrecklichen Morden seiner Proscriptionen abgeleitet. Caesar konnte das nicht.

Weit mehr als unmoralisch aber war er anders als die Römer seiner Zeit, fremd, unverständlich, abgestoßen und dann so abstoßend wie faszinierend. Daraus resultierte seine Schuld, soweit er an der Republik schuldig wurde. Aber viel wichtiger als das war, daß er sich eine eigene Wirklichkeit neben derjenigen der Republik aufbaute.

Wie sich in Caesar Glanz – und zwar persönlicher, nicht institutioneller – und Macht verbanden, ist wohl nahezu einzigartig in der Geschichte. Aber das machte ihn gegenüber der Republik nur stark, so lange er in ihr siegen mußte. Danach wurde offenkundig, daß seine Stärke zugleich seine Ohnmacht war. So könnte sich am Ende eine gewisse Melancholie der Erfüllung – und zugleich der Vergeblichkeit – auf ihn gesenkt haben.

Caesars Größe, Einsamkeit, Versagen gehörten zusammen; das Hochgefühl seiner außerordentlichen Bewährung in Krieg und Politik, die Verachtung der anderen und die Ratlosigkeit gegenüber dem Problem der Konsolidierung; Caesars unerhörte Freiheit, die Überlegenheit, die Sicherheit und die Grundlosigkeit seiner Existenz, das Abgründige, dem er sich mit zunehmendem Alter wohl immer stärker öffnete. So gehörten auch sein Wesen und sein Geschick zusammen. Denn »man muß das Leben nicht banalisieren, indem man das Wesen und das Schicksal auseinanderzerrt und sein Unglück abseits stellt von seinem Glück. Man darf nicht alles sondern.« (Hofmannsthal)

Wenn die römische Republik sich überlebt hatte, ohne daß die Römer das gewußt hätten, wenn sie für ihre Bürger unbezweifelbar war, so konnte sie nur an sich selbst zugrundegehen, sei es in einem langgestreckten Zermürbungsprozeß, sei es indem ein bedeutender Mann gegen sie alles entfaltete, was sie damals an Möglichkeiten bot. Da die Geschichte diesen Weg ging und nicht jenen, gestaltete sich der Untergang der Republik in der Form des Dramas. Darin aber geht es weniger um Schuld als um Verhängnis. Und gerade die Größe Caesars macht dieses Verhängnis aus.

Obwohl die Verschwörer über ihre Absichten nach außen nichts hatten durchsickern lassen, scheint die Gefahr eines Attentats nicht ganz verborgen geblieben zu sein. Caesar wurde durch treue Anhänger gewarnt, er möge sich wieder eine Leibwache zulegen. Das aber lehnte er ab. Nichts Unglücklicheres gäbe es, als sich so bewachen zu lassen. Nur wer stets Angst habe, habe das nötig. Es sei besser, dem Sterben ins Auge zu sehen als ständig in Unruhe davor zu leben. Er war überlegen auch gegenüber dem Tod. Als er am Abend des 14. März bei Lepidus zu Gast war und das Gespräch – während Caesar Briefe unterschrieb – darauf kam, welches der angenehmste Tod sei, meinte er: ein plötzlicher, unerwarteter.

Die Verschwörer hatten die Senatssitzung vom 15. März für die Ermordung bestimmt. Am 18. wollte Caesar in den Partherkrieg aufbrechen. Der Senat tagte in der Curie des Pompeius. Caesar kam verspätet, da er sich nicht wohl gefühlt hatte. Erst hatte er sein Erscheinen absagen wollen, war dann aber von einem der Verschwörer überredet worden zu kommen. In einer Sänfte ließ er sich zum Pompeius-Theater tragen. Als er ausstieg, sei ein griechischer Gelehrter, Artemidoros von Knidos, der offenbar einiges über die Verschwörung wußte, mit einer Schriftrolle auf ihn zugetreten, auf der er Caesar Anzeige erstattete. Als er sah, daß Caesar die Rolle – wie alle anderen ihm überreichten Schriftstücke – an seinen Diener weitergab, soll er gerufen haben: »Caesar, das mußt du lesen, allein und rasch! Es stehen wichtige Dinge drin, die dich ganz besonders angehen!« Caesar habe die Rolle in der Hand behalten, sei aber zum Lesen nicht mehr gekommen.

Der Opferschauer Spurinna hatte ihm für die Iden des März Unglück prophezeit. Er soll an der Tür zum Senat gestanden haben. Als Caesar ihn erblickte, lächelte er spöttisch und überlegen zu ihm hinüber: Die Iden des März seien da, und es sei ihm nichts passiert. Darauf der andere: »Da sind sie, aber noch nicht vorüber.«

Die Senatoren erhoben sich von den Plätzen. Durch ihre Reihen schritt er nach vorn. Einige der Verschwörer hatten sich hinter seinem Sessel postiert – der zu Füßen einer Pompeius-Statue stand –, andere traten auf ihn zu, wie wenn sie ein Bittgesuch, das ihm vorgebracht wurde, unterstützen wollten. Als Caesar es ablehnte, riß ihm der Bittsteller mit beiden Händen die Toga vom Hals. Das war das verabredete Zeichen. Dann griffen sie ihn an. Der erste Stich ging nicht tief. Caesar konnte den Dolch packen. Im Saal starrte man entsetzt auf die Szene. Dann zückten die anderen ihre Dolche. Sie hatten ausgemacht, jeder müsse einmal zustechen. Dreiundzwanzig Stiche gingen auf den Dictator nieder. Caesar hat sich eine Weile gewehrt, hat sich den Stößen zu entwinden gesucht. Schwerverletzt zog er schließlich die Toga über den Kopf. Keiner sollte ihn in seinem Blut, in seiner Ohnmacht, in seinem Sterben sehen.

Edward Gibbon
Das Herrschaftssystem Diokletians

Die Stätte, auf der Rom erbaut wurde, war von alten Zeremonien und erträumten Wundern geheiligt. Die Gegenwart irgendeines Gottes, das Andenken irgendeines Helden schien jeden Teil der Stadt zu beleben, und dem Kapitol war die Weltherrschaft verheißen. Der gebürtige Römer empfand das und bekannte sich zur Macht dieser angenehmen Illusion. Sie stammte von seinen Vorfahren, hatte ihn von Kindesbeinen an begleitet und wurde in gewissem Maß aus politischem Nützlichkeitsdenken genährt. Form und Sitz der Regierung waren eng miteinander verwoben, und es schien undenkbar, diesen zu verlegen, ohne jene zu zerstören. Mit dem Anstieg der Eroberungen aber ging der Vorrang der Hauptstadt allmählich verloren; die Provinzen wuchsen zu gleicher Bedeutung, und die überwundenen Völker erhielten den Namen und die Privilegien der Römer, ohne doch deren parteiische Gesinnung anzunehmen. Lange Zeit allerdings wahrten die Reste der alten Verfassung und die Macht der Gewohnheit Roms Würde. Die Kaiser, auch wenn sie vielleicht aus Afrika oder Illyrien stammten, ehrten ihr neues Vaterland als Sitz ihrer Macht und Mittelpunkt ihrer ausgedehnten Herrschaft. Schwierige Kriege erforderten häufig ihre Anwesenheit an den Grenzen; doch Diokletian [als oströmischer] und Maximian [als weströmischer Kaiser] waren die ersten römischen Monarchen, die auch in Friedenszeiten in der Provinz residierten; und wenn ihrem Verhalten auch persönliche Motive zugrunde gelegen haben mögen, so wurde es doch durch überaus einleuchtende politische Erwägungen gerechtfertigt. Der Hof des Kaisers von Westrom befand sich meistens in Mailand; denn um die Bewegungen der germanischen Barbaren zu beobachten, schien dessen Lage am Fuß der Alpen weitaus günstiger als die Roms. Mailand erstrahlte bald im Glanz einer Kaiserstadt. Seine Häuser werden uns als zahlreich und wohlgebaut geschildert, die Sitten der Einwohner als elegant und freisinnig. Ein Circus, ein

Theater, eine Münze, ein Palast, Bäder, die den Namen ihres Stifters Maximian trugen, statuengeschmückte Säulenhallen und eine doppelte Ringmauer mehrten die Schönheit der neuen Kapitale, der anscheinend nicht einmal die Nähe Roms abträglich werden konnte. Auch Diokletian wollte mit der Majestät Roms in Wettstreit treten und verwandte seine Muße und den Reichtum des Ostens zur Verschönerung von Nicomedia, einer Stadt, die am Rande Europas und Asiens in beinahe gleicher Entfernung von der Donau wie vom Euphrat lag. Durch die Kunstliebe des Monarchen und auf Kosten des Volkes kam Nicomedia binnen weniger Jahre zu einer Pracht, welche die Arbeit von Jahrhunderten erfordert zu haben schien, und stand an Umfang wie Einwohnerzahl nur Rom, Alexandria und Antiochia nach. Diokletian und Maximian führten ein tätiges Leben, und einen beträchtlichen Teil davon verbrachten sie in Lagern oder auf ihren langen und häufigen Märschen; aber wann immer ihnen die Staatsgeschäfte ein wenig Erholung gönnten, scheinen sich beide gern in ihre Lieblingsresidenzen Nicomedia und Mailand zurückgezogen zu haben. Es ist äußerst fraglich, ob Diokletian die alte Hauptstadt des Reiches je besucht hat, bevor er im zwanzigsten Regierungsjahr seinen römischen Triumph feierte. Und selbst bei dieser denkwürdigen Gelegenheit währte sein Aufenthalt keine zwei Monate. Angewidert von der unbändigen Zudringlichkeit des Volkes, verließ er Rom völlig überstürzt dreizehn Tage vor dem Zeitpunkt, an dem er eigentlich, bekleidet mit den Insignien der Konsulwürde, im Senat hatte erscheinen wollen.

Diokletians deutlich bekundete Abneigung gegen Rom und die römische Freiheit entsprang keiner augenblicklichen Laune, sondern war das Resultat höchst geschickter Politik. Dieser listige Fürst hatte ein neues System der Reichsregierung ersonnen, das in der Folge durch die Dynastie Konstantins vollendet wurde; und da der Senat das Bild der alten Verfassung gewissenhaft bewahrte, beschloß er, diese Versammlung auch noch um den letzten Rest ihrer Macht und ihres Ansehens zu bringen. Wir erinnern uns hier der flüchtigen Größe und der hochfliegenden Hoffnungen des römischen Senats. Solange die Begeisterung währte, bekundeten viele Adlige ganz unbedacht ihren Eifer für die Sache der Freiheit; und nachdem die Nachfolger des Probus der republikanischen Partei ihre Unterstützung entzogen hatten, vermochten die Senatoren ihren ohnmächtigen Groll darüber nicht zu verhehlen. Maximian, als Herrscher über Italien, fiel die Aufgabe zu, diesen eher lästigen als gefährlichen Geist zu ersticken, und dieses Geschäft entsprach ganz seiner grausamen Natur. Die erlauchtesten Mitglieder des Senats, denen Diokletian stets mit scheinbarer Achtung begegnet war, bezichtigte sein Amtsgenosse, in Verschwörungen verwickelt zu sein, die es gar nicht gab; und der Besitz einer noblen Villa oder eines gepflegten Landguts galt als überzeugender Schuldbeweis. Das Lager der Prätorianer, durch das die Majestät Roms so lange unterdrückt worden war, begann diese jetzt zu schützen; und da die stolzen Truppen merkten, daß ihre Macht schwand, waren sie natürlich geneigt, die eigene Stärke mit der Autorität des Senats zu verbinden. Diokletians Vorsichtsmaßnahmen verringerten allmählich die Zahl der Prätorianer und beschnitten deren Vorrechte; er ersetzte sie dann durch zwei verläßliche illyrische Legionen, die unter dem neuen Namen der Jovianer und Herkulianer den Dienst der kaiserlichen Leibwache versehen sollten. Doch den tödlichsten, obwohl verborgen geführten Streich von den Händen Diokletians und Maximians empfing der Senat durch die unvermeidlichen Folgen ihrer Abwesenheit. Solange die Kaiser in Rom residierten, konnte diese Versammlung zwar unterdrückt, aber kaum ignoriert werden. Augustus' Nachfolger bedienten sich der Macht, jedes Gesetz, das ihnen ihre Weisheit oder ihre Laune gerade eingeben mochte, zu diktieren; aber diese Gesetze wurden durch die Zustimmung des Senats bestätigt. In den Beratungen und Beschlüssen wurde das alte Modell der Freiheit beibehalten, und weise Fürsten, welche die vorgefaßten Meinungen des römischen Volkes respektierten, waren in einem gewissen Maße genötigt, sich einer Sprache und einer Haltung zu befleißigen, wie sie sich vor dem allgemeinen und obersten Magistrat des Staates schickten. Im Heer und in den Provinzen traten sie mit der Würde von Monarchen auf; und als sie dann ihre Residenz entfernt von der Hauptstadt errichteten, ließen sie endgültig die Verstellung fallen, die Augustus seinen Nachfolgern empfohlen hatte. In der Ausübung der legislativen wie der exekutiven Gewalt beriet sich der Souverän mit seinen Ministern, anstatt den großen Rat des Volkes zu befragen. Der Name des Senats wurde bis zum Ende des Römischen Reiches mit Respekt genannt und der Eitelkeit seiner Mitglieder weiterhin mit ehrenvollen Auszeichnungen geschmeichelt, aber die Versammlung selbst, die so lange die Quelle, so lange auch das Werkzeug der Macht gewesen war, ließ man respektvoll in Vergessenheit sinken. Der Senat von Rom verlor jede Verbindung mit dem kaiserlichen Hof und der gegenwärtigen Staatsverfassung und blieb ein ehrwürdiges, doch nutzloses Denkmal des Altertums auf dem Kapitolinischen Hügel.

Als die römischen Kaiser den Senat und ihre alte Hauptstadt aus den Augen verloren hatten, vergaßen sie auch rasch den Ursprung und die Natur ihrer rechtmäßigen Gewalt. Die bürgerlichen Ämter eines Konsuls, Prokonsuls, Zensors und Tribuns, durch deren Vereinigung diese Gewalt erst entstanden war, verrieten dem Volk noch ihre republikanische Herkunft. Diese bescheidenen Titel legte man jetzt ab; und wenn die Monarchen ihren hohen Rang immer noch durch die Benennung *Imperator* herausstrichen, so verstand man dieses Wort doch in einem neuen und erhabeneren Sinn, und es meinte nicht mehr den Befehlshaber der römischen Armee, sondern den Beherrscher der römischen Welt. Dem Titel Imperator, der anfangs rein militärische Bedeutung besaß, wurde noch ein anderer, niedrigerer beigesellt. Das Attribut *Dominus* oder Herr drückte in seiner ursprünglichen Bedeutung nicht die Gewalt eines Fürsten über seine Untertanen oder eines Befehlshabers über seine Soldaten aus, sondern die despotische Macht eines Hausherrn über seine Sklaven. In so ungünstigem Licht hatten die ersten Caesaren diesen Beinamen gesehen und ihn deshalb voller Abscheu von sich gewiesen. Ihre Abneigung schwand allmählich ebenso wie auch die Anrüchigkeit des Titels, bis schließlich die Anrede »unser Herr und Kaiser« nicht nur aus Schmeichelei verwandt wurde, sondern regelrecht in die Gesetze Eingang fand und auf öffentlichen Denkmälern zu lesen stand. Solche stolzen Titel schmeichelten und befriedigten noch die maßloseste Eitelkeit, und wenn die Nachfolger Diokletians weiterhin den Königstitel ausschlugen, so scheint dies weniger eine Folge ihrer Bescheidenheit, als vielmehr ihres

Zartgefühls gewesen zu sein. Überall, wo die lateinische Sprache in Gebrauch stand (und Latein war Amtssprache im ganzen Römischen Reich), erweckte der Kaisertitel, eben weil er den römischen Monarchen allein zukam, eine weit ehrwürdigere Vorstellung als der Königstitel, den sie mit hundert barbarischen Stammesführern hätten teilen müssen oder allenfalls noch von Romulus oder Tarquinius ableiten konnten. Doch im Osten empfand man ganz anders als im Westen. Seit Urzeiten waren die Herrscher Asiens in griechischer Sprache mit dem Titel *Basileus* oder König ausgezeichnet worden; und da dieser Titel als die höchste Auszeichnung unter den Menschen galt, gebrauchten ihn die unterwürfigen Provinzbewohner des Ostens bald in ihren demütigen Bittschriften an den römischen Thron. Sogar die Attribute oder zumindest die Titel der *Göttlichkeit* maßten sich Diokletian und Maximian an und vererbten sie einer Reihe christlicher Kaiser. Dergleichen überspannte Schmeicheleien verlieren mit ihrer Bedeutung aber auch bald ihre Anstößigkeit, und hat sich das Ohr erst einmal an den Klang gewöhnt, dann vernimmt man sie gleichgültig als leere, wenn auch übertriebene Ehrfurchtsbezeigungen.

Vom Zeitalter des Augustus bis zur Zeit Diokletians verkehrten die römischen Fürsten auf vertrautem Fuß mit ihren Mitbürgern, und man zollte ihnen bei der Begrüßung nicht mehr Respekt als für gewöhnlich einem Senator oder Beamten. Ihr Hauptprivileg war das kaiserliche oder militärische Purpurgewand; die Kleidung der Senatoren hingegen zeichnete sich durch einen breiten, und das Ritterkleid durch einen schmalen Randbesatz oder Streifen derselben Ehrenfarbe aus. Aus Stolz oder vielmehr Staatsklugheit führte der listige Diokletian den prächtigen Pomp des persischen Hofes ein. Er wagte es, das Diadem anzulegen, einen Schmuck, den die Römer als verhaßtes Symbol der Königswürde verabscheuten und dessen Gebrauch als verwegenste Tat des tollen Caligula gegolten hatte. Es war indessen nichts weiter als eine breite, weiße, mit Perlen besetzte Binde, die das Haupt des Kaisers umwand. Die kostbaren Gewänder Diokletians und seiner Nachfolger bestanden aus Seide und Gold, und es wurde übel vermerkt, daß selbst ihre Schuhe mit den wertvollsten Edelsteinen verziert waren. Der Zutritt zu ihrer geheiligten Person wurde durch die Einführung neuer Formalien und Zeremonien mit jedem Tag erschwert. Die Zugänge zum Palast bewachten die verschiedenen, wie sie allmählich genannt wurden, »Schulen« von Haushofbeamten aufs strengste. Die inneren Gemächer gab man in die mißtrauische Hut von Eunuchen, deren steigende Zahl und vermehrter Einfluß das untrüglichste Zeichen für den wachsenden Despotismus darstellten. Wurde ein Untertan endlich beim Kaiser vorgelassen, so mußte er sich, gleich welchen Standes, in den Staub werfen und nach orientalischer Sitte die Gottheit seines Herrn und Gebieters anbeten. Nun war Diokletian ein verständiger Mann, der im Verlauf seines öffentlichen wie auch privaten Lebens ein richtiges Bild von sich selbst und seinen Mitmenschen gewonnen hatte; auch bereitet einem die Vorstellung Mühe, daß er sich bei der Einführung der persischen Sitten anstelle der römischen tatsächlich von einem so niedrigen Beweggrund wie der Eitelkeit leiten ließ. Er gab sich der falschen Hoffnung hin, die Entfaltung von Pracht und Luxus müsse die Phantasie der Menge überwältigen; der Monarch wäre, sobald man nur seine Person den Blicken der Öffentlichkeit entziehe, der rohen Zügellosigkeit des Volkes und der Soldaten weniger ausgesetzt, und ständige Demutsgesten würden allmählich Gefühle der Verehrung wecken. Der Pomp, den Diokletian entfaltete, war, wie die erheuchelte Bescheidenheit des Augustus, schiere Farce; wir müssen aber bekennen, daß von diesen beiden Komödien die erste den edleren und männlicheren Charakter besaß. Zweck der einen war es, die unbeschränkte Macht der Kaiser über das Römische Reich zu verschleiern, Ziel der anderen, ebendiese Macht zur Schau zu stellen.

Machtgepränge war der erste Grundsatz des von Diokletian neu eingeführten Systems. Der zweite hieß Teilung. Er teilte das Reich, die Provinzen und jeden Zweig der Zivil- wie Militärverwaltung auf. Er vervielfachte die Räder des Regierungsapparates, dessen Maschinerie in der Folge nicht schneller, dafür aber um so sicherer lief. Alle mit diesen Neuerungen möglicherweise verbundenen Nach- oder Vorteile gehen in hohem Grade auf deren Erfinder zurück ... Diokletian hatte zur Ausübung der höchsten Gewalt drei Amtsgenossen beigezogen, und weil er überzeugt war, daß die Fähigkeiten eines

Einzelnen zur Verteidigung des Staates nicht ausreichten, sah er in der gemeinschaftlichen Regierung von vier Fürsten keinen vorübergehenden Notbehelf, sondern ein Grundgesetz der Verfassung. Nach seiner Absicht sollten die beiden älteren durch die Annahme des Diadems und den Titel »Augustus« ausgezeichnet werden; sie sollten weiterhin nach eigener Neigung und Achtung zu ihrer Unterstützung regelmäßig zwei untergeordnete Amtsgenossen berufen; und diese »Caesaren« wiederum sollten, indem sie selber zum höchsten Rang aufstiegen, eine ununterbrochene Kaiserfolge gewährleisten. Das Reich wurde in vier Teile geteilt. Der Osten und Italien waren die ehrenvollsten, der Rhein und die Donau die beschwerlichsten Posten. Jene verlangten die Anwesenheit der »Augusti«, diese wurden der Verwaltung der »Caesaren« anvertraut. Die Heeresmacht der Legionen lag in den Händen der vier Teilhaber der höchsten Gewalt, und die Aussichtslosigkeit, nacheinander vier furchtbare Gegner zu besiegen, konnte den Ehrgeiz eines aufstrebenden Feldherrn durchaus dämpfen. In der Zivilverwaltung galt eigentlich, daß die Kaiser die ungeteilte Macht des Monarchen innehatten, und ihre in beider Namen ausgefertigten Edikte wurden in allen Provinzen als Ausfluß ihrer gemeinsamen Beratung und Autorität angenommen. Trotz dieser Vorkehrungen löste sich die politische Einheit der römischen Welt doch allmählich auf, und es stellte sich ein Element der Spaltung ein, das binnen weniger Jahre zur dauerhaften Trennung des östlichen vom westlichen Reich führte.

Diokletians System brachte noch einen anderen, sehr wesentlichen Nachteil mit sich, den man nicht einmal heute völlig übersehen kann; nämlich einen größeren Staatshaushalt, und mithin steigende Steuern und Bedrückung des Volkes. Statt einer bescheidenen Hofhaltung von Sklaven und Freigelassenen, wie sie der schlichten Größe eines Augustus und eines Trajan genügt hatte, erblühten jetzt in den verschiedenen Teilen des Reiches drei oder vier prächtige Residenzen, und ebensoviele römische »Könige« wetteiferten untereinander und mit dem persischen Monarchen um den eitlen Vorzug an Pomp und Luxus. Die Zahl der Minister, Beamten, Offiziere und Diener, welche die verschiedenen Ämter der Staatsverwaltung füllten, überstieg alles bisher Dagewesene; und – um mich der kräftigen Worte eines Zeitgenossen zu bedienen – »als die Zahl der Empfänger die Zahl der Beiträge überstieg, da erlagen die Provinzen der Last der Tributzahlungen«. Es wäre ein leichtes, von diesem Zeitpunkt an bis zum Erlöschen des Römischen Reiches eine ununterbrochene Reihe von Klagen und Beschwerden anzuführen. Abhängig von seiner jeweiligen Religion und Stellung wählt sich jeder Schriftsteller entweder Diokletian oder Konstantin, Valens oder Theodosius zur Zielscheibe seiner Schmähungen; einmütig aber und einstimmig brandmarken sie alle die Last der öffentlichen Abgaben und besonders die Land- und Kopfsteuer als das unerträgliche und ständig wachsende Übel ihrer Zeit. Aufgrund einer derartigen Übereinstimmung wird ein unparteiischer Geschichtsschreiber, der die Wahrheit aus Satire wie aus Lobrede auszumitteln gehalten ist, die Neigung verspüren, den Tadel unter die von ihrer Feder angeklagten Fürsten zu verteilen und die von ihnen erpreßten Abgaben weit weniger ihren persönlichen Lastern als vielmehr ihrem einheitlichen Verwaltungssystem zuzuschreiben. Urheber dieses Systems war allerdings Kaiser Diokletian; aber während seiner Regierung hielt sich das wachsende Übel noch in bescheidenen und einsichtigen Grenzen; er verdient daher eher den Vorwurf, ein schlimmes Beispiel gegeben, als den, echte Bedrückung ausgeübt zu haben. Wir dürfen hinzufügen, daß seine Einkünfte mit kluger Wirtschaftlichkeit verwaltet wurden, und daß der kaiserliche Schatz, nach Begleichung aller laufenden Ausgaben, noch über reichliche Mittel für gezielte Freigebigkeit oder unerwartete Notfälle verfügte.

Im einundzwanzigsten Jahr seiner Regierung verwirklichte Diokletian den denkwürdigen Entschluß, der Reichsherrschaft zu entsagen; eine Tat, die sich viel natürlicher von dem älteren oder jüngeren der Antonine erwarten ließ, als von einem Herrscher, der den Lehren der Philosophie weder bei der Erlangung noch in der Ausübung der höchsten Macht gefolgt war. Diokletian gebührt die Ehre, der Welt das erste Beispiel einer Abdankung gegeben zu haben, das bei späteren Monarchen nicht eben häufig Nachahmer fand. Hier drängt sich einem natürlich der Vergleich mit Karl V. auf . . . wegen der auffälligen Charakterähnlichkeit der beiden Kaiser, deren politische Fähigkeiten ihre militärischen Talente bei weitem überragten, und deren gefällige Tugenden weit weniger die Wirkung der Natur als der Kunst waren. Die Abdankung Karls scheint durch die Wechselfälle des Glücks beschleunigt worden zu sein, und das Scheitern seiner Lieblingspläne nötigte ihn, einer Macht zu entsagen, die seinem Ehrgeiz nicht entsprach. Diokletians Regierung aber war auf einer einzigen Woge des Erfolgs dahingeströmt, und er scheint auch erst, nachdem er alle Feinde besiegt und alle seine Ziele erreicht hatte, ernsthaft den Thronverzicht erwogen zu haben. Weder Karl noch Diokletian standen in einem weit fortgeschrittenen Lebensalter, denn der eine zählte erst fünfundfünfzig und der andere nicht mehr als neunundfünfzig Jahre; doch das tätige Leben dieser Fürsten, ihre Kriege und Reisen, die Sorge um das Reich und ihr Eifer in den Regierungsgeschäften hatten ihrer Gesundheit bereits geschadet und ihnen vorzeitige Altersgebrechen eingetragen.

Trotz des sehr kalten, regnerischen und strengen Winters verließ Diokletian Italien kurz nach der Feier seines Triumphes und machte sich mit einer Rundreise durch die illyrischen Provinzen auf den Rückweg nach dem Osten. Die rauhe Witterung und die Strapazen der Reise trugen ihm bald eine schleichende Krankheit ein, und obwohl er täglich nur kleine Wegstrecken zurücklegte und dabei meist in einer geschlossenen Sänfte getragen wurde, so gab doch seine Krankheit, noch bevor er gegen Ende des Sommers in Nicomedia eintraf, Anlaß zu ernster Besorgnis. Den ganzen Winter über konnte er den Palast nicht verlassen, und die Gefahr, in der er schwebte, löste allgemein aufrichtige Anteilnahme aus; aber das Volk konnte auf seinen wechselnden Gesundheitszustand nur aus der Freude oder der Bestürzung schließen, die es im Mienenspiel und Betragen seiner Dienerschaft gewahrte. Eine Zeitlang kursierte allgemein das Gerücht von seinem Tod, der, wie man vermutete, verheimlicht werde, um den Unruhen vorzubeugen, zu denen es während der Abwesenheit des Caesaren Galerius kommen könnte. Am 1. März endlich trat Diokletian noch einmal vor die Öffentlichkeit, aber so bleich und abgezehrt, daß selbst die ihm vertrautesten Personen Mühe hatten, ihn zu erkennen. Es war nun an der Zeit, den quälenden Kampf zu beenden, den er über ein Jahr lang um seine Gesundheit und um seine Würde geführt hatte. Jene gebot Schonung und Erholung, diese zwang ihn, noch auf dem Krankenlager die Geschicke eines großen Reiches zu lenken. Er beschloß, den Rest seiner Tage in ehrenvoller Ruhe zu verbringen, seinen Ruhm der Macht des Schicksals zu entziehen und die Bühne der Welt seinen jüngeren und tätigeren Amtsgenossen zu überlassen.

Die Abdankungszeremonie erfolgte auf einer weiten Ebene, etwa drei Meilen vor Nicomedia. Der Kaiser bestieg einen hochgebauten Thron und verkündete in einer klugen und würdigen Rede dem Volk und den Soldaten, die zu diesem außerordentlichen Anlaß zusammengekommen waren, seinen Entschluß. Sobald er den Purpur abgelegt hatte, entzog er sich der staunenden Menge, fuhr in einem bedeckten Wagen durch die Stadt und reiste unverzüglich weiter nach der Ruheoase, die er sich in seinem Geburtsland Dalmatien gesucht hatte. Am selben Tag, dem 1. Mai, verzichtete, wie vorher verabredet, auch Maximian zu Mailand auf die Kaiserwürde. Schon im Glanz des römischen Triumphs hatte sich Diokletian bereits mit Rücktrittsabsichten getragen. Um Maximians Gehorsam sicherzustellen, preßte er ihm entweder die allgemeine Zusage ab, sein Verhalten der Autorität seines Gönners zu unterwerfen, oder das besondere Versprechen, dem Thron zu entsagen, sobald er hierzu Wink und Beispiel erhielte. Diese Verpflichtung, auch wenn sie mit einem feierlichen Eid vor dem Altar des Iuppiter Capitolinus bekräftigt wurde, wäre doch nur ein schwaches Hemmnis für Maximians heftiges Naturell gewesen, der als Leidenschaft einzig den Machthunger kannte und für sich weder gegenwärtige Ruhe noch künftigen Ruhm ersehnte. Er fügte sich indes, wenn auch widerstrebend, dem Einfluß, den sein klügerer Mitregent über ihn gewonnen hatte und zog sich unmittelbar nach seiner Abdankung auf ein Landhaus in Lukanien zurück, wo ein so ungestümer Geist unmöglich dauerhaften Frieden finden konnte.

Diokletian, der sich aus sklavischer Herkunft zum Thron emporgeschwungen hatte, lebte seine letzten neun Jahre als Privatmann. Zufriedenheit scheint seinen von der Vernunft diktierten Ruhestand begleitet zu haben, und er genoß darin langen Zeit den Respekt jener Fürsten, denen er die Herrschaft über die Welt abgetreten hatte. Es geschieht selten, daß Menschen, die lange Zeit öffentlich gewirkt haben, die Kunst des stillen Umgangs mit sich selbst beherrschen, und am Verlust der Macht bedauern sie vornehmlich den Mangel an Betätigung. Wissenschaft und Frömmigkeit, die in der Einsamkeit soviel Ablenkung gewähren, vermochten Diokletians Interesse nicht zu fesseln; dafür hatte er sich die Freude an den unschuldigsten wie natürlichsten Vergnügungen wenn schon nicht bewahrt, so doch bald wieder erworben, und er füllte seine Mußestunden mit Bauen, Pflanzen und Gartenarbeit. Die Antwort, die er Maximian erteilte, ist mit Recht berühmt. Dieser rastlose Greis bestürmte ihn, die Zügel der Regierung wieder in die Hand zu nehmen und den Kaiserpurpur anzulegen. Er widerstand der Versuchung mit einem mitleidigen Lächeln und meinte ruhig, wenn er Maximian die Kohlköpfe zeigen könne, die er in Salona mit eigener Hand gezogen habe, so würde er ihm nicht länger zumuten, dem Genuß des Glücks für die Jagd nach der Macht zu entsagen. Im Gespräch mit Freunden bekannte er oft, von allen Künsten sei die Regierungskunst die schwerste; und er verbreitete sich über eben diesen Lieblingsgegenstand mit einer Wärme, die allein aus der Erfahrung rühren konnte. »Wie oft«, pflegte er zu sagen, »wie oft schließt das gemeinsame Interesse nicht vier oder fünf Minister in der Absicht zusammen, ihren Souverän zu hintergehen! Durch seine hohe Würde von den übrigen Menschen geschieden, bleibt ihm die Wahrheit verborgen; er sieht nur durch ihre Augen, hört nichts als ihre Verdrehungen. Er betraut das Laster und die Schwäche mit den wichtigsten Ämtern und setzt seine tugendhaftesten und verdienstvollsten Untertanen hintan. Durch solch schändlichen Trug«, fügte Diokletian an, »fallen die besten und weisesten Fürsten der feilen Bestechlichkeit ihrer Höflinge zum Opfer.« Gerechte Würdigung der Größe und die Gewißheit unsterblichen Ruhms, steigern unseren Genuß des Ruhestands. Aber der römische Kaiser hatte in der Welt eine zu wichtige Rolle gespielt, um die Annehmlichkeiten und die Sicherheit des Privatlebens ungetrübt genießen zu können. Die Unruhen, die nach seiner Abdankung das Reich erschütterten, konnten ihm keinesfalls verborgen bleiben, deren Folgen unmöglich gleichgültig sein. Angst, Sorge und Unzufriedenheit suchten ihn bisweilen in der Abgeschiedenheit von Salona heim. Sein Gefühl und zumindest sein Stolz wurden durch die Fehltritte seiner Gemahlin und seiner Tochter tief verletzt; und Diokletian sah noch seine letzten Stunden durch gewisse Kränkungen verbittert, die Licinius und Konstantin dem Vater so vieler Kaiser und eigentlichen Urheber ihres eigenen Glücks wohl hätten ersparen dürfen. Selbst bis in unsere Zeit hat sich das äußerst fragwürdige Gerücht gehalten, daß er sich wohlweislich ihrer Macht durch einen freiwilligen Tod entzogen habe.

Averil Cameron
Das neue Reich Konstantins

Konstantin ist mehr noch als Diokletian von der Voreinge-
nommenheit seiner antiken wie modernen Beurteiler betroffen.
Im Zentrum der Problematik steht seine Unterstützung des
Christentums, die das Schicksal der christlichen Kirche grund-
legend änderte und durchaus für die spätere Entwicklung zur
Weltreligion verantwortlich sein mag.

Eusebios aus Caesarea, unsere Hauptquelle, verfaßte seine
›Kirchengeschichte‹, die zu einer Verherrlichung Konstantins
wurde, und später pries er ihn in seiner ›Vita Constantini‹.
Auch Laktanz unterscheidet den tugendhaften Konstantin deutlich von dem schlimmen Diokletian; da er aber seinen Traktat
›Über die Todesarten der Verfolger‹ (›De mortibus per-
secutorum‹) jedenfalls vor dem endgültigen Sieg Konstantins über Licinius im Jahr 324 schrieb, wird bei ihm Licinius
ähnlich hoch wie Konstantin eingeschätzt. Die einschlägigen
lateinischen Panegyriker preisen Konstantin natürlich ganz
besonders und ordnen ihr historisches Material in diesem
Sinne an. Für die weltlichen Aspekte seiner Regierung sind wir
großenteils auf Zosimos' ›Neue Geschichte‹ angewiesen, die
nicht nur ähnlich vorurteilsbeladen ist (wenn auch in genau
entgegengesetzter Richtung), sondern auch ganz naiv historische Fakten verdreht. Dokumentarische Zeugnisse, etwa für
die Gesetzgebungstätigkeit Konstantins, sind meist nur in
der ›Vita Constantini‹ des Eusebios erhalten und deshalb
ebenfalls nicht unverdächtig. Die Kaiserbriefe zum Streit zwischen den sogenannten Donatisten und den katholischen
Geistlichen in Nordafrika, die im Anhang (Appendix) von
Optatus' Geschichte dieses Streites überliefert sind, gelten
zwar heute üblicherweise als echt (sie eröffnen dann aufschlußreiche Einblicke in Konstantins eigenes Denken), doch dürfen
wir nicht vergessen, daß sie nur eine Seite des Streites wiedergeben, da sie in einer katholischen Umgebung bewahrt wurden.

Auch bei modernen Historikern muß man ähnlich auf offene oder versteckte Voreingenommenheit achten. Manchmal zeigt sich diese in aller Deutlichkeit: Als ein Heiliger der orthodoxen Kirche und als Gründer Konstantinopels wird Konstantin häufig geradezu als Gründer der byzantinischen Kultur überhaupt gepriesen; seine Beiträge zur religiösen Entwicklung der Kultur werden infolgedessen besonders betont. Andere Gelehrte, insbesondere Jacob Burckhardt im 19. und Henri Grégoire im 20. Jahrhundert, haben die Integrität Konstantins bezweifelt, indem sie die Glaubwürdigkeit von Eusebios angriffen – eine Auffassung, die eine Verteidigung sowohl Konstantins als auch Eusebios' hervorrief [...]. Schreibt man über Konstantin, muß man in jedem Fall zwischen den widersprüchlichen Quellen wählen oder zumindest eine Meinung zur Glaubwürdigkeit Eusebios' haben, der wichtigsten christlichen Quelle jener Zeit; es ist daher unmöglich, sich dieser Forschungskontroverse zu entziehen. Konstantin ist eine der bedeutendsten Persönlichkeiten in der Geschichte der christlichen Kirche; angesichts deren Bedeutung für unsere eigene Kultur neigen selbst scheinbar neutrale Untersuchungen zeitweilig dazu, versteckte Voreingenommenheiten aufzuweisen. Nötig ist also ein kritischer Ansatz, wenn auch nicht unbedingt ein überaus skeptischer.

Zunächst muß Konstantin im Kontext der Tetrarchie gesehen werden. Sein Vater war Constantius, ein illyrischer Soldat, der es zum Prätorianerpräfekten und zum *Caesar* Maximians gebracht hatte und der nach dessen Abdankung im Jahr 305 selbst *Augustus* wurde (Constantius I. Chlorus). Konstantin kam 272 oder 273 zur Welt; er begleitete Diokletian und Galerius auf einer Reihe von militärischen Unternehmungen. Die konstantinfreundlichen Quellen, die Galerius anschwärzen wollten, geben nun an, daß der junge Mann schließlich dem ihn wegen eines Komplotts verdächtigenden Kaiser nur mit einer List entkam und zu seinem Vater floh, diesen aber bereits auf dem Totenbett antraf. Tatsächlich aber fand er seinen Vater bei der Vorbereitung, den Ärmelkanal zu überqueren, und begleitete ihn nach York; hier wurde Konstantin nach dem Tod seines Vaters von dessen Soldaten am 25. Juli 306 zum *Augustus* ausgerufen.

Die Chronologie der Ereignisse und die politischen Vorgänge zwischen der gemeinschaftlichen Abdankung Diokletians und Maximians 305 und dem Sieg Konstantins über Maxentius in der Schlacht an der Milvischen Brücke Ende Oktober 312 ist äußerst verworren und kaum im einzelnen nachzuvollziehen, obgleich sich die tendenziösen literarischen Quellen durch die Zeugnisse von Münzen und Papyri sowie von einigen wenigen Inschriften ergänzen lassen. Die Propaganda Konstantins fing schon bald an: Ein anonymer Panegyriker des Jahres 307 stellt ihn als Staatsmann dar, der sich mit dem (offenbar nur für kurze Zeit abgedankt habenden) Maximian verbündet, indem er dessen Tochter Fausta ehelicht. Der Autor schließt mit der Vorstellung, daß er Konstantins verstorbenen Vater Constantinus I. anspricht und sich vorstellt, welche Freude dieser im Himmel empfinden müsse, daß Konstantin denselben Adoptivvater habe (nämlich Maximian, den *Augustus* der herculischen Linie), während er und Maximian nun denselben Sohn hätten.

Während Laktanz behauptet, Konstantin sei bereits damals christenfreundlich gewesen, breitet der eben genannte Panegyriker Konstantins Verbindung mit Hercules aus und betont dessen Anspruch auf die göttliche Titulatur, die von Maximian angenommen worden war. Spätestens 310 hatte sich jedoch die Lage dramatisch verändert: Maxentius, der Sohn Maximians, hatte Rom eingenommen – und Maximian selbst, der sich zugleich gegen Maxentius und gegen Konstantin gewandt hatte, war durch Selbstmord gestorben, nachdem Konstantin gegen ihn die Waffen erhoben hatte. Eine weitere Rechtfertigung von Konstantins Position war also nunmehr erforderlich, und ein ebenfalls anonymer Panegyriker des Jahres 310 bringt auch gleich einen neuen Anspruch auf eine dynastische Abstammung Konstantins hervor, diesmal von einem Kaiser des 3. Jahrhunderts, Claudius Goticus, und schreibt Konstantin zugleich eine symbolische Vision Apollons zu: »Du sahst, Konstantin, wie ich glaube, deinen eigenen Apollon, von Victoria begleitet, der dir Lorbeerkränze anbot, die ein Vorzeichen für eine dreißig Jahre lang währende Herrschaft boten.«

Im selben Jahr machte auf Konstantins Münzen der Gott Mars Platz für Sol Invictus, den Sonnengott, mit dem Apollon identifiziert wurde. Dieser neue Schritt ging auf ein Vorbild aus der Zeit vor der Tetrarchie zurück, das Aurelian (270–275) gesetzt hatte; jener ließ nämlich Münzen prägen, die an seinen unmittelbaren Vorgänger, den vergöttlichten Claudius Goticus erinnerten und den Kaiser selbst mit dem Sonnengott in Verbindung brachten. Konstantin behauptete nun also seine Legitimität auf Grund dynastischer Abstammung, um sich gegen Vorwürfe verteidigen zu können, er habe sich von der Tetrarchie losgesagt.

In Wahrheit war die Tetrarchie ohnehin bereits zusammengebrochen, und Konstantin blickte nur nach vorne. Im Jahr 311 sagte der für den Osten zuständige *Augustus*, Galerius, erst auf seinem Totenbett die Christenverfolgung ab und starb unter großen Schmerzen, was Laktanz und andere christliche Autoren natürlich befriedigte. Maximinus Daia, Galerius' Neffe, der von seinen eigenen Soldaten zum *Augustus* ausgerufen wurde, übernahm Kleinasien von Licinius, der bei einem Treffen der Tetrarchen in Carnuntum im Jahr 308 zum *Augustus* bestimmt worden war. Konstantin mußte nun seine Position sichern; 312 marschierte er durch Italien, belagerte Segusio, zog in Turin und Mailand ein und eroberte Verona. Maxentius verließ Rom, um Konstantins Heer entgegenzutreten, erlitt aber am 28. Oktober 312 an der Milvischen Brücke über den Tiber eine schwere Niederlage. Viele von Maxentius' Soldaten ertranken im Fluß, sein eigenes Haupt wurde auf einem Stab durch Rom getragen.

Konstantin betrat also diese Stadt im Triumph und hielt eine Rede vor den Senatoren, von denen viele Maxentius unterstützt hatten und nun verängstigt waren, in der er Milde versprach. Die Schlacht wurde als großer Sieg der Gerechtigkeit über die Tyrannis dargestellt, wie dies aus der Inschrift auf dem Konstantinsbogen hervorgeht, der noch heute in Rom nahe dem Colosseum steht, wo er anläßlich der Zehnjahresfeier von Konstantins Herrschaft 315 errichtet worden war. Senat und Volk von Rom weihten den Bogen zu Ehren Konstantins, und auf der Inschrift heißt es: »Durch die Inspiration der Göttlichkeit *(instinctu divinitatis)* und durch die Größe seines Geistes hat er mit seinem Heer sowohl am Tyrannen wie an all dessen Parteigängern zu ein und derselben Zeit in einem gerechten Krieg das Gemeinwesen gerächt.«

Der Bogen ist mit Reliefs geschmückt, die den Feldzug und Konstantins Einzug in Rom darstellen: die Belagerung von Verona, die Niederlage des Maxentius, dessen Soldaten im Tiber ertrinken, Konstantins Rede vor dem Senat und seine Austeilung von *largitiones* (Prämien).

Der Sieg über Maxentius machte Konstantin zum Herrscher des Westens. Im Februar 313 traf er sich in Mailand mit Licinius, der dort Konstantins Schwester Constantia heiratete; wenige Monate später brachte Licinius dem Maximinus Daia eine Niederlage bei, womit er und Konstantin die alleinigen *Augusti* im Osten beziehungsweise Westen wurden. Maximinus Daia hatte im Jahr 312 die Christenverfolgung wieder aufgenommen, doch soll er ihr christlichen Autoren zufolge ebenso wie einst Galerius auf dem Totenbett wieder abgeschworen haben. Das ebenda erwähnte sogenannte »Toleranzedikt von Mailand« [es sicherte 313 den Christen gottesdienstliche Freiheit zu] wird häufig Konstantin allein zugewiesen, ist aber tatsächlich ein Kaiserbrief, den Licinius im Osten aussandte und der vereinbarungsgemäß in beider Namen verfaßt war.

Konstantin wurde also nicht vor 324, als er schließlich den Licinius in Chrysopolis besiegte, zum Alleinherrscher. Zuvor war es 316 zu einem vorläufigen und nicht entscheidenden Zusammenstoß beider in Cibalae gekommen, auf den hin die beiden *Augusti* aber ihre Allianz noch einmal kitteten und die drei Söhne am 1. März 317 zu *Caesares* erklärten. Da Laktanz sein Pamphlet über die Todesarten der Verfolger vor der Schlacht von Cibalae schrieb und da Eusebios im Osten unter Licinius lebte, ist die Quellenlage für diese Zeit ungünstig; überdies treten in Eusebios' Darstellung des Feldzugs von 324 in der ›Vita Constantini‹ biblische Anspielungen und tendenziöse Rhetorik an die Stelle historischer Fakten. Eusebios bearbeitete 324 auch in aller Eile seine ›Kirchengeschichte‹, tilgte oder veränderte viele der zuvor freundlichen Bezüge auf Licinius und fügte eine kurze Beschreibung von Konstantins Sieg hinzu.

Für die spätere Herrschaft Konstantins ist unsere Hauptquelle die ›Vita Constantini‹, die weit später entstand und erst nach dem (in ihr beschriebenen) Tod Konstantins im Mai 337 vollendet wurde. Der Charakter der ›Vita‹ selbst ändert sich mit dem Jahr 324: Zuvor hatte Eusebios seine Darstellung im 9. Buch der ›Kirchengeschichte‹ übernommen, ergänzt und bearbeitet, für das folgende wird die ›Vita‹ (die ausdrücklich als Porträt Konstantins als christlichem Kaiser und nicht als vollständige Geschichte seiner Herrschaft beschrieben ist) zu einem Sammelsurium von Informationen ganz verschiedener Art und Herkunft, die jeweils für sich sorgfältig auf ihre Historizität untersucht werden müssen.

Bevor wir aber auf das Thema Konstantin und das Christentum eingehen, muß die Kontinuität zwischen dieser Periode und der vorhergehenden betont werden. Über die weltliche Politik Konstantins sind wir nur unzureichend informiert; auch hierfür ist die Quellenlage erst für die Periode zwischen 324 und 337 günstiger. [...] Konstantin wurde als Militär von heidnischen Autoren, insbesondere Zosimos, dafür kritisiert, daß er die Grenzverteidigung geschwächt habe, indem er dort Soldaten abzog, die im Bewegungsheer dienen sollten. Tatsächlich führten die militärischen Notwendigkeiten der Jahre 306 bis 324 zur Entwicklung starker mobiler Streitkräfte, doch war dies keine wirkliche Neuerung. Auch in anderer Hinsicht, etwa in der Idee eines Perserfeldzugs, die Konstantin in seinen letzten Jahren verfolgte, übernahm Konstantin ältere Vorbilder. Und Diokletians Politik bezüglich der Provinzen und der allgemeinen Staatsverwaltung setzte er ebenfalls fort und konsolidierte sie; allein die Prätorianerpräfekten verloren nun ihre militärische Funktion. Die Gründe für diese Änderung, die erst am Ende seiner Herrschaft durchgeführt wurde, und die Einzelheiten sind umstritten; wahrscheinlich ist sie der Zuweisung von Territorien an Konstantins verbliebene Söhne und an die zwei Söhne seiner Halbbrüder im Jahr 335 zuzuschreiben, war aber ohnehin eine durchaus logische Erweiterung der diokletianischen Reformen. Auch der künftig oberste Verwalter des Staatsschatzes, der *comes sacrarum largitionum,* ist erst im späteren Abschnitt von Diokletians Herrschaft belegt und entwickelte sich wahrscheinlich in einer ähnlichen nur *ad hoc* entstandenen Weise. Auch die Inflation blieb unter Konstantin bestehen. Zwar gelang es ihm, eine neue Goldmünze, den *Solidus,* einzuführen, die nie an Wert verlor und bis weit in die byzantinische Zeit hinein ein fester Münzstandard blieb; dies bedeutet aber nicht eine grundsätzlich neue Wirtschaftsmaßnahme, sondern weist nur darauf hin, daß Konstantin das hierfür notwendige Gold zur Verfügung stand. Teilweise kam dies aus den Schätzen heidnischer Tempel, die – wie Eusebios angibt – konfisziert wurden, doch haben dazu auch die neuen Steuern beigetragen, die in Gold und Silber zu bezahlen waren und von Senatoren (als *Follis*) und von Händlern (als *Chrysargyron*, Gold- und Silbersteuer) erhoben wurden und von denen Zosimos (nach ihrer Abschaffung 499) angibt: »Dabei verschonte er nicht einmal die unseligen Prostituierten von dieser Abgabe, so daß man, wenn der vierjährige Steuertermin herannahte, in jeder Stadt Wehklagen und Jammergeheul vernehmen konnte. War dann der Zeitpunkt da, so gab es Geißelhiebe und Folterungen, welche die Körper jener trafen, die infolge bitterster Armut nicht bezahlen konnten. Selbst Mütter mußten von nun an ihre Kinder verkaufen und Väter ihre Töchter prostituieren, da sie sich gezwungen sahen, aus deren Arbeitsertrag das nötige Geld für die Beitreiber des *Chrysargyron* aufzubringen.«

Die von Diokletian eingeführten Reformen begannen während der Herrschaftszeit Konstantins überhaupt erst einmal zu greifen, und wenn es ein Gefühl der Erholung gab, lag dies zweifellos teilweise daran, daß die seinerzeit eingeführten Änderungen nunmehr allmählich spürbar wurden. Statt der Kriege, die Konstantin in seinen frühen Jahren geführt hatte, gab es nun seine Alleinherrschaft, die bereits als solche eine Ruhepause und Konsolidierung bedeutete.

In einer Hinsicht schien Konstantin jedoch zumindest auf den ersten Blick geradezu dramatisch von Diokletians Vorbild abzuweichen: im Einsatz von Senatoren für hohe Ämter. Nach Eusebios erweiterte der Kaiser die Senatorenschicht beträchtlich und gestattete auch Männern, die in Rom wohnten und nicht persönlich an den Senatsversammlungen teilnahmen, Senator zu sein. Später wurde sogar ein zweiter Senat in Konstantinopel begründet, der großenteils durch neu zum Senator berufene Männer besetzt werden mußte. Die Rolle, welche jene neuen Senatoren spielten, unterschied sich freilich grundlegend von der, welche den Senatoren in der frühen Kaiserzeit zukam. Angesichts des Niedergangs im 3. Jahrhundert ist es bemerkenswert, daß Konstantin Mitglieder der großen römischen Familien für seine Verwaltung einsetzte: als senatorische Statthalter (*consulares*), als *correctores,* als Statthalter von Provinzen in Italien, als Stadtpräfekten von Rom und für das jetzt im wesentlichen nurmehr einen Ehrentitel darstellende Amt des Konsuls. Wie ihre Vorgänger in der frühen Kaiserzeit ließen auch diese Männer ihre Ämterlaufbahn voll Stolz durch Inschriften verewigen – freilich sind die Ämter selbst oft anderer Art. So war der Konsul des Jahres 337, also von Konstantins Todesjahr, Fabius Titianus, *corrector* von Flaminia und Picenum gewesen, *consularis* von Sizilien, *proconsul* von Asia (Kleinasien), *comes primi oridinis* (*comes* erster Ordnung) in Konstantins *comitatus* und schließlich Stadtpräfekt von Rom in den Jahren 339 bis 341. Einer der Konsuln des Jahres 335 war Caeionius Rufius Albinus, der Sohn des Rufius Volusianus, der seinerseits 311 und 314 Konsul gewesen war; der Sohn wurde im Schicksalsjahr 326 wegen Magie und Ehebruch von Konstantin in die Verbannung geschickt, überlebte diese aber und wurde *consularis* von Kampanien, *proconsul* von Achaea und Asia, Konsul und Stadtpräfekt.

Diese Entwicklung straft übrigens die häufig vertretene These einer Entfremdung zwischen Konstantin und dem römischen Senat Lügen. Es wäre nur natürlich, anzunehmen, daß Konstantin sich mit Christen umgab, doch sind bloß wenige der von ihm bestimmten Personen – jedenfalls in diesen hohen Stellungen – nachweislich Christen gewesen. Eine Ausnahme stellt der berühmte Ablabius dar, der Konsul des Jahres 331, der aus einer unbedeutenden Familie von Kreta stammte, Konstantins Aufmerksamkeit fand, zum Prätorianerpräfekten aufstieg und die Ehre hatte, daß seine Tochter mit Constans, dem Sohn des Kaisers, verlobt wurde; die meisten stammten jedoch aus der neuen Aristokratie, die in Rom aus dem Durcheinander des 3. Jahrhunderts hervortrat. Konstantins Erweiterung der Senatorenschicht war von größter Bedeutung; sie sollte die Grundlage für eine noch weitergehende Vergrößerung in den nächsten zwei Jahrhunderten bilden, in deren Verlauf der Ritterstand praktisch verschwand. Doch kann auch diese Maßnahme als Reaktion auf eine aktuelle Notwendigkeit gesehen werden, nicht als Akt bewußter Gesellschaftspolitik;

sie erscheint auch weniger als eine Abkehr von Diokletians Politik, wenn man erkennt, daß letzterer auch keine nachweisliche Voreingenommenheit gegen Senatoren als solche hatte. Im übrigen ist es unwahrscheinlich, daß hierin eine bewußte Anstrengung Konstantins um die Versöhnung der noch immer heidnischen römischen Aristokratie vorliegt.

Auch Konstantins Gesetzgebung setzte die Tendenzen fort, die sich bereits unter Diokletian gezeigt hatten, indem sie die Bewegungsfreiheit für Dekurionen und Kolonen weiter einschränkte. Die finanziellen Belastungen der Erstgenannten waren beträchtlich, was sich an den Schwierigkeiten zeigt, die Konstantin hatte, als er sein Gesetz zur Ausnahme christlicher Geistlicher vom Dienst in den städtischen Räten durchzusetzen suchte – ihre hierüber wenig erfreuten Mitbürger, deren eigene Belastungen entsprechend erhöht wurden, versuchten immer wieder, sie für die Ämter zu verpflichten und mußten vom Kaiser wiederholt daran gehindert werden. Ironischerweise sah sich Konstantin auch gezwungen, gesetzlich gegen das übermäßige Anwachsen der Zahl derer vorzugehen, die nun auf die Ordination erpicht waren und die genannten Privilegien für sich auf diese Weise zu erlangen versuchten; die Ordination wurde nunmehr nur zugelassen, wenn ein Geistlicher gestorben war oder wenn aus anderen Gründen eine Stelle frei war. Den Kolonen wurde ebenfalls untersagt, ihre Güter zu verlassen; Verpächter, die solche Ausreißer beherbergten, mußten sie ausliefern, und wenn es denen, deren Kolonen fortgelaufen waren, gelang, sie zurückzubekommen, stand es ihnen frei, sie in Ketten zu halten, als wenn es sich um eigentliche Sklaven handelte.

Selbst im religiösen Bereich folgte Konstantin seinen Vorbildern, indem er den Anspruch erhob, unter besonderem göttlichen Schutz zu stehen; es ist sehr gut möglich, daß er den Christengott zunächst im selben Licht wie Apollon und Sol Invictus sah: als Schutzgottheit, die ihm in Erwiderung seiner Verehrung ihre Gunst erweisen werde. Jedenfalls setzte er weiterhin Sol auf seine Münzen, und zwar noch 320/21, obwohl er in seinem Brief des Jahres 313, in dem christliche Geistliche von den genannten Verpflichtungen befreit wurden, ganz offenbar den Erhalt des Christentums mit dem Wohl des

Reiches gleichsetzte; durch diese Entlastung, so sagte er, sollten sie in die Lage versetzt werden, »ohne alle Beunruhigung nur ihrem eigenen Gesetze (eben dem Christentum) Folge zu leisten. Bringen sie doch sichtlich dadurch, daß sie ihres höchsten Amtes gegenüber der Gottheit walten, unermeßlichen Segen über den Staat.«

Laktanz gibt an, daß Konstantin vor der Schlacht an der Milvischen Brücke einen Traum hatte, in dem er den Auftrag erhielt, das Christus-Monogramm (eine Ligatur der griechischen Anfangsbuchstaben von Christi Namen Chi-Rho) auf die Schilde seiner Soldaten zu setzen; Eusebios hingegen erwähnt in seiner ›Kirchengeschichte‹ keine solche Vision und begnügt sich damit, den Sieg – insbesondere das Ertrinken von Maxentius' Soldaten im Tiber – mit dem Schicksal der Streitwagen des Pharao bei der Durchquerung des Schilfmeeres zu vergleichen. Der lateinische Panegyriker des Jahres 313, unsere älteste Quelle für die Schlacht, bietet eine deutlich heidnische Interpretation, die sich erneut, doch mit dem Auftreten himmlischer Soldaten, die Constantius aus dem Jenseits dem Konstantin zu Hilfe geschickt habe, in einer späteren panegyrischen Rede findet, die Nazarius 321 in Rom hielt. Als Eusebios schließlich seine ›Vita Constantini‹ verfaßte, fügte er eine noch ausführlichere und deutlich von der des Laktanz abweichende Version der Geschichte ein; bei ihm heißt es, Konstantin habe ein lichtes Kreuz am Himmel gesehen, und zwar nicht am Vorabend, sondern schon einige Wochen vor der Schlacht – ganz offenbar war es zu mancherlei Mythenbildung gekommen.

Was auch immer nun Konstantin widerfahren war, es besteht kein Zweifel, daß er sich von 312 an der Unterstützung der Kirche verpflichtet sah; bereits im folgenden Winter erließ er Gesetze zugunsten der Geistlichen, und er zögerte nicht, bei dem inneren Disput zwischen Donatisten und katholischen Geistlichen in Nordafrika Stellung zu beziehen, ja wurde zunehmend irritiert, als die Donatisten sich seiner Linie nicht anschlossen. Spätestens 315 drohte er damit, persönlich nach Nordafrika zu kommen und das Problem selbst zu lösen; nur die bevorstehende Schlacht gegen Licinius hinderte ihn daran, und allein das geradezu sture Festhalten der Donatisten an ihrer Position ließ ihn schließlich seine Versuche aufgeben.

Bei Eusebios findet sich eine eindrucksvolle Darstellung von Konstantins späterer Gewohnheit, vor dem versammelten Hof zu predigen, dem er im übrigen auch strenge Gebetsrichtlinien auferlegte. Der Kaiser senkte in solchen Fällen seine Stimme, wies zum Himmel hinauf und drohte seinen Zuhörern Bestrafung durch Gott an, wobei er ihnen sagte, daß sowohl er als auch sie ihre hohen Stellungen nur Gott allein verdankten. Eine seiner Predigten ist in einer griechischen Version erhalten, die sogenannte ›Rede über die Heiligen‹; sie zeigt Konstantin als Vertreter einer christlichen Interpretation von Vergils 4. Ekloge, in der das Kommen eines göttlichen Kindes angekündigt ist. Doch selbst der loyale Eusebios mußte einräumen, daß die Höflinge zwar dem Kaiser lauten Beifall spendeten, aber nicht weiter beachteten, was er sagte.

Die Tatsache, daß Konstantin bis kurz vor seinem Tod nicht christlich getauft wurde, impliziert übrigens keinen Zweifel am Christentum, denn die Taufe wurde sehr ernst genommen, und es war üblich, sie möglichst bis ans Lebensende aufzuschieben, damit man auf diese Weise weniger Gelegenheit habe, nach der Taufe noch Todsünden zu begehen. Für den Gläubigen war die Taufe ein ernster Schritt, und Eusebios berichtet, wie Konstantin sich nach seiner Taufe weigerte, den kaiserlichen Purpur zu tragen, und sich nurmehr weiß kleidete.

Man hat häufig behauptet, daß Konstantin die Christen nur aus Eigeninteresse unterstützte. Dies scheint auf den ersten Blick nicht plausibel, da der Anteil von Christen an der Reichsbevölkerung noch immer verschwindend gering war; allerdings hatte das Thema in tetrarchischen Kreisen wohl politische Bedeutung erhalten, weshalb eine Unterstützung des Christentums Konstantin bei seinem Propagandakrieg genützt haben mag. Sowohl Maxentius als auch Licinius scheinen dem Christentum positiv gegenübergestanden zu haben, so daß Konstantins Fürsprecher es später schwer hatten, beide als heidnische Christenverfolger zu beschuldigen.

Nach seiner Entscheidung für das Christentum wich Konstantin hiervon nicht mehr ab. Das bedeutet natürlich nicht, daß jede Spur von Heidentum sofort verschwand, wie uns Eusebios glauben machen will. Nur sehr wenige heidnische Tempel wurden geschlossen, ja Konstantin erlaubte noch in der

Spätzeit seiner Herrschaft die Errichtung eines neuen Tempels in Italien, welcher der kaiserlichen Familie geweiht sein sollte; allerdings war es nicht gestattet, hier zu opfern, da nach christlicher Auffassung das Abendmahl die Notwendigkeit von Tieropfern ersetzt hatte.

Ebensowenig nahm Konstantin sogleich den Charakter eines Heiligen an: Noch 326 ließ er offenbar seinen eigenen Sohn Crispus hinrichten; darauf folgte bald auch der Tod seiner Frau Fausta. Beide kamen unter so mysteriösen Umständen ums Leben, daß Eusebios es vorzieht, diese Affären überhaupt nicht zu erwähnen, während spätere Quellen die Gründe für die Todesfälle im dunkeln lassen. Heidnische Autoren behaupteten später, daß Konstantin nur aus dem Grund Christ geworden sei, um für diese Untat Vergebung zu erlangen, und der heidnische Kaiser Julian stellt seinen Vorgänger in seiner Satire ›Caesares‹ als einen dar, der im Himmel auf der Suche nach einem Gott, der ihm hilft, umherläuft – ohne Erfolg; nur Jesus bot Vergebung. Der christliche Kirchenhistoriker Sozomenos gar machte sich die Mühe, die Geschichte der späten Bekehrung Konstantins abzustreiten, die für ihn offenbar aus heidnischer Kritik entsprungen war.

Man könnte annehmen, daß Konstantins Christentum sich in seiner Gesetzgebung niederschlüge, doch ergeben sich auch hier Schwierigkeiten. Wenn man eine mildere Form von Strafen und eine insgesamt menschenfreundlichere Einstellung erwartet, so wird man enttäuscht. Vielmehr ist Konstantins Gesetzgebung zu sittlichen und eherechtlichen Fragen sogar durch extreme Härte gekennzeichnet, ja durch den Rückgriff auf obskure barbarische Strafen. Eine Frau darf bei der Trennung von ihrem Ehegatten ihre Mitgift nur dann behalten, wenn jener ein Mörder, Zauberer oder Grabschänder ist; andernfalls verliert die Frau ihre Mitgift und wird auf eine Insel verbannt. Und wenn eine Amme im Sklavenstand bei der Entführung eines Mädchens mit dem Ziel der Verehelichung teilgenommen hat, soll ihr geschmolzenes Blei in den Rachen gegossen werden. Andererseits sollen Sklaven nicht mehr auf der Stirn gebrandmarkt werden, da ja auch sie nach dem Bilde Gottes geschaffen seien.

In einem Gesetz schließlich, das von Eusebios in einiger Ausführlichkeit erörtert wird, machte Konstantin mit den Strafen ein Ende, die seit der Zeit des Kaisers Augustus auf Ehelosigkeit standen. Eusebios zweifelte nicht daran, daß dies als Anerkennung und Legalisierung des christlichen Zölibats und des Ideals der Jungfräulichkeit geschah, doch was immer die tatsächlichen Gründe für diese Maßnahme gewesen sein mögen (wahrscheinlich handelte es sich um eine viel weiter gefaßte Gesetzgebung zu Ehe- und Familienfragen) – eine wichtige Wirkung hatte sie: Sie gestattete, ja förderte den asketischen Lebensstil, zu dem sich Christen entweder als einzelne oder in klösterlichen Gemeinschaften bekannten; dies wiederum hatte weitreichende Folgen für die Verteilung des Reichtums zwischen der Oberschicht und der Kirche.

Die Tatsache, daß ein Christ auf dem Kaiserthron saß, führte nicht von sich aus zu einer massenhaften Bekehrung der Bevölkerung, vielmehr fand die Christianisierung der Gesellschaft im allgemeinen nur sehr langsam statt. Doch war nun die Verfolgung der Christen zu Ende, und die christliche Kirche stand in kaiserlicher Gunst. Konstantin pflegte sich selbst als »Bischof der Menschen außerhalb der Kirche« oder gar als »dreizehnten Apostel« zu bezeichnen, eine Vorstellung, die er durch den Plan seines Mausoleums in Konstantinopel unterstrich, wo sein eigenes Grab von zwölf Särgen, die für die zwölf Apostel standen, umgeben sein sollte.

Konstantins Hauptbeitrag zur Entwicklung der Kirche bestand jedoch in der Einstellung, die er ihr als Institution gegenüber einnahm; ohne sich dessen bewußt zu sein, schuf er hierin ein hochbedeutendes Vorbild für die künftige Beziehung zwischen Kaiser und Kirche und für die Entwicklung, die man häufig mit der irreführenden Bezeichnung »Caesaropapismus« belegt. Diese Einstellung zeigt sich am deutlichsten darin, daß er nie zögerte, in innerkirchliche Streitigkeiten einzugreifen und Kirchenversammlungen einzuberufen, insbesondere das Konzil von Nicaea im Jahr 325; sie zeigt sich auch in seinem Umgang mit den Bischöfen. Letztere waren die Politiker der Kirche und deshalb in Konstantins Augen zweifellos die naturgegebenen Verbündeten des Kaisers. Zwar gab er sich viel Mühe, nach außen hin den Eindruck zu erwecken, sich dem Urteil der Bischöfe zu unterwerfen, und gab an, es als gleichbedeutend mit dem Urteil Christi anzusehen, doch ergriff er oft selbst die Initiative, ja soll sogar die entscheidende Definition (*homoousios*, »von gleichem Wesen«) persönlich entwickelt haben, welche in Nicaea schließlich angenommen wurde.

Konstantin sah sich in innerkirchliche Streitigkeiten hineingezogen, sobald er Gesetze zugunsten Geistlicher erlassen hatte: Sogleich wurde etwa deutlich, daß es zwei rivalisierende Gruppen innerhalb der Kirche von Karthago gab, die Orthodoxen oder Katholiken auf der einen, die Donatisten als Herausforderer auf der anderen Seite; letztere waren Anhänger eines gewissen Donatus, der eine rigorose Haltung gegenüber Geistlichen einnahm, die »gefallen« waren, also bei den jüngstvergangenen Christenverfolgungen die Heilige Schrift ausgeliefert hatten. Sie wandten sich an den Kaiser in einem Berufungsverfahren, wie es in zivilrechtlichen Fällen möglich war, und Konstantin verwies die Angelegenheit an ein Treffen der Bischöfe in Rom; als die Donatisten das so entstandene Urteil nicht akzeptierten, verwies er sie erneut an ein repräsentativeres Konzil in Arles, wobei er den örtlichen Verwaltern auftrug, den Bischöfen, die daran teilnahmen, kostenlosen Transport zu gewähren. Auch damit gelang es Konstantin nicht, das donatistische Schisma beizulegen, das in Nordafrika noch zu Zeiten Augustinus' eine Rolle spielte – doch war sein Eingreifen ein äußerst wichtiges Vorbild für die Zukunft.

Das Konzil von Nicaea im Jahr 325 war eine weit größere Veranstaltung und galt später als das erste von sieben als solchen anerkannten ökumenischen Konzilen (das siebte fand wiederum in Nicaea statt, und zwar im Jahr 787). Es war nicht mit einem lokalen Schisma befaßt, sondern mit einem grundlegenden Problem der christlichen Lehre, der Definition der Beziehung zwischen Gott, dem Sohn, zu Gott, dem Vater. Viele Bischöfe, darunter Eusebios, stimmten mit dem alexandrinischen Priester Arius überein, daß der Sohn dem Vater nachgeordnet sei, doch war die Frage heftig umstritten – wie es übrigens auch das korrekte Datum für das Osterfest war, worin sich die Kirchen von Antiochia und Alexandria unterschieden. Konstantin hatte mittlerweile erkannt, daß die Einheit der Kirche eine grundlegende Voraussetzung für das christliche Reich war, welches sein Lobredner Eusebios sowohl in der ›Oratio Tricennalis‹ als auch in der ›Vita Constantini‹ als ein Ideal hervorhebt; seine späteren Jahre waren der Erreichung dieses Zieles gewidmet. In der Praxis freilich waren die umstrittenen Fragen viel zu kompliziert, als daß sie rasch hätten gelöst werden können. Auf den ersten Blick bedeutete der Beschluß des Konzils von Nicaea einen Triumph; Eusebios hatte seine Prinzipien aufgegeben und das Schlußdokument unterzeichnet, während andere – unter ihnen Arius – sich weiterhin dagegen aussprachen und ins Exil gehen mußten. Das in Nicaea verabschiedete Glaubensbekenntnis hat bis heute in der Kirche Bestand; Arius jedoch war einige Zeit später zurückgekehrt, woraufhin die Hauptanhänger des Beschlusses von Nicaea nun ihrerseits bedroht waren. Deren wichtigster war Athanasios, der erst 328 Bischof von Alexandria geworden war, aber am Konzil von Nicaea bereits als Diakon teilgenommen hatte. Er wurde 335 verbannt und hatte dieses Schicksal innerhalb der nächsten Jahrzehnte mehrfach zu erleiden, da er der aktivste Gegner des Arianismus war, Konstantins eigene Söhne jedoch mit Arius sympathisierten. Die polemischen Schriften des Athanasios sind unsere wichtigste, wenngleich eine problematische Quelle für die Kontroverse.

Da keine offiziellen Akten des Konzils von Nicaea erhalten sind, müssen wir für einen Augenzeugenbericht auf die Beschreibung Eusebios' zurückgreifen. Er ist extrem einseitig, spielt das Ausmaß der tatsächlichen Differenzen herab und legt alle Betonung auf das Spektakel von Konstantins eindrucksvollem Erscheinen beim Konzil, an dem vorwiegend Männer aus dem Osten teilnahmen. Der Schluß des Konzils fiel mit dem zwanzigsten Jahrestag von Konstantins Herrschaftsantritt zusammen, und Eusebios erzählt, wie all die Bischöfe zu einem Abendessen mit dem Kaiser eingeladen wurden, »dessen Umstände großartiger waren als es jede Beschreibung wiedergeben könnte. Leibwächter und bewaffnete Wachen, die scharfen Schwerter gezückt, standen rings um den Vorhof des kaiserlichen Palastes; mitten zwischen ihnen konnten aber furchtlos die Gottesmänner hindurchgehen und bis ins Innerste des Palastes gelangen. Da nun lagen die einen auf demselben Polster zu Tisch wie der Kaiser, während die anderen auf Polstern zu beiden Seiten ruhten. Leicht hätte man das für ein Bild vom Reich Christi halten oder wähnen können, es sei alles nur ein Traum und nicht Wirklichkeit.«

Eusebios hatte allen Grund, seinen Lesern das tatsächliche Anliegen des Konzils zu verschleiern, zum einen, weil Konstantin selbst am Ende seines Lebens seine Einstellung gewandelt hatte, zum andern weil Eusebios' persönliche Position bei dem Konzil kompromittiert worden war; doch bleibt seine Darstellung als eigenständiges Werk eine sehr aufschlußreiche Aufzeichnung des Ereignisses und zeigt die Überraschung und Aufregung der Bischöfe, die vielfach ja zum ersten Mal einen Kaiser sahen, der sich mit ihnen beschäftigte und der Fragen der christlichen Lehre an die Spitze der kaiserlichen Aufgaben stellte. Wie Eusebios selbst erkannt haben muß, erhielten Bischöfe wie er nun eine einmalige Gelegenheit, Einfluß am Hof, ja sogar beim Kaiser selbst zu erlangen. Bischof Ossius von Córdoba soll einen solchen Einfluß auf Konstantin gehabt haben, und auch Eusebios war bei der Weihung der Grabeskirche in Jerusalem im Jahr 335 Redner, ebenso bei der Dreißigjahrfeier der Herrschaft Konstantins; auch verbrachte Eusebios von 335 bis 336 einige Zeit in Konstantinopel.

Konstantins Vorbild im Umgang mit der Kirche wurde von seinen Nachfolgern übernommen – die einzige Ausnahme war Julian (361–363), der einzige Kaiser, der nochmals Heide war. Konstantin initiierte auch ein Kirchenbauprogramm, das seine Prioritäten allen augenfällig machte. Es begann sehr bald nach seinem Sieg über Maxentius mit einer Reihe von Kirchenbauten in Rom, die alle zwischen 312 und 325 entstanden. Unter Bezugnahme auf vorhandene Muster christlicher Gottesdienste dort wurden die meisten dieser Kirchen außerhalb der Stadtmauern errichtet, an Stätten, die mit der Verehrung von Aposteln oder Märtyrern verbunden waren. Das Mausoleum für Konstantins Mutter Helena besteht noch, ebenso das nach Konstantins Tod für seine Tochter Constantia erbaute (S. Constanza). Die große Lateranbasilika (sie steht nicht mehr) konnte ausnahmsweise im Herzen der Stadt errichtet werden, weil der Bauplatz der kaiserlichen Familie gehörte. Die größte von Konstantins Kirchen war St. Peter (S. Pietro), an der Stätte eines alten Kultzentrums für den Heiligen Petrus unter gewaltigen Schwierigkeiten in die Flanke des vatikanischen Hügels gebaut. Die Kirche wurde über einer bestehenden Nekropole errichtet, die sowohl heidnische Mausoleen als auch christliche Gräber umfaßte; neuere Ausgrabungen zeigen, daß die Erbauer der Kirche äußerst sorgfältig darauf achteten, den Zugang zu diesen Grabstätten aufrechtzuerhalten – und noch heute kann man sie unter der gegenwärtigen Kirche sehen. Es handelt sich also um die Stätte eines alten Kultortes, an dem angeblich die Gebeine des Heiligen Petrus gefunden worden waren.

Wie die anderen Gründungen Konstantins wurden auch die Kirchen in Rom mit jeweils eigenen großzügig bemessenen Einkünften aus bestimmten Landgütern bedacht, um ihre Instandhaltung sicherzustellen, die Geistlichen zu versorgen und für die Gottesdienste aufzukommen, die dort abgehalten werden sollten.

Auch andernorts, etwa in Antiochia, entstanden wichtige Kirchen, die bedeutendste Gruppe aber gehört Jerusalem und dem Heiligen Land; ihr Bau begann erst nach 326. Eusebios bietet eine ausführliche Darstellung der Errichtung der Grabeskirche in Jerusalem, die Golgatha und den Garten von Gethsemane miteinander verband. Seit dem II. Jüdischen Krieg im Jahr 135 war Jerusalem Ort einer römischen Kolonie namens Aelia Capitolina gewesen, und ein heidnischer Tempel stand an der Stätte von Christi Grab. Eusebios erzählt, wie in wundersamer Weise den Bauarbeitern sich eine Höhle eröffnete, die nichts anderes war als die Stätte von Jesu Auferstehung. Konstantin errichtete hier einen umfangreichen Kirchenkomplex und trug dem Bischof und dem Statthalter vor Ort auf, Gold für das Dach zu stellen, ebenso andere wertvolle Materialien und Bauhandwerker; die Kirche wurde im Jahr 335 mit großer Feierlichkeit geweiht. Eusebios erwähnt eine spätere Tradition nicht, die erstmals in einer Predigt des Heiligen Ambrosius und später sehr häufig belegt ist; ihr zufolge war die Grabeskirche mit Konstantins Mutter Helena verbunden, welche angeblich während der Bauarbeiten das Kreuz Christi gefunden hatte. Helena begab sich ins Heilige Land und wurde dort Gründerin anderer Kirchen, in Bethlehem und auf dem Ölberg von Jerusalem, der Stätte der Himmelfahrt; beide Kirchen wurden von Konstantin reich ausgestattet, der auf diese Weise

Jerusalem und das Heilige Land als Zentren christlicher Pilgerfahrt etablierte und den Weg für den Wohlstand ebnete, der bald als Folge der vielen Pilgerreisen eintrat.

Die bekanntesten Kirchen Konstantins liegen alle an zentralen Orten von beträchtlicher politischer und religiöser Bedeutung, und obgleich es keine Belege dafür gibt, daß Konstantin selbst andere Kirchen an weniger wichtigen Stätten gründete, boten sie ein symbolisches Muster, wie künftig gehandelt werden sollte, und zugleich auch architektonische Vorbilder, die nachgeahmt werden konnten. Der wichtigste Typ war die Basilika, bei der eine halbkreisförmige Apsis mit einem rechtwinkeligen Gebäude verbunden ist, das häufig Seitenschiffe aufweist; die Basilika folgte insofern direkt dem Baustil der römischen Versammlungshalle, die seinerzeit für öffentliche Zusammenkünfte verwendet wurde. Der andere Typ war rund, sechs- oder achteckig und mit einem älteren Kultort oder einem Märtyrergrab verbunden; in dieser Form ließ Konstantin sein eigenes Mausoleum in Konstantinopel errichten, an das später die große Apostelkirche angefügt wurde. Kaiserliche Bauten waren natürlich völlig traditionell im Baustil, auch wenn es die Kirchen nicht waren, und wie andere Kaiser vor ihm wünschte Konstantin eine Stadt in seinem Namen zu gründen.

Er schuf Konstantinopel, das zur Erinnerung an seinen Sieg über Licinius an der Stätte der antiken Stadt Byzanz (Byzantion) gegründet wurde; die alte Stadt hatte in den Bürgerkriegen des ausgehenden 2. Jahrhunderts sehr gelitten und war von Septimius Severus wiederhergestellt worden. Man hat häufig, aber zu Unrecht behauptet, daß Konstantin mit der Gründung von Konstantinopel die Hauptstadt des Reiches in den Osten verlagern wollte – tatsächlich wurde Konstantinopel ja erst später Hauptstadt des byzantinischen Reiches. Rom behielt weiterhin sein Prestige, war aber als Kaiserresidenz bereits durch Zentren wie Trier und Mailand abgelöst worden, und auch Konstantins Gründung mit ihrem Palast und dem benachbarten Hippodrom hatte alles, was auch die anderen tetrarchischen Städte aufwiesen, aber nicht mehr. Erst viel später im 4. Jahrhundert entwickelte sich Konstantinopel wirklich zu der Halbmillionenstadt, die sie jedenfalls bis zum

6. Jahrhundert geworden war. Freilich ließ sich schon Konstantin nicht lumpen, schmückte die Gründung mit so berühmten Bildwerken wie der Statue des Zeus von Olympia, der Schlangensäule aus Delphi und der Statue der Athena Promachos aus Athen; auch gab es eine große Hauptstraße (»Mese« genannt) und ein ovales Forum, auf dem oben auf einer Porphyrsäule eine Statue des Kaisers selbst zu sehen war. Konstantin verlieh der Stadt besondere Ehren, etwa den Titel »Neues Rom« und einen eigenen Senat, wobei freilich die Senatoren nur *clari* genannt werden sollten, nicht wie in Rom *clarissimi*. Konstantinfeindliche Kritiker wie Zosimos warfen ihm Pfuscherei und die Plünderung aller Schätze des Reiches für die neue Gründung vor; umgekehrt behauptet Eusebios, daß nicht ein Stückchen Heidentum in die Stadt gelassen wurde, doch war Konstantinopel zweifellos nicht die christliche Stadt, als die Eusebios sie bezeichnet und die moderne Autoren häufig in ihr sehen. Das wichtigste christliche Monument war Konstantins eigenes Mausoleum. Die erste Kirche der heiligen Sophia (Hagia Sophia) mag zwar tatsächlich von Konstantin begonnen worden sein, wie dies die spätere Tradition behauptet, doch sagt Eusebios hiervon nichts – ja, es gibt überraschend wenig deutliche Belege für die Errichtung von Kirchen durch Konstantin in der Stadt; Zosimos behauptet sogar, daß zwei neue heidnische Tempel für Rhea und Fortuna errichtet wurden. Die frühen Quellen sind freilich alle tendenziös und die späteren Traditionen über Konstantinopel vielfach verworren, weshalb die Frage nach Konstantins Gründertätigkeit sehr schwierig zu beantworten ist. Es besteht aber kein Zweifel an der Bedeutung der Stadt auf längere Sicht, und auch keiner an Konstantins eigenem Interesse an ihr; hier verbrachte er nach der Weihung am 11. Mai 330 die meiste Zeit bis zu seinem Tod 337.

Rom wurde nicht abgewertet – wie wir gesehen haben, waren römische Senatoren weiterhin hohe Amtsträger in jenen Jahren und ganz offenbar darauf aus, sich mit der Herrschaft Konstantins in Verbindung zu bringen, auch wenn diese christlich war; doch war Rom nicht mehr der Ort, an dem der Kaiser und sein Hof residierten, was die Entwicklung der Stadt im 4. Jahrhundert grundlegend beeinflussen sollte.

Während seiner gesamten Herrschaft war Konstantin sich seines öffentlichen Ansehens ständig bewußt. So entwickelt sich sein Porträt mit der Zeit von dem bewußt jugendlichen Typ in der Art des Augustus wie auf seinen frühen Münzen und auf dem monumentalen Haupt, das heute im Konservatorenpalast in Rom aufgestellt ist, zu dem an Alexander den Großen gemahnenden idealisierenden Porträt mit dem Diadem und dem nach oben in den Himmel gewandten Blick, das seine späteren Münzen aufweisen. Eusebios deutete diesen nach oben gerichteten Blick in naiver – oder verfälschender – Weise als Anzeichen für christliche Frömmigkeit, doch handelte es sich tatsächlich um einen Typ von Herrscherbild mit einer langen antiken Vergangenheit. Zweifellos neigte Eusebios dazu, seinen Helden im Übermaß zu interpretieren. So weist er in seinem Bemühen, Konstantins fortwährenden Einfluß durch die Herrschaft seiner Söhne festzustellen, den Vergleich des Kaisers mit dem legendären Phönix, dem Symbol der Wiedergeburt und Erneuerung, zurück – aber nur, um seinen Helden mit Christus selbst zu vergleichen, und betont den Glanz seiner christlichen Bestattung. Allerdings lagen die Dinge nicht so eindeutig, wie dies hier erscheint, und Eusebios beschreibt sogar selbst die zum Andenken an Konstantin geprägten Münzen, die sich der traditionellen Bilder bedienten, die die *consecratio* eines heidnischen römischen Kaisers bedeuteten.

Es ist bedauerlich, daß uns die Konstantin behandelnden Bücher in Ammians Geschichtswerk nicht erhalten sind, denn jener hatte als Parteigänger Julians persönlich unter den Söhnen Konstantins zu leiden gehabt und insofern allen Grund, Konstantin gegenüber nicht wohlwollend gesinnt zu sein. Der Heide Eunapios, der wie Ammian sein Geschichtswerk nach der katastrophalen römischen Niederlage bei Adrianopel 378 schrieb, lastete Konstantin den Niedergang des römischen Geschicks an – eine Ansicht, in der ihm auch Zosimos folgte. Es ist schwieriger, heidnische Reaktionen auf Konstantin zu dessen Lebzeiten zu erkennen, da die zeitgenössischen Quellen für uns hauptsächlich durch den hochgradig parteiischen Eusebios repräsentiert sind. Doch scheint es tatsächlich keinen großen Aufschrei der heidnischen Bevölkerung gegeben zu haben – ja, Konstantins Handlungen mögen weniger eindeutig gewesen sein, als Eusebios dies eingesteht.

In der Haltung von Konstantins Söhnen, insbesondere von Constantius II., gab es keine solche Mehrdeutigkeit; über diesen schreibt Ammian: »Den klaren und einfachen christlichen Glauben verwirrte er mit dem Aberglauben eines alten Weibes. Viele Spaltungen regte er an . . ., daher eilten Scharen von Bischöfen mit dem Gespanne der Staatspost hierhin und dorthin zu sogenannten Synoden, und während er den gesamten Ritus nach seinem Willen zu gestalten versuchte, durchschnitt er die Nervenstränge des Postwesens.«

Viele heidnische Untertanen Konstantins, die die Anfänge dieser Entwicklung miterlebten und die neuen kaiserlichen Kirchen im Bau sahen, müssen Ammians Erbitterung geteilt haben.

GERDA LERNER
Die Verschleierung der Frau
Zur Entstehung des Patriarchats

»Die Prostitution, oft als das älteste Gewerbe der Welt bezeichnet, ist in der gesamten aufgezeichneten Geschichte nachweisbar.« [›Encyclopedia Americana‹] Diese Feststellung entspricht der Auffassung einiger Fachwissenschaftler und dem Stand des allgemeinen Bewußtseins. Die Prostitution gilt demnach geradezu als eine Begleiterscheinung, ein Nebenprodukt der Vergesellschaftung des Menschen, die einer genaueren Erklärung nicht bedarf.

Andere Fachleute sind nicht dieser Meinung. »Prostitution«, so entnehmen wir der ›New Encyclopaedia Britannica‹, »ist, dem heutigen Wissensstand nach, keine allgemeine kulturelle Erscheinung. In vielen sexuell permissiven Gesellschaften ist sie selten, weil unnötig, während sie in anderen Gesellschaften weitgehend unterdrückt worden ist.« [. . .]

Um die historische Entwicklung der Prostitution zu verstehen, müssen wir [. . .] untersuchen, welche Beziehung zwischen der Prostitution und der Reglementierung des Sexualverhaltens aller Frauen in den archaischen Staaten sowie zwischen der Prostitution und der Versklavung von Frauen besteht. Doch zunächst müssen wir uns mit der am weitesten verbreiteten und akzeptierten Erklärung des Entstehens der Prostitution befassen: mit der Auffassung nämlich, daß sie sich aus der »Tempelprostitution« entwickelt habe.

Leider verwenden die meisten wissenschaftlichen Autoritäten den gleichen Begriff für ein breites Spektrum von Verhaltensweisen und Handlungen und zur Bezeichnung von mindestens zwei Formen organisierter Prostitution, die es in archaischen Staaten gegeben hat: der religiös und der kommerziell motivierten. Es wird zum Beispiel die These vertreten, daß in Mesopotamien und in anderen Gesellschaften die geheiligte Prostitution, die für überlieferte Fruchtbarkeitsriten und Göttinnenverehrung charakteristisch ist, zur gewerbsmäßigen Prostitution geführt habe.

Diese Reihenfolge ist bestenfalls zweifelhaft. Der Gebrauch des Begriffs »geheiligte Prostitution« für alle sexuellen Praktiken im Zusammenhang mit dem Tempeldienst hindert uns zu verstehen, welche Bedeutung solche Praktiken für die damals Lebenden hatten. Ich werde deshalb unterscheiden zwischen »kultischen sexuellen Diensten« und »Prostitution«, worunter ich nur die gewerbsmäßige Prostitution verstehe.

Kultische sexuelle Dienste von Männern und Frauen hat es möglicherweise schon im Neolithikum und in verschiedenen Kulten zu Ehren der Muttergöttin oder der sogenannten Großen Göttin in ihren vielen Erscheinungsformen gegeben. In ganz Europa, dem Mittelmeerraum und in Ostasien bezeugen archäologische Funde in großer Zahl die Existenz von weiblichen Figurinen, die Brüste, Hüften und Gesäß betonen. Diese Figurinen sind an vielen Stellen gefunden worden, die von Archäologen als Schreine gedeutet worden sind, aber es gibt keine Möglichkeit zu erkennen, wie diese Figurinen gebraucht oder verehrt worden sind. Wir werden es nie wissen.

Im Gegensatz dazu haben wir klare und historisch verifizierte Belege – linguistische, literarische, bildliche und rechtliche Quellen –, aus denen wir die Verehrung von Göttinnen und das Leben und die Verhaltensweisen von Priesterinnen im alten Mesopotamien in der neubabylonischen Periode rekonstruieren können.

Die Menschen im alten Babylonien waren der Meinung, daß die Götter und Göttinnen tatsächlich im Tempel wohnten, dort also nicht nur symbolisch anwesend waren. Alle, die im Tempel Dienst taten, die Priester und Priesterinnen jeden Ranges, die Künstler, Handwerker, Arbeiter und Sklaven, sie alle bemühten sich um das Wohlbefinden und die Ernährung der Gottheiten, wie sie auch für das Wohlbefinden und die Verpflegung eines weltlichen Herrn gesorgt hätten. Täglich wurden für die Gottheit die Mahlzeiten sorgfältig zubereitet und aufgetragen, ihr Bett wurde gemacht, und zur Unterhaltung des Gottes oder der Göttin wurde musiziert. Für Menschen, die Fruchtbarkeit als etwas Heiliges und für ihr Überleben Wesentliches verehrten, beinhaltete die Sorge um das Wohlergehen der Götter oder Göttinnen auch, ihnen sexuell zu Diensten zu sein. So entstand eine besondere Gruppe von Tempeldirnen. Es scheint, daß diese sexuelle Aktivität im Namen und zum Wohlgefallen des Gottes oder der Göttin als etwas galt, das den Menschen und dem oder der Heiligen zugute kam. Die Praktiken unterschieden sich je nach dem betreffenden Gott oder der Göttin, nach dem jeweiligen Ort und je nach der historischen Epoche. Es gab auch, besonders in späterer Zeit, gewerbsmäßige Prostitution, die in der Umgebung oder im Inneren des Tempels blühte. Und auch in dieser Hinsicht haben Wissenschaftler in unserer Zeit diese unterschiedlichen Erscheinungsformen nicht deutlich auseinandergehalten und alle diese Aktivitäten als Prostitution bezeichnet oder mit dem Begriff »Hierodule« belegt, ohne die verschiedenen Arten von Frauen zu unterscheiden, die aus kultischen Gründen oder aber kommerziell motiviert sexuelle Dienste verrichteten. Erst seit 1956, als der erste Band des ›Chicago Assyrian Dictionary‹ erschien, ist es möglich, die Begriffe genauer zu bestimmen und – den Auffassungen der Babylonier entsprechend – die verschiedenen Arten von Tempeldienerinnen zu unterscheiden.

In der altbabylonischen Periode wurden die Töchter von Königen und Herrschern zu Hohepriesterinnen des Mondgottes oder der Göttin Ischtar gemacht. Die *en*- oder *enu*-Priesterinnen entsprachen in ihrer Bedeutung den männlichen Hohepriestern. Sie trugen eine besondere Kleidung, eine Kappe mit Aufschlägen, ein gefaltetes Gewand, Juwelen und einen Stab – die gleichen Insignien und Kleidungsstücke, die auch ein Herrscher trug. Sie lebten innerhalb des heiligen Schreins, waren verantwortlich für die Angelegenheiten des Tempels, verrichteten rituelle und zeremonielle Aufgaben und waren in der Regel unverheiratet. Die *nin-dingir*-Priesterinnen im alten Sumer hatten eine ähnliche Rolle. Assyriologen glauben, daß es diese Art von Frauen war, die jedes Jahr an der Heiligen

Hochzeit teilnahmen und dabei die Göttin repräsentierten oder personifizierten.

Die Grundlage des Rituals der Heiligen Hochzeit war der Glaube, daß die Fruchtbarkeit des Bodens und der Menschen abhängig sei von der Zelebrierung der sexuellen Kraft der Fruchtbarkeitsgöttin. Wahrscheinlich hatte dieser Ritus seinen Ursprung schon vor dem Jahre 3000 v. Chr. in der sumerischen Stadt Uruk, die der Göttin Inanna geweiht war. Die Heilige Hochzeit war die Vermählung der Göttin Inanna entweder mit dem Hohepriester, der den Gott repräsentierte, oder dem König, der mit dem Gott Dumuzi identifiziert wurde. Ein typisches Gedicht beschreibt, wie die Begegnung von der Göttin, die ihre Sehnsucht nach der Vereinigung mit dem Geliebten zum Ausdruck bringt, eingeleitet wird. Nach ihrer Vereinigung blüht das Land auf:

> Pflanzen wuchsen hoch an seiner Seite
> Getreide wuchs hoch an seiner Seite
> . . . Gärten gediehen über die Maßen an seiner Seite.

Die Göttin, glücklich und zufrieden, verspricht, das Haus ihres Gatten, des Hirten / Königs zu segnen:

> Mein Gatte, die Vorratskammern, den heiligen Stall,
> Ich, Inanna, werde sie dir erhalten,
> Ich werde wachen über dein »Haus des Lebens« . . .

Die jährliche symbolische Wiederholung dieser mythischen Vereinigung war eine öffentliche Zeremonie, von der angenommen wurde, sie sei für das Wohl der Gemeinschaft von wesentlicher Bedeutung. Bei der Gelegenheit einer solchen freudigen Zeremonie mag es zur Einbeziehung der sexuellen Aktivität der Gläubigen im Tempel und um ihn herum gekommen sein. Es ist wichtig zu verstehen, daß die Zeitgenossen diese Gelegenheit damals als heilig betrachteten, ihr eine mythische Bedeutung für das Gemeinwohl beimaßen und daß sie dem König und der Priesterin Respekt entgegenbrachten und sie hoch verehrten, weil sie diesen »heiligen« Dienst leisteten.

Die Heilige Hochzeit wurde fast zweitausend Jahre lang in den Tempeln der verschiedenen Fruchtbarkeitsgöttinnen vollzogen. Der junge göttliche Geliebte oder Sohn der Göttin wurde in verschiedenen Sprachen Tammuz, Attis, Adonis, Baal und Osiris genannt. In einigen dieser Rituale ging der geheiligten Vereinigung der Tod des jungen Gottes voraus, der eine Zeit der Dürre oder Unfruchtbarkeit symbolisierte, die nur durch seine Auferstehung und durch die Vereinigung mit der Göttin beendet werden konnte. Sie konnte ihn wieder zum Leben erwecken, sie konnte ihn zum König machen und ihm die Macht geben, das Land fruchtbar werden zu lassen. Eine reiche geschlechtsbestimmte Vorstellungswelt mit ihrer lustvollen Verehrung von Sexualität und Fruchtbarkeit war in der gesamten Dichtung und in den Mythen zu finden und kam in Statuen und Skulpturen zum Ausdruck. Riten, die dem Ritus der Heiligen Hochzeit ähnlich waren, entfalteten sich auch im klassischen Griechenland und im vorchristlichen Rom.

Während der größte Teil der Informationen über *en*-Priesterinnen aus der altbabylonischen Zeit stammt, gibt es in der neubabylonischen Periode von Ur und Girsu viele Hinweise auf *nindingir*-Priesterinnen. Zur Zeit des Hammurabi (1792–1750 v. Chr.) lebten solche Priesterinnen zwar nicht mehr in klösterlicher Abgeschiedenheit, doch auf ihren guten Ruf wurde weiterhin genau geachtet.

Als nächste in der Rangordnung folgten auf die *en-* und *nindingir*-Priesterinnen die *naditum*-Priesterinnen. Das Wort *naditum* bedeutet »die Brachliegende«, was bedeutet, daß es ihnen verboten war, Kinder zu gebären. Wir wissen recht viel über die *naditum*-Priesterinnen des Gottes Schamasch und des Gottes Marduk während der ersten Dynastie von Babylon. Diese Frauen kamen aus den oberen Schichten der Gesellschaft; einige waren Königstöchter, die meisten waren die Töchter hoher Verwaltungsbeamter, Schreiber, Ärzte oder Priester. Eine *naditum* des Gottes Schamasch kam als junges Mädchen in den Tempel und blieb unverheiratet. Das Kloster, in dem diese Frauen mit ihren Dienerinnen lebten, bestand aus einem weitläufigen Komplex einzelner Gebäude innerhalb des Tempels. Das Kloster im Tempel der Stadt Sippar, das zeigte sich bei Ausgrabungen, verfügte auch über eine Bibliothek, eine Schule und einen Friedhof. In dem Kloster lebten bis zu zweihundert Priesterinnen zur gleichen Zeit, aber die Zahl der *naditum* ging nach der Zeit Hammurabis mehr und mehr zurück.

Naditum-Priesterinnen brachten eine reiche Mitgift in den Tempel, wenn sie dem Gott geweiht wurden. Bei ihrem Tode fiel diese Mitgift wieder an ihre Herkunftsfamilie. Sie konnten diese Mitgift als Kapital für geschäftliche Transaktionen nutzen oder Geld verleihen und Zinsen einnehmen, und sie konnten das Kloster auch verlassen, um sich ihrer Geschäfte anzunehmen. *Naditum* verkauften Land, Sklaven und Häuser, gaben Kredite und Geschenke und betrieben Ackerbau und Viehwirtschaft. Die Namen von 185 weiblichen Schriftkundigen, die im Tempel des Sippar dienten, sind bekannt. Aus den Erträgen ihrer Geschäfte opferten die *naditum* regelmäßig an Festtagen den Göttern. Da sie selbst keine Kinder gebären durften, adoptierten die *naditum* häufig Kinder, damit diese im Alter für sie sorgen könnten. Anders als andere Frauen ihrer Zeit konnten sie ihr Eigentum weiblichen Erben vermachen, sehr wahrscheinlich Familienmitgliedern, die auch als Priesterinnen dienten.

Naditum des Gottes Marduk lebten nicht im Kloster und durften heiraten, nicht aber Kinder haben. Diese Gruppe von Frauen war es, die vor allem den Regeln des ›Codex Hammurabi‹ unterlag. Wie schon erwähnt, konnte eine *naditum* dafür sorgen, daß ihrem Manne Kinder geboren wurden, indem sie ihm eine Sklavin oder eine niedere Tempeldienerin als Konkubine oder zweite Frau zuführte, *schugitum* genannt. Das Hammurabische Gesetz sorgte ausdrücklich und detailliert für die Erbrechte solcher Kinder, was auch als Hinweis auf die Bedeutung der *naditum* für die gesellschaftliche Ordnung gelten kann. Es kann aber auch ein Zeichen dafür sein, daß die soziale Position dieser Frauen während der Herrschaft des Hammurabi auf irgendeine Weise prekär geworden war oder sich veränderte. Letzteres erklärt vielleicht den Inhalt von § 110 des ›Codex Hammurabi‹, der die Todesstrafe vorsieht für eine außerhalb des Klosterbezirks lebende *naditum*, die ein Wirtshaus betritt oder ein solches Etablissement führt. Wenn der Begriff Wirtshaus oder Etablissement, wie der Kommentator anzunehmen scheint, ein Bordell oder ein Lokal, das von Prostituierten aufgesucht wird, bezeichnet, so bedeutet das

Gesetz offenbar, daß ihr jede Beziehung zu einem solchen Ort verboten ist. Ihr Lebenswandel muß nicht nur dem Anstand genügen, sie hat auch auf ihren Ruf zu achten, um über jeden Zweifel erhaben zu sein. Das Bedürfnis, ein solches Gesetz zu erlassen, mag sich vielleicht aus einer gewissen Lockerung der Sitten bei den kultischen Dienerinnen ergeben haben. Es weist aber, wie wir noch erörtern werden, auch auf ein wachsendes Bedürfnis der Gesetzgeber hin, eine klare Trennung zwischen anständigen und unanständigen Frauen vorzunehmen.

Kulmaschitum und *qadischtum* waren weniger geachtete Tempeldienerinnen, die in den Texten gewöhnlich gemeinsam genannt werden. Der Unterschied zwischen ihnen ist nicht recht verstanden worden. Ihre Erbrechte sind in § 181 des ›Codex Hammurabi‹ spezifiziert, der festlegt, daß sie berechtigt sind, ein Drittel des väterlichen Erbes zu erhalten, wenn ihnen beim Eintritt in den Tempel keine Mitgift gegeben worden ist. Sie haben aber an ihrer Erbschaft nur ein Nutzungsrecht auf Lebenszeit. Ihr Erbe gehört ihren Brüdern. [... Man interpretierte] die Tatsache, daß die Erbschaft dieser Tempelsklavinnen an ihre Brüder zurückfällt, als Hinweis darauf, daß nicht angenommen wurde, sie würden Kinder gebären. Dem scheint zu widersprechen, was sich aus einer Reihe von Quellen ergibt, nämlich daß die *qadischtum* nicht selten als bezahlte Ammen dienten und deshalb selbst Kinder gehabt haben müssen. Sie haben möglicherweise außerhalb des Klosters gelebt und geheiratet, nachdem sie eine gewisse Zeit im Tempel Dienst getan hatten. Vielleicht waren sie auch während ihres Tempeldienstes Prostituierte. In diesem Falle würde ihre Beschäftigung als Amme bei reichen Leuten belegen, daß ihre soziale Rolle nicht als minderwertig galt und nicht verachtet wurde. Um die Angelegenheit noch weiter zu komplizieren, gibt es Texte, in denen die Göttin Ischtar selbst eine *qadischtum* genannt wird.

Es gibt zwei »historische« Bewertungen der sexuellen Aktivitäten in den babylonischen Tempeln und deren Umgebung, die beide die Historiker der Gegenwart über Gebühr beeinflußt haben. Eine Darstellung ist die des griechischen Historikers Herodot aus dem 5. Jahrhundert v. Chr., die sich mit der religiösen Prostitution im Tempel der Göttin Mylitta befaßt.

Die andere wurde etwa vierhundert Jahre später von dem römischen Geographen Strabo geschrieben und bestätigte Herodot. Ich zitiere aus dem Werk Herodots: »Jede Babylonierin muß sich einmal in ihrem Leben in den Tempel der Aphrodite begeben, dort niedersitzen und sich einem Manne aus der Fremde preisgeben. ... Hat sich eine Frau hier einmal niedergelassen, so darf sie nicht eher nach Hause zurückkehren, als bis einer der Fremden ihr Geld in den Schoß geworfen und sich draußen außerhalb des Heiligtums mit ihr vereinigt hat. ... Die Größe des Geldstücks ist beliebig. ... Dem ersten, der es ihr zuwirft, folgt sie; keinen verwirft sie. Ist es vorüber, so geht sie nach Hause und ist der Pflicht gegen die Göttin ledig. Wenn du ihr nachher noch so viel bietest, du kannst sie nicht noch einmal gewinnen. ... Die Häßlichen müssen lange Zeit warten und gelangen nicht dazu, dem Brauch zu genügen. Drei, vier Jahre müssen manche im Tempel weilen.«

Abgesehen von Strabo gibt es keine Bestätigung dieser Geschichte, und »Gesetze«, die diese Praxis regeln oder sich auf sie beziehen, sind nicht bekannt. Herodot mag das Treiben der Prostituierten rund um den Tempel fälschlicherweise für einen Ritus gehalten haben, an dem jede assyrische Jungfrau beteiligt war. Eine andere der von Herodot niedergeschriebenen Geschichten, die ihm ein babylonischer Priester erzählt haben soll, scheint historisch besser fundiert zu sein. Sie beschreibt einen hohen Turm im Tempelbezirk von Marduk, an dessen Spitze die Hohepriesterin in einem Raum wohnte, ausgestattet mit einem Lager, wo sie nächtliche Besuche des Gottes empfing. Diese Erzählung hat eine Parallele in einer Darstellung aus dem 1. Jahrtausend v. Chr., die beschreibt, wie der neubabylonische König Nabunid seine Tochter als Hohepriesterin des Mondgottes Sin einsetzt. Er umgab das Gebäude, in dem sie lebte, mit einer hohen Mauer und stattete es mit Ornamenten und feingearbeiteten Möbeln aus. Das stimmt in etwa überein mit dem, was wir über die Lebensbedingungen von einigen der königlichen Hohepriesterinnen wissen, und mit dem Glauben, daß der Gott sie nachts besuchte und auch in der Nacht die für ihn zubereiteten Mahlzeiten zu sich nahm. Herodot zitiert dies als ein Beispiel für »Tempelprostitution«, und Historiker der Gegenwart wiederholen diese Behauptung Herodots, als ob es sich um eine Tatsachenschilderung handele. Ich interpretiere die Funktion der Priesterin als ein signifikantes Beispiel geheiligter sexueller Dienste, ob diese nun tatsächlich ausgeführt oder nur symbolisch vollzogen wurden.

Ausgehend von diesen einander widersprechenden Interpretationen der Quellen über Frauen im Tempeldienst ist es schwer, deren gesellschaftliche Rolle genau zu verstehen. Was ehemals eine rein religiös-kultische Aufgabe war, erhielt möglicherweise eine andere Bedeutung, als in der Umgebung des Tempels bereits die gewerbsmäßige Prostitution blühte. Sexueller Verkehr im Tempel zu Ehren der Fruchtbarkeit und sexuellen Kraft der Göttin in Anwesenheit von Außenstehenden ist vielleicht, weil es so Brauch war, durch ein Geschenk an den Tempel belohnt worden. Gläubige brachten regelmäßig Speisen, Öl, Wein und wertvolle Geschenke als Opfer zum Tempel, um die Gottheiten zu ehren und im Sinne der eigenen Anliegen günstig zu stimmen. Es ist denkbar, daß diese Praxis einige der Tempeldienerinnen korrumpierte und sie dazu verleitete, diese Gaben ganz oder teilweise für sich zu verwenden. Priester haben möglicherweise dazu ermutigt oder zumindest gebilligt, daß Sklavinnen und die niedrigsten Tempeldienerinnen gewerbsmäßige Prostitution betrieben, um so den Reichtum des Tempels zu mehren.

Dies macht uns auf zwei weitere Gruppen von Tempeldienerinnen aufmerksam: erstens die Gruppe der *sekretum,* die im Codex Hammurabi im Zusammenhang der Erbrechte erwähnt ist. Sie waren Frauen von hohem Rang, die wahrscheinlich im Klosterbereich lebten. [Forschungen] legen die Vermutung nahe, daß sie keine Priesterinnen waren, sondern eher »Vorgesetzte« der Frauen im Tempelharem. »Ihre Pflichten entsprechen denen des Eunuchen-Kammerherrn, der den Palastharem bewacht.« Andere Erklärungen sprechen davon, diese Person, die *sekretum,* sei ein als Frau verkleideter Mann oder eine als Mann verkleidete Frau gewesen. Im ›Codex Hammurabi‹ jedenfalls wird sie immer als Frau bezeichnet, als die Tochter ihres Vaters oder als die Mutter eines Adoptivkinds erwähnt. Diese verwirrende Figur mag sehr wohl auch eine Person gewesen sein, die einen früheren Aspekt der Verehrung der

Muttergottheit repräsentierte, der die Betonung auf Bisexualität oder Hermaphroditentum legte.

Zweitens gab es noch die Gruppe der *harimtum*, Prostituierte, die zum Tempel gehörten. Diese waren möglicherweise die Töchter von Sklavinnen; sie standen unter der Aufsicht eines nachgeordneten Amtsträgers. Es ist nicht geklärt, ob diese Frauen zum Tempelharem gehörten. Die Sippar-Texte führen elf dieser Frauen auf. Diese kleine Zahl spricht dafür, daß sie Sklavinnen waren, die den Priestern oder Priesterinnen gehörten. Was diese Sklavinnen verdienten, kam, wie auch bei den anderen Sklavenarbeiterinnen, den jeweiligen Eigentümern zugute, die diese Erträge unter Umständen an den Tempel weitergaben.

Mitte des 1. Jahrhunderts v. Chr., wenn nicht früher, waren zwei Arten sexuellen Verhaltens im Tempel oder in dessen Umgebung zu beobachten: sexuelle Riten, die Teil des religiösen Rituals waren, und gewerbsmäßige Prostitution. Tempel standen wie die mittelalterlichen Kirchen im Zentrum einer Vielzahl von Handelsaktivitäten. Männliche und weibliche Prostituierte zeigten sich in der Nähe der Tempel, weil dort ihre Kunden anzutreffen waren. Es gab also wahrscheinlich eine örtliche Beziehung zwischen dem Tempel und dem Gewerbe der Prostitution. Die Kausalbeziehung – zumal das Entstehen der gewerbsmäßigen Prostitution aus der Tempelprostitution –, die von Historikern unterstellt worden ist, scheint sehr viel weniger einsichtig, als gemeinhin versichert wird.

Es gibt einige linguistische Hinweise, denen wir nachgehen können, um die Entwicklung der Prostitution zu verstehen. *Kar.kid*, das sumerische Wort für eine Prostituierte, ist enthalten in einer der frühesten Berufslisten der altbabylonischen Periode um 1800 v. Chr. Da dieses Wort unmittelbar hinter *nam.lukur* steht, was die Möglichkeit des »naditum-Seins« bedeutet, kann man auf eine Verbindung zum Dienst im Tempel schließen. Es ist interessant, daß der Begriff *kur-garru*, ein Prostituierter oder Transvestit, auf derselben Liste steht, allerdings zusammen mit den Unterhaltungskünstlern. Dies stimmt mit einer Praxis überein, die mit dem Ischtar-Kult in einem Zusammenhang steht, bei dem Transvestiten als Messerwerfer auftraten. Auf derselben Liste sind folgende weibliche Berufe zu finden: Ärztin, Schriftkundige, Barbierin, Köchin. Offenbar gehört die Prostitution zu den ältesten Berufen, wenn es auch nicht bewiesen ist, daß es der älteste Beruf ist. Prostituierte sind auch auf mehreren späteren Berufslisten aus der mittelbabylonischen Periode aufgeführt. In einer Liste aus dem 7. Jahrhundert v. Chr. erscheint eine Vielzahl von weiblichen Unterhaltungskünstlerinnen wie auch Transvestiten, Hebamme, Kinderfrau, Zauberin, Amme und »eine grauhaarige alte Dame«. Prostituierte sind wieder als *kar.kid* und *harimtum,* das akkadische Wort, aufgeführt. Es ist sehr interessant, daß unter den 25 Schreibern auf dieser Liste keine weibliche Schriftkundige erwähnt ist und unter den Ärzten keine Ärztin.

Die frühesten Texte auf Tontafeln stellen eine Beziehung her zwischen *harimtum* und Tavernen. Es gibt sogar einen Satz, der so lautet: »Wenn ich im Eingang der Taverne sitze, dann bin ich, Ischtar, eine liebende *harimtum.*« Dieser Hinweis und andere Verweise legen es nahe, Ischtar mit Tavernen sowie mit ritueller und gewerbsmäßiger Prostitution zu assoziieren.

Die Existenz verschiedener Berufsgruppen, die sowohl mit kultischen sexuellen Diensten als auch gewerbsmäßiger Prostitution zu tun haben, sagt wenig aus über die Bedeutung, die diese Betätigungen für die Zeitgenossen hatten. Wir können uns bemühen, etwas darüber zu erfahren, indem wir den ältesten bekannten poetisch gefaßten Mythos, das ›Epos von Gilgamesch‹, lesen. Dieses Gedicht, das die Taten eines mythischen Gottkönigs beschreibt, der möglicherweise zu Beginn des 3. Jahrtausends v. Chr. tatsächlich gelebt hat, ist in verschiedenen Versionen überliefert. Die vollständigste Version ist die akkadische, die sich auf eine frühere sumerische stützt, welche am Anfang des 2. Jahrtausends v. Chr. auf zwölf Tafeln niedergeschrieben worden ist. Das Epos berichtet, daß das aggressive Verhalten des Helden seinen Untertanen und den Göttern mißfällt:

> »Am lichten Tag und bei Nacht (trotzt er dem Volke)
> . . .
> Nicht läßt Gilgamesch die Jungfrau (zum Geliebten)
> Die Tochter des Helden, die Gemahlin des Mannes.«

Die Götter erschaffen einen Mann, »seinen Doppelgänger«, der mit Gilgamesch wetteifern soll. Dieser wilde Mensch, Enkidu, lebt in Harmonie mit den Tieren in den Wäldern. »Er kennt weder Menschen noch Land.« Nachdem Enkidu von einem Jäger entdeckt worden ist und flüchtet, sucht der Jäger Rat, wie er ihn wohl bändigen könne. Es wird ihm gesagt, er möge eine *harimtum* holen. Der Jäger bringt sie in den Wald und sagt ihr, was sie zu tun hat.

> »Tat auf ihren Schoß, er nahm ihre Fülle,
> Sie scheute sich nicht, nahm hin seinen Atemstoß
> Entbreitet ihr Gewand, daß auf ihr er sich bette
> Schaffte ihm, dem *Wildling*, das Werk des Weibes
> Sein Liebesspiel rannte er über ihr.«

Nachdem er sechs Tage mit ihr verbracht hat, merkt Enkidu, daß sich die wilden Tiere vor ihm fürchten. »Er aber wuchs, ward weiten Sinnes.« Die Dirne empfiehlt:

> »Komm, ich führ dich hinein nach Uruk-Gart
> Zum strahlenden Tempel, dem Wohnsitz von Anu und Ischtar,
> Wo Gilgamesch ist . . .«

Enkidu stimmt zu, und die Dirne führt ihn zu Gilgamesch, dessen bester Freund er wird.

Die Tempeldirne ist ein akzeptierter Teil der Gesellschaft, ihre Rolle ist ehrenhaft – sie ist es, die ausgewählt wird, um den wilden Mann zu zivilisieren. Hier wird von der grundsätzlichen Voraussetzung ausgegangen, daß Sexualität zivilisiert und den Göttern wohlgefällig ist. Die Dirne tut »das Werk des Weibes«; und so wird sie wegen ihrer Tätigkeit nicht von anderen Frauen unterschieden. Sie besitzt ein Wissen, das den wilden Mann zu zähmen vermag. Er folgt ihr in die Stadt des zivilisierten Lebens. Einem anderen ›Gilgamesch‹-Fragment entsprechend, das erst vor kurzem veröffentlicht worden ist, bedauert Enkidu später seinen Eintritt in die Zivilisation. Er zürnt dem Jäger und der *harimtum*, weil sie ihn von seiner früheren Freiheit in der Natur weggeholt haben. Er spricht einen ausdrücklichen Fluch gegen die *harimtum*:

»Ich will dich verwünschen mit großer Verwünschung
. . .

Nicht sollst du einrichten dürfen ein Haus, in dem du
Frau bist
Auf daß du nicht lieben kannst ein Kind deines Leibes!
Nicht sollst du wohnen im . . . der Mädchen!
. . .

Der Kreuzweg sei dein Wohnsitz,
Wüste Gegenden dein Lager!
Der Schatten der Mauer sei dein Aufenthalt,
Stachelkraut und Dornen sollen deine Füße wund ste-
chen!
Auf die Backe soll der Trunkene dich und der Durstige
schlagen!«

Die Art dieses Fluchs macht deutlich, daß die *harimtum,* die
die Gefährtin des Gilgamesch war, ein angenehmeres und bes-
seres Leben hatte als die Dirne, die einen Verschlag an der
Stadtmauer hat und von ihren betrunkenen Kunden mißbraucht wird. Dies würde die Unterscheidung bestätigen, die
wir weiter oben zwischen der Frau, die einen geheiligten sexuellen Dienst leistet, und einer gewerbsmäßigen Prostituierten gemacht haben. Es ist anzunehmen, daß es einen solchen
Unterschied in der früheren Zeit eher gegeben hat als in einer
späteren Periode.

Es ist wahrscheinlich, daß die Prostitution als Gewerbe eine
Folge der Versklavung von Frauen und der Herausbildung und
Verfestigung von sozialen Klassen war. Militärische Eroberungen führten im 3. Jahrtausend v. Chr. zur Versklavung und zum
sexuellen Mißbrauch von weiblichen Gefangenen. Sobald die
Sklaverei zu einer gesellschaftlich akzeptierten Einrichtung geworden war, überließen Sklavenhalter ihre Sklavinnen anderen
Männern als Prostituierte, und manche dieser Herren richteten
Bordelle ein, in denen Sklavinnen sich gewerbsmäßig zu sexuellen Diensten anzubieten hatten. Daß gefangene Frauen für
private sexuelle Dienste leicht verfügbar waren und daß Könige und Stammesfürsten häufig Usurpatoren der Macht waren,
deren Legitimität sie durch ein Zurschaustellen ihres Reichtums zu beweisen trachteten – etwa durch die Zahl ihrer Skla-

vinnen und Konkubinen –, führte zur Einrichtung von Harems. Diese wurden zu Symbolen der Macht, mittels derer Aristokraten, Bürokraten und reiche Männer einander den Rang streitig machten.

Eine andere Wurzel der kommerziellen Prostitution war die Pauperisierung der Bauern und ihre wachsende Abhängigkeit von Krediten, die das Überleben in Hungerperioden ermöglichten und zum Schuldsklaventum führten. Kinder beiderlei Geschlechts wurden als Schuldsklaven verpfändet oder zur »Adoption« verkauft. Aufgrund derartiger Praktiken konnte es leicht zur Prostitution weiblicher Familienmitglieder im Dienste des Familienoberhauptes kommen. Frauen endeten dann als Prostituierte, weil ihre Eltern sie in die Sklaverei verkaufen mußten oder ihre verarmten Ehemänner sie auf diese Weise ausnutzten. Oder sie konnten zu selbständigen gewerbsmäßigen Prostituierten werden – als letzte Alternative zur Versklavung. Wenn sie Glück hatten, so gelang ihnen als Konkubine ein sozialer Aufstieg. In der Mitte des 2. Jahrtausends v. Chr. war die Prostitution fest etabliert als eine weitverbreitete Art der Erwerbstätigkeit der Töchter der Armen.

In dem Maße, in dem die Reglementierung der Sexualität der Frauen aus den besitzenden Klassen verschärft wurde, wurde die Jungfräulichkeit von Töchtern, die als respektabel galten, zu einer finanziellen Angelegenheit ihrer Familie. So kam es dazu, daß die gewerbsmäßige Prostitution als eine gesellschaftlich notwendige Einrichtung betrachtet wurde, die den Männern die Befriedigung ihrer sexuellen Bedürfnisse ermöglichte. Ungeklärt und problematisch war es, wie der Unterschied zwischen anständigen und unanständigen Frauen eindeutig und dauerhaft festgestellt werden konnte. Ein anderes Problem, das gelöst werden mußte, war es wohl auch, Männer davon abzuhalten, eine gesellschaftliche Beziehung zu Frauen einzugehen, die nun als »unanständig« definiert waren. Beiden Zwecken wurde durch die Inkraftsetzung des § 40 des mittelassyrischen Rechts Genüge getan.

Bevor wir uns mit der Analyse dieses Gesetzes befassen, müssen wir zunächst zur Kenntnis nehmen, daß die assyrische Gesellschaft militaristischer und das dort geltende Recht im allgemeinen strenger war als in Babylon. Es ist deshalb schwierig zu bestimmen, wie repräsentativ dieses einzelne Gesetz für Praktiken in anderen mesopotamischen Gesellschaften ist. Auch wenn in anderen überlieferten Gesetzessammlungen kein ähnlicher Paragraph enthalten ist, gehen die Assyriologen doch allgemein von der Annahme aus, daß es in dieser Region fast zweitausend Jahre lang einen gemeinsamen Grundstock von Rechtsvorstellungen gegeben hat. Andere Bestimmungen zur Regelung der weiblichen Sexualität zeigen Ähnlichkeiten zwischen den verschiedenen Rechtskodizes, so daß der § 40 des mittelassyrischen Rechts durchaus als repräsentativ für die Gesellschaften in Mesopotamien gelten kann. Sehr wichtig ist, daß die in diesem Paragraphen rechtlich fixierte Sitte der Verschleierung so weit verbreitet war und über die Jahrtausende bis in unser Jahrhundert beibehalten worden ist, daß die Annahme als gerechtfertigt gelten kann, es handele sich hier um das früheste bekannte Beispiel einer derartigen Reglementierung, die es auch in vielen anderen Gesellschaften gegeben hat.

Der § 40 des mittelassyrischen Rechts lautet: »Sowohl Gattinnen eines Bürgers als auch (Witwen) oder (assyrische Frauen), die auf die Straße hi(nausgehen), (dürfen) ihre Köpfe (nicht entblößen). Töchter eines Bürgers (...) werden entweder mit einem Kopftuch? oder mit Kleidern oder (r mit einem Mantel?) verhüllt sein; ihre Köpfe (werden sie nicht entblößen). Entweder (...) oder (...) (od)er (...) (nicht ver)hüllt wer(den sie sein, aber) an dem Tage, da sie auf der Straße a(llein) gehen, werden sie (gewiß) verhüllt sein. Die ›Eingesperrte‹, die mit (ihrer) Herrin auf die Straße geht, wird verhüllt sein. Eine Hierodule, die ein Gatte (zur Ehefrau) genommen hat, wird auf der Straße verhüllt sein. Aber (diejenige, die) ein Gatte nicht genommen hat, (wird) auf der Straße ihren Kopf entblößt (halten), sie wird nicht verhüllt sein. Eine Dirne wird nicht verhüllt sein. Ihr Kopf (bleibt) unverhüllt ...«

Das Gesetz legt auch fest, daß ein Sklavenmädchen sich nicht verschleiern darf. Der Schleier, der Symbol und Emblem der verheirateten Frau war, wird hier zu einem Unterscheidungsmerkmal gemacht, und das Tragen des Schleiers wird zum Privileg. Dennoch ist die Liste etwas seltsam. Das Verschleiern scheint nicht die Freien von den Unfreien, nicht die Oberschicht von der Unterschicht zu unterscheiden. Dirnen und unverheiratete geweihte Prostituierte können freie Frauen sein, werden aber doch mit den Sklavinnen in einer Gruppe zusammengefaßt. Eine Sklavin-Konkubine kann verschleiert sein, wenn sie in Begleitung ihrer Herrin ist, aber selbst eine freigeborene Konkubine muß unverschleiert sein, wenn sie alleine ausgeht. Bei einer genaueren Untersuchung können wir erkennen, daß sich die Unterscheidung zwischen den Frauen aus ihren sexuellen Aktivitäten ergibt. Die Frauen eines Hausherrn, die nur einem Manne sexuell zu Diensten sind und sich unter seinem Schutz befinden, werden hier durch Verschleierung als »respektabel« kenntlich gemacht; Frauen, die nicht unter dem Schutz und der sexuellen Kontrolle eines Mannes stehen, werden als »öffentliche Frauen« gekennzeichnet, sind daher unverschleiert.

Selbst wenn das Gesetz nicht mehr beinhaltet hätte, als dieser Regelung normative Geltung zu verschaffen, so wäre dies als ein Wendepunkt in der Geschichte der Frauen zu betrachten: die gesetzliche Klassifikation von Frauen entsprechend ihres Sexualverhaltens. Aber das Gesetz geht noch darüber hinaus, indem es spezifiziert, mit welchen Strafen Frauen zu rechnen haben, die diese Rechtsvorschrift verletzen:

»Der(jenige, der) eine verhüllte Dirne sieht, wird sie festnehmen (?), Zeugen wird er ihr (gegenüber)stellen und sie zum Tor des Palastes bringen. Ihren Schmuck werden sie nicht (weg)nehmen, (aber) ihre Kleidung wird derjenige, der sie ergriffen hat, nehmen. (Mit) 50 Stockschläge(n) werden sie sie schlagen. Erdpech werden sie über ihren Kopf gießen ...«

Was zunächst als Verletzung einer weniger wichtigen, eher übertriebenen Anstandsregel erschien, wird hier plötzlich als eine schwerwiegende gegen den Staat gerichtete Straftat betrachtet. Es müssen Zeugenaussagen gemacht werden, die Angeklagte muß vor das »Palast-Tribunal«, also vor ein Gericht, gestellt werden. Die Dirne darf zwar ihren Schmuck behalten, wahrscheinlich weil sie ihn zur Ausübung ihres Berufs braucht, aber sie wird grausam bestraft. Die Strafe hat auch einen sehr symbolischen Charakter – das Bedecken ihres Kopfes mit Pech gibt ihr die einzige Art von »Schleier«, zu der ihr niedriger sozialer Status sie berechtigt. Diese Bestrafung muß sie aber auch ganz konkret an der Ausübung ihres Gewerbes gehindert haben, denn das Pech ließ sich nur entfernen, wenn das Haar geschoren wurde; und dadurch war sie für eine lange Zeit entstellt.

Das Gesetz spezifiziert als nächstes die Strafe für eine junge Sklavin, die beim Tragen des Schleiers ertappt wird: Ihr sollen die Kleidung weggenommen und die Ohren abgeschnitten werden. Über die Bedeutung dieses Unterschieds in der für die Dirne und für die Sklavin festgelegten Strafe lassen sich nur Vermutungen anstellen: Ist das Abschneiden der Ohren eine geringere Strafe als fünfzig Stockschläge? Ist es schlimmer? Wenn ja, kommt darin die übliche Annahme des mesopotamischen Rechts zum Ausdruck, daß die Person mit dem niedrigsten sozialen Rang die härtesten Strafen erleiden soll? Bedeutet das dann in diesem Fall, daß eine Dirne einen höheren Rang hat als eine Sklavin? Es scheint so.

Der interessanteste Aspekt des Gesetzes betrifft jedoch die Strafe, die der Person (dem Mann) droht, der es versäumt, einen Verstoß gegen das Verschleierungsgesetz anzuzeigen: »Wenn ein Bürger eine Dirne verhüllt gesehen hat, sie aber hat gehen lassen, (und) sie nicht zum Tor des Palastes gebracht hat, werden sie diesen Bürger mit 50 Stockschläge(n) schlagen. Seine Ohren werden sie durchbohren, mit einer Schnur durchziehen und nach hinten binden; einen Monat wird er die Arbeit des Königs machen.«

Die Strafe für einen Mann, der eine verschleierte Sklavin nicht denunziert, ist die gleiche, abgesehen davon, daß ihm außerdem die Kleidung von »seinem Strafverfolger« weggenommen werden soll. [Ein moderner] Kommentar zum assyrischen Recht [erläutert], daß es im babylonischen Recht keine vergleichbare Bestimmung gibt. [Er erklärt] die Bedeutung der Bestrafung des Mannes: Indem seine Ohren durchbohrt und eine Schnur hindurchgezogen wird, erscheint er als aufgezäumt, »vielleicht damit er durch die Straßen geführt und öffentlich der Lächerlichkeit preisgegeben werden kann«. [Hier wird der Schluß gezogen], daß das Gesetz »dazu dient, Adlige und andere angesehene Frauen von Dirnen und Sklavinnen zu unterscheiden. Außerdem ist bemerkenswert, daß das Gesetz keine Strafe für angesehene Frauen vorsieht, die den Schleier nicht tragen, während es mit allen Mitteln zu verhindern sucht, daß er fälschlicherweise getragen wird ... Einen Schleier zu tragen ist ein Privileg der oberen sozialen Schichten, das das Gesetz aus irgendeinem Grund aufrechtzuerhalten sucht. Es läßt sich denken, daß es sich um eine Art der Erweiterung der Geltung von Haremsregeln handelt, wonach eine Frau, die im Privatbereich eingeschlossen ist, dies auch in der Öffentlichkeit sein soll.«

Diese Analyse ist scharfsinnig, dennoch betonen die Autoren, der Zweck des Gesetzes sei ihnen »unklar«.

Ganz im Gegenteil: Der Zweck des Gesetzes ist auf eine bedrückende Weise offensichtlich. Wir können feststellen, daß der Staat es unternimmt, die Bekleidung der Frauen vorzuschreiben, indem er ein Gesetz erläßt und fordert, Zuwiderhandelnde vor Gericht zu stellen, Zeugen zu vernehmen und die Staatsanwaltschaft einzuschalten. Wir bemerken außerdem, daß – im Unterschied zu den anderen in diesen Gesetzen beschriebenen Straftaten – die Strafwürdigkeit einer Frau, die sich »in unzulässiger Weise verschleiert« oder »sich unerlaubt als respektabel ausgegeben hat«, so groß ist, daß die Verfolgung der Tat noch zwingend durch die harte Bestrafung für einen sympathisierenden oder dem Gesetz zuwiderhandelnden Mann verschärft wird. Und wir stellen fest, daß die Strafe öffentlich zu vollziehen ist – Schlagen, Ausziehen aller Kleidungsstücke auf der Straße, Zur-Schau-gestellt-Werden in der Öffentlichkeit. Auf diese Weise ist das Anliegen der Klassifizierung von Frauen in respektable und nichtrespektable Frauen zu einer Angelegenheit des Staates geworden.

§ 40 des mittelassyrischen Rechts institutionalisiert eine Rangordnung für Frauen: an der Spitze die verheiratete Dame oder ihre unverheiratete Tochter; darunter, aber auch noch als respektabel geltend, die verheiratete Konkubine, ob sie nun frei geboren oder Sklavin oder eine Tempelprostituierte ist; auf der untersten Stufe, klar als nichtrespektabel gekennzeichnet, die unverheiratete Tempelprostituierte, die Dirne und die Sklavin.

Die Einordnung der unverheirateten Tempelprostituierten, wahrscheinlich die *kulmaschitum* und *qadischtum*, auf derselben Stufe wie die gewerbsmäßige Dirne, die *harimtum* und die Tempelhure aus einer Sklavenfamilie, ist eine deutliche Deklassierung der ersteren. Nicht mehr die geheiligte Natur der sexuellen Tempeldienste entscheidet über den Ruf der Frau, vielmehr wird die Tempelprostituierte mehr und mehr der gewerbsmäßigen Dirne gleichgestellt.

Warum geht das Gesetz mit größerer Härte gegen Sklavinnen vor als gegen Prostituierte? Die Sklavinnen waren von freien Frauen schon durch ihre Haartracht und wahrscheinlich ein Brandmal auf der Stirn zu unterscheiden. Der offensichtlichste Grund könnte sein, daß die Verschleierung diese Charakteristika verbergen und so die Möglichkeit eröffnen könnte, als Freie »durchzukommen«. Das Gesetz versucht aber auch, genau zu unterscheiden zwischen der Sklavin und der Sklavin-Konkubine. Letztere war als eine respektable Frau zu behandeln, wenn sie sich in Begleitung ihrer Herrin – also der ersten Frau ihres Herrn – befand. In dieser Situation käme ihr Status als Dienerin, wie wir bereits in anderen Fällen gesehen haben, dadurch zum Ausdruck, daß die Konkubine hinter der Herrin geht, eventuell deren Stuhl oder andere Gegenstände tragend. Andere zum Haushalt gehörende Sklavinnen, die nicht Konkubinen waren, waren auf der Straße zu erkennen, weil sie keinen Schleier trugen und deshalb ihre Sklavenmale zu erkennen waren. Die unmittelbare Konsequenz des § 40 des mittelassyrischen Rechts war es, der Sklavin-Konkubine einen öffentlich anerkannten Status zu verleihen, der sie unterschied von den gewöhnlichen Sklavinnen in der Hauswirtschaft. Dies stimmt überein mit den verschiedenen anderen rechtlichen und sozialen Praktiken, die Konkubinen eine soziale Position zwischen Sklavinnen und freien Frauen zuweisen.

Die Strafe, mit denen Männer bedroht waren, die nicht aufmerksam genug waren, um Frauen, die sich nicht an die Regel hielten, anzuzeigen und zu verfolgen, hatte eine andere interessante Bedeutung. Erstens verrät sie, daß die Durchsetzung der Regeln ein Problem darstellte. Wenn alle Männer, oder doch die meisten von ihnen, willens und tatkräftig genug gewesen wären, dieses Gesetz gegenüber den Frauen, die es verletzten, durchzusetzen, dann wäre es nicht nötig gewesen, die Männer zu bestrafen, die das unterließen. Hielten die Männer dieses

Gesetz für irrelevant? Meinten die Männer der unteren sozialen Schichten, dieses Gesetz sei Ausdruck lediglich der Interessen der Männer aus der Oberschicht, und war ihre Kooperation deshalb ungewiß? Vielleicht erhalten wir nie eine Antwort auf diese Fragen, aber die Tatsache, daß die Durchsetzung des Gesetzes über die Verschleierung auf Widerstand stieß, beweist, daß es zumindest für eine gewisse Zeit für diejenigen, die es durchsetzen wollten, problematisch gewesen sein muß. Es ist nur zu verständlich, daß nach der Auffassung derjenigen, die diesem Gesetz Geltung verschaffen sehen wollten, das Gesetz dem Interesse des Staates entsprach, das heißt einer Elite von begüterten Männern, von Bürokraten und vielleicht der Klasse von Tempel-Würdenträgern.

Wie konnte ein Mann erkennen, ob eine Frau, die ihm auf der Straße begegnete, berechtigt war, einen Schleier zu tragen? Das ist eine schwierige Frage. Es mußte schwierig, wenn nicht unmöglich sein, eine verschleierte Frau von einer anderen verschleierten Frau zu unterscheiden, wenn wir davon ausgehen, daß der Schleier nicht nur das Gesicht und den Kopf, sondern den Körper der Frau bedeckte. Das Verbot konnte deshalb für Fremde nicht gelten. Sehr wahrscheinlich bezog es sich auf Frauen, die sich in Begleitung von Männern befanden. Einem Mann, der mit einer verschleierten Frau das Haus verließ, war ihr gesellschaftlicher Stand wohl bekannt. War sie verschleiert, ohne ein Anrecht auf dieses Privileg zu haben, so konnte er nach dem Gesetz dafür zur Rechenschaft gezogen werden. Auf den ersten Blick erscheint der hier bezeichnete Fall, daß ein Mann mit einer verschleierten Dirne oder Sklavin auf der Straße geht, so weit hergeholt, daß es wundernimmt, wozu es ein Gesetz geben muß, das dies verbietet.

Was aber, wenn es der Sinn des Gesetzes gewesen wäre, Männer davon abzuhalten oder es ihnen zu verbieten, sich gelegentlich und öffentlich mit Prostituierten und Sklavinnen zu zeigen? Die Wirkung des Gesetzes hätte dann darin bestanden, die soziale Stellung dieser Frauen herabzusetzen und den Umgang mit ihnen ausschließlich auf die jeweils bezahlten sexuellen Dienste zu beschränken. Das Gesetz wäre also ein frühes Beispiel für die unzähligen Gesetze, die in Jahrtausenden erlassen worden sind, um die Prostitution zu reglementieren. Die

Wirkung derartiger Gesetze auf die Prostituierten und ihre Kunden war immer recht unterschiedlich. Den Vorschriften entsprechend unverschleiert in der Öffentlichkeit zu erscheinen, würde eine Frau sofort als Prostituierte ausweisen und eine klare Abgrenzung zwischen ihr und respektablen Frauen schaffen. Dadurch wäre das Zusammensein eines Mannes mit einer Prostituierten ein Verhalten, das sich deutlich wahrnehmbar von seinem gesellschaftlichen Kontakt mit einer ehrbaren Frau unterschied.

Es ist bemerkenswert, daß § 40 des mittelassyrischen Rechts Strafen nur für deklassierte Frauen und sich nicht konform verhaltende Männer vorsieht. Warum sind keine Strafen vorgesehen für Frauen, die es unterlassen, diejenigen anzuzeigen, die das Gesetz über die Verschleierung mißachten? Nach dem mesopotamischen Recht wurden Frauen in anderen Fällen in vollem Umfang zur Rechenschaft gezogen. Wurde davon ausgegangen, daß respektable Frauen keines Anreizes bedurften, um dem Gesetz zu entsprechen, weil es in ihrem Interesse lag, Männer ihrer Gesellschaftsschicht daran zu hindern, sich mit deklassierten Frauen einzulassen? Oder stellte das Gesetz die Reaktion sowohl der Männer als auch der Frauen der Oberschicht auf Personen geringeren Ranges dar, die versuchten, die Klassenunterschiede zwischen Frauen zu verwischen? Die Vermutung, daß Frauen aus der Oberschicht an dieser Gesetzgebung interessiert waren, kann weder bewiesen noch entkräftet werden. Eindeutig ist, daß die Schwere der Strafen und ihr öffentlicher Vollzug die staatliche Intervention in den Bereich privater Moral zum vorrangigen Merkmal des Gesetzes machten.

Die Herausbildung von Klassen verlangt nach deutlich sichtbaren Mitteln der Unterscheidung zwischen den Angehörigen der verschiedenen Klassen. Kleidung, das Vorhandensein oder Fehlen von Ornamenten und im Fall der Sklaven deutlich erkennbare Zeichen ihrer sozialen Stellung gibt es in allen Gesellschaften, die solche Unterscheidungen für wichtig halten. Es ist nicht wesentlich, ob § 40 des [mittelassyrischen Rechts] eine solche Praxis in bezug auf Frauen einführte oder ob er nur das früheste Beispiel ist, das wir historisch belegen können. Wichtig ist zu untersuchen, wie Klassenunterschiede zwischen Frauen institutionalisiert wurden, und das zu unterscheiden von der Methode, die zu demselben Zweck bei Männern angewendet wurde. Die verschleierte Ehefrau, Konkubine oder jungfräuliche Tochter waren für jeden Mann deutlich als Frauen zu erkennen, die unter dem Schutz eines anderen Mannes standen. Als solche waren sie als unverletzt und unverletzlich gekennzeichnet. Und umgekehrt war jede unverschleierte Frau erkennbar ungeschützt und deshalb der Willkür der Männer, denen sie begegnete, ausgeliefert. Dieses Grundmuster einer erzwungenen wahrnehmbaren Unterscheidung wiederholte sich in der gesamten Geschichte immer von neuem in den unzähligen Bestimmungen, die »Frauen mit schlechtem Ruf« in bestimmte Distrikte oder Häuser verwies, die eindeutig bezeichnet waren, oder diese Frauen zwang, sich staatlich registrieren zu lassen und Kennkarten bei sich zu haben. Ähnliches gilt für die vielen immer wieder auftretenden Variationen der Art, in der zwischen dem unbeschützten Sklavenmädchen und der Konkubine unterschieden wird. Eine dieser Methoden ist die in den USA während der Zeit der Sklaverei und auch später noch herrschende Regel, daß Weiße und Schwarze getrennt essen, einmal abgesehen von den Schwarzen, die eindeutig als Personal zu identifizieren sind. So können schwarze Kindermädchen mit den ihnen anvertrauten weißen Kindern durchaus an Orten auftreten, die Weißen vorbehalten sind. Und schwarze Diener können ihre Herrschaften begleiten.

Männer nehmen in der Klassenhierarchie ihren Platz je nach ihrem Beruf oder dem sozialen Status ihres Vaters ein. Ihre Klassenposition wird in der Regel durch äußere Kennzeichen zum Ausdruck gebracht – Kleidung, Wohnsitz, Vorhandensein oder Fehlen von bestimmten Ornamenten. Seit es den § 40 des mittelassyrischen Rechts gibt, ist die Klassenposition der Frauen abhängig von ihrer Beziehung zu einem Mann, der ihnen Schutz gewährt – oder dem Fehlen einer solchen Beziehung –, und ihrem sexuellen Verhalten. Die Einteilung der Frauen in »respektable Frauen«, die von ihren Männern beschützt werden, und »nichtrespektable Frauen«, die sich ohne den Schutz eines Mannes auf der Straße aufhalten und frei ihre Dienste verkaufen können – diese Einteilung war die grundlegende Klassenspaltung für Frauen. Sie hat die beschränkten Privilegien von Frauen der Oberschicht abgegrenzt von der ökonomischen und sexuellen Unterdrückung der Frauen der niedrigeren Schichten und hat die Frauen voneinander getrennt. Von besonderer historischer Bedeutung ist, daß sie klassenübergreifende Bedürfnisse zwischen Frauen erschwert und das Entstehen eines feministischen Bewußtseins verhindert hat.

Der ›Codex Hammurabi‹ markiert die beginnende Institutionalisierung der patriarchalen Familie als eines Aspekts der Macht des Staates. Diese Gesetzessammlung reflektiert eine Klassengesellschaft, in der die soziale Stellung der Frau abhängig ist vom sozialen Status und dem Vermögen des männlichen Familienoberhaupts. Die Frau eines verarmten Bürgers konnte ohne ihr Zutun und ohne eigene Schuld aufgrund einer Veränderung von dessen gesellschaftlicher Stellung von einer respektierten Frau zur Schuldsklavin oder Prostituierten werden. Andererseits konnten das Sexualverhalten einer verheirateten Frau, etwa Ehebruch, oder der Verlust der Jungfräulichkeit bei einer unverheirateten Frau Frauen in einer Weise deklassieren, wie kein Mann jemals durch sein sexuelles Verhalten deklassiert werden konnte. Seit dieser Zeit ist bis in die Gegenwart der Klassenstatus einer Frau immer anders definiert als derjenige eines Mannes derselben sozialen Schicht.

Von der altbabylonischen Periode bis zu der Zeit, in der der Ehemann die Macht über Leben und Tod seiner ehebrecherischen Frau hat, haben sich große Veränderungen auch hinsichtlich der Macht von Königen und Herrschern über das Leben von Männern und Frauen vollzogen. Das patriarchale Familienoberhaupt zur Zeit Hammurabis war in seiner Machtausübung über seine Frau noch eingeschränkt durch die verwandtschaftlichen Verpflichtungen gegenüber dem männlichen Oberhaupt der Familie seiner Frau. Zur Zeit des mittelassyrischen Rechts wurde er vor allem von der Staatsgewalt in seiner Machtausübung beschränkt. Väter, die ermächtigt waren, die Keuschheit ihrer Töchter als einen Teil des Vermögens der Familie zu behandeln, repräsentierten eine Autorität, die der Autorität des Königs entsprach. Kinder, die im Wirkungskreis einer derartigen Autorität erzogen und sozialisiert wurden, wuchsen heran zu Bürgern und Bürgerinnen, wie sie in einem absolutistisch regierten Königreich gebraucht wurden. Die Macht des Königs stützte sich auf Männer, die von ihm ebenso abhängig, ihm ebenso ergeben waren, wie deren Familien von ihnen abhängig und ihnen ergeben waren. Der archaische Staat bildete sich heraus und entwickelte sich in der Form des Patriarchats.

Hierarchie und Klassenprivilegien waren unabdingbare Voraussetzungen seines Funktionierens. Deshalb war eine Dirne, die es wagte, verschleiert auf der Straße zu erscheinen, eine ebenso große Herausforderung für die gesellschaftliche Ordnung wie der meuternde Soldat oder der rebellische Sklave. Die Jungfräulichkeit der Töchter und die monogame Treue der Ehefrauen waren zu wichtigen Charakteristika der Gesellschaftsordnung geworden. Mit § 40 des mittelassyrischen Rechts übernahm der Staat die Kontrolle über die weibliche Sexualität, die bis dahin von den Oberhäuptern der einzelnen Familie oder des Stammes ausgeübt worden war. Seit 1250 v. Chr., von der Verschleierung der Frau in der Öffentlichkeit bis zur staatlichen Regelung der Geburtenkontrolle und Abtreibung, ist die Kontrolle der weiblichen Sexualität ein wesentlicher Faktor der patriarchalen Machtausübung. Die Reglementierung des sexuellen Verhaltens der Frauen ist eine der Voraussetzungen für die Herausbildung von sozialen Klassen, und sie ist eines der Fundamente des Staates.

David C. Lindberg
Die Griechen und der Kosmos

Die Welt von Homer und Hesiod

Über Homer wissen wir nichts, außer daß er die beiden berühmten Epen ›Ilias‹ und ›Odyssee‹ verfaßt hat. Bei diesen Dichtungen, in denen von Heldentaten aus der Zeit gegen Ende des Trojanischen Krieges zwischen den Griechen und Trojanern und kurz danach erzählt wird, handelt es sich eindeutig um die Aufzeichnung älterer mündlicher Überlieferungen. Ihre Wurzeln reichen weit in die griechische Geschichte zurück, bis ins mykenische Zeitalter (vor 1200 v.Chr.). Auch der Einfluß nichtgriechischer epischer Traditionen aus dem Nahen Osten macht sich bemerkbar. Wahrscheinlich wurden diese Epen im 8. Jahrhundert schriftlich festgehalten, aber ob ein einzelner Autor (Homer) oder mehrere dahinterstehen, ist bis heute umstritten. Doch wie auch immer der genaue Ursprung der ›Ilias‹ und der ›Odyssee‹ sein mag – die beiden Epen entwickelten sich zur Grundlage griechischer Bildung und Kultur, und bis heute erlauben sie uns wichtige Einblicke in formale und inhaltliche Aspekte des griechischen Denkens in der Antike.

In einem Atemzug mit Homer müssen wir Hesiod erwähnen, der Ende des 8. Jahrhunderts lebte. Dem Bauernsohn Hesiod werden zwei bedeutende dichterische Werke zugeschrieben: ›Werke und Tage‹ (das unter anderem Anweisungen für die Landarbeit enthält) und die ›Theogonie‹, die vom Ursprung der Götter und der Welt erzählt. Hesiod stellte eine Genealogie der Götter auf, und gemeinsam mit Homer definierte er ihren Charakter und ihre jeweiligen Aufgaben. Der Einfluß der beiden Dichter Homer und Hesiod war ausschlaggebend, als die Griechen aus einer Fülle von Lokalgottheiten die zwölf Götter des Olymp zu ihren Göttern erwählten.

Unter diesen Göttern des Olymp befand sich Zeus, den Homer und Hesiod als den größten und mächtigsten Gott darstellten, den Gott des Himmels, Gott des Wetters, der Blitze schleuderte, Recht und Moral aufrechterhielt und Vater aller anderen Götter war. Hera, seine Schwester und Gattin, war für Hochzeit und Ehe zuständig. Poseidon, der Bruder des Zeus, war See- und Erdgott, er schickte Sturm und Erdbeben. Hades, ein weiterer Bruder, war Herr der Unterwelt und Totengott. Athene, die Tochter des Zeus, war Göttin der Kriegslist und Schutzgöttin der Städte, der Zeussohn Ares dagegen rücksichtsloser Gott des Krieges.

Homer zeichnet ein Bild von Göttern, die eng mit den Angelegenheiten der Menschen befaßt waren; sie bestimmten über deren Sieg oder Niederlage, Unglück und Schicksal. In der ›Odyssee‹ mischen sich die Götter mehrmals ins Geschehen ein. Der Held Odysseus erleidet Schiffbruch, weil er den Zorn der Götter geweckt hat, und ist acht Jahre lang auf der Insel der Nymphe Kalypso gefangen. Schließlich erhält er auf Befehl des Zeus die Freiheit und segelt nach Ithaka. Doch Poseidon, den bei der Entscheidung über die Freilassung des Odysseus niemand um seine Zustimmung gebeten hat, entdeckt ihn auf seinem Floß und beschließt einzugreifen.

> »Also sprach er, versammelte Wolken und regte das Meer auf
> mit dem erhobenen Dreizack, entbot jetzt alle Orkane,
> aller Enden zu toben, verhüllte in dicke Gewölke
> Meer und Erde zugleich, und dem düsteren Himmel
> entsank Nacht
> . . .
> Siehe, da sandte Poseidon, der Erdumstürmer ein hohes,
> steiles, schreckliches Wassergebirg', und es stürzt auf ihn
> nieder.«

Und so gelangt Odysseus nach Hause – einmal von den Göttern unterstützt, ein andermal von ihnen aufgehalten.

Die ›Theogonie‹ Hesiods enthält eine kurze Geschichte der Welt, angefangen mit dem ursprünglichen Chaos bis hin zur von Zeus kontrollierten Ordnung. Dem Chaos entsprangen Gaia (die »breitbrüstige Erde«) und verschiedene andere Nachkommen, darunter Eros (die Liebe), Erebos (Teil der Unterwelt) und die dunkelste Nacht. Erebos und die Nacht vereinigten sich und zeugten Tag und Äther (oder Himmel). Gaia gebar zuerst den Sternenhimmel (Uranos), »daß er sie überall einhülle, auf daß er sei den seligen Göttern fort und fort Sitz ohne Wanken. Und sie gebar die weiten Berge, der Göttinnen reizvolle Behausungen, der Nymphen, die in den schluchtenreichen Bergen wohnen. Sie gebar auch das unfruchtbare breite Wasser, das im Wogenschwall stürmt, das Meer (Pontos), ohne verlangende Liebe.« Dann vereinigte sich Gaia (Mutter Erde) mit ihrem Sohn Uranos (Vater Himmel), und aus dieser Verbindung gingen Okeanos (der die Erde umgebende Weltstrom, Vater aller anderen Flüsse), die zwölf Titanen und eine ganze Anzahl von Ungeheuern hervor. Nach einiger Zeit kastrierte Kronos, einer der Titanen, seinen Vater Uranos und stürzte ihn von seinem Thron. Kronos wiederum wurde von seinem Sohn Zeus abgesetzt. Zeus erhielt von den Zyklopen den Blitz, mit dessen Hilfe er die Titanen besiegte und im Olymp sein eigenes Reich errichtete.

Schon diese kurze Schilderung läßt den Abgrund zwischen der Welt von Homer und Hesiod und der modernen Wissenschaft erahnen. In der Welt der griechischen Dichter mischten sich anthropomorphe Götter in die Angelegenheiten des Menschen ein und benutzten ihn als Marionette im Dienste ihrer eigenen Pläne und Intrigen. So eine Welt war natürlich völlig unberechenbar, und nichts konnte mit Sicherheit vorhergesagt werden, weil sich die Götter jederzeit einmischen konnten. Naturerscheinungen wurden personifiziert und vergöttlicht. Sonne und Mond galten als Gottheiten, die aus der Verbindung von Theia und Hyperion hervorgegangen waren. Stürme, Blitze und Erdbeben hielt man nicht für eine zwangsläufige Folge des Wirkens natürlicher, unpersönlicher Kräfte, sondern für mächtige, willkürliche Taten der Götter.

Was soll man nun daraus folgern? Nahmen die alten Griechen diese Geschichte, die wir heute als »griechische Mythologie« bezeichnen, für bare Münze? Glaubten sie tatsächlich an göttliche Wesen, die auf dem Olymp oder an irgendeinem anderen geheimnisvollen Ort lebten, sich gegenseitig verführten und die Menschen, die ihren Weg kreuzten, ins Verderben stürzten? Zweifelte nie jemand daran, daß Stürme und Erdbeben aus göttlichen Launen heraus entstanden? [...]

Sicher ist, daß jeder Versuch, solche Ansichten mit modernen Kriterien der wissenschaftlichen Wahrheit zu messen, nur zu Mißverständnissen führen kann. Doch wir können mehr erfahren, wenn wir einen kurzen Blick auf Glaubensgrundsätze aus jener Zeit werfen, die nicht wissenschaftlichen Inhalts sind. Wenn ein politischer Kandidat, ein militärischer Befehlshaber oder Sportler Gott für einen Sieg dankte, glaubte er dann tatsächlich daran, daß er diesen Sieg dank übernatürlicher Einflüsse errungen hatte? Darauf gibt es keine eindeutige Antwort, wahrscheinlich ist sie von Fall zu Fall verschieden. Doch wir können wohl mit Sicherheit sagen, daß solche prominenten Gestalten nicht danach trachteten, derartige kausale Fragen auf philosophische oder wissenschaftliche Weise zu beantworten; wahrscheinlich sind sie nie auf die Idee gekommen, daß man ihre Aussagen nach philosophischen oder wissenschaftlichen Kriterien bewerten könnte. Ebenso gilt, daß die Werke von Homer und Hesiod zwar scheinbar nach Ursachen fragen, wir uns aber darüber im klaren sein müssen, daß sie keineswegs als wissenschaftliche oder philosophische Abhandlungen geschrieben waren. Homer und Hesiod – und jene Barden, deren epische Gesänge die Grundlage ihrer Werke darstellten – zeichneten Heldentaten auf, die zur Belehrung und Unterhaltung dienen sollten. Wenn wir die beiden als gescheiterte Philosophen behandeln, führt das nur zu einer Fehleinschätzung ihrer Leistung.

Dennoch sollten wir diese alten Quellen nicht ganz außer Acht lassen. Immerhin zählen die Werke Homers und Hesiods zu den wenigen verfügbaren Quellen, die überhaupt etwas über altgriechisches Denken verraten. Und selbst wenn man sie nicht als die Anfänge einer griechischen Philosophie bewerten darf, so waren sie doch jahrhundertelang ein wichtiges Element in der griechischen Bildung und Kultur und können deswegen nicht völlig ohne Einfluß auf die Geisteswelt der Griechen geblieben sein. Es steht außer Frage, daß Sprache und Bilder eines Volkes seine Wahrnehmung der Realität beeinflussen. Selbst wenn Homers und Hesiods Gesänge nicht in dem Sinne »geglaubt« wurden, wie wir an die Lehren der modernen Physik glauben, so war die Mythologie der Götter des Olymp (ganz zu schweigen von den örtlichen Gottheiten) dennoch ein Kernstück der griechischen Kultur und beeinflußte Denken, Sprache und Verhalten der Griechen.

Die ersten griechischen Philosophen

Zu Beginn des 6. Jahrhunderts trat die griechische Philosophie erstmals in Erscheinung. Damit wurde nicht, wie es manchmal dargestellt wird, Mythologie durch Philosophie ersetzt. Die griechische Mythologie ging keineswegs unter, sie behauptete sich noch jahrhundertelang. Statt dessen entstanden neue philosophische Denkweisen, die neben der Mythologie existierten und sich manchmal mit ihr mischten. Einfach ausgedrückt: Homer und Hesiod waren keine Philosophen und praktizierten keine Philosophie. Thales, Pythagoras und Heraklit lebten in einer noch von Mythologie geprägten Kultur und entwickelten darin eine neue Form der intellektuellen Fragestellung, die wir durchaus schon als »Philosophie« bezeichnen können.

Aber worum handelte es sich bei diesen neuen Denkweisen, die wir als Philosophie bezeichnen?

Eine Gruppe von Denkern begann erstmals im 6. Jahrhundert v. Chr., das Wesen der sie umgebenden Welt ernsthaft und kritisch in Frage zu stellen – eine Problematik, welche die Philosophen bis heute beschäftigt. Sie fragten nach den einzelnen Elementen dieser Welt, ihrer Zusammensetzung und den Vorgängen, die sich in dieser Welt abspielen. Sie fragten, ob sie aus Einem oder aus Vielerlei gemacht sei. Sie fragten nach ihrer Gestalt, ihrem Ort, und sie stellten Vermutungen über ihren Ursprung an. Sie versuchten, die Veränderungsprozesse zu verstehen, durch die Dinge entstehen oder ein Ding sich in ein anderes zu verwandeln scheint. Sie beschäftigten sich mit außergewöhnlichen Naturerscheinungen wie beispielsweise Erdbeben oder Finsternissen, und dabei suchten sie nach übergreifenden Erklärungen, die nicht nur für spezielle Erdbeben oder Finsternisse, sondern für Erdbeben und Finsternisse im allgemeinen galten. Und sie begannen, über die Regeln der Argumentation und Beweisführung nachzudenken.

Die frühen Philosophen stellten nicht nur eine ganze Reihe neuer Fragen, sie suchten auch nach einer neuen Art von Antworten. Die Personifizierung der Natur verlor in ihren Abhandlungen zunehmend an Bedeutung, und die Götter verschwanden aus ihren Erklärungen für Naturerscheinungen. Den mythologischen Ansatz Homers und Hesiods haben wir uns bereits angesehen: Hesiods ›Theogonie‹ betrachtet Himmel und Erde als Nachkommen der Götter. Bei Leukippos und Demokrit dagegen entstehen die Welt und ihre einzelnen Elemente aus der mechanischen Trennung von Atomen im Urwirbel. Noch im 5. Jahrhundert hielt der Historiker Herodot zum großen Teil an der alten Mythologie fest, seine ›Historien‹ sind durchzogen von Geschichten über göttliche Eingriffe. Er berichtet, daß Poseidon eine Springflut einsetzte, um einen Sumpf zu überfluten, den die Perser gerade durchquerten. Und er hält eine Finsternis, die mit dem Aufbruch der persischen Armee nach Griechenland zusammenfällt, für ein übernatürliches Vorzeichen. Die Philosophen berichteten ganz anders über Fluten und Finsternisse, mit keinem Wort erwähnten sie irgendeinen übernatürlichen Einfluß. Anaximander hielt Finsternisse für die Folge verstopfter Öffnungen der himmlischen Feuerringe. Heraklit zufolge handelt es sich bei Himmelskörpern um feuergefüllte Schalen; eine Finsternis kommt dieser Theorie zufolge immer dann vor, wenn eine dieser Schalen sich von uns abwendet. Diese Theorien von Anaximander und Heraklit machen keinen besonders wohldurchdachten Eindruck (fünfzig Jahre nach Heraklit erkannten die beiden Philosophen Empedokles und Anaxagoras, daß Finsternisse ganz einfach von Schattenwurf im Kosmos ausgelöst wurden), von Bedeutung ist aber, daß sie die Götter aus ihren Erklärungen heraushalten. Sie liefern vollständig naturbezogene Erklärungen; Finsternisse entstehen nicht aus einer persönlichen Laune oder einem willkürlichen Einfall der Götter heraus, sondern hängen lediglich mit den Eigenschaften von Feuerringen beziehungsweise Himmelsschalen und deren feurigem Inhalt zusammen.

Kurzum, bei der Welt der Philosophen handelte es sich um eine geregelte, berechenbare Welt, in der die Dinge sich ihrer Natur entsprechend verhielten. Die griechische Bezeichnung für diese geregelte Welt war *Kosmos;* daraus leiten wir das Wort »Kosmologie« ab. Die unberechenbare Welt der göttlichen Intervention wich einem geordneten, regelmäßigen System; der *Kosmos* ersetzte das *Chaos.* Eine Unterscheidung zwischen dem Natürlichen und dem Übernatürlichen zeichnete sich ab; und man war sich weitgehend darüber einig, daß Ursachen (wenn man sich philosophisch mit ihnen auseinandersetzen wollte) nur in der Natur der Dinge zu suchen seien. Jene Philosophen, die diese neuen Denkweisen einführten, nannte Aristoteles *Physikoi* oder *Physiologoi,* weil sie sich mit der *Physis,* der Natur der Dinge, beschäftigten.

Die Milesier und die Frage nach der letzten Realität

Vermutlich ging diese philosophische Entwicklung ursprünglich vom an der Westküste Kleinasiens gelegenen Ionien (der heutigen Türkei, vom griechischen Festland aus genau auf der gegenüberliegenden Seite des Ägäischen Meers) aus. Dort hatten griechische Kolonisten florierende Städte gegründet, beispielsweise Ephesos, Milet, Pergamon und Smyrna, deren Wohlstand auf der Ausbeutung von und dem Handel mit örtlichen Rohstoffen basierte. Ähnlich wie viele andere Pioniergesellschaften mußten die Ionier wahrscheinlich hart und selbstgenügsam arbeiten, hatten zum Ausgleich jedoch die Chance, zu Wohlstand und Ansehen zu gelangen. Über Ionien kam Griechenland auch in Kontakt mit Kunst, Religion und Wissen des Nahen Ostens, mit dem die Kolonie kulturelle, wirtschaftliche, diplomatische und militärische Beziehungen unterhielt. Bestimmt waren diese Einflüsse von Bedeutung, ausschlaggebend jedoch war sicherlich das Vorhandensein einer vollständig alphabetischen Schrift und die Alphabetisierung breiter Schichten der griechischen Bevölkerung. Das Ergebnis war, daß lyrische Dichtung und Philosophie einen jähen Aufschwung erlebten.

Die ersten uns bekannten Philosophen wirkten in Milet, einer Stadt an der Küste Südioniens. Aus dem 6. Jahrhundert kennen wir die Namen Thales, Anaximander und Anaximenes;

aus dem 5. Jahrhundert den des Leukippos. Aus den erhaltenen Fragmenten ihres Schaffens geht hervor, daß es sich bei Thales, dem ersten milesischen Philosophen, um einen Fachmann für Geometrie, Astronomie und Ingenieurwesen handelte. Er soll die Sonnenfinsternis des Jahres 585 v. Chr. korrekt vorausgesagt haben; die Quellen dieser Legende wirken aber nicht sonderlich zuverlässig, und es ist eher unwahrscheinlich daß die griechische Astronomie bereits zu Lebzeiten des Thales auf einem Stand war, der solche Vorhersagen ermöglichte. Andere Fragmente bezeichnen ihn als Urheber einer Theorie, der zufolge die Erde (eine flache Scheibe) auf dem Wasser trieb – ein Gedanke, der vielleicht einen genaueren Maßstab für seinen astronomischen und kosmologischen Kenntnisstand wiedergibt.

Im Falle sämtlicher Milesier haben wir das Problem, daß unser Wissen auf fragwürdigen und bruchstückhaften Quellen basiert. Jeder Behauptung über die frühen griechischen Philosophen müssen wir mit gesunder Skepsis begegnen. Immerhin ist wohl nicht zu leugnen, daß sie Interesse an der Frage der grundlegenden Realität bezeugten, am Urstoff, aus das Universum geschaffen ist oder aus dem es entstand. Im 4. Jahrhundert v. Chr. schreibt Aristoteles (nicht frei von Eigeninteresse und auch nur auf der Basis von bruchstückhafter und indirekter Information) das Folgende: »Die erste Quelle aller Dinge, die da sind, jene, aus der heraus ein Ding ursprünglich entsteht und zu dem es nach seiner Zerstörung wieder wird, jene Substanz, die immer fortbesteht und sich doch in ihren Eigenschaften ändert, diese [so erklärten die ersten Philosophen] ist das Element und das erste Prinzip der seienden Dinge, und aus diesem Grunde sind sie der Ansicht, daß es so etwas wie ein absolutes Entstehen oder ein absolutes Untergehen nicht gibt, und zwar deswegen, weil eine solche Natur immer weiterbesteht.«

Artistoteles zufolge hielt Thales das Wasser für diesen Grundstoff aller Dinge; allerdings konnte auch Aristoteles nur Vermutungen anstellen, aufgrund welcher Überlegung Thales gerade diese Wahl getroffen hatte.

Andere Milesier des 6. Jahrhunderts, vermutlich Schüler oder Anhänger des Thales, über deren Leben wir nichts Konkretes wissen, sind in dieser Frage zu unterschiedlichen Ergebnissen gekommen. Anaximander (um 550 v. Chr.) glaubte einer Anzahl von jüngeren Berichten zufolge, daß der Ursprung der Dinge im *Apeiron* liege, dem Unendlichen oder Unbegrenzten, – »einer riesigen, unerschöpflichen Masse, die sich endlos in alle Richtungen erstreckt«, wie eine moderne Auslegung es ausdrückt. Anaximenes (um 545 v. Chr.) dagegen behauptete offenbar, das Grundelement sei die Luft, aus der durch Verdünnung oder Verdichtung jene Vielfalt von Substanzen entstehe, auf die wir in der uns umgebenden Welt stoßen. Man muß hinzufügen, daß die Milesier Materialisten und Monisten waren: das heißt, sie gingen davon aus, daß es sich beim Urstoff um etwas Materielles handeln mußte, und daß es nur einen einzigen solchen Urstoff gab.

Diese Theorien mögen uns sehr naiv erscheinen, und das sind sie vielleicht in gewisser Hinsicht; sie lassen sich weder mit modernen wissenschaftlichen Theorien gleichsetzen, noch greifen sie solchen vor. Aber ein Vergleich zwischen Vergangenheit und Gegenwart kann die Leistungen der Vergangenheit nur ins falsche Licht rücken. Wenn man die Milesier mit ihren direkten Vorgängern vergleicht, wird ihre Bedeutung unmittelbar deutlich. Zunächst einmal stellten die Milesier ganz neue Fragen: Welches ist der Ursprung der Dinge beziehungsweise welche einfache Grundrealität kann so verschiedene Ausprägungen annehmen, daß die uns umgebende Vielfalt der Substanzen entsteht? Es ist eine Suche nach Einheit in der Vielfalt, nach Regelmäßigkeit in der Veränderung. Zum zweiten geben die Milesier Antworten, in denen die Natur nicht personifiziert oder vergöttlicht wird, wie wir das noch von Homer und Hesiod kennen. Die Milesier ließen die Götter aus dem Spiel. Was sie über die Götter des Olymp wohl dachten, wissen wir (in den meisten Fällen) nicht; jedenfalls bemühten sie nicht die Götter, wenn es darum ging, Ursprung und Wesen der Dinge zu erklären. Drittens waren sich die Milesier offensichtlich der Notwendigkeit bewußt, Theorien nicht nur aufzustellen, sondern sie auch gegen Kritiker und Konkurrenten zu verteidigen. Hier entdecken wir die Anfänge einer Tradition der kritischen Bewertung.

Die Spekulationen der Milesier über das Grundelement standen ganz am Anfang einer Suche, die bis heute andauert.

Im Altertum folgten auf die Milesier verschiedene Denkschulen. Fünfzig Jahre später brachte Heraklit (um 500 v. Chr.) aus Ephesus (einer ionischen Stadt in der Nähe von Milet) den Ursprung der Dinge mit Feuer in Verbindung: »Diese Weltordnung ist von keinem Gott oder Menschen geschaffen, denn sie war und ist und wird sein: ein ewiges Feuer, das nach Maßen entflammt, nach Maßen erlischt.«

In der zweiten Hälfte des 5. Jahrhunderts wurde der Materialismus des 6. Jahrhunderts von den Atomisten Leukippos von Milet (um 440) und Demokrit von Abdera (um 410) übernommen und weiter ausgebaut. Leukippos und Demokrit stellten die Theorie auf, daß die Welt aus einer unendlichen Zahl winziger Atome bestehe, die ziellos durch eine unendliche Leere irren. Die Atome, Masseteilchen, die so klein sind, daß man sie nicht sehen kann, nehmen unendlich viele verschiedene Formen an. Indem sie sich bewegen, kollidieren und vorübergehend bestimmte Konstellationen bilden, schaffen sie jene Vielfalt von Substanzen und jene komplexen Naturerscheinungen, die wir wahrnehmen. Leukippos und Demokrit versuchten sogar, die Entstehung von Welten durch Atomwirbel oder -strudel zu erklären.

Die Atomisten fanden raffinierte Erklärungen für viele andere Naturerscheinungen, aber wir dürfen uns nicht vom wichtigsten Punkt ablenken lassen: Wichtig an den Atomisten ist, daß sie die Realität als eine unbelebte Maschinerie darstellen. Alles, was darin geschieht, ist die zwangsläufige Folge der natürlichen Bewegung von trägen, materiellen Atomen. Weder Geist noch Gottheit haben Einfluß auf diese Welt. Das Leben selbst wird zurückgeführt auf die Bewegungen träger Teilchen. Absicht oder Freiheit haben keinen Platz; allein das eiserne Gesetz der Notwendigkeit regiert. Unter Platon und Aristoteles wie auch deren Anhängern verlor dieses mechanistische Weltbild an Einfluß; aber im 17. Jahrhundert kehrte es mit fliegenden Fahnen (und leicht verändert) zurück und ist seither ein wichtiges Element in der wissenschaftlichen Diskussion.

Nicht alle der nach einem Urstoff fahndenden Philosophen waren Monisten oder Materialisten. Auch hielten sie die Götter nicht unbedingt ganz aus ihren Erklärungen heraus. Empedokles aus Agrigent (um 450 v. Chr.), in etwa ein Zeitgenosse des Leukippos in der zweiten Hälfte des 5. Jahrhunderts, nahm vier Elemente oder »Wurzeln« (wie er es nannte) aller materiellen Dinge an: Feuer, Luft, Erde und Wasser (die er in mythologischem Gewand als Zeus, Hera, Aidoneus und Nestis einführt). Diesen vier Wurzeln, schreibt Empedokles, »entsprangen alle Dinge, die da waren und sind und sein werden, Bäume und Männer und Frauen, Tiere und Vögel und Fische im Wasser, und auch die langlebigen Götter, welche in ihren Vorrechten am mächtigsten sind. Denn es gibt nur diese Dinge, und wenn sie sich gegenseitig durchdringen, nehmen sie eine Vielfalt von Formen an.« Aber die materiellen Elemente allein reichen nicht aus, um Bewegung und Veränderung zu erklären. Daher nimmt Empedokles zusätzlich zwei immaterielle Prinzipien auf: Liebe und Haß, welche die vier Wurzeln dazu veranlassen, sich zu vermischen oder zu trennen.

Empedokles war nicht der einzige Philosoph des Altertums, der in die Gruppe der Grundelemente immaterielle Prinzipien aufnahm. Die Pythagoreer des 6. und 5. Jahrhunderts (die sich in den griechischen Kolonien Süditaliens konzentrierten und uns nicht einzeln, sondern lediglich als »Denkschule« bekannt sind) nahmen, wenn wir ihre Doktrin richtig verstehen, an, daß die letzte Realität nicht materieller, sondern numerischer Natur sei – nicht Materie, sondern Zahl. Aristoteles berichtet, die Pythagoreer seien im Laufe ihrer mathematischen Studien von der Macht der Zahlen überrascht worden, durch die sich Phänomene wie beispielsweise die Tonleiter erklären ließen. Aristoteles schrieb: ». . . weil es ihnen also schien, als gleiche sich alles übrige seiner Natur nach den Zahlen an, als seien also die Zahlen in allem Wesen das erste, so nahmen sie an, daß die Elemente der Zahlen auch die Elemente aller andern Dinge seien und also der ganze Himmel Zusammenklang sei und Zahl.« Diese Passage ist recht undurchsichtig, und unser Mißtrauen ist umso berechtigter, als wir davon ausgehen müssen, daß Aristoteles die Lehren der Pythagoreer wahrscheinlich gar nicht richtig verstand oder sie nicht ganz fair behandelte. Meinten es die Pythagoreer wörtlich, wenn sie glaubten, daß die materiellen Dinge aus Zahlen bestanden? Oder wollten sie damit lediglich sagen, daß materielle Dinge grundlegende numerische Eigenschaften besitzen und daß solche Eigenschaften einen Einblick in die Natur der Dinge geben? Wir werden es nie mit Sicherheit wissen. Eine glaubwürdige Interpretation des pythagoreischen Denkens ist, daß in gewissem Sinn die Zahl zuerst kommt, und daß sich alles weitere von ihr ableitet; in diesem Sinn ist die Zahl die Grundrealität, und die Existenz, oder zumindest die Eigenschaften der materiellen Dinge leiten sich aus der Zahl ab. Wenn wir das etwas vorsichtiger ausdrücken wollen, können wir sagen, daß die Pythagoreer in jedem Fall die Zahl zumindest als einen grundlegenden Aspekt der Realität betrachteten und die Mathematik für das wichtigste Handwerkszeug bei der Erforschung dieser Realität hielten.

Das Problem der Veränderung

Im 6. Jahrhundert v. Chr. hatten die Philosophen ihr Hauptaugenmerk auf die Frage nach dem Ursprung und den Grundelementen der Welt gerichtet. Im 5. Jahrhundert dominierte eine ähnlich gelagerte Fragestellung die Philosophie. Angenommen, die Grundelemente der Welt sind einmal erkannt – kann es einen Zweifel daran geben, daß sich diese als unveränderlich erweisen? Eigentlich nicht. Könnte denn etwas, was für die letzte Realität gehalten wird, wirklich als »letzte« gelten, wenn es seine Form verändern oder abwechselnd auftauchen und wieder verschwinden könnte? Würden wir dann nicht darauf bestehen, eine Veränderung auf dieser Ebene auf etwas zurückzuführen, was noch tiefer zugrundeliegend wäre? Am Ende dieser ganzen Erklärungen muß doch etwas Festes und Unveränderliches stehen. Wenn wir dann davon ausgehen, daß diese letzte Realität unveränderlich sein muß, kann man dann die Realität von Veränderung erklären oder auch nur annehmen? Läßt es sich miteinander vereinbaren, daß die letzte Realität stabil ist, während auf einer anderen Ebene eine echte Veränderung stattfindet? Wie kann die Welt gleichzeitig stabil und veränderlich sein?

Als einer der ersten Philosophen ging Heraklit dieses Problem an, und er lieferte eine einleuchtende Erklärung für die

Realität der Veränderung. Heraklit soll behauptet haben, daß niemand seinen Fuß zweimal in denselben Fluß setzen kann (weil es sich beim zweiten Mal nicht mehr um genau denselben Fluß handelt), und aufgrund dieses Aphorismus' erhob man ihn schon im Altertum zur Symbolfigur für die Aussage »Alles fließt«. Heraklit führte auch an, daß sich hinter einem Zustand vollkommenen Gleichgewichts oder vollkommener Stabilität möglicherweise eine Veränderung in Form von sich gegenseitig ausgleichenden Kräften oder dem Kampf zwischen Gegensätzen verberge. Zum Beispiel herrscht ein ständiger Kampf zwischen den Stoffen Erde, Wasser und Feuer; jedes Element versucht, die anderen zu vernichten; doch durch einen Ausgleich insgesamt und durch Gegenseitigkeit kommt es zu einem dynamischen Gleichgewicht.

Diese Theorie des Heraklit stieß bei Parmenides (um 480 v. Chr., aus dem griechischen Stadtstaat Elea in Süditalien stammend) auf Ablehnung. Parmenides schrieb ein langes philosophisches Gedicht (die Philosophie hatte sich noch nicht auf die Prosa als ausschließliche Ausdrucksform festgelegt), von dem lange Abschnitte überliefert sind. Parmenides vertritt darin die radikale Position, daß die Veränderung – jede Veränderung – eine logische Unmöglichkeit sei. Parmenides begann, indem er aus verschiedenen logischen Gründen die Möglichkeit ausschloß, daß ein Ding aus dem Nicht-Sein ins Sein eintreten könne. Denn wenn etwas entstehen sollte, warum beispielsweise in einem ganz bestimmten und keinem anderen Moment, und wodurch? Seine Schlußfolgerung war, daß aus nichts nichts kommen kann. »Denn dies wird nie bewiesen werden:«, schrieb er, »daß Dinge, die nicht sind, sind.« Auf der Grundlage einer ähnlichen Argumentation verwarf Parmenides danach alle anderen Formen der Veränderung. Er lehnte auch die Existenz der Zeit und der Pluralität ab; für ihn existierte nur das Eine und das Jetzt.

Der Parmenides-Schüler Zenon (um 450 v. Chr.) erweiterte und verteidigte die Doktrin des Parmenides, indem er in einer Reihe von Beweisen widerlegte, daß eine bestimmte Art der Veränderung möglich sei – die Bewegung oder Ortsveränderung. Einer dieser Beweise, das Paradoxon vom Läufer im Stadion, soll Zenons Ansatz verdeutlichen. Es ist unmöglich, so behauptete Zenon, jemals ein Stadion zu durchqueren, denn bevor man die ganze Strecke gelaufen ist, muß man erst die Hälfte des Weges zurücklegen; bevor man die Hälfte zurückgelegt hat, muß man ein Viertel zurücklegen; vor dem Viertel ein Achtel, und so unendlich weiter. Ein Stadion zu durchqueren heißt also, eine endlose Folge von Weghälften zurückzulegen, und es ist unmöglich, in einer endlichen Zeit eine endlose Folge von Intervallen zu durchqueren oder »mit ihr in Berührung zu kommen« (wie es Aristoteles in seiner Diskussion diese Paradoxons nannte). Diese Beweisführung läßt sich auf jedes andere mögliche Raumintervall übertragen – woraus hervorgeht, daß jede Bewegung unmöglich ist.

Dies mag nun alles erst einmal unsinnig klingen. Mit ein wenig gutem Willen hätten doch Parmenides und Zenon einfach die Augen aufmachen und die vielen Veränderungen um sie herum wahrnehmen können. Standen sie etwa nicht morgens auf, genossen ein gutes Frühstück und machten sich auf den Weg zur Agora (dem öffentlichen Platz), um dort dem harten Tagwerk des Philosophierens nachzugehen? Und fiel ihnen etwa nicht auf, daß sie sich zu diesem Zweck fortbewegen mußten? Zweifellos fiel ihnen das auf. Parmenides und Zenon waren sich dessen ganz genau bewußt, was die Erfahrung lehrte, aber die Frage war, ob man dem, was man erlebte, trauen konnte. Was soll man damit anfangen, wenn die Erfahrung einem die Realität von Bewegung vorgaukelt, während die sorgfältige Argumentation (nach allen Regeln der Logik) unmißverständlich ihre Unmöglichkeit beweist? Für Parmenides und Zenon war die Antwort eindeutig: Der rationale Prozeß mußte zum richtigen Ergebnis führen. Parmenides unterschied zwischen der »Scheinwelt«, wie wir sie beobachten, und der »wirklichen Welt«, zu der wir durch die Vernunft finden. In seinem Lehrgedicht warnte er: ». . . Du aber halte den Gedanken von diesem Weg des Suchens fern, / und laß die Gewohnheit der vielen Erfahrung dich nicht auf diesen Weg nötigen, / das ziellose Auge umherzulenken und das widerhallende Gehör / und die Zunge; sondern beurteile mit dem Denken die hart bestreitende Widerlegung, / die von mir vorgebracht worden ist.« Parmenides und Zenon gaben also durchaus zu, daß die Erfahrung die Realität von Veränderung lehrt. Aber aus Gründen der Vernunft wußten sie, daß es sich dabei lediglich um eine Illusion handelte – eine angenehme und starke Illusion vielleicht, aber nichtsdestotrotz eine Illusion.

Parmenides' Widerlegung der Realität von Veränderung hatte nachhaltige Wirkung. Sie bot eine Herausforderung, der sich Generationen von Philosophen immer wieder stellen mußten. Empedokles reagierte darauf mit seiner Theorie der vier materiellen »Wurzeln« oder Elemente zuzüglich Liebe und Haß. Diese Elemente entstehen nicht und verschwinden nicht, und damit ist die grundlegende Forderung des Parmenides erfüllt. Allerdings verbinden, trennen und vermischen sie sich in unterschiedlichen Anteilen, und so findet doch eine wirkliche Veränderung statt. Die Atomisten Leukippos und Demokrit beriefen sich darauf, daß das einzelne Atom absolut unveränderlich sei, so daß auf der Ebene der Atome keinerlei Zeugung, Verfall oder Veränderung stattfinden kann. Allerdings sind die Atome ständig in Bewegung, kollidieren und verbinden sich; und durch diese Bewegungen und Konstellationen der Atome entsteht die endlose Vielfalt in der Welt des sinnlichen Erlebens. Die Atomisten gehen davon aus, daß sich unter oberflächlicher Veränderung eine Grundstabilität verbirgt; beides ist vorhanden und beides ist real.

Das Problem der Erkenntnis

Hinter solchen Erörterungen einer Grundrealität und der Frage nach Veränderung und Stabilität steht auch noch ein dritter Problemkreis, dem sich die frühen griechischen Philosophen ebenfalls stellten, nämlich der Frage nach der Erkenntnis (in der Fachsprache als Epistemologie oder Erkenntnistheorie bekannt). Diese Frage ist untrennbar verbunden mit der Suche nach einer Grundrealität, auf der sich die von uns sinnlich wahrgenommene Vielfalt der Stoffe aufbaut: Wenn wir mit unseren Sinnen die Einheit der Dinge nicht erkennen, dann muß es andere Wege der Erkenntnisgewinnung geben. Im 5. Jahrhundert wird bei Diskussionen über Veränderung und Stabilität das Erkenntnisproblem direkt angesprochen. Die radikale Haltung des Parmenides zur Frage der Veränderung hatte eindeutige Auswirkungen auf die Epistemologie: Wenn die Sinne uns Veränderung vorgaukeln, ist damit ihre Unzuverlässigkeit erwiesen; zur Wahrheit gelangt man nur, indem man seinen Verstand gebraucht. Auch die Atomisten neigten dazu, die sinnliche Wahrnehmung abzuurteilen. Schließlich gaben die Sinne Aufschluß über die »sekundären« Eigenschaften – Farbe, Geschmack, Geruch und durch den Tastsinn erkennbare Eigenschaften – während man mit Hilfe des Verstandes erkannte, daß nur die Atome und die Leere wirklich existieren. In einem uns erhaltenen Fragment unterscheidet Demokrit »zwei Formen der Erkenntnis, die eigentliche und die dunkle: Zur dunklen gehört alles folgende: Sehen, hören, riechen, schmecken, tasten.« Das Fragment bricht ab, bevor der Gedanke zu Ende geführt ist, aber wir können davon ausgehen, daß nach Demokrits Meinung nur rationale Erkenntnis echte Erkenntnis ist.

Zwar neigten die frühen Philosophen dazu, dem Verstand Vorrang vor den Sinnen zuzumessen, doch diese Tendenz war nicht allgemeingültig, und es gab durchaus auch Vorbehalte. Empedokles verteidigte die Sinne gegen die Angriffe des Parmenides. Sinneseindrücke mögen nicht perfekt sein, so argumentierte er, können aber als nützliche Wegweiser dienen, wenn man differenziert mit ihnen umgeht. »Aber komm, ergründe mit all deinen Fähigkeiten, wie jedes Ding beschaffen ist«, schrieb er, »und wenn du weder dem Augensinn mehr Vertrauen schenkst als dem Gehör, noch dem lautstark Gehörten mehr als dem, was deine Zunge dir deutlich sagt, und wenn du auch die Hinweise all deiner anderen Körperorgane nicht außer acht läßt, dann ist es irgendwie möglich, zu Erkenntnis zu gelangen.« Und Anaxagoras (um 450 v. Chr.) aus Klazomenai (einer weiteren ionischen Küstenstadt) führte in einem kurzen Fragment an, daß die Sinne »einen flüchtigen Blick auf das Dunkle« erlauben.

Eine der positiven Folgen dieser Auseinandersetzung der Griechen mit der Erkenntnistheorie (insbesondere mit dem griechischen Rationalismus) war, daß die Aufmerksamkeit der Philosophen auf die Regeln des logischen Denkens, der Argumentation und der Formulierung einer Theorie gelenkt wurde. Die formale Logik begründete erst Aristoteles, aber seine Vorgänger im 6. und 5. Jahrhundert v. Chr. erkannten allmählich, daß es wichtig war, ein Argument auf seine Stichhaltigkeit zu prüfen und Begründungen für eine Theorie anzugeben. Die Argumentationen von Parmenides und Zenon sind bereits ausgefeilt, beachten beispielsweise genau die Regeln der Schlußfolgerung und die Kriterien der Beweisführung. Sie beweisen, welche Höhen die griechische Philosophie im Laufe von anderthalb Jahrhunderten erreicht hatte.

Platons Welt der Formen

Da der Tod des Sokrates auf das Jahr 399 v. Chr. und damit ungefähr auf die Jahrhundertwende (natürlich nicht nach dem damaligen, sondern nach unserem heutigen Kalender) fiel, verwendet man ihn gerne als Wendepunkt in der Geschichte der griechischen Philosophie. Die Vorgänger des Sokrates aus dem 6. und 5. Jahrhundert (also jene Philosophen, mit denen wir uns [...] bisher beschäftigt haben) werden üblicherweise als die »Vorsokratiker« bezeichnet. Aber die hohe Bedeutung von Sokrates ist durchaus nicht allein auf einen kalendarischen Zufall zurückzuführen, vielmehr steht er für eine Akzentverlagerung in der griechischen Philosophie. Diese entfernte sich von den im 6. und 5. Jahrhundert vorrangigen Fragen der Kosmologie und wandte sich politischen und ethischen Problemen zu. Allerdings war diese Verschiebung nicht so stark, daß die weitere Beschäftigung mit den großen Fragen der vorsokratischen Philosophie ausgeschlossen gewesen wäre. Sowohl alte als auch neue Themen finden sich im Werk von Sokrates' jüngerem Freund und Schüler Platon.

Platon (427–348/47 v. Chr.) war der Abkömmling einer angesehenen Athener Familie, die aktiv am politischen Leben beteiligt war. Platon verfolgte sicherlich genau die politischen Ereignisse, die zur Hinrichtung von Sokrates führten. Nach Sokrates' Tod verließ Platon Athen und reiste durch Italien und Sizilien, wo er vermutlich mit den Pythagoreern in Berührung kam. Im Jahre 388 v. Chr. kehrte er nach Athen zurück und gründete seine eigene Schule, die Akademie. Dort konnten junge Männer weiterführende Studien betreiben. Offensichtlich hat Platon fast ausschließlich Dialoge geschrieben, von denen die meisten erhalten sind. Wir müssen uns bei der Betrachtung von Platons Philosophie auf eine sehr kleine Auswahl beschränken. Beginnen wir mit seiner Suche nach der zugrundeliegenden Realität.

In einem Abschnitt eines seiner Dialoge, dem ›Staat‹, setzt sich Platon mit dem Verhältnis zwischen einem wirklichen, von einem Schreiner angefertigten Tisch und der Idee oder Definition eines Tisches im Geiste des Schreiners auseinander. Mit jedem Tisch versucht der Schreiner, die geistige Vorstellung davon möglichst genau zu kopieren, aber das Ergebnis ist immer mangelhaft. Keine zwei handgearbeiteten Tische sind bis ins kleinste Detail gleich, und materialbedingte Einschränkungen (ein Astloch hier, ein verzogenes Brett dort) sorgen dafür, daß mit Sicherheit keiner dem geistigen Ideal vollkommen entspricht.

Platon stellte nun die Behauptung auf, es gebe einen göttlichen Handwerker, der zum Kosmos im gleichen Verhältnis stehe wie der Schreiner zu seinen Tischen. Dieser göttliche Bildner (der Demiurg) erschuf den Kosmos gemäß einer Vorstellung oder eines Plans, so daß der Kosmos und alles darin Enthaltene eine Kopie unvergänglicher Ideen oder Formen darstelle, und zwar aufgrund der von der Materie vorgegebenen Einschränkungen stets unvollkommene Kopien. Kurzum: Es gibt zwei Bereiche, nämlich den Bereich der Formen oder Ideen, in der die Idealvorstellung jedes einzelnen Dings enthalten ist, und den materiellen Bereich der unvollkommenen Kopien solcher Formen oder Ideen.

Platons Vorstellung zweier verschiedener Bereiche mag manchen befremden, und deswegen müssen wir auf verschiedene wichtige Punkte hinweisen. Die Formen sind körperlos, unberührbar und nicht wahrnehmbar; sie waren immer vorhanden und teilen die Eigenschaft der Unvergänglichkeit mit dem Demiurgen, und sie sind völlig unveränderlich. Dieser Bereich enthält die Form beziehungsweise die Idealvorstellung von allen Dingen der materiellen Welt. Sie lassen sich nicht lokalisieren, denn sie sind körperlos und deswegen nicht räumlich. Obwohl sie körperlos und sinnlich nicht wahrnehmbar sind, besitzen sie eine objektive Existenz – ja, die wahre Realität (nämlich die vollkommene Realität) liegt ausschließlich in der Welt der Formen. Die greifbare körperliche Welt dagegen ist unvollkommen und vergänglich. Sie ist weniger real in dem Sinn, daß das körperliche Objekt eine Kopie der Form ist und in ihrer Existenz daher von ihr abhängt. Körperliche Objekte existieren nur sekundär, die Formen dagegen primär.

Platon illustrierte diesen Realitätsbegriff in seinem berühmten »Höhlengleichnis« im 7. Buch des ›Staats‹ folgendermaßen: Männer sind in einer tiefen Höhle gefangen; sie sind so gefesselt, daß sie ihre Köpfe nicht bewegen können. Hinter ihnen befindet sich eine Mauer, und hinter dieser Mauer ein Feuer. Hinter der Mauer gehen Menschen auf und ab, die verschiedene Objekte über den Rand halten, unter anderem Statuen von Menschen und Tieren, welche für die Gefangenen sichtbare Schatten auf die Höhlenwand werfen. Die Gefangenen sehen nur die von diesen Statuen und anderen Gegenständen geworfenen Schatten; und weil sie seit ihrer Kindheit in dieser Höhle gefangen sind, erinnern sie sich nicht mehr an irgendeine andere Realität. Sie kommen gar nicht auf die Idee, daß es sich bei den Schatten nur um unvollkommene Kopien von Objekten handelt, die sie nicht sehen können; und somit halten sie irrtümlicherweise die Schatten für die Realität.

So geht es uns allen, sagt Platon. Wir sind Seelen, die in Körpern gefangen sind. Die Schatten in der Allegorie stehen für die Welt der Sinneswahrnehmung. Die aus ihrem Gefängnis hervorspähende Seele kann nur diese zuckenden Schatten erkennen, und die Unwissenden behaupten, daß die Schatten die ganze Realität seien. Aber in Wirklichkeit existieren die Statuen und die anderen Gegenstände, und ihre Schatten sind nur ihre sehr unvollkommenen Abbildungen, und es gibt auch die Menschen und Tiere, welche wiederum die Statuen nur unzulänglich abbilden. Um Zugang zu dieser höheren Realität zu erlangen, müssen wir uns aus dem Gefängnis unserer Sinneswahrnehmung befreien und aus der Höhle kriechen, so daß wir schließlich in der Lage sind, die unvergänglichen Realitäten zu betrachten und dabei den Bereich wahrer Erkenntnis zu betreten.

Wie nun wirkt sich diese Theorie auf die Beantwortung der vorsokratischen Fragen aus? Zunächst einmal setzte Platon seine Formen mit der zugrundeliegenden Realität gleich, gestand dagegen der körperlichen Welt wahrnehmbarer Dinge nur eine abgeleitete oder sekundäre Existenz zu. Zweitens schuf Platon Raum sowohl für Veränderung wie für Stabilität, indem er beiden Realitäten jeweils eine eigene Realitätsebene zuordnete. In der körperlichen Welt herrscht Unvollkommenheit und Veränderung, die Formenwelt dagegen ist der Bereich der unvergänglichen, unveränderlichen Perfektion. Damit sind sowohl Veränderung wie auch Stabilität Wirklichkeit; beides charakterisiert jeweils eine Ebene, aber die Stabilität gehört zu den Formen und teilt somit ihre übergeordnete Realität.

Drittens wandte sich Platon, wie wir gesehen haben, auch erkenntnistheoretischen Fragen zu und setzte dabei Beobachtung und wahre Erkenntnis (oder Verstehen) gegeneinander. Es ist sinnlos, über unsere Sinne zu Wissen und Verständnis gelangen zu wollen, denn gerade sie sind die Ketten, die uns fesseln. Wissen erlangt man nur auf dem Wege der philosophischen Betrachtung. Im ›Phaidon‹ wird dies deutlich, wenn Platon behauptet, daß die Sinne für die Wahrheitsfindung unbrauchbar seien, und darauf hinweist, daß die Seele unweigerlich getäuscht werde, wenn sie den Versuch macht, sich der Sinne zu bedienen.

An dieser Stelle endet der kurze Bericht über Platons Erkenntnistheorie häufig; es gibt aber wichtige Ausführungen, die zu übergehen ein grober Fehler wäre. Platon verwarf die Sinne nämlich nicht wie Parmenides vollständig, wie man aus dem Auszug aus dem ›Phaidon‹ vielleicht schließen könnte. Die Sinneswahrnehmung hatte nach Platons Ansicht verschiedene wichtige Aufgaben. Zum einen kann die Sinneswahrnehmung sehr erholsam sein. Zweitens kann die Betrachtung wahrnehmbarer Dinge (insbesondere solcher mit geometrischen Eigenschaften) unter Umständen dazu dienen, die Seele auf höhere Ziele in der Formenwelt zu lenken. Platon rechtfertigte mit diesem Argument die Beschäftigung mit der Astronomie. Drittens führte Platon (in seiner Theorie der Wiedererinnerung) an, daß die Sinneswahrnehmung möglicherweise sogar das Gedächtnis anregen und der Seele Formen in Erinnerung rufen kann, die ihr in einer früheren Existenz vertraut waren. Auf diese Weise könnte ein Reflexionsprozeß in Gang geraten, durch den man zu einer tatsächlichen Erkenntnis der

Formen gelangt. Und schließlich ging Platon zwar davon aus, daß man nur auf dem Wege der Vernunft zu einer Erkenntnis der unvergänglichen Formen kommen kann (also zur höchsten und vielleicht einzig wahren Form des Wissens), räumte aber ein, daß auch der Bereich der veränderlichen Materie ein lohnendes Studienobjekt sei. Solche Studien sind deswegen hilfreich, weil sie Beispiele für die Vorgehensweise der Vernunft im Kosmos liefern. Wenn wir uns dafür interessieren (wie Platon selbst es manchmal tat), ist die beste Forschungsmethode sicherlich die Beobachtung. Daß die Sinneswahrnehmung ihre Berechtigung und ihren Sinn hat, ist auch dem ›Staat‹ zu entnehmen: Platon räumt darin ein, daß ein aus der Höhle kriechender Gefangener zunächst seinen Gesichtssinn einsetzt, um Lebewesen, Sterne und schließlich das edelste aller sichtbaren (materiellen) Dinge, die Sonne, wahrzunehmen. Wenn er danach strebt, den »Kern der Wirklichkeit« zu erfassen, dann muß er durch »logischen Diskurs ohne Hilfe irgendeines seiner Sinne« vorgehen. Sowohl die Vernunft wie auch die Sinne sind also nützliche Instrumente; welches davon wir in einer bestimmten Situation einsetzen, das hängt jeweils vom Studienobjekt ab.

Dies alles läßt sich auch noch auf eine andere Art ausdrükken, welche Licht auf Platons Leistung werfen könnte. Wenn Platon den Formen Realität zusprach, setzte er eigentlich die Realität mit den Eigenschaften gleich, die Klassen von Dingen gemeinsam haben. Die eigentliche Realität besitzt (beispielsweise) nicht jener Hund mit dem geknickten linken Ohr oder jener andere, der so bedrohlich bellt, sondern die idealisierte Form des Hundes, an der jeder einzelne Hund (natürlich auf unvollkommene Weise) Anteil hat – die Idealform, dank derer wir in der Lage sind, all diese Wesen als Hunde einzuordnen. Also müssen wir, wenn wir wahre Erkenntnis erlangen wollen, alle für ein bestimmtes Individuum charakteristischen Eigenschaften vernachlässigen und statt dessen nach jenen gemeinsamen Eigenschaften suchen, auf deren Grundlage wir die Dinge in Klassen einteilen können. Wenn man das in so einfachen Worten ausdrückt, klingt Platons Theorie sehr modern: Idealisierung ist ein wichtiger Aspekt in vielen Bereichen der modernen Forschung. Wir entwickeln Modelle oder Gesetze, die das Zufällige zugunsten des Wesentlichen vernachlässigen (bei Galileis Trägheitsprinzip handelte es sich beispielsweise um den Versuch, die Bewegung unter idealen Bedingungen zu beschreiben, die jeden Widerstand und jede Störung ausschlossen). Aber Platon ging noch weiter, denn er behauptete nicht nur, daß die eigentliche Realität in den gemeinsamen Eigenschaften der Stoffklassen zu finden sei, sondern daß diese gemeinsame Eigenschaft (die Idee oder Form) objektiv, eigenständig und sogar bereits im Vorfeld existiert.

Platons Kosmologie

Bei den bisher behandelten Doktrinen – Platons Erwiderung auf die Vorsokratiker, wie wir sie im ›Staat‹, im ›Phaidon‹ und in verschiedenen anderen Dialogen finden – handelt es sich nur um einen Bruchteil seiner gesamten Philosophie. Platon schrieb auch einen Dialog, den ›Timaios‹, aus dem sein Interesse an der Natur hervorgeht. Darin finden wir seine Theorien zur Astronomie, Kosmologie, zu Licht und Farbe, den Elementen und der menschlichen Physiologie. Weil der ›Timaios‹ die einzige dem frühen Mittelalter (vor dem 12. Jh.) übermittelte zusammenhängende Naturphilosophie war, stellt dieses Werk ein wichtiges Erbe Platons dar, und daher müssen wir näher darauf eingehen.

Platon beschrieb den Inhalt des ›Timaios‹ als »wahrscheinliche Geschichte«, und einige Leser halten ihn deswegen irrtümlicherweise für einen Mythos, auf den Platon selbst nicht viel gab. In Wirklichkeit äußerte Platon ganz eindeutig, daß dies die bestmögliche Erklärung sei, und daß es in der Natur des Forschungsgegenstandes liege, daß alles, was über eine wahrscheinliche Geschichte hinausginge, unmöglich sei. Gewißheit ist nur dann zu erlangen, wenn wir eine Erklärung für die unvergänglichen und unveränderlichen Formen abgeben; solange wir das Unvollkommene und Veränderliche beschreiben, wird unsere Beschreibung unweigerlich ebenso unvollkommen und veränderlich sein wie der Gegenstand der Untersuchung – die Theorie kann daher bestenfalls als »wahrscheinlich« gelten.

Was lesen wir im ›Timaios?‹ Einer der interessantesten darin enthaltenen Punkte ist Platons heftige Ablehnung gewisser Züge des vorsokratischen Denkens. Die *Physikoi* hatten die Gottheit aus der Welt verbannt; dabei hatten sie ihr gleichzeitig auch jeden Plan und jeden Zweck abgesprochen. Nach Meinung dieser Philosophen verhalten sich die Dinge ihrem natürlichen Wesen entsprechend, und nur daraus erklärt sich Ordnung und Regelmäßigkeit im Kosmos. Ordnung ist also ein innerlicher, kein äußerlicher Aspekt; sie ist nicht die Folge eines Eingriffs von außen, sondern kommt von innen.

Platon hielt eine solche Theorie nicht nur für töricht, sondern sogar für gefährlich. Er hatte keineswegs die Absicht, die Götter des Olymp wieder einzusetzen, die dann in das tagtägliche Geschehen im Universum eingreifen würden, aber er war davon überzeugt, daß sich das Vorhandensein von Ordnung und Rationalität des Kosmos nur dadurch erklären ließ, daß ein übergeordneter Geist sie eingesetzt hatte. Während die *Physikoi* die Quelle der Ordnung in der *Physis* (der Natur) suchten, lokalisierte Platon sie in der *Psyche* (dem Geist).

Platon zeichnete den Kosmos als das Werk eines göttlichen Bildners, des Demiurgen. Bei diesem Demiurgen handelt es sich Platon zufolge um einen wohlmeinenden Bildner, einen rationalen Gott (genaugenommen die Personifizierung der Ratio), der gegen die Einschränkungen ankämpft, die ihm von der Materie, mit der er arbeiten muß, vorgegeben sind. Sein Ziel ist die Schaffung eines möglichst guten, schönen und intellektuell befriedigenden Kosmos. Der Demiurg geht von einem primitiven Chaos aus, das mit jenem ungeformten Material angefüllt ist, aus dem der Kosmos entstehen soll. In dieses Chaos bringt er Ordnung, und zwar nach einem rationalen Plan. Es findet also keine Schöpfung aus dem Nichts statt, wie sie im jüdisch-christlichen Schöpfungsbericht steht, denn das Rohmaterial ist bereits vorhanden und besitzt Eigenschaften, auf die der Demiurg keinen Einfluß hat. Der Demiurg ist auch keineswegs allmächtig, da ihm die Materie, mit der er arbeitet, Grenzen und Einschränkungen auferlegt. Dennoch zeichnete Platon mit dem Demiurgen ganz deutlich das Bild eines übernatürlichen Wesens, das sich außerhalb des von ihm geschaffenen Kosmos befindet und sich von ihm unterscheidet. Ob die

Leser diesen Demiurgen wörtlich nehmen sollten, ist eine andere Frage; sie ist bis heute Thema zahlreicher Diskussionen und wird sich vielleicht niemals endgültig beantworten lassen. Dagegen ist eine andere Absicht Platons unbestritten: Er wollte sagen, daß es sich beim Kosmos um ein Produkt vernünftigen und geplanten Vorgehens handelt, daß die Ordnung im Kosmos eine rationale, der widerspenstigen Materie von außen aufgezwungene Ordnung ist.

Der Demiurg ist nicht nur rationaler Bildner, sondern auch Mathematiker, denn er baut den Kosmos nach geometrischen Grundsätzen auf. Platon übernahm die vier Wurzeln oder Elemente des Empedokles: Erde, Wasser, Luft und Feuer. Aber unter dem Einfluß der Pythagoreer führte er sie auf ein einfacheres, grundlegenderes Schema zurück: Dreiecke. So formulierte er einen »geometrischen Atomismus«. Da es sich bei Dreiecken um zweidimensionale Figuren handelt, sind sie natürlich körperlos. Wenn man sie jedoch richtig zusammensetzt, können aus ihnen dreidimensionale Körper entstehen, und dabei entsprechen die unterschiedlichen entstehenden Formen jeweils einem Element. Zu Platons Zeit war es bereits bekannt, daß es nur fünf und nicht mehr gleichmäßige geometrische Körper gibt (das heißt symmetrische Körper, deren Seiten von lauter identischen Flächen gebildet werden). Dies sind das Tetraeder (aus vier gleichseitigen Dreiecken), der Würfel (aus sechs Quadraten), das Oktaeder (aus acht gleichseitigen Dreiecken), das Dodekaeder (aus zwölf Fünfecken) und das Ikosaeder (aus zwanzig gleichseitigen Dreiecken). Platon ordnete jedem Element einen dieser Körper zu – dem Feuer das Tetraeder (der kleinste, scharfkantigste und beweglichste regelmäßige Körper), der Luft den Oktaeder, dem Wasser den Ikosaeder und der Erde den stabilsten und regelmäßigsten Körper, nämlich den Würfel. Zuletzt fand Platon auch eine Funktion für das Dodekaeder (den Körper, der sich am weitesten der Kugel annähert): Er setzte ihn gleich mit dem Kosmos als ganzem.

Drei Aspekte dieser Theorie sind einer näheren Betrachtung wert. Zunächst einmal erklärt sie Veränderung und Vielfalt auf die gleiche Weise wie die Theorie des Empedokles: Die Elemente können sich in unterschiedlichen Anteilen verbinden und dadurch die Vielfalt der materiellen Welt erzeugen. Zweitens ist eine Verwandlung des einen Elementes in das andere möglich; somit ergibt sich eine weitere Erklärung für die Veränderung. So läßt sich etwa ein einzelnes Wasserpartikel (also ein Ikosaeder) wieder in die zwanzig gleichseitigen Dreiecke zerlegen, die es gebildet haben, und diese können sich nun beispielsweise zu zwei Luftteilchen (Oktaedern) und einem Feuerteilchen (dem Tetraeder) verbinden. Nur die Erde, die sich aus Quadraten zusammensetzt (und ein diagonal geteiltes Quadrat ergibt keine gleichseitigen Dreiecke) ist aus diesem Verwandlungsprozeß ausgeschlossen. Drittens stellen Platons geometrische Körper einen wichtigen Schritt in Richtung Mathematisierung der Natur dar. Ja, wir müssen uns klarmachen, wie bedeutend dieser Schritt tatsächlich ist. Bei Platons Elementen handelt es sich nicht um materielle Stoffe, die als regelmäßige Körper verpackt sind; in einem solchen System wäre die Materie immer noch der Ausgangsstoff. Für Platon jedoch gibt es nur die Gestalt; Masseteilchen sind nichts anderes als regelmäßige Körper, und diese wiederum lassen sich restlos auf zweidimensionale geometrische Figuren zurückführen: Wasser, Luft und Feuer sind also nicht *dreieckig;* sie sind einfach *Dreiecke.* Damit ist die Forderung der Pythagoreer nach einer grundlegend mathematischen Erklärung für die Dinge erfüllt.

Platon beschreibt weiterhin viele Aspekte des Kosmos, und einige davon wollen wir uns näher ansehen. Er erwies sich als äußerst geschickter Kosmologe und Astronom. Die Erde beschrieb er als eine von einer Himmelssphäre umgebene Kugel. Auf dieser Himmelssphäre definierte er verschiedene Kreise, die Bahnen von Sonne, Mond und den anderen Planeten. Er ging davon aus, daß sich die Sonne in einem Jahr in einem Kreis (den wir die Ekliptik nennen) über die Himmelssphäre bewegt, und daß dieser Kreis in bezug zum Himmelsäquator schräg steht. Er wußte, daß der Mond im Laufe eines Monats über fast die gleiche Bahn wandert. Er wußte, daß Merkur, Venus, Mars, Jupiter und Saturn sich ebenso verhalten, jeder in seinem eigenen Tempo und mit gelegentlichen Wendungen, und daß Merkur und Venus sich niemals weit von der Sonne entfernen. Ihm war sogar bekannt, daß die Bewegung der Planeten insgesamt (wenn wir ihre langsame Wanderung über die Sonnenbahn mit der täglichen Drehung der Himmelssphäre zusammenrechnen) spiralförmig ist. Und was vielleicht am allerwichtigsten ist: Offenbar hatte Platon verstanden, daß die Unregelmäßigkeiten in den Planetenbewegungen sich durch die Addition verschiedener gleichmäßiger Kreisbewegungen aufschlüsseln lassen.

Als Platon sich von den Höhen des Kosmos herab zu den Umständen des menschlichen Daseins begab, lieferte er eine Erklärung für Atmung, Verdauung, Gefühl und Sinneswahrnehmung. In seiner Theorie des Sehens beispielsweise geht vom Auge ein Sehfeuer aus, das sich mit dem Außenlicht zu einer Sehbahn verbindet. Über diese Bahn können Bewegungen des sichtbaren Objekts zur Seele des Beobachters gelangen. Im ›Timaois‹ lieferte er eine Theorie zur Krankheit und skizzierte eine Lebensweise, mit der diese zu vermeiden war.

Einen eindrucksvollen Kosmos hat Platon da gezeichnet. Und welche Aspekte dieses Kosmos sind die bedeutendsten? Aus Dreiecken und regelmäßigen Körpern fertigte der Demiurg ein Endprodukt von höchster Rationalität und Schönheit an; und das bedeutet Platon zufolge, daß es sich beim Kosmos um ein lebendiges Wesen handeln muß. Denn Wille des Demiurgen war es, so lesen wir im ›Timaios‹, »die Welt dem Schönsten und in jeder Beziehung Vollkommenen unter allem was die Vernunft sich denken kann so ähnlich wie möglich zu machen, und so bildete er sie als ein einziges sichtbares lebendes Wesen ...« Aber wenn die Welt ein Lebewesen ist, muß sie auch eine Seele besitzen. Und die hat sie: »Der Seele aber gab er ihren Sitz in der Mitte der Welt, streckte sie durch das Ganze, ja umhüllte den Körper auch noch von außen mit ihr. Und im kreisförmigen Umschwung sich drehend ward er so hingestellt als das eine und ganz auf sich beschränkte Weltall, durch seine Vortrefflichkeit imstande, an dem Umgange mit sich selbst Genüge zu finden und niemandes anderen zu bedürfen, in ausreichendem Maße mit sich selbst bekannt und befreundet.« Diese Weltseele ist letztendlich für alle Bewegungen im Kosmos verantwortlich, ebenso wie die menschliche Seele für alle Bewegungen des menschlichen Körpers verantwortlich ist. Hier erkennen wir die Ursprünge jenes animistischen Denkens, das sich als wichtiges Element der platonischen Lehre erhalten sollte. Platon, der sich von der leblosen Zwangsläufigkeit der atomistischen Welt abgestoßen fühlte, beschrieb einen lebendigen Kosmos, der von Rationalität durchdrungen ist und sich streng nach Zweck und Plan richtet.

Und auch die Gottheit fehlt nicht. Da gibt es natürlich den Demiurgen; aber darüber hinaus schrieb Platon auch der Weltseele göttliche Eigenschaften zu und betrachtete die Planeten und Fixsterne als eine Schar von Himmelsgöttern. Allerdings unterscheiden sich Platons Gottheiten dadurch von den Göttern der traditionellen griechischen Religion, daß sie sich niemals in die Vorgänge der Natur einmischen. Ganz im Gegenteil: Gerade die Beständigkeit der Götter garantiert nach Platons Ansicht die Regelhaftigkeit der Natur. Sonne, Mond und die anderen Planeten *müssen* sich eben deswegen in einer Kombination gleichmäßiger Kreisbahnen bewegen, weil eine solche Bewegung die vollkommenste und rationalste ist und ein göttliches Wesen daher nur eine solche Bewegung ersinnen kann. Das heißt, daß Platon durch seine Wiedereinführung der Gottheit keinesfalls zu der Unberechenbarkeit der homerischen Welt zurückkehrt. Genau das Gegenteil ist der Fall, denn für Platon bestand die Funktion der Gottheit gerade darin, Ordnung und Rationalität des Kosmos zu festigen und zu erklären. Platon setzte die Götter wieder ein, um eben jene Aspekte der Kosmos zu erklären, deretwegen man die Götter nach Ansicht der *Physikoi* hatte verbannen müssen.

Die Leistungen der frühgriechischen Philosophie

Wenn wir die frühgriechische Philosophie mit den Augen des modernen Wissenschaftlers betrachten, kommt uns einiges bekannt vor. Die von den Vorsokratikern gestellte Frage nach Form und Anordnung des Kosmos, seinem Ursprung oder seinen Grundbestandteilen erinnert uns an Probleme, die in der modernen Astrophysik, Kosmologie und Teilchenphysik noch immer anstehen. Andere Teile der frühen Philosophie sind uns sehr viel fremder. Praktizierende Naturwissenschaftler fragen sich heute nicht, ob Veränderung logischerweise möglich ist oder wo die wahre Realität liegt, und es wäre ziemlich schwierig, beispielsweise einen Physiker oder Chemiker aufzutreiben, der sich darüber Gedanken macht, wie die jeweiligen aus Logik beziehungsweise Beobachtung gewonnenen Ergebnisse miteinander zu vereinbaren sind. Mit solchen Themen befassen sich die Naturwissenschaftler nicht mehr. Kann man daraus schließen, daß die frühen Philosophen, die ihr Leben solchen Fragen widmeten, unwissenschaftlich vorgingen, irregeleitet oder gar dumm waren?

An diese Frage muß man ziemlich vorsichtig herangehen. Selbstverständlich bedeutet die Tatsache, daß die *Physikoi* sich mit inzwischen uninteressanten Themen beschäftigten, nicht, daß ihre Bemühungen verfehlt waren. Es ist normal, daß im Verlauf einer wissenschaftlichen Entwicklung manche Fragen beantwortet werden, während das Interesse an anderen einfach abflaut. Aber der Einwand geht vielleicht darüber hinaus: Gibt es von vornherein unangemessene und unberechtigte Fragen, Fragen, die von Anfang an unwichtig waren? Und haben Platon und die *Physikoi* ihre Zeit vergeudet, wenn sie sich mit solchen Fragen auseinandersetzten? Vielleicht können wir darauf folgendermaßen antworten: Themen wie etwa die Suche nach der letzten Realität, die Unterscheidung zwischen dem Natürlichen und dem Übernatürlichen, die Quelle der Ordnung im Universum, die Natur der Veränderungen und die Grundlagen des Wissens sind völlig andersgeartet als die Erklärung von kleineren aus Beobachtung gewonnenen Informationen (beispielsweise das Herabfallen eines schweren Körpers, eine chemische Reaktion oder ein physiologischer Prozeß), mit denen sich die Wissenschaftler während der vergangenen Jahrhunderte befaßt haben. Aber andersartig heißt nicht unbedeutend. Zumindest bis zu Zeiten Isaac Newtons widmete der Naturforscher solchen Fragen mindestens ebensoviel Aufmerksamkeit wie jenen Themen, die heutzutage den Hörsaal einer wissenschaftlichen Hochschule füllen. Diese Fragen waren gerade deswegen wesentlich und von Interesse, weil sie zum Entwurf eines für die Erforschung der Welt erforderlichen begrifflichen Rahmens und Wortschatzes dazugehörten. Es waren grundlegende Fragen; und grundlegende Fragen erscheinen späteren Generationen, welche ganz selbstverständlich von diesen Grundlagen ausgehen, oft sinnlos. Heute erscheint uns beispielsweise die Unterscheidung zwischen Natürlichem und Übernatürlichem selbstverständlich; aber bevor eine solche Trennlinie nicht sorgfältig gezogen war, konnte man eine Erforschung der Natur gar nicht richtig in Angriff nehmen.

Die frühen Philosophen fingen also an genau der richtigen Stelle an: am Anfang nämlich. Sie schufen einen Naturbegriff, der über die Jahrhunderte hinweg als Grundlage wissenschaftlichen Denkens und Forschens diente – den Naturbegriff, von dem die moderne Wissenschaft mehr oder weniger ausgeht. Inzwischen sind viele der damals von den Philosophen gestellten Fragen beantwortet – manchmal sind die Lösungen eher zusammengepfuscht als endgültig, aber immerhin reichen sie aus, um das Thema aus dem Vordergrund des wissenschaftlichen Interesses zu verdrängen. Nachdem sie außer Sichtweite geraten waren, nahm eine Reihe weit eher zielgerichteter Forschungsbemühungen ihren Platz ein. Wenn wir das Anliegen der Wissenschaft in seiner gesamten Vielfalt und Komplexität verstehen würden, dann würden wir erkennen, daß ihre beiden Bestandteile – die Grundlage und der Überbau – einander ergänzen und sich gegenseitig bedingen. Die moderne Laborforschung spielt sich in einem breiten begrifflichen Rahmen ab und kann ohne Vorstellungen von der Natur und der zugrundeliegenden Realität gar nicht anfangen; die Ergebnisse der Laborforschung wiederum schlagen sich auf diese ganz grundlegenden Begriffe nieder; diese werden aufgrund der Ergebnisse verfeinert oder (gelegentlich) verworfen. Aufgabe des Historikers ist es, die Naturwissenschaft in ihrer ganzen Vielfalt darzustellen. Wenn der Garten der *Physikoi* ganz am Anfang des Weges zur modernen Naturwissenschaft liegt, dann schadet es dem Naturwissenschaftshistoriker gar nicht, wenn er einige Zeit in seinen schattigen Winkeln verweilt, bevor er sich auf die Reise macht.

Gerhard Dohrn-van Rossum
Tagesteilung und Zeitmessung in der Antike

> Die Uhr bedeutet Handlungen, Unternehmungen, Bewegungen und
> Inangriffnahme von Geschäften: Alles nämlich, was die Menschen tun,
> vollbringen sie im Hinblick auf die Stunden. Deshalb ist es übel und
> verhängnisvoll, . . ., wenn eine Uhr zusammenfällt oder zerbricht.
>
> Artemidor von Daldis, Traumbuch

Die Uhr als Symbol für Geschäfte und Geschäftigkeit – das
klingt in unseren Ohren wie eine moderne, wenngleich etwas
abgegriffene Traumdeutung. Artemidor behandelt Traumsym-
bole als prognostische, noch nicht als introspektive Hilfsmittel,
und man wird bei seiner Deutung an zukünftige glückliche
kommerzielle Unternehmungen wie auch an politische oder
forensische Erfolge denken müssen. Das Traumsymbol setzt
die allgemeine Geläufigkeit des Uhrengebrauchs mindestens in
den Städten voraus. Wie sollte eine Uhr in Träumen erscheinen, wenn das »Leben nach der Uhr« im 2. Jahrhundert n. Chr.
nicht schon eine verbreitete Erfahrung war?

Artemidor steht mit dieser Äußerung keineswegs allein. Ein
Komödienautor läßt einen Parasiten fordern, daß die Götter
denjenigen verderben, der die Sonnenuhr in die Stadt gebracht
hat, weil man sich nicht mehr nach dem Hunger, sondern nur
noch nach der festgelegten Essenszeit richte. Seneca beklagt die
naturfremden Neuerungen, nach denen bei Tageslicht geschla-
fen und bei Dunkelheit gefeiert wird. Dem Kaiser Domitian
sagt man vor seiner Ermordung absichtlich die falsche Stunde,
weil er sich vor der fünften besonders fürchtete. Martial wit-
zelte über die strikt nach Stunden geregelten und ausgefüllten
Tagesläufe. Andererseits wird in der Spätantike, etwa bei Cas-
siodor, eine vernünftige Stundenteilung zur Voraussetzung
einer tugendhaften *ordo vitae*. Die oft als Abkehr von der
ländlichen *simplicitas* bedauerte, nie als Gewinn begrüßte
Differenzierung des städtischen Lebens wurde auch als Erfahrung der sozialen Differenzierung der städtischen Tagesläufe formuliert. Sie war eine neue Erfahrung, deren Zusammen-

hang mit der Einführung der Uhren deutlich gesehen worden ist.

Antike Autoren weisen wiederholt darauf hin, daß die Stundenteilung des Tages und die Verwendung von Zeitmessern nicht von alters her üblich waren, sondern daß beides noch in eine Zeit historischer und datierbarer Erinnerung falle. Herodot berichtet, daß die Griechen die Sonnenuhren und die Zwölfteilung des Tages von den Babyloniern übernommen haben. In der Zeit davor hatte unser Wort für Stunde, *hora*, einen Zeitraum unterschiedlichster Ausdehnung, zum Beispiel eine Jahreszeit bezeichnet. Die Griechen teilten den Tag in drei oder vier Abschnitte, die zum Beispiel »später Vormittag« genannt oder nach Mahlzeiten oder Tätigkeiten bezeichnet wurden. Die Nacht war im bürgerlichen Gebrauch gar nicht, für die Wachen beim Militär in drei oder vier Abschnitte jahreszeitlich wechselnder Dauer geteilt. Ob der Kalendertag am Abend oder dem populären Sprachgebrauch folgend am Morgen begann, ist umstritten. Die Verwendung von Tageszwölfteln, Temporalstunden und die Verwendung von *hora* als Zeitstunde ist erst seit der Zeit Alexanders des Großen nachgewiesen.

Im 7. Buch seiner ›Naturgeschichte‹ entfaltet Plinius der Ältere eine Art historischer Anthropologie, in der der gegenwärtige Kulturzustand als Resultat einer langen Reihe von Erfindungen erscheint. Dazu gehören auch Übereinkünfte aller Völker, teils stillschweigende wie die Verwendung der ionischen Schrift und die Sitte des Bartscherens, teils aus Überlegung gewonnene wie die Stundenteilung. In den Gesetzen der Zwölf Tafeln (451 v. Chr.) ist nur vom Auf- und Untergang der Sonne die Rede. Erst später seien in Rom auch die Mittagsstunden und die letzte Tagesstunde von Beamten nach dem Sonnenstand ausgerufen worden. Lucius Parpirius Cursor habe dann (292 v. Chr.) die erste Sonnenuhr in Rom aufstellen lassen. Danach habe nach M. Varros Bericht der Konsul Valerius Massala eine Sonnenuhr aus dem eroberten Catania herbeigeschafft (263 v. Chr.), jedoch habe man 99 Jahre lang nicht bemerkt, daß ihre Linien wegen des geographischen Breitenunterschieds nicht mit den Tagesstunden in Rom übereinstimmten. Erst später (164 v. Chr.) sei eine richtig konstruierte Sonnenuhr, und kurz darauf (159 v.Chr.) auch eine öffentliche Wasseruhr unter einem Dach aufgestellt worden. Plinius bemerkt abschließend, daß für das römische Volk der Lichttag bis dahin ungeteilt gewesen sei.

Die Zwölfteilung des Tages war erst durch die Verwendung von Uhren möglich geworden. Diese als soziale Konvention in beiden Kulturkreisen bewußte Teilung war babylonisches Erbe. Dort hatte man eine Teilung des Volltages in zwölf Doppelstunden und eine getrennte Teilung des Tages und der Nacht benutzt. Nach dieser wird der Lichttag von Sonnenaufgang bis Sonnenuntergang und ebenso die Nacht in zwölf jeweils unter sich gleich lange Teile, Stunden, geteilt. Dauer und zeitliche Lage dieser Stunden wechseln mit der Dauer des Lichttags, wobei die »sechste Stunde« immer den Mittagspunkt bezeichnet. Nur zweimal im Jahr, an den Äquinoktien, sind die Tages- und die Nachtstunden gleich lang. Man bezeichnet diese Stunden als Temporalstunden, *horae inequales*. Umgerechnet in die – damals unbekannten – Stundenminuten verhielt sich die längste zur kürzesten Tagesstunde in Oberägypten wie 67 : 53, in Athen wie 73 : 47, in Rom wie 76 : 44, in Süddeutschland wie 80 : 40, in Nordengland wie 90 : 30. Daneben blieb in Rom auch die ältere Vierteilung des Tages und die Teilung der Nacht in vier Wachen üblich, weil sie für die meisten praktischen Zwecke ausreichend war. Diese Abschnitte sind in Rom von den Behörden stadtöffentlich signalisiert worden. Auch die Tagesviertel wurden nach ihrer letzten Stunde benannt. Als Zeitpunkt sind die Stundenangaben – mit Ausnahme bei der ersten Stunde, *hora prima* – immer im Sinn der abgelaufenen Stunde (*hora expleta, hora completa*) zu verstehen. Kurz: *nona* zum Beispiel konnte als Frist die neunte Stunde des Tages, seltener auch der Nacht, oder den frühen, die siebte, achte und neunte Stunde umgreifenden Nachmittag und als Zeitpunkt das Ende der neunten Stunde bezeichnen. Anstelle der ungebräuchlichen *hora duodecima noctis* beziehungsweise *h. d. diei* bezeichneten *mane* und *vespera/suprema* die natürlichen Grenzen des Lichttags. Zusätzlich war als vormorgendlicher Zeitpunkt der Hahnenschrei *gallicantus* geläufig.

Differenzierte Stundenangaben wird man nur bei den Gebildeten erwarten dürfen, aber auch hier war die Notwendig-

keit, sie zu verwenden, begrenzt. Ungefähre Tages- und Nacht-
zeitpunkte ließen sich auch mit Hilfe damals noch weit diffe-
renzierterer, an Naturvorgängen orientierter Begriffe hinreichend verständlich beschreiben. Das gilt besonders für die
Hell-Dunkel-Übergänge, wie die folgende, noch im Mittelalter
sehr geläufige, qualitative Teilung der Nacht beispielhaft zeigt:
occasus solis (Sonnenuntergang), *crepusculum* (Dämmerung),
vesperum (Erscheinen des Abendsterns), *conticinium* (Schweigen), *intempestum* (völliges Erliegen aller Tätigkeiten), *gallici-
nium* (Hahnenschrei), *aurora* (Zurücktreten der Finsternis,
Beginn der Morgenröte), *diluculum* (Morgendämmerung), *ex-
ortus solis* (Sonnenaufgang).

Gleich lange Stunden (*horae aequinoctiales, horae aequales*)
waren durchaus bekannt. In Gebrauch waren sie nur im Kontext naturwissenschaftlicher, insbesondere astronomischer und
teilweise auch astrologischer Erörterungen. Die Angabe von
Stundenbruchteilen war außerhalb der Astronomie selten. Für
den alltäglichen Gebrauch reichten Präzisierungen wie »am
Anfang«, »gegen Ende« einer Stunde aus. Halbe Stunden waren üblich bei der Zuteilung von Zeit bei Bewässerungsrege-
lungen. Ausnahmsweise wurden auch Stundenbrüche an die
Angabe der abgelaufenen Stunden angefügt, zum Beispiel *hora
quarta et quadrans, hora quarta et triens.*

Antike Sonnenuhren

Die Beobachtung der Veränderungen des Sonnenschattens ist
sicher das älteste Verfahren zur Zeitbestimmung. Dazu eignen
sich die Schatten von Gebäudekanten, aber auch der eigene
Körperschatten, dessen Länge ausgedrückt in »Fuß« oder
»Schuh« in der Antike ein sehr populäres Mittel der Zeitbestimmung gewesen ist. Ein erster Hinweis findet sich in der
Komödie ›Die Frauenvolksversammlung‹ (392? v. Chr.) des
Aristophanes. Darin wirft eine Bäuerin ihrem Mann vor, nichts
weiter zu tun, als seinen Schatten zu beobachten und sich,
wenn dieser zehn Schuhe betrage, zum Essen zu verfügen.
Auch Verabredungen auf einen sechs-, acht-, zehn-, zwölf-

füßigen Schatten waren in Griechenland üblich. Tafeln, die die Schattenlänge für die Stunden in den verschiedenen Monaten in *pedes* angaben, waren noch im Mittelalter sehr verbreitet.

Sonnenuhren mit Schattenstab und Skalen waren seit dem 3. Jahrtausend v. Chr. in Gebrauch. Sie dienten zunächst wohl nur kalendarischen Zwecken. Die Tageseilung ist später hinzugekommen. Untersuchungen der in Ägypten gefundenen Exemplare haben ergeben, daß alle Sonnenuhrformen der älteren Zeit ziemlich ungenaue Tageszeitangaben lieferten. Die griechische Astronomie hat dann babylonische Vorbilder zu verschiedenen Typen und Formen entwickelt, von deren Vielfalt Vitruv in ›De architectura‹ berichtet. Zahlreiche archäologische Zeugnisse bestätigen seine Beschreibungen. Griechische und römische Sonnenuhren trugen das Liniennetz auf vielen meist in Stein gemeißelten Formen (Kugeln, Kugelschnitte, Konus- und Zylinderformen, vertikale und horizontale Flächen). Monumentale Ausführungen mit über hundertfünfzig Meter breiten Liniennetzen nutzten ägyptische Beuteobelisken als Schattenwerfer.

Sonnenuhren zierten öffentliche Gebäude, Tempel, Privathäuser und Villen. Sie waren im ganzen Römischen Reich verbreitet. Das Wort des Spötters von der mit Sonnenuhren angefüllten Stadt wird zum Beispiel von den Funden in Pompeji bestätigt. Zahlreiche Inschriften zeigen sie als beliebtes Objekt von Stiftungen.

Auch wenn es sich, wie erwähnt, nur langsam herumgesprochen hatte, war das Problem der Konstruktion entsprechend der geographischen Breite spätestens seit dem 3. Jahrhundert v. Chr. gelöst. Seit dieser Zeit zeigen die antiken Sonnenuhren stets die Temporalstunden für einen bestimmten Breitengrad. Orte wurden entsprechend ihrer Lage auf einem Breitengrad einem »Klima« zugerechnet, das sich auch als Verhältnis des längsten zum kürzesten Tag, ausgedrückt in gleich langen Stunden, angeben ließ. Transportable, für Reisende geeignete Hängesonnenuhren (*horologia viatoria pensilia*) konnten für alle Breitengrade oder für eine Reihe wichtiger Orte eingestellt werden.

Da bei den antiken Sonnenuhren der Weg der Schattenwerferspitze beobachtet wurde, konnten sie auch der Ablesung kalendarischer Indikationen, etwa des Monats oder der Feststellung der Äquinoktientage, an denen die Schattenspitze eine gerade Linie beschreibt, dienen. Möglicherweise blieb dies auch nach dem Aufkommen der Stundenteilung ihre wichtigste Funktion.

Antike Wasseruhren

Wetter- und tageslichtunabhängige Zeitmessung war in der Antike nur mittels der sogenannten Wasseruhren, der Klepsydren, möglich. Die Bezeichnung Klepsydra (»Wasserdieb«) geht auf eine untypische Form zurück. Im 6. Jahrhundert v. Chr. wurden an gelochten Hohlkörpern mit kleinen, mit dem Daumen verschließbaren Auslaßöffnungen, mittels derer man wie mit einer Pipette Wein, Wasser oder Öl aus großen Gefäßen »heben« konnte, verschiedene Beobachtungen pneumatischer und hydraulischer Erscheinungen gemacht. Die Beobachtung des langsamen Einsinkens eines solchen Körpers in einer Flüssigkeit oder die Möglichkeit, den Auslauf zu verzögern, hat auf die Entdeckung der Klepsydra als Mittel, eine Frist zu bestimmen, geführt.

Klepsydren – Auslaufuhren

Das älteste und einfachste Mittel solcher Fristbestimmungen waren jedoch nicht die Weinheberformen, sondern die sogenannten Auslauf-Wasseruhren. Sie hatten keinen eigenen Namen und wurden ebenfalls Klepsydra genannt. Dabei wurde ein einfaches Gefäß mit einer engen Auslauföffnung versehen. Das Ausfließen einer bestimmten Wassermenge diente dann der Fristbestimmung oder die Beobachtung des sinkenden Wasserspiegels einer sehr einfachen Zeitmessung. Solche Gefäße werden im 1. Jahrtausend in Indien und China erwähnt. Nach babylonischen Texten wurden sie durch unterschiedliche Füllmengen den wechselnden Jahreszeiten angepaßt. Nach einer ägyptischen Inschrift (ca. 1550 v.Chr.) und einem beim Ammontempel in Karnak gefundenen Exemplar (ca. 1400 v.Chr.) wurden an den zur Kompensation des nachlassenden Wasserdrucks schrägen Innenflächen des Gefäßes Skalen angebracht, die die Teilung der Nacht in verschiedenen Monaten ermöglichten. Neuere Versuche haben ergeben, daß, obwohl die physikalische Theorie offenbar unbekannt gewesen ist, die tägliche Fehlanzeige nur etwa eine Viertelstunde betragen hat. Soweit man weiß, wurden diese mit Skalen versehenen Gefäße zur Einteilung der nächtlichen Wachen benutzt.

In Griechenland tauchen die skalierten Gefäße offenbar erst spät auf. Bei den attischen Gerichts- und Ratsgremien kommen seit dem 5. Jahrhundert v.Chr. zunächst einfache Auslaufklepsydren in Gebrauch, und zwar als Mittel der Verteilung und Befristung von Redezeit. Da die Verhandlungen im Regelfall an einem Tag abgewickelt werden mußten, wurde unter Zugrundelegung der ungefähr an einem kurzen Tag (circa neun Stunden) aus Krügen ausfließenden Wassermenge die Gesamtredezeit in Strafprozessen zwischen Klägern, Beklagten und Richtern gedrittelt, in Privatsachen auch gefünftelt. Bei Zeugenvernehmungen und der Verlesung von Aktenstücken wurden die Gefäße verschlossen. Aristoteles berichtet dann, daß Redezeiten auch nach dem Streitwert befristet worden seien. Dabei wurde den Parteien nicht ein Teil der Tagesredezeit, sondern eine bestimmte Zahl von Kannen (ca. 3,2 l) zugestanden, deren Auslaufzeit nach modernen Berechnungen jeweils drei bis vier Minuten betrug. Die Stundenteilung des Tages war noch nicht üblich, und entsprechend wurde nicht »nach der Zeit«, sondern »nach dem Wasser« geredet, das jeweils nur für eine ganz ungefähr bekannte Frist stand. Auch an den Schulen der Rhetorik übte man mit solchen Auslaufgefäßen. Das römische Rechtswesen hat diese Technik der Befristung von Gerichtsreden in der republikanischen Zeit übernommen, nach Tacitus um der Juristeneloquenz Zügel (*frenum*) anzulegen. Im Mittelalter wird *frenum* das technische Fachwort für die Hemmung der Räderuhr, und das Zaumzeug taucht, wie erwähnt, zu Beginn des 15. Jahrhunderts im ikonographischen Kontext der Allegorie der Tugend »Temperantia« auf. Erst bei Cicero finden sich Stundenangaben für Gerichtsreden, erst bei Plinius den Jüngeren werden sie so konkret, daß man nachträglich die Laufzeit einer römischen Gerichtsklepsydra mit circa zwanzig Minuten bestimmen kann. In städtischen Gremien wurde die Klepsydra, wie im Spätmittelalter die Sanduhr, zu einem Mittel der Pünktlichkeitskontrolle. Nach einer Inschrift aus Iasos in Kleinasien aus dem 3. Jahrhundert v. Chr. wurde am Ratstag bei Sonnenaufgang eine gut sichtbare Klepsydra gefüllt. Die Mitglieder des Rats, die nach ihrem Auslaufen nicht erschienen waren, verloren ihren Anspruch auf Tagegeld. Wie in Ägypten dienten in der Antike Klepsydren auch zur Bestimmung der Dauer der militärischen Nachtwachen. Cäsar berichtet, er habe die langen Nächte in England »durch das Wasser« bemerkt.

Der Gebrauch der Klepsydren macht deutlich, daß man bei der Bemessung und Verteilung an Bewässerungsanlagen von vagen, nur für konkrete Anwendungssituationen gültigen und nicht zu verallgemeinernden Fristen zu abstrakten Fristen übergegangen ist. Zu diesem Zweck wurden Klepsydren in der ganzen Alten Welt, aber auch in Indien, China und Persien bis in die Neuzeit überall da benutzt, wo Wasser besonders kostbar war. Eine bestimmte Wassermenge entsprach dabei der Auslaufzeit einer Klepsydra oder der Zeit, die ein gelochtes Gefäß zum Einsinken in ein Reservoir benötigte. Diese Einheit wurde zugewiesen, verkauft oder versteigert. Daher konnte die Frist auch den Namen des Gefäßes annehmen. Nachdem im Spätmittelalter in Spanien, wo solche Regelungen häufig aus der muslimischen Zeit tradiert worden waren, vielfach Sanduhren die Klepsydren ersetzt hatten, behielt die zugeteilte halbe Stunde den Namen »Krug« (jarro), und dabei ist es auch nach der Verbreitung der mechanischen Uhren teilweise bis heute geblieben.

Im Römischen Recht sind die Techniken der Wasserverteilung durch Befristung vielfach kodifiziert worden. In der Kaiserzeit ist man jedoch dazu übergegangen, die Wasserverteilung auch nach den Stunden des Tages und nicht mehr nach einem Hohlgefäß zu ordnen. Eine Inschrift aus Lamasba in Numidien (3. Jahrhundert) nennt die Grundstücke, die Besitzernamen und die Bewässerungszeit nach ganzen und halben Tagesstunden. Das setzt die Geläufigkeit der Zeitmessung durch Sonnenuhren schon voraus, und für die gerechte Verteilung des Wassers konnte so ein abstrakteres Zeitmaß benutzt werden.

Klepsydren und wissenschaftliche Messungen

Die Berichte, nach denen Wasseruhren zu wissenschaftlichen Beobachtungen und damit zu Vorformen quantifizierender Methoden der Naturforschung eingesetzt worden sind, führen in das 3. Jahrhundert v. Chr., in die Hochblüte der alexandrinischen Wissenschaft.

Da ist zunächst, völlig isoliert, das heißt weder durch andere Quellen bestätigt noch in der Tradition aufgenommen, der Bericht über den Arzt Herophilos von Alexandria, der eine kurzlaufende Klepsydra zur Feststellung der Pulsfrequenz von Fieberkranken benutzt haben soll. Durch Vergleich mit den für vier verschiedene Altersstufen in der gleichen Frist gezählten Frequenzen von Gesunden habe er so krankhafte Veränderungen ermitteln können. Die antike Medizin, die den Puls eher als »stark«, »schwach«, »regelmäßig« oder »unruhig« beschrieben hat, faßte auch Adjektive wie »schnell«, »langsam«, »jagend« oder »stockend« eher qualitativ und strikt gebunden an die Erfahrung des einzelnen Arztes auf. Erst im 17. Jahrhundert beginnt man den Puls zu zählen.

Breiter überliefert und noch im Mittelalter tradiert sind die den Alexandrinern zugeschriebenen Verfahren, das Verhältnis des Durchmessers von Sonne und Mond zu ihrer Bahn um die Erde zu berechnen. Dazu sollte eine Auslaufwasseruhr beim Erscheinen des Gestirns geöffnet und nach der Horizontpassage der vollen »Planetenscheibe« wieder verschlossen werden. Gleichzeitig sollte ein zweites Gefäß geöffnet und beim erneuten Erscheinen des Gestirns am nächsten Morgen verschlossen werden. Der Vergleich der beiden Wassermengen hat dann angeblich ergeben, daß sich der Durchmesser der Sonnenscheibe zu ihrer Bahn wie 1 : 600 (für den Mond 1 : 750) verhält. Im 2. Jahrhundert v. Chr. hält Ptolemaios solche Experimente für nicht erfolgversprechend. Im 2. Jahrhundert n. Chr. erklärt sie der Skeptiker Sextos Empeirikos für unmöglich. Otto Neugebauer bezeichnet solche Messungen als praktisch undurchführbar. Sie seien schon in der Antike als literarische Klischees tradiert.

Kontinuierliche Zeitindikation und Automatenwerk

In der hellenistischen Zeit ist ein neuer Typ der Wasseruhr entwickelt worden, der von großem Einfluß auf die modernen Formen der Verbindung kontinuierlicher Zeitindikation mit astronomischen Indikationen und Spiel- und Signalwerken gewesen ist. Bei den sogenannten Einlauf-Wasseruhren wird der Wasserdruck dadurch konstant gehalten, daß der Wasserspiegel im Vorrats- beziehungsweise Auslauftank durch eine Überlaufrinne auf stets gleichem Niveau bleibt. Der Wasserspiegel im Einlauftank steigt gleichmäßig, und durch den Schwimmer läßt sich eine Anzeigevorrichtung oder eine Mechanik gleichmäßig bewegen. Die einzige ausführliche Quelle für diese vermutlich hellenistischen Neuentwicklungen und ihre konstruktiven Details ist der nicht konsistente und in der technischen Interpretation stets strittige Bericht Vitruvs über die »Wasseruhren« beziehungsweise »Winteruhren«. Vitruv benennt als Erfinder den Ktesibios aus Alexandria (3. Jahrhundert v. Chr.), dem auch die Entwicklung einer hydraulischen Orgel und einer zweizylindrigen Feuerspritze zugeschrieben werden.

Vitruv erläutert zunächst das Prinzip: eine sorgfältig kalibrierte Auslauföffnung aus Gold oder Edelstein und ein Schwimmer in Gestalt eines umgestülpten Beckens. In einer ersten Variante, in der eine lineare Bewegung in eine Kreisbewegung überführt wird, treibt eine gezahnte Stange auf dem Schwimmer ein Zahnrad und dies wiederum allerlei Figurenwerke oder akustische Signalvorrichtungen wie fallende Steine oder pneumatische Blasinstrumente. Vitruv nennt diese Vorrichtungen Beiwerk. In einer zweiten Variante trägt der Schwimmer einen Zeiger beziehungsweise eine Zeigerfigur. Zwei Möglichkeiten der Anpassung an die ungleichen Stunden werden erörtert: Veränderung der Auslauföffnung mittels eingeschobener Keile. Dabei ist unklar, ob Vitruv schon konische Ventile gekannt hat. Eine andere Möglichkeit ist die Anbringung einer drehbaren Skalentrommel mit Stundenlinien für die verschiedenen Monate. Bei der dritten Variante, einer astronomischen Uhr, dem *horologium anaphoricum*, die wie die erste eine lineare in eine Kreisbewegung überführt, wird eine biegsame Kette vom Schwimmer über eine Welle zu einem Gegengewicht geführt. Mit der Welle dreht sich hinter einem Drahtnetz mit den Wendekreisen und den Stundenlinien eine Scheibe mit 365 Löchern, in die ein Stift für die Position der Sonne gesteckt werden konnte. Die erste bekannte Fassung eines mechanisch drehbaren Astrolabs, das seit dem Spätmittelalter zur Standardausrüstung der astronomischen Uhren gehörte, wird hier sichtbar. Abschließend schildert Vitruv eine – wohl nicht funktionstüchtige – Regulierungsvorrichtung mit einer gelochten drehbaren Scheibe zwischen den Tanks.

Archäologische Zeugnisse bestätigen, daß Vitruv tatsächlich existierende Uhrwerke beschrieben hat. An der Agora in Athen und dem im nördlichen Attika gelegenen Oropos sind Reste großer öffentlicher Einlauf-Wasseruhren erhalten, die im 3. Jahrhundert v. Chr. in Betrieb gewesen sind. Nach der Größe der Tanks dürfte ihre Laufzeit mehr als einen Tag betragen haben. Auch in dem von Andronikos von Kyros im 1. Jahrhundert v. Chr. errichteten Turm der Winde hat sich ein solches *horologium* befunden. Die acht Seiten des circa dreizehn Meter hohen Turms trugen je eine Sonnenuhr, die Wasseruhr im Inneren hat vermutlich verschiedene astronomische Mechanismen bewegt. Auch das Fragment einer in der Nähe von Salzburg gefundenen Scheibe mit astronomischen Indikationen aus dem 2. Jahrhundert n. Chr. gehörte sehr wahrscheinlich zu einer anaphorischen Uhr, wie sie von Vitruv beschrieben worden ist.

Unser gegenwärtiger Kenntnisstand läßt noch kein Urteil darüber zu, wie weit die antiken Mechaniker bei der Konstruktion der für die Darstellung der Planetenbahnen notwendigen komplizierten Getriebe für solche Uhren gekommen sind. Der einzige bis heute bekannte Hinweis darauf war zwar eine wissenschaftliche Sensation, steht aber einstweilen nach

Quellen und Forschungslage völlig isoliert. Der sogenannte Antikythera-Mechanismus ist im Jahre 1901 aus einem Schiffswrack nahe der Insel Antikythera zwischen dem Peloponnes und Kreta geborgen worden. Es handelt sich um ein dreißig mal fünfzehn Zentimeter großes und etwa buchstarkes Gerät zur mechanischen Kalkulation und Demonstration kalendarischer Probleme auf drei Zifferblättern. Auf der einen Seite ließen sich innerhalb des griechisch-römischen Kalenders die Position von Sonne und Mond, die Aufgänge heller Sterne und die Äquinoktiendaten einstellen. Auf der anderen Seite wurden innerhalb des metonischen Zyklus neunzehn Sonnenjahre auf 235 synodische (Mond-)Monate bezogen. Für diesen Mechanismus sind entsprechend der astronomischen Theorie epizyklische, das heißt Kreisbahnen auf einer Kreislinie darstellende Getriebe benutzt worden. [...] Die sich daraus zwangsläufig ergebende Neueinschätzung des Niveaus der antiken Feinmechanik und ihrer Möglichkeiten, kunstvolle Getriebe herzustellen, steht jedoch noch aus. Für unseren Zusammenhang läßt sich festhalten: Auch wenn das einzige bekannte Exemplar einer solchen Mechanik von Hand bewegt worden ist, gibt es keine grundsätzlichen Zweifel an der Möglichkeit, komplizierte astronomische Mechanismen in der Antike durch Wasseruhren anzutreiben.

Dem europäischen Mittelalter wurde die antike Uhrentechnik teils direkt aus der römischen Spätantike, teils indirekt über die bzyantinischen und arabischen Mechaniker überliefert. In Konstantinopel waren solche Uhren für die kaiserlichen Palastwachen in Gebrauch. Ihre Verwendung für die Befristung von Gerichtsreden war jedoch nach dem Zeugnis des Johannes Lydos im 6. Jahrhundert nicht mehr üblich. In der Stadt waren mehrere öffentliche Gebäude und Kirchen mit Uhren versehen. Im Einzelfall ist den Texten schwer zu entnehmen, ob es sich um Sonnen- oder Wasseruhren gehandelt hat. Durch die Bezeichnung »Uhr der Stadt« hebt Johannes Lydos den offiziösen Charakter mindestens einer dieser Uhren hervor.

Auch die Entwicklung der großen wasseruhrgetriebenen Automaten ist in der byzantinischen Zeit weitergeführt worden. Prokop berichtet von einer Kunstuhr in Gaza in Palästina (um 530), bei der die Stunden nach der Zählzahl (2 × 1–6) auf einem Gong weit hörbar geschlagen worden sind. Die an einem großen Platz errichtete Uhr setzte ein aufwendiges Spiel von mechanischen Figuren in Bewegung. Im Giebel rollte ein Gorgonenkopf stündlich die Augen. Darunter befand sich eine Reihe mit zwölf Türen, vor der sich eine Heliosfigur bewegte. Stündlich öffnete sich eine Tür, und hervor trat eine Heraklesfigur mit dem Attribut einer seiner zwölf mythischen Arbeiten. Unter den Musik- und Figurenwerken wird ein flügelschlagender Adler hervorgehoben, der die Uhr bekränzte. Nachts wanderte ein Licht hinter der Türenleiste. Im Zeremonienbuch des Kaisers Konstantin VII. Porphyrogennitos (10. Jahrhundert) wird eine große Uhr im kaiserlichen Palast in Konstantinopel und eine Uhr in einem Nebengebäude der Hagia Sophia erwähnt. Von letzterer wird in arabischen Reiseberichten erzählt, daß auch sie stündlich Figurenwerke bewegte. Diese Berichte schreiben ihre Konstruktion dem sonst nicht als Mechaniker bekannten Apollonios von Tyana (1. Jahrhundert) zu.

Wie bei den monumentalen Uhren des europäischen Mittelalters stand bei diesen mechanischen Wunderwerken das Interesse an überraschenden Effekten oder an der Veranschaulichung der Himmelserscheinungen im Vordergrund. Die öffentliche Anzeige der Tageszeit war eher ein Nebeneffekt. Im islamischen Raum sollte sich eine Automatenkunst entwickeln, die allmählich Einfluß auf die Geschichte der Uhr im Hochmittelalter gewann.

Jacob Burckhardt
Pessimismus im griechischen Leben

Man hat es vor allem zu tun mit einem Volke, welches in höchstem Grade seine Leiden empfinden und derselben bewußt werden mußte. Im vollkommensten Gegensatz zu der aprioristischen Resignation großer asiatischer Völkergruppen und zu allem beschaulichen Quietismus bietet der Grieche dem Schicksal lauter verwundbare Seiten dar, und dasselbe kann ihn täglich und stündlich nicht nur leiblich, sondern auch seelisch verletzen. Völker leben in ihren Anfängen und oft noch bis in ziemlich hohe Kulturen hinein rassemäßig; der Grieche aber war früher ein individueller Mensch geworden als die übrigen und trug nun hiervon den Ruhm und das Unheil in unvermeidlicher Mischung. Schon im Epos entsenden die Väter des Achilleus und des Glaukos ihre Söhne in den Kampf vor Troja mit dem Mahnspruch: »immer der erste zu sein und vorzustreben den andern«, und nun wartet der Heroen nicht nur der Kampf gegen die Feinde, sondern auch die Eifersucht der Genossen und zwischen den Anführern bereits tödliche Feindschaft. Es folgte das Zeitalter, da die Wettkämpfe, in der Heimat wie an den großen Festorten, die ganze Hellenenwelt in Bewegung setzten und mit dem Ruhm der Sieger erfüllten, während die sehr viel zahlreicheren Zurückstehenden gewiß eine unendlich viel größere Summe des Jammers empfanden, als die Summe des Glückes jener war. Wohl darf man fragen: Hing nicht das Hochgefühl dieser Agonalsieger, ganz ähnlich wie das der von irgend einem Erfolg gekrönten Griechen aller Zeiten, zu sehr vom Urteil anderer ab? Und lebte nicht dies ganze Volk überhaupt etwas zu viel in den Augen anderer? Jedenfalls aber befand man sich demgemäß. Und nun kam die Entwicklung der vorstrebenden Einzelkräfte in der Polis, und zwar in der demokratisch gewordenen, und hier würde man wohl tun, dem wirklichen perikleischen Athen, nicht dem übereinkömmlich verklärten ins Angesicht zu schauen, wobei man zum Beispiel mit den spätern Erlebnissen des Perikles selbst den zweckmäßigen Anfang machen könnte. Von da an war das öffentliche Wesen, so weit wir es bei den Geschichtsschreibern und Rednern des 5. und 4. Jahrhunderts verfolgen können, in den bekannten Händen, das Leben in der Polis aber das sozusagen einzig gestattete, Späherei und tödliche Anklage etwas Alltägliches; sollte man nun an die unermeßliche Zahl derer, welche litten, deshalb nicht denken dürfen, weil sie haben schweigen müssen? während die handgreiflichsten Tatsachen uns die Augen öffnen könnten, vor allem die Flucht so vieler Fähigen vor dem Staat, indem sie sich der offenkundigen Armut und der Familienlosigkeit weihten. Griechen aber, das heißt zur persönlichen Auszeichnung veranlagt, waren sie alle, und zum Teil Menschen von unendlich feiner und vollkommener Organisation, welche wahrlich nicht leicht auf Wirken und Wollen verzichteten. Und diese Polis, in welcher und wegen welcher man so vieles leiden mußte, dies eins und alles war von jeher, wenn sie von außen überwunden wurde, nicht bloß dem Raub und der Demütigung, sondern nach griechischem Kriegsrecht der Zerstörung, der Tötung der Männer, dem Verkauf der Weiber und Kinder ausgesetzt, und von unzähligen Griechenstädten sind später wirklich nur Ruinen vorhanden gewesen. Welche Summe von Jammer und Wut muß dies ausgemacht haben! gegenüber vom intensivsten Leben lauter völlige Zernichtung! Dies möge man sich gegenwärtig halten bei Anlaß all jener Parteikämpfe und Zerrüttungen, um derentwillen die Nation materiell zu einem Schatten wurde, bis sie den Römern in die Arme fiel.

Allerdings, was Beglückung durch den Geist gewähren kann, das haben hier viele auserwählte Menschen in hoher Kunst und Dichtung, in Denken und Forschen genossen und durch den Abglanz ihres Wesens auch den übrigen vermittelt, soweit diese des Verständnisses fähig waren. Diese Kräfte sind bei den Griechen gewissermaßen immer optimistisch gewesen, das heißt es hat sich für Künstler, Dichter und Denker immer der Mühe gelohnt, dieser Welt, wie sie auch sein mochte, mit mächtigen Schöpfungen gegenüberzutreten. Wie düster sie persönlich vom Erdenleben gedacht haben mögen, ihre Energie verzichtet niemals darauf, freie und große Bilder von dem, was in ihnen lebt, ans Licht hervorzuschaffen. Und bisweilen erhebt sich der Gedanke und schwebt hoch und beglückend über Attika und ganz Griechenland, wenn das Weltganze sein Objekt wird. Anaxagoras sprach es aus: Das Geborenwerden sei dem Nichtgeborenwerden vorzuziehen, um der Betrachtung des Himmels und des Weltganzen willen. Einen intellektuellen Optimismus ähnlichen Inhalts proklamierte auch Diogenes: Für den Trefflichen sei jeder Tag ein Festtag, der ganze Kosmos ein Heiligtum, in welches wir bei der Geburt eintreten, mit Sonne, Mond, Gestirnen, Strömen frischen Wassers und den von der Erde genährten Gewächsen und Tieren; die Einweihung zu diesen Mysterien sei unser Leben, und dies solle deshalb ein wohlgemutes und freudiges sein, die meisten aber machten demselben Schande durch beständiges Klagen, Griesgram und Sorgen. Hier ist nur außer acht gelassen, daß die Welt nicht bloß aus Eindrücken der Natur besteht, sondern auch aus denjenigen des Menschenlebens, welches jeden umgibt und sich als die vorherrschende Quelle der Sorgen ausweist. Schon lange vor Diogenes hatte Äsop dies betont, wenn einige merkwürdige Verse wirklich von ihm sind: »Wie soll einer dir entweichen, o Leben, ohne zu sterben? tausendfach ist dein Leid, und nicht leicht, davor zu fliehen noch es zu ertragen; wonnig ist, was an dir von Natur schön ist, Erde, Meer, Gestirne, die Kreisläufe von Mond und Sonne, alles übrige aber ist lauter Furcht und Schmerzen, und wenn einem ein Glücksfall widerfährt, so folgt immer wieder eine Nemesis darauf.« Es wäre auch sonderbar gewesen, wenn die Schönheit der Natur die Griechen nicht entzückt hätte, aber die Furchtbarkeit des Menschenlebens hat ihnen mehr zu empfinden und zu denken gegeben.

Von den sonstigen Ansichten der Philosophen kann im folgenden nur insoweit hie und da die Rede sein, als ihre Worte nicht von ihrem besondern System abhängen, sondern deutlich einer Seite des Volksbewußtseins entsprechen. Man gelangt nicht leicht zu richtigen Durchschnittsurteilen über griechisches Empfinden, wenn man das Denken der Philosophen zum Maßstab nimmt, dessen Wert für uns an einer ganz andern Stelle liegt und hier nur zu einem flüchtigen Überblick Anlaß gibt. Sokrates war ausdrücklich Optimist und sein Glaube an gute, schaffende und erhaltende Götter ein kaum verhüllter

Monotheismus. Plato, soweit er pythagoreisch empfindet, ist Pessimist; in seinen Utopien dagegen ist er notwendig optimistisch zu verstehen; außerdem mag man zum Beispiel im Phädon nachlesen, wie sich das Angenehme *(hēdy)* und das Betrübende *(lyperon)* gegenseitig bedingen. Bei Aristipps Hedonik kann man fragen, ob diese Lehre vom Genuß des Momentes nicht am ehesten aus einer völligen Verzweiflung an der Polis zu erklären ist, wobei sich wirklich etwas dafür sagen ließ, daß man sich Vergangenheit und Zukunft aus dem Sinne schlage. Hegesias der Zyrenaiker, von dessen Zuhörern manche, heißt es, sich das Leben nahmen, scheint dann das Äußerste erreicht zu haben, was von übler Nachrede gegen das Menschenleben geleistet worden. Die Lehre der Zyniker kann sich als Optimismus wie als Pessimismus äußern, die Stoa aber ist trotz ihrer Lehre von der »besten Welt« und deren Zweckmäßigkeit doch im tiefern Grunde pessimistisch. Beim Epikureismus kommt es darauf an, ob man die entschiedene Flucht vor der Berührung mit der Gesellschaft *(lathe biōsas)* für Pessimismus nehmen will oder nicht. Halten wir uns nun an die Überlieferungen aus dem Volksbewußtsein.

Den Hoffnungen, welche von jeher das Leben aller Menschen und auch das der Griechen begleitet haben, wird, sobald das Nachdenken das Wort hat, als betörenden Wesen nicht viel Gutes nachgesagt. Doch hat der äschylesische Prometheus, indem er dieselben, und zwar als blinde, in die Menschen hineinpflanzte, wenigstens dem beständigen Hineinstarren in den bevorstehenden Tod ein Ende gemacht.

Die ganze Erscheinung des griechischen Pessimismus erhält nun ihre volle Merkwürdigkeit durch den entschiedenen Optimismus des griechischen Temperaments, welches vom tiefsten Grunde aus ein schaffendes, plastisches, der Welt zugewandtes ist und außerdem – an der Oberfläche – die Verwertung und den Genuß des Augenblicks sehr zu schätzen weiß. Hier mag völlig außer Betracht bleiben die öffentliche Kurzweil und Ausgelassenheit bei Festen und dergleichen, deren auch ein trübe gestimmtes Volk auf kurze Zeiten fähig sein kann; den Griechen ist es nie eingefallen, das Leben überhaupt, oder gar um solcher Dinge willen, zu preisen, oder vollends den Göttern dafür als für ein Geschenk zu danken. Was ihnen sonst das

Dasein an glücklichen Stimmungen, an beglückter Leidenschaft gewährte, läßt sich etwa ahnen, aber niemals abschätzen. Am ehesten noch wird das Symposion, und was daran hing, eine Abwehr des Pessimismus gewesen sein, und aus solchen Vereinigungen stammen die bald mehr poetisch schönen, bald mehr frivolen Aufrufe zur Freude, welche zu uns herübertönen. *Zēthi!* lebe! das heißt raffe dich auf zur Fröhlichkeit! womit etwa ein Wort über die Kürze der Jugend und die Hinfälligkeit des Glückes verbunden wird. Die rohere Aufforderung zum Genuß, *ede! bibe! lude!* verlegte man etwa in ersonnene Grabschriften orientalischer Herrscher wie Ninos und Sardanapal; doch läßt sich auch wohl bei einem attischen Komiker ein wahres Preisen der Übertäubung hören. Mit der Zeit gab es einen ganzen Stil der Heiterkeit und Lachkunst, und in einer Darstellung der griechischen Geselligkeit wäre desselben umständlich zu gedenken; ein Komiker der Zeit des Sokrates, Philistion, mischte in seiner Poesie das »vielbejammernswerte Menschenleben mit Gelächter«, und er selber soll an unmäßigem Lachen gestorben sein. Welche schwache Gewähr jedoch dergleichen für eine wahrhaft tröstliche Lebensanschauung ausmacht, braucht nicht weiter erörtert zu werden; immerhin haben die Griechen nicht nötig gehabt, bei den Gelagen wie die Ägypter ein Mumienmodell von Gast zu Gast herumtragen zu lassen als Aufforderung zum Trinken und zur Fröhlichkeit, und dies kam auch in Ägypten nur bei den Reichen vor, denn der gemeine Mann konnte dort sehr ausgelassen sein ohne eine Aufmunterung dieser Art.

Außer der Fröhlichkeit wird auch anempfohlen, »*eikē*« zu leben, das heißt wie es kommt, auf das Geratewohl hin, wobei man sich auf Hoffnung und Furcht nicht einließe. Es ist möglich, daß die relativ Glücklichen wirklich so gelebt haben.

In weit überwiegendem Maße aber tritt uns in Poesie und Prosa der Griechen der Pessimismus als eine volkstümliche Tatsache entgegen, und zwar gar nicht als Resultat der Reflexion, und vollends ohne alle die vielseitige Begründung, welche er in unserm Jahrhundert erfahren hat, vielmehr wird er von stimmungswegen insgemein recht kurz und barsch in die Welt hinausgerufen. Wie viele sich für ihre Person aus Klugheit als zufrieden oder wenigstens als gleichgültig gebärdeten, ist unmöglich zu wissen, man konnte sich aber entschädigen, indem man in den allgemeinen Klagechor einstimmte. Was wir da hören, ist eine durchgehende Verschätzung des Lebens; der Mensch ist zum Unglück geboren, Nichtsein oder Frühsterben das beste. »Leiden müssen wir, der Weise ist der, welcher das gesendete Schicksal am edelsten trägt.« Daß eine mächtige Quote des Unglücks vom Gemüte des Menschen selber, von seiner unnützen, sorgenvollen, quälenden Beschäftigung mit der ihn vielleicht umgebenden Gefahr, besonders mit der Zukunft ausgeht, wird wohl etwa mit einem Wort (*merimnai, phrontides*) angedeutet; auch mitten in Erwartung des Genusses fürchtete man etwas, das zwischen Lippe und Schale hineingeraten möchte; aber die Sache ist vielleicht nirgends mit psychologischer Vollständigkeit ausgeführt. Wir müssen uns begnügen mit einer Andeutung, wie sie die Sage gewährt, und nirgends ist die allgemeine unbestimmte Sorge vor Unglück und der vergebliche Wunsch, dasselbe den dunkeln Mächten durch ein schmerzliches Opfer abzukaufen, schöner dargestellt als in der Erzählung vom Ringe des Polykrates. In einer frühern Gestalt der Erzählung war der Ring vielleicht ein Talisman gewesen; was der Grieche als Liebstes opfert, ist ein herrliches Kunstwerk.

Der Götter wird bei Anlaß des Pessimismus wenig gedacht, da sie Welt und Menschen nicht geschaffen haben, und beim Menschenschicksal die alte Hauptansicht von der Herrschaft des »Verhängnisses«, der Moira, zu ihrem Rechte kommt. Auch die sonst so häufige Klage vom besondern Unglück der Guten und Glück der Bösen kann sich hier nur behutsam äußern, da auch letztere dem allgemeinen Schicksal verfallen sein müssen. Immerhin kommt unter den Beschwerden auch die vor, daß schon der Anblick des Glückes der Bösen einem das Leben verleiden dürfe.

Bei diesem Anlaß wird auch wohl zuzugeben sein, daß die schlechte Meinung des Hellenen von der großen Mehrzahl seiner Mitmenschen und sogar seiner Landsleute insbesondere ein Stück seines Pessimismus ausgemacht habe, wenigstens flicht sie sich mit diesem schon frühe durcheinander. Daß das Geschlecht, welches auf das ideal gedachte mythische folgt, ein geringeres sein werde, sagt schon Athene (in der Gestalt des

Mentor): »Wenige Söhne sind dem Vater gleich, die meisten sind geringer und selten einer besser als der Vater.« In der Schilderung der rechtliebenden und glücklichen Stadt in den ›Werken und Tagen‹ des Hesiod ist es schon das Mögliche, wenn die Kinder nicht schlechter geraten als die Eltern; das allgemeine Bild der nachheroischen Menschheit aber, wie es in derselben Dichtung entworfen ist, als Lehre von den fünf Menschengeschlechtern, führt bekanntlich aus dem ruhigsten goldenen Glück abwärts bis in das tiefste Nachtdunkel des Verderbens. In der Folgezeit tönt es dann von den verschiedensten Seiten, auch von den sieben Weisen her: Die meisten Menschen taugen nichts *(hoi pleistoi anthropoi kakious)*, und Bias, der das Wort ebenfalls zum Wahlspruch hatte, zog daraus die Folgerung: Auch wen man gerne habe, den möge man gerne haben als einen künftig zu Hassenden. Wer viel nachspürt, sagt Sophokles, kommt immer auf die Schlechtigkeit der Menschen. In höherm, pathetischem Ausdruck lautet die Klage feierlicher: Von dieser oder jener Tugend wird gesagt, sie habe die Erde verlassen, sei den Menschen entschwunden, entschwebt, zu den Göttern hinaufgegangen. Schon Hesiod klagt dies in betreff von Scham und Scheu; Theognis von Treue, Mäßigung und den Chariten; Euripides von der Scham; endlich in der Diadochenzeit Aratos von der Asträa, einer Umgestaltung der Dike. Der alexandrinische Dichter versetzte die Göttin in den Tierkreis, wo sie fortan die Stelle der »Jungfrau« einnimmt, und an seine Fiktion hat dann die römische Poesie angeknüpft. Ovid beschließt seine Schilderung des furchtbaren letzten Weltalters mit den berühmten Versen: »Victa iacet pietas, et Virgo caede madentes / Ultima coelestum terras Astraea reliquit.« [»Darnieder liegt die heilige Scheu, und der Himmlischen letzte, / Jungfrau Astraea verläßt die mordbluttriefende Erde.«] Ertönte dergleichen in edler Dichtung, etwa in einem Chorgesang der Tragödie, so hörten es die Leute ohne Zweifel mit erbaulicher Wehmut an, fügten sich aber in solche betrübte Tatsachen als in etwas Unabänderliches, wobei jeder darüber trauern mochte, daß die andern so schlecht seien. Wollte jemand diese Erkenntnis zur allgemeinen Menschenfeindschaft erweitern und sich damit öffentlich als Original bekennen, wie (eben zur Zeit der großen Tragiker) Timon in Athen tat, so war

dies seine Sache; nur mußte er darauf gefaßt sein, daß die Anekdote alles, was man sonst von Menschenhassern erzählte
oder sich einbildete, auf ihn übertragen werde.

Diese Welt des Bösen aber war eine durchaus unbußfertige,
und wenn es an das Ändern gegangen wäre, hätten schon die
Götter bei sich den Anfang machen müssen. Wie wenig die
Askese und Weltverneinung, das heißt der echte religiöse Pessimismus hier eindrang, wie vorübergehend die Wirkung der
Pythagoreer und der Orphiker war, ist bekannt; wie weit aber
die Sorge vor Strafen im Jenseits einzelne wirklich moralisch
besserte, entzieht sich unserm Urteil. Immerhin möge man das
Wort des Demokrit erwägen: »Alle Menschen, im Gefühl des
in ihrem Dasein waltenden Übelbefindens, schmachten ihre
Lebenszeit über in Verwirrung und Furcht, indem sie sich
noch falsche Einbildungen machen wegen dessen, was nach
dem Tode folgt.« – Der Zynismus aber war durchaus keine
Askese derjenigen Art, welche den Menschen von der Welt
ablösen will; sein Ziel war nur, den einzelnen – mitten in der
Welt – von deren Herrschaft über seinen Willen unabhängig zu
machen.

Michael von Albrecht
Gedankenwelt im Spiegel der Literatur
Zwischen altrömischer Mentalität und neuen Ideen

Wenn im folgenden versucht wird, ein Bild der römischen Mentalität zu entwerfen, soweit sie in der Literatur zum Ausdruck kommt, so muß von vornherein darauf hingewiesen werden, daß auf diesem Gebiet viele Vereinfachungen und Verallgemeinerungen verbreitet sind, die zum Teil aus ganz bestimmten Werken der Literatur abstrahiert sind. Es gilt, entsprechende Äußerungen in ihrer Zeit zu sehen. Jeder Autor steht zudem in der Spannung zwischen traditionellem und neuem Gedankengut und verwendet unter Umständen alte Vokabeln, um Neues zu formulieren, oder er projiziert Zeitgenössisches in die Vergangenheit, um sich eine Ahnenreihe zu schaffen.

Die republikanische Gesellschaftsordnung hat die Entfaltung des römischen Rechtes wesentlich gefördert, eine der folgenreichsten Leistungen des römischen Geistes, die weit über den Bereich juristischer Texte hinausgewirkt hat. Das römische Recht – wie es später in der Kaiserzeit kodifiziert wurde – liegt noch heute in den meisten Staaten den bürgerlichen Gesetzbüchern zugrunde. Da die Römer im Laufe ihrer Geschichte zunehmend auch Rechtsformen ausbilden, die den Verkehr mit Vertretern anderer Völker regeln sollen, können später internationales Privatrecht, Völkerrecht und Menschenrechte nach römischen Ansätzen gestaltet werden. Auch ganz andere Gebiete – so die Theologie – sind vom juristischen Denken beeinflußt. Die Kategorie des Personalen ist vom römischen Recht entdeckt worden. Parallel beobachtet man die Entstehung der Autobiographie und einer Persönlichkeitsdichtung in Rom.

Als Republik ist Rom eine Gesellschaft, in der – zumindest der Idee nach – Konflikte mehr mit geistigen als mit physischen Waffen ausgetragen werden: Keine anonyme Ordnung, sondern die Summe der für wertvoll und schutzwürdig gehaltenen zwischenmenschlichen Beziehungen, ist der Staat den Bürgern als gemeinsames Gut – *res publica* – anvertraut. Auf diesem Boden gedeiht eine mündliche Praxis der politischen Rede und des juristischen Plädoyers; hieraus entfalten sich später die literarische Redekunst, die Geschichtsschreibung, die juristische Fachschriftstellerei, ja sogar die erste Blüte der römischen Poesie.

Der römische Sinn für das geordnete Ganze äußert sich in verschiedenen Daseinsbereichen: am auffälligsten wohl in der Politik. Aus der bildenden Kunst sei an die Gestaltung größerer architektonischer Ensembles oder die Gruppierung von Wandbildern erinnert, aus der Literatur an die Neigung zum Enzyklopädischen, aber auch an die Formung ganzer Gedichtbücher als gegliederter Einheiten.

Religion, Moral und Politik gehören im alten Rom zusammen, und zwar nicht im Sinne einer heilig-unheiligen Allianz, sondern als ursprüngliche Einheit, zumal es dort keine in sich geschlossene Priesterkaste gibt und die meisten Priesterämter eine enge Beziehung zum politisch-sozialen Leben haben. Demgemäß bezieht sich die Mythen- und Legendenbildung in Rom, soweit sie sich überhaupt nachweisen läßt, auf den Staat der Menschen: Traditionelle mythische Gestalten und Situationen werden in der römischen Gesellschaft angesiedelt, national und historisch gedeutet. Dies zeigt sich an der Geschichtsschreibung eines Livius wie auch an der Mythenschöpfung Vergils.

Vielfach ist behauptet worden, den Römern fehle es an mythenschaffender Phantasie und an Sinn fürs Plastische. Für sie sind Gottheiten wirkende Mächte, keine mythischen Gestalten wie die Götter der Hellenen. Auf Grund verwandter Beobachtungen hat man das Wort *numen* – den machtvollen »Wink« als Willensäußerung – für typisch römisch gehalten. Die Vokabel selbst freilich ist jung und wohl nach dem Vorbild des berühmten Nickens des Zeus gebildet. *Numen* ist ein spätes, *deus* ein uraltes Wort. Zwar haben die Römer einen ausgesprochenen Sinn für Macht und Willen, sehen diese aber immer eng an bestimmte Personen gebunden.

Während der Grieche die Offenbarung des Göttlichen im Anschauen des Schönen und im Denken des Vollkommenen sucht, findet sie der Römer hauptsächlich im Hören auf die Göttersprüche, im Fühlen zwischenmenschlicher Verpflichtungen und vor allem im Handeln. Der »gedankliche« Charakter der römischen Literatur und Kunst hängt mit dieser Mentalität zusammen. Die Römer halten sich für besonders religiös und führen ihre außenpolitischen Erfolge auf ihre Frömmigkeit zurück. Das Wort *religio,* das vielfach mit *religare* (»binden«) in Beziehung gesetzt wird, gehört für Cicero zusammen mit *neg-legere, di-ligere,* bezeichnet also ein wiederholtes, aufmerksames, rücksichts- und liebevolles Sich-Kümmern. Beachtet werden Riten und Götterzeichen. Alles – sei es der Flug eines Vogels oder eine zufällig erhaschte Äußerung oder gar nur ein Straucheln oder Beben – kann zum Zeichen, zum göttlichen Wink werden, der das Verhalten eines Menschen bestimmt. Dieses Beobachten hat wenig oder nichts mit magischen Praktiken zu tun: Der *augur* führt nicht etwa die mystische Vollkraft herbei, sondern er stellt sie nur fest. Vergil hat Aeneas als einen Helden gekennzeichnet, der sich ganz von derartigen Willensäußerungen der Götter leiten läßt. Aufmerksamkeit, Beobachtungsgabe und geduldiges Hören sind für den römischen *homo religiosus* bezeichnend. Der Held der ›Aeneis‹ ist die edelste Erscheinungsform eines Menschentypus, der in weniger hehren Ausprägungen – als ängstlich-abergläubischer Primitiver oder als pedantischer Ritualist – in Rom häufig anzutreffen gewesen sein muß.

Als ein Volk am Rande des indogermanischen Gebiets haben die Römer zwar eine ganze Reihe uralter Funktionsbegriffe, vor allem aus dem politischen Bereich, bewahrt: so die Bezeichnungen für den König und den Priester; auch alte rituelle Traditionen haben deutliche Spuren hinterlassen, was bei dem Konservatismus der Römer in solchen Dingen nicht überrascht. Dennoch wäre es einseitig, römische Mentalität nur als »konservativ« zu bezeichnen: Weit mehr als etwa die keltische Zivilisation mit ihren fest geprägten Verhaltensmustern ist die römische dem Neuen zugewandt und, sobald sie die Zeichen der Zeit zu verstehen meint, zu Aufbruch und kühner Tat bereit. Solche Tatkraft heißt *virtus.* Die sittlichen Schranken liegen dabei einmal in der Rücksicht auf den aus Zeichen erschlossenen Willen der Götter, zum anderen in den sozialen Bindungen, denen wir uns nun zuwenden; diese werden natürlich je nach Epoche, sozialer Schicht und Person verschieden stark empfunden.

Zahlreich sind Vokabeln, die eine moralische, gesellschaftliche oder politische Wechselbeziehung zwischen Menschen bezeichnen; um sie wiederzugeben, müssen wir zu zwei komplementären Ausdrücken greifen: *gratia* »Gefälligkeit« und »Dankbarkeit«; *fides* »Zuverlässigkeit« und »Vertrauen«. Symbolisiert durch den Handschlag, ist *fides* die Verkörperung der Vertragstreue. Als Inbegriff eines verinnerlichten sozialen Kontrollprinzips – der Bändigung des Machttriebs durch das gegebene Wort – ist *fides* folgerichtig im Kult dem obersten Staatsgott zugeordnet und selbst eine der ältesten Gottheiten Roms. In solchen Vorstellungen wurzelt die spätere Vorliebe der römischen Literatur für Personifikationen und allegorische Gestalten. *Pietas*, ursprünglich wohl mit der Vorstellung ritueller Reinheit verbunden, ist das rechte Verhalten gegenüber Lebenden und Toten. Vaterlandsliebe, Eltern- und Kindesliebe sind in diesen Begriff eingeschlossen – für uns also Dinge, die nicht dem spezifisch religiösen Bereich zugehören.

Weitere Prinzipien, die eine schrankenlose Entfaltung vordergründiger Tüchtigkeit bändigen, sind *clementia* – Milde – und *sapientia* – Weisheit. Diese für die römische Zivilisation konstitutiven Eigenschaften spiegeln nicht nur den Einfluß griechischer Philosophie, sie sublimieren auch alte Züge bäuerlicher Vorsicht. Klugschwätzerei erweckt Mißtrauen, aber alle Bedachtsamkeit bis hin zur großen Bedächtigkeit wird hoch geschätzt. Daher die Vorliebe für Verhaltensweisen, die mehr defensiv als aggressiv sind; manches davon ist in anderen Kulturen geradezu negativ vorbelastet: So hat wohl kein anderes Volk aus der »Schwere« (*gravitas*) eine Tugend gemacht und den »Zauderer« (*cunctator*) zum Helden erhoben.

Das Fest ist als Feier zu Ehren der Götter oder der Verstorbenen ein Grund zu kultureller Betätigung und damit eine Wiege der Literatur. Repräsentation und Ritus sind keine bloße Erinnerung, beziehen sie doch die Feiernden unmittelbar in die Realisation der gefeierten beispielhaften Verhaltensweisen ein. Der Leichenzug vornehmer *gentes* vergegenwärtigt durch verkleidete Personen die Ahnen des Verstorbenen, und zwar jeweils in der Tracht des höchsten von ihnen versehenen Amtes; Polybios sieht in dieser Form des Gedenkens ein Mittel der Erziehung: Das Beispiel *(exemplum)* soll auf die Jugend wirken; in diesem Rahmen entfaltet sich die *laudatio funebris* (Leichenrede), eine Vorstufe römischer Geschichtsschreibung.

Ernst und Heiterkeit schließen sich nicht aus. Im festlichen Rahmen entfaltet sich die lateinische Freude am Witzwort, am geschliffenen Epigramm, hier die Liebe zu Musik, Tanz und Theater. In republikanischer Zeit werden solche Elemente im Rückgriff auf griechische Vorlagen literarisch sublimiert, wobei die Beamten jener Epoche als Auftraggeber besseren Geschmack bewiesen als diejenigen der Kaiserzeit: Es entsteht das altlateinische Drama. Daneben hat es freilich stets rohe und grausame Formen der Volksbelustigung gegeben.

Lange hat man versäumt, den typisch römischen Begriff des *otium* in seiner Bedeutung für Kultur und Literatur zu würdigen. Wer sich in der Öffentlichkeit als ernsthafter Stoiker zeigt, braucht zu Hause kein Kopfhänger zu sein; im philosophischen Mäntelchen des Epikureismus – aber auch ohne dasselbe – findet die Freude in Rom ihre Verehrer. Den Gegenpol zur geschäftlichen Tätigkeit – *negotium* – bildet das *otium:* Ist nicht in diesem Falle die Muße der positive Begriff und das Geschäft *(negotium)* schon rein sprachlich ein Negativum? Der Römer versteht nicht nur zu kämpfen und zu sterben, sondern auch zu leben. Im *otium* wurzeln viele private Literaturformen: Epigramm, Elegie, monodische Lyrik, Gelegenheitsgedicht.

Bevor wir das ebenso reizvolle wie schwierige Thema der römischen Mentalität verlassen, sei darauf hingewiesen, daß dieses Gebiet weniger monolithisch ist als manchmal angenommen wird. Vieles hat sich im Laufe der Zeit gewandelt. Vieles ist je nach dem Ort verschieden – ist doch Italien recht bunt. Vieles wechselt je nach der städtischen oder ländlichen Umwelt, vieles wird selbst von ein und derselben Person in veränderter Situation verschieden beurteilt. Vieles, was wir für allgemein gültig halten, ist durch das Urteil einzelner großer Autoren geprägt. So ist unser Bild von der staatsbezogenen Haltung des Altrömers wesentlich von der Anschauung des alten Cato bestimmt, obwohl dieser nicht den typischen römischen Aristokraten repräsentiert. Cato ist ein *homo novus* und hat deshalb allen Grund, Gemeinnutz vor Eigennutz zu stellen und persönliche Ehre gering zu achten – zumindest solange es um die Namen römischer Beamter geht, die als Vertreter ihrer Geschlechter ganz gewiß auf den Ruhm auch ihres Namens bedacht waren. Das Verschweigen der Namen in Catos Geschichtswerk ist nichts typisch Römisches, es ist die Ausnahme. Ein weiterer großer Autor, der unser Bild vom Römertum nachhaltig geprägt hat, ist Cicero. Daß er die griechische Bildung seiner Zeit auf den alten Cato zurückprojiziert, ist sicher; höchstwahrscheinlich gilt das gleiche von seiner Vorstellung des Scipionenkreises. Noch deutlicher ist die Veränderung des Römerbildes der Vorzeit bei T. Livius: Der Augusteer siedelt das ihm vorschwebende edle Menschentum menandrischer Prägung in der Anfangszeit an. Was die Römer für ihr Selbstverständnis von den attischen Rednern und von Xenophon gelernt haben, harrt noch der Würdigung.

Trotz der Schwierigkeit, die tatsächlichen Verhältnisse in Roms Frühzeit zu rekonstruieren, bleiben doch die Entwürfe Catos, Ciceros und des Livius wertvolle Zeugnisse dafür, wie zu bestimmten Zeiten die besten Vertreter der Literatur über das Wesen ihres Volkes dachten. Vor allem haben diese Vorstellungen stark fortgewirkt und so zumindest nachträglich eine gewisse Gültigkeit erhalten. Dies ändert freilich nichts an der Kluft zwischen Literatur und historischer Wirklichkeit. Wir müssen jene Entwürfe daher in die Geschichte einordnen und aus ihr erklären.

Hinzu kommt eine innere Dialektik zwischen tradierten und neuen Werten in den literarischen Zeugnissen selbst. Diese meist unaufgelöste, aber eminent produktive Spannung scheint eine Konstante in der römischen Literatur zu sein. Die Fülle neuer philosophischer und religiöser Ideen, denen sich die Römer im Laufe ihrer Geschichte – keineswegs nur widerwillig – öffnen, ist weit reicher und produktiver als der geschichtslos patriarchalische Hintergrund, den einige ihrer Schriftsteller so gern beschwören.

Schon bei den frühesten römischen Autoren herrscht ein gewisser Antagonismus zwischen altrömischen Wertvorstellungen und fortschrittlichen hellenistischen Ideen, so bei Plautus, Ennius und den Tragikern. Mit erschütterndem Ernst ergreift Lukrez die epikureische Philosophie, macht sich Catull die erotisch-literarische Daseinsform hellenistischer Prägung zu eigen. Stoa, Neupythagoreismus, Mittelplatonismus und Mysterienreligionen erschließen so manchem Autor das Reich individueller Innerlichkeit. Der Epikureismus vertieft die Vorstellung privater Daseinserfüllung.

Andererseits liefert die Stoa ein philosophisches Fundament für die staatstragenden Tugendvorstellungen und für den Gedanken des Weltreichs. Auf dem Gebiet des politischen Denkens faßt Cicero die Werte der republikanischen Vergangenheit zusammen; er leistet aber auch Vorarbeit für die augusteische Ausprägung des Prinzipatsgedankens. Ähnlich gestaltet Livius für seine Zeit und für die folgenden Jahrhunderte ein neues Bild der römischen Geschichte, das die von ihm als zeitgemäß empfundenen Werte der Toleranz, Milde und Weisheit in den Vordergrund stellt.

Dem Bedürfnis der Kaiser nach religiöser Fundierung ihrer Herrschaft entspringt lange vor Konstantin eine Reihe höchst verschiedener und in Erfolg wie Mißerfolg gleichermaßen bezeichnender Entwürfe: das apollinische Sonnenkönigtum eines Augustus und Nero, Caligulas ägyptisierendes Pharaonentum, Domitians Selbstdarstellung als Kosmokrator Iuppiter, die Philosophenherrschaft eines Seneca, Hadrian und Marc Aurel, die herkulische Attitüde eines Commodus und die wechselnden orientalischen Staatskulte seit Septimius Severus. Um der Staatsreligion neues Leben einzuhauchen, wird somit immer wieder versucht, an lebendige philosophische und religiöse Strömungen anzuknüpfen.

Die zentrale Stellung der augusteischen Zeit innerhalb der römischen Geschichte zeigt sich an ihrer ausgewogenen Beziehung zu Vergangenheit und Zukunft. Entsprechendes gilt von der gleichzeitigen Literatur, die das altrömische Erbe liebevoll aufnimmt, aber auch durch vorsichtiges Aufgreifen neuer religiöser Strömungen so manche Entwicklung der Folgezeit vorbereitet.

Wegweisend ist in neronischer Zeit Seneca durch seinen Fürstenspiegel ›De clementia‹; so unwürdig der zeitgenössische Adressat, so bedeutend ist die Erfüllung vieler Erwartungen Senecas durch die Kaiser des 2. Jahrhunderts, die sich kühn die

Gedankenwelt der senatorischen Opposition zu eigen machen und ihre Herrschaft fest darauf gründen. Senecas philosophische Schriftstellerei ist mitgetragen von der religiösen Gestimmtheit der Epoche – Entsprechendes gilt später von Apuleius und mutatis mutandis von den Christen. Im Unterschied zu anderen Mysterienreligionen läßt sich das Christentum mit dem Kaiserkult grundsätzlich nicht vereinbaren – die Verfolgungen gerade durch die tüchtigsten Kaiser sind ein sprechender Beweis. Konstantin vollzieht eine Wende, indem er sich – wie einst die Philosophenkaiser – die stärkste geistige Kraft im Reiche dienstbar macht und ihre Führung übernimmt. Der politische Wandel verändert die christliche Literatur: Apologetik tritt in den Hintergrund, Ketzerbekämpfung wird Bürgerpflicht. Fesselnder als die nachkonstantinische Staatsloyalität – die stark fortgewirkt hat – sind Augustins Ansätze zu einer Aufwertung und Verselbständigung der Provinzen im Verhältnis zu Rom, dessen Katastrophe er produktiv verarbeitet. An der Auseinandersetzung mit dem Christentum formiert sich noch einmal die nationalrömische Senatsopposition, der wir für die Erhaltung und Überlieferung der Literatur viel verdanken. Die Entstehung eines christlichen Humanismus in der Spätantike ist ein erstes Modell für alle späteren Renaissancen der lateinischen Literatur. Insgesamt gilt, daß Literatur nicht nur auf Zeitströmungen reagiert, sondern sich auch zukunftweisend an die Spitze neuer Entwicklungen stellt.

Die aufgezeigten Entwicklungsbedingungen der römischen Literatur beruhen somit teils auf exogenen, teils auf endogenen Faktoren. Zu den ersteren zählen geographische, politische, wirtschaftliche, organisatorische Einflüsse, zu den letzteren Wandlungen des Geschmacks und des Kunstwollens im dialektischen Wechselspiel der Generationen und Moden. Entscheidend ist das Zusammenwirken beider Komponenten im realen historischen Prozeß und in der individuellen literarischen Schöpfung.

Arno Borst
»Gehet hin und lehret alle Völker!«
Sprache im frühen Christentum

Das Christentum, in der römisch regierten Welt des Hellenismus aus jüdischer Wurzel erwachsen, schien zunächst kaum mit der geschichtlichen Wirklichkeit und Mannigfaltigkeit Fühlung zu nehmen; im Unterschied zu gleichzeitigen jüdischen Strömungen schien es von der Zeit gar nicht beeinflußt zu sein und deshalb befähigt, eine um so überzeugendere Antwort für ihre Nöte zu geben.

Jesus von Nazareth ist ganz unabhängig von den Strömungen seiner Umwelt. Er ist ein Rabbi und beruft sich auf das Alte Testament – aber er ist kein Exeget und verkündet seine Botschaft »ohne das sichernde Gefüge heiliger vorgegebener Traditionen und Texte«. Jesu Vorstellung von den Heidenvölkern ist im wesentlichen die jüdische; aber nicht weniger deutlich ist seine Distanz vom zeitgenössischen Judentum; sie hat dazu geführt, daß man ihn dem hellenistischen Denken naherücken wollte; doch was hat Jesus mit Philon gemeinsam? Er liebte nicht die gelehrten Allegorien, sondern die Gleichnisse mit einfachen Bildern aus dem Alltag; in diesen Umkreis seines Wirkens stellte er sich ganz, scheinbar nur auf das Nächstliegende bedacht. Er hat sich offenbar nicht um die großen Ereignisse seiner Zeit bekümmert, so sehr gerade in seiner Heimat die großen geschichtlichen Kräfte und die verschiedensten Völker sich ein Stelldichein gaben. Augustus und selbst Herodes dienen in den Evangelien nur der Datierung. Jesus wird sich auch kaum daran gestoßen haben, daß er und seine Jünger im Alltag westaramäisch, im Gottesdienst hebräisch redeten, während als Bildungssprache in Palästina wie überall das Griechische, als Regierungssprache das Lateinische galt. In der Aufschrift auf Jesu Kreuz, die hebräisch, griechisch und lateinisch abgefaßt war, spiegelte sich wohl diese Überlagerung der Sprachen und Kulturen; ein Problem bildeten sie zunächst kaum. Noch weniger wurde Christi Lehre von den Problemen des Völkerlebens berührt; zwar hat er seine Botschaft zunächst nur an die Juden gerichtet, doch auch schon die Mission in alle Welt befohlen. Alle Menschen sind Brüder im Geist, sie sollen alle eins sein. Eine Anerkennung oder gar Verherrlichung bestehender Zustände war damit nicht verbunden, vielmehr predigte Christus Umkehr und Buße und betrachtete die bisherige Zeit und ihre Geschehnisse nur als sekundäre Werkzeuge göttlichen Heilswillens. Das Irdische wurde nicht vom Anfang, auch nicht von einem fernen Ende, sondern von der nächsten Gegenwart her gesehen; das Auftreten des Gottessohnes versöhnt den gefallenen Menschen mit Gott und erfüllt das Geschehen; der Besitz der Welt wiegt nichts gegen die Rettung der Seele, man kann dem Kaiser lassen, was des Kaisers ist, weil alles Weltliche etwas zu Überwindendes und schon fast Überwundenes ist, dessen Ende mit dem Reich Gottes nahe herangekommen ist. Die unerhörte, vielfach paradoxe Lehre stellte sich nicht in den Strom des geschichtlichen Lebens, weil in Christus Gott selber Mensch geworden ist und so die menschliche Geschichte im ganzen erneuert und vollendet; sie bezog sich nicht auf einen archimedischen Punkt in der Zeit – und konnte gerade so die Zeit als Ganzes begreifen; sie ließ alle Probleme der Sprachen- und Völkervielfalt außer acht, ordnete sich nirgends der historischen Mannigfaltigkeit ein und konnte sie gerade so ganz in den Griff bekommen. Auf diese Weise hat Jesu Evangelium, das weniger als irgendeine andere Urkunde der Religionsgeschichte über unsere Fragen aussagt, am nachhaltigsten auf die Geschichte dieser Problematik eingewirkt.

Das beginnt schon bei Paulus. Der Sohn jüdischer Eltern, mit römischem Bürgerrecht und Namen, griechischer Bildung und Sprache voll teilhaftig, hat Jesu Lehre im Hinblick auf die Völker- und Sprachenwelt seiner Zeit aktualisiert in einer Weise, die ihn weit über die Rabbiner hebt, denen er in seiner Exegese nahestand. Christus ist, so sagte er in seinen zwischen 49 und 63 n. Chr. verfaßten Briefen immer wieder, zu den Heidenvölkern und Griechen ebenso gesandt wie zu den Juden. Das heißt nicht die Völker als gottgegebene Gebilde anerkennen, sondern alle, vor allem geschichtlich gewachsene Schranken niederlegen; der neue Standort ist Christus allein. Daß es viele Sprachen gibt, trennt die Christen also nicht mehr voneinander. Wenn allerdings die Begeisterung der neuen Gemeinschaft dazu führt, daß man ekstatisch in neuen, unverständlichen Zungen redet, ist Paulus tief besorgt; er kann selbst besser als alle anderen das Lob Gottes ekstatisch künden, aber es kommt auf nüchternes Verständnis an, das auch den Laien und den Heiden zugänglich ist. Es gibt so viele Sprachen in der Welt; alles hat Stimme. Aber man muß wissen, was die Stimme besagt, sonst »bin ich dem, der spricht, ein Barbar, und er ist es mir«. Für den Völkerapostel, der selbst Griechisch, Hebräisch, Aramäisch und vielleicht Lateinisch verstand, galt nur, daß alle Sprachen der Erde Gott loben sollten; einen Vorrang konnte unter ihnen keine haben. Geheiligte Formeln mochten in der gewohnten Weise weiter klingen: Inmitten seiner griechischen Briefe ließ Paulus einen aramäischen Gebetssatz stehen. Aber wie viele oder wie wenige Sprachen es gab, war die läppischste aller Fragen; sie gehörte zu jener »Weltweisheit und leeren Täuschung, die auf Menschenüberlieferung beruht, auf den Weltelementen, aber nicht auf Christus«. Mit Christus ist das Alte vergangen, das Neue gekommen, der Tag des Heils. Die Vergangenheit ist überwunden; niemand hat heftiger als Paulus gegen die »Fabeln und endlosen Geschlechtsregister« geeifert, mit denen sich später noch Matthäus und selbst Lukas ihres historischen Standorts vergewisserten. Paulus hat – wenn die Areopagrede sein und nicht des Lukas geistiges Eigentum ist – den Athenern zwar eindringlich vor Augen gestellt, daß Gott alle Menschen von einem einzigen hat abstammen lassen und daß er ihnen ihre Zeit und auch ihre Wohnung auf Erden zugewiesen hat; das mochte an Deut. 32,8 anklingen, bedeutete aber gerade keine Determination der Zeit: Der gegenwärtige Augenblick trägt die Erfüllung in sich, Heilsplan und Weltzeit fallen zusammen, weil es der ewige Gott ist, der beide wirkt. Über die Vergangenheit, und das heißt vor allem das Judentum, wurde nun Gericht gehalten, aber es war nicht Vergangenheit schlechthin, sondern Stufe, vor der die natürliche Welt schon fertig ausgebildet lag. Alles ist Stufe zu dem neuen Volk Gottes aus allen Völkern, das sich in der Kirche eine neue, nicht an Sprache oder Herkunft gebundene Gemeinschaft gibt.

Bereits die Evangelisten haben die Lehre Jesu und ihre Ver-
deutlichung durch Paulus nicht alle vollständig und nicht alle
auf gleiche Weise verstanden, je nachdem, wieviel Abstand sie
vom zeitgenössischen Judentum bereits gewonnen hatten. Das
kürzeste und wohl älteste Evangelium, das des Markus, ist auf
die schlichte und knappe Erzählung der Heilstaten gerichtet
und redet wenig von Sprachen, Völkern und Geschichte, obwohl es vielleicht in Rom, vielleicht von einem des Lateinischen mächtigen Autor, niedergeschrieben und für Heiden-
christen berechnet wurde. Jesus ist zu allen Völkern gesandt,
zu Menschen vielmehr aus allen Himmelsrichtungen und aus
allen Ländern zwischen Himmel und Erde. Wer an ihn glaubt,
wird »mit neuen Zungen reden«, nicht neue Sprachen lernen,
sondern vom Geist beflügelt unerhörte Ausdrucksweisen
empfangen. Dies alles wandte sich aus der geschichtlichen Welt
hinaus, über die Realitäten hinweg.

Bei dem Judenchristen Matthäus, der in Syrien oder Palästina, vielleicht in aramäischer Sprache, geschrieben haben mag,
finden wir die Auseinandersetzung mit der geschichtlichen
Umwelt in vollem Gange. Da werden die Kanaanäer noch mit
Hunden verglichen, Jesus selbst sei als jüdischer Messias nur
zu den Juden gesandt. Das Geschlechtsregister bei Matthäus ist
die Stilisierung solcher Anschauungen; es beginnt mit Abraham, dem Stammvater der Juden, und paßt sich in einer
dreifach gegliederten Kette von je vierzehn Gliedern kunstvoll
den Epochen der jüdischen Geschichte ein; diese wurde schon
dadurch mit der Heilsgeschichte aufs engste liiert. Die Sprache
wird nur an einer Stelle erwähnt; sie hat hier keinen theologischen Akzent, beleuchtet aber kraß die Kleinräumigkeit dieser
»vorpaulinischen« Welt: Petrus verrät sich in Jerusalem durch
seinen Dialekt als Galiläer. Daneben stehen allerdings bereits
bei Matthäus die Weisen aus dem Morgenland, die auf die universale Mission des in Bethlehem Geborenen weisen; die
Flucht nach Ägypten wird beachtet; daß später Jesus das Judentum verwirft, wird zwar bezeichnenderweise nur in
Gleichnisreden eingehüllt wiedergegeben, aber so wenig verschwiegen wie Jesu Hinwendung zum römischen Hauptmann
von Kapernaum und der schließliche Missionsbefehl: »Gehet
hin und lehret alle Völker!«

Schon jenseits solcher Auseinandersetzungen stand der Paulusschüler Lukas, der wohl in Antiochia auf griechisch schrieb. Er machte die ersten Ansätze, Jesu Wirken in den Rahmen der Weltgeschichte einzuordnen: Er erwähnte das Gebot des Kaisers Augustus und das fünfzehnte Jahr des Tiberius. Seine Ahnenreihe Jesu setzte nicht bei Abraham, sondern beim Ahnherrn der ganzen Menschheit, bei Adam ein und enthielt wie selbstverständlich etwas über siebzig Namen. Im griechischen Original sind es 76 Ahnen; die lateinische Vulgata und die Lutherbibel haben im Vers 33, vielleicht in Erinnerung an Matth. 1, 4, den Admin ausgelassen und behielten 75 Namen; unter den von Lukas Aufgezählten befand sich auch der Arphakschad-Sohn Kainan aus der LXX [Septuaginta], der auf diese Weise noch lebendig blieb, nachdem die Vulgataübersetzung ihn aus der Genesis wieder gestrichen hatte. Von der Bedeutung solcher runden Zahlen wußte Lukas; denn nur bei ihm liest man in der sogenannten ägyptischen Rezension und der Koine [die griechische Sprache zur Zeit des Hellenismus] von siebzig, in wenigen anderen Handschriften und in der lateinischen Vulgata sogar von 72 Jüngern, die Jesus in alle Welt gesandt habe. Man hat gemeint, die Zahl solle die Zuordnung je eines Jüngers zu je einem der 72 Gottesnamen bedeuten; doch ist die Lehre von 72 Gottesnamen auch im Judentum [...] viel jünger. Auch eine überzeugende »hellenistische« Begründung hat sich bisher nicht finden lassen. Wahrscheinlich bezog sich Lukas auf die siebzig oder mehr Mitglieder des Sanhedrin bei Num. 11, 16. Die bei Jesus und Paulus sehr schwach ausgebildete Zahlensymbolik kann bei Lukas nur bewußte Wiederaufnahme hebräischer Vorbilder sein; der Streit der Rabbiner um die genaue Zahl der Ratsmänner konnte ihn allerdings nicht mehr berühren. Aber gewiß dachte Lukas auch nicht an die siebzig oder mehr Völker der Welt, eine Formel, die [...] zwar schon im Jubiläenbuch anklang, aber erst einige Menschenalter nach Lukas sich durchsetzte. Daß Lukas die ganze Ökumene im Blick hatte, beweist nicht nur die ausführliche Schilderung von Erlebnissen mit Samaritanern; Lukas sagte programmatisch, daß aus Ost und West, Nord und Süd die Auserwählten herbeikommen. Hellhörig war er deshalb für Sprachen und ihre Verschiedenheit. Er bemerkte in der Apostelgeschichte, daß Paulus das Lykaonische nicht verstand, aber Griechisch und Hebräisch sprach und daß der Völkerlehrer vor den Athenern mit griechischen Dichterworten den einheitlichen Ursprung des Menschengeschlechtes vertrat. Obwohl Gott »in den vergangenen Zeiten alle Völker ihre eigenen Wege gehen ließ«, wies diese gottgewollte Vielfalt auf einen Ursprung und ein Ziel hin. Daß die Stimme vom Himmel hebräisch mit Paulus redete, wurde vermerkt, doch auch, daß in der jungen Christengemeinde Hebräisch und Griechisch miteinander wetteiferten; diese Verschiedenheiten stören die Eintracht nicht, unterstreichen sie nur. »Menschen aus jedem Volk, das unter dem Himmel ist«, kamen nach Lukas zu den Aposteln; allerdings fehlte unter den fünfzehn Sprachen und Völkern, die er dabei aufzählte, das Griechische, und nur die römische Reichssprache wies über den provinziellen Rahmen Palästinas und seiner Nachbarn hinaus. Aber gerade in diesem beschränkten Kreis schildert Lukas die grandioseste Vision des Sprachenproblems seit der mosaischen Genesis, und sie könnte geradezu ein bewußtes Gegenstück zur Erzählung von der babylonischen Sprachenverwirrung sein: das Pfingstwunder. Der Heilige Geist steigt in Gestalt von feurigen Zungen auf die Apostel herab, und sie beginnen in anderen Zungen zu reden; jeder der Anwesenden hört die Apostel in seiner eigenen Sprache reden, »und es waren Menschen aus jedem Volk, das unter dem Himmel ist, in Jerusalem«. Durch die Herabkunft des Heiligen Geistes, durch ein Wunder wurde die unselige Sprachentrennung überwunden; in der durch diesen Akt begründeten Kirche Gottes war man aller Sprachen mächtig, nicht wie die Weisen des Sanhedrin dank überlegener Bildung, sondern allein dank Gottes Gnade, der Herr auch über die Sprachen ist. Die Sprachen waren in ihrer Vielgestalt geheiligt worden und konnten hinfort der einmütigen Verkündigung von Gottes Taten in aller Welt dienen. Wie diese Ausgießung der Gnade vor sich ging, ob man an ein Hör- oder ein Sprachwunder, an eine vorübergehende oder dauernde Gabe denken sollte, ob alle hundertzwanzig Anwesenden oder nur die zwölf Apostel die Sprachengabe erhielten, welcher Art die neuen Sprachen waren, ob bekannte Idiome oder ekstatisches Zungenreden, das schien Lukas weniger als Paulus zu bekümmern; er sagte nichts darüber – vielleicht sogar mit Absicht –, und bis heute geht darum der gelehrte Streit. Auch die Frage nach Quellen und Vorbildern hilft kaum weiter; es mag eine gewisse Verwandtschaft bestehen zwischen dem Pfingstwunder und dem Wunder am Sinai, wo Gott unter Donnern und Blitzen den Bund mit Israel schloß; wenigstens hat die rabbinische Exegese bei Gelegenheit von Ex. 19, 16ff. seit dem 2. Jahrhundert auch von siebzig Sprachen gewußt, in die sich Gottes Wort teilte. Doch steht die These, auch Lukas habe vielleicht an diese siebzig Sprachen gedacht, auf schwankenden Füßen. Nicht weniger gewagt ist die Deutung mit hellenistischen Motiven; etwa, daß das ekstatische Stammeln an Pfingsten »ausgesprochen zu einer hellenistisch-dionysischen Frömmigkeit« gehöre, setzt das Unbekannte voraus, daß nämlich wirklich die Apostel ekstatisch stammelten. Aber Lukas wollte etwas anderes, als das Phänomen analysieren. Da es keine allgemein verständliche Weltsprache gab, konnte das Gotteswort nur durch ein Sprachenwunder aller Welt vermittelt werden, und dies Wunder ist zugleich Voraussetzung und Legitimation universaler Mission; seine übernatürliche Kraft entzieht sich adäquater Schilderung, auf seine fortdauernde Nachwirkung kommt es allein an.

Alle Sprachen und Völker vereinigen sich im Lobe Gottes: Die Apokalypse nahm, vielleicht noch vor der Jahrhundertwende, diesen Gedanken wieder auf, der ja im Danielbuch und in der zeitgenössischen hellenistischen Literatur schon vorgebildet war. Nun transponierte man allerdings die Vereinigung der Sprachen und Völker schon in die Zukunft der Endzeit; einige Völker, die Gog und Magog, erhielten im Anklang an Ezechiel die Rolle, die Heiden von den vier Enden der Welt zu sammeln, um diese Einigung auf Erden zu pervertieren. Die gegenwärtige Welt der Sprachen und Völker symbolisierte sich nicht mehr wie bei Daniel in vier aufeinanderfolgenden Gestalten, sondern nur noch in der einen großen Hure Babel; inmitten der ersten Christenverfolgungen schien sich das christliche Denken den Realitäten noch mehr zu entfremden. Auch das Johannesevangelium, vielleicht doch vom Verfasser der Apokalypse noch im 1. Jahrhundert geschrieben, identifizierte Jesus, den Erlöser des Kosmos, mit dem griechischen Logos, dem gesprochenen Wort, das damit über die alltägliche, gar über die in

Sprachen differenzierte Rede weit hinausgehoben wurde in das Gebiet göttlicher Schöpfungsmacht. Man kann diese Spekulation auf ihren jüdisch-alttestamentlichen Gehalt, auf die Wertung des Gottesnamens im Alten Testament, oder auf den hellenistischen Charakter der Logos-Idee zurückführen; auch hier erklären die Quellen wenig. Denn neu und unabgeleitet ist der Gedanke, daß dieser Logos göttlich und doch Fleisch geworden ist; so fügt er sich auch in den irdischen Sprachleib ein und weiht damit die Sprache und die Sprachen als Werkzeuge der göttlichen Offenbarung. Zugleich damit – und nicht im Gegensatz dazu – war alles Nachdenken über Sprachen und Völker hinfällig geworden; das neue Gottesvolk, von dem der erste Petrusbrief spricht, übersprang alle Schranken. Ignatius von Antiochia (gest. ca. 110) sagte kurz vor seinem Märtyrertode: Die Christen sind eine neue Einheit, sie singen Gottes Lob *en phōnē mia*, als gäbe es keine Verschiedenheit der Sprachen. Das mag daran liegen, daß sich das junge Christentum alsbald der hebräischen und aramäischen Sprache entledigte und die griechische Weltsprache der Bildung übernahm auf eine ganz ähnliche Weise wie die jüdische Diaspora der Zeit. Doch widerspricht der sprachliche Befund der Evangelien selbst: In ihrem griechischen Text sind einige Worte Jesu in aramäischer Sprache stehen geblieben, gewiß nicht aus Unachtsamkeit etwaiger Übersetzer, wohl nur aus Ehrfurcht vor Gottes Wort, gleich in welche Sprache es sich kleidet. Der Grund liegt also tiefer, und es ist nicht mehr derselbe, der die eigenartig unbeteiligte Haltung des Alten Testaments rechtfertigt, nach der die reine Religion über die Wirklichkeit hinweggriff, sie fast achtlos beiseite ließ. Im Frühchristentum war zwar noch weit stärker als im alten Judentum die Geschichte aus den Angeln gehoben und »ein neuer Grund gelegt, welcher ist Jesus Christus«. Doch dieser neue Grund trug nun auch die Wirklichkeit der Sprachen und Völker mit. Es gehört in diese Neuwertung, daß im Frühchristentum Übersetzungen der Bibel bereits seit dem 2. Jahrhundert häufig wurden: Man predigte den Völkern das Christentum nicht etwa in der griechischen Weltsprache – die freilich damals schon gegen lokale Dialekte zu kämpfen hatte –, sondern in der jeweiligen Volkssprache, koptisch, syrisch, lateinisch, äthiopisch, georgisch, armenisch, gotisch, slavisch, irisch; und der Prozeß ihrer Christianisierung dauert bis heute fort. Er hat die meisten dieser Umgangssprachen erst zu Literatursprachen erhoben, sie zum Ausdruck der allgemeinsten und höchsten Gedanken geschmeidig gemacht. Doch war dies nicht die einzige mögliche Folgerung aus dem Evangelium; auch die prinzipielle Mißachtung der verworrenen Vielfalt und geschichtlichen Buntheit konnte aus Jesu Lehre herausgelesen werden.

Von hier aus ließen sich alle Fragen der Wirklichkeit, auch die der Sprachen- und Völkerwelt, entweder souverän verachten oder universal verstehen; die polytheistische Zersplitterung der Heiden und die partikularistische Beschränkung der Juden waren unmöglich, hier mußte man die Welt ganz fassen oder fahren lassen. Von hier aus haben denn auch die verschiedensten Strömungen ihren Ausgang genommen, aber sie alle zielten auf die ganze Welt in ihrer Einheit und Vielfalt.

Autoren und Quellennachweis

MICHAEL VON ALBRECHT, geb. 1933, Professor für Klassische Philologie an der Universität Heidelberg.
Gedankenwelt [im Spiegel der Literatur], aus: Geschichte der römischen Literatur. Band 1. München 1994 (dtv 4618), S. 28–34. © 1994, 2. verb. u. erw. Aufl. K. G. Saur Verlag, München.

ARNO BORST, geb. 1925, Professor em. für Mittlere und Neuere Geschichte an der Universität Konstanz.
[»Gehet hin und lehret alle Völker!« Sprache im frühen Christentum], aus: Der Turmbau von Babel. Band 1: Fundamente und Aufbau. München 1995 (dtv 59028), S. 218–227. © 1957–1963 Anton Hiersemann Verlag, Stuttgart.

KAI BRODERSEN, Privatdozent für Alte Geschichte an der Universität München.
[Die sieben Weltwunder.] Der Koloß des Helios von Rhodos, aus: Die sieben Weltwunder. Legendäre Kunst- und Bauwerke der Antike. München 1996, S. 84–91. © 1996 C. H. Beck'sche Verlagsbuchhandlung (Beck'sche Reihe – C. H. Beck Wissen 2029), München.

PETER BROWN, geb. 1935, Professor für antike Geschichte an der Princeton University.
Leib und Stadtgemeinschaft. [Keuschheit im frühen Christentum], aus: Die Keuschheit der Engel. Sexuelle Entsagung, Askese und Körperlichkeit im frühen Christentum. Übersetzt von Martin Pfeiffer, München 1994 (dtv 4627), S. 19–39. © 1991 Carl Hanser Verlag, München Wien.

JACOB BURCKHARDT (1818–1897).
[Pessimismus im griechischen Leben], aus: Griechische Kulturgeschichte. Band 2. München, 2. Aufl. 1982 (dtv 6076), S. 360–367. Unveränderter Nachdruck der Ausgabe von Schwabe & Co., Basel 1956–1957.

AVERIL CAMERON, Professorin für Geschichte der Spätantike und Byzantinistik, lehrt als Vorstand des Keble College an der Universität Oxford.
Das neue Reich Konstantins, aus: Das späte Rom. Übersetzt von Kai Brodersen, München 1994 (dtv Geschichte der Antike, 4621), S 63–85. © 1994 Deutscher Taschenbuch Verlag GmbH & Co. KG, München.

MICHAEL CRAWFORD, geb. 1939, Professor für Alte Geschichte an der Universität London.
Von der Herrschaft über Italien zur Herrschaft über den Mittelmeerraum, aus: Die römische Republik. Übersetzt von Kai Brodersen, München, 5. Aufl. 1994 (dtv Geschichte der Antike, 4404), S. 54–68. © 1984, 1994 Deutscher Taschenbuch Verlag GmbH & Co. KG, München.

MARCEL DETIENNE, geb. 1935, Professor an der Ecole des Hautes Etudes in Paris.
[Dionysos.] Ein epidemischer Gott, aus: Dionysos. Göttliche Wildheit. Übersetzt von Gabriele und Walter Eder. München 1995 (dtv 4655), S. 10–33. © 1992 Edition Pandora im Campus Verlag GmbH, Frankfurt a.M.

MARIA H. DETTENHOFER, geb. 1960, promovierte in Alter Geschichte und ist derzeit Stipendiatin der Deutschen Forschungsgemeinschaft und der Gerda Henkel Stiftung.
Die Frauen von Sparta. Ökonomische Kompetenz und politische Relevanz, aus: Maria H. Dettenhofer (Hrsg.), Reine Männersache? Frauen in Männerdomänen der antiken Welt. München 1996 (dtv 4689), S. 15–40. © 1994 Böhlau Verlag GmbH & Cie, Köln.

GERHARD DOHRN-VAN ROSSUM, geb. 1947, Professor für Mittelalterliche Geschichte an der Technischen Universität Chemnitz.
Tagesteilung und Zeitmessung in der Antike, aus: Die Geschichte der Stunde. Uhren und moderne Zeitordnung. München 1995 (dtv 4673), S. 24–34. © 1992 Carl Hanser Verlag, München Wien.

JOHANN GUSTAV DROYSEN (1808–1884)
[Das Wesen des Griechentums], aus: Geschichte des Hellenismus. Band 3: Geschichte der Epigonen. München 1980 (dtv 5976), S. 3–20. © 1980 Wissenschaftliche Buchgesellschaft, Darmstadt.

MOSES I. FINLEY (1912–1986)
[Athen und Rom. Staatswesen im Vergleich], aus: Das politische Leben in der antiken Welt. Übersetzt von Wilfried Nippel, München 1991 (dtv 4563), S. 156–178. © 1986 C. H. Beck'sche Verlagsbuchhandlung, München.

EDWARD GIBBON (1737–1794)
Das Herrschaftssystem Diokletians, aus: Verfall und Untergang des Römischen Reiches. Übersetzung. Michael Walter. Demnächst im Deutschen Taschenbuch Verlag, München.

SIEGFRIED LAUFFER (1911–1986)
[Alexander der Große.] Persönlichkeit und Bedeutung, aus: Alexander der Große. München, 3. Aufl. 1993 (dtv 4298), S. 197–217. © 1978 Deutscher Taschenbuch Verlag GmbH & Co. KG, München.

GERDA LERNER, Professor em. für Geschichte an der Universität von Wisconsin in Madison.
Die Verschleierung der Frau. [Zur Entstehung des Patriarchats], aus: Die Entstehung des Patriarchats. Übersetzt von Walmot Möller-Falkenberg, München 1997 (dtv 4710), S. 161–181. © 1991 Campus Verlag Frankfurt a.M.

ALBIN LESKY (1896–1981)
Götter und Menschen [bei Homer], aus: Geschichte der griechischen Literatur. München 1993 (dtv 4595), S. 87–95. © K. G. Saur Verlag AG, Bern (Nachdruck der 3. neu bearb. und erw. Aufl. von 1972).

DAVID C. LINDBERG, Hilldale Professor für Geschichte der Naturwissenschaften an der Universität von Wisconsin in Madison.
Die Griechen und der Kosmos, aus: Von Babylon bis Bestiarium. Die Anfänge des abendländischen Wissens. Übersetzt von Bettina Obrecht, München 1997 (dtv 4708), S. 23–48. © 1994 J. B. Metzlersche Verlagsbuchhandlung und Ernst Poeschel Verlag GmbH in Stuttgart.

CHRISTIAN MEIER, geb. 1929, Professor em. für Alte Geschichte an der Universität München.
[Cäsars Ruhm und Ende], aus: Caesar. München, 3. Aufl. 1993 (dtv 4596), S. 561–578. © 1982 Wolf Jobst Siedler Verlag GmbH, Berlin.

OSWYN MURRAY, geb. 1937, Professor für Alte Geschichte am Balliol College in Oxford.
Der große Perserkrieg, aus: Das frühe Griechenland. Übersetzt von Kai Brodersen, München, 5. Aufl. 1995 (dtv Geschichte der Antike, 4400), S. 356–372. © 1982 Deutscher Taschenbuch Verlag GmbH & Co. KG, München.

ROBERT M. OGILVIE (1932–1981)
Das Opfer [in der römischen Religion], aus: . . . und bauten die Tempel wieder auf. Die Römer und ihre Götter im Zeitalter des Augustus. Übersetzt von Florian Weidenfels, München 1984 (dtv 4427), S. 47–59. © 1969 R. M. Ogilvie; 1982 Klett-Cotta, Stuttgart.

JOYCE TYLDESLEY, Honorary Research Fellow an der School of Archeology, Classics and Oriental Studies an der Universität Liverpool.
Religiöses Leben und Jenseitsvorstellungen [im alten Ägypten], aus: Töchter der Isis. Die Frau im alten Ägypten. Übersetzt von Ulrich Mihr, München 1996, S. 271–290. © 1996 Limes Verlag GmbH, München.

PAUL VEYNE, geb. 1930, Professor für Alte Geschichte am Collège de France.
Christliche Barmherzigkeit, aus: Brot und Spiele. Gesellschaftliche Macht und politische Herrschaft in der Antike. Übersetzt von Klaus Laermann und Hans Richard Brittnacher, München 1994 (dtv 4639), S. 40–54. © 1988 Campus Verlag GmbH, Frankfurt a. M.

Geschichte lesen

Ein historisches Brevier
Herausgegeben von Margit Ketterle
dtv 4000

Ein Streifzug durch die Weltgeschichte. Renommierte Autoren führen durch Antike, Mittelalter, Neuzeit und 20. Jahrhundert, darunter Theodor Mommsen, Christian Meier, Edward Gibbon, Ernst Kantorowicz, Joachim Bumke, Thomas Nipperdey, Franz Schnabel, Michael Stürmer, Wolfgang Benz, Kurt Sontheimer, Martin Broszat und viele andere. So lassen sich die Geschichte und ihre Geschicke lesend verstehen.

»Das Beste, was wir von der Gechichte haben, ist der Enthusiasmus, den sie erregt, sagte Goethe. Diesen Enthusiasmus spürt man in den Texten der hier versammelten Autoren heraus, und er teilt sich dem Leser unschwer mit!«

(Paul Bartsch im Mitteldeutschen Rundfunk)

Lebendiges Mittelalter

Ein Lesebuch
Herausgegeben von Brigitte Hellmann
dtv 4669

Als »schöne, glänzende« Zeit hat der Romantiker Novalis das Mittelalter gesehen, die Aufklärer zuvor verstanden darunter dagegen eine finstere Epoche der dumpfen Abhängigkeit und Beschränktheit. Unserer Gegenwart ist das Mittelalter sehr fern und übt doch eine eigentümliche Faszination auf uns aus, wie vielbesuchte Ausstellungen und vielgelesene Bücher zeigen. Dieses Lesebuch möchte dazu einladen, die Vielfalt des Mittelalters zu erkunden. Das Geleit geben unter anderem Umberto Eco, Joachim Bumke, Jacques Le Goff, Régine Pernoud, Ferdinand Seibt und Arno Borst.

»Die Herausgeberin weiß, wo man das Beste findet.«

(Elisabeth Endres in der Süddeutschen Zeitung)

Griechische und römische Antike

**Paul Veyne:
Brot und Spiele**

Gesellschaftliche Macht und
politische Herrschaft in der Antike

dtv wissenschaft

**Der Kleine Pauly
Lexikon der Antike**
dtv 5963

Peter Brown:
**Die Keuschheit
der Engel**
dtv 4627
**Macht und Rhetorik
in der Spätantike**
dtv 4650

Marcel Detienne:
**Dionysos
Göttliche Wildheit**
dtv 4655

Siegmar Döpp:
Werke Ovids
dtv 4587

Erlebte Antike
Ein Lesebuch
Hrsg. v.
Beatrice Heiber
dtv 4706

**dtv-Geschichte
der Antike**
Oswyn Murray:
**Das frühe
Griechenland**
dtv 4400

John K. Davies:
**Das klassische
Griechenland und
die Demokratie**
dtv 4401

Frank W. Walbank:
**Die hellenistische
Welt**
dtv 4402

Michael Crawford:
**Die römische
Republik**
dtv 4404

Colin Wells:
Das Römische Reich
dtv 4405

Averil Cameron:
Das späte Rom
dtv 4621

Albin Lesky:
**Geschichte der grie-
chischen Literatur**
dtv 4595

Michael v. Albrecht:
**Geschichte der
römischen Literatur**
2 Bände · dtv 4618

Moses I. Finley:
**Das politische
Leben in der
antiken Welt**
dtv 4563
Das antike Sizilien
dtv 4592
**Die antike
Wirtschaft**
dtv 4584

Siegfried Lauffer:
**Alexander
der Große**
dtv 4298

Mary R. Lefkowitz:
**Die Töchter
des Zeus**
Frauen im alten
Griechenland
dtv 4649

Christian Meier:
Caesar
dtv 4596

Reine Männersache?
Frauen in
Männerdomänen
der antiken Welt
Hrsg. Maria H.
Dettenhofer
dtv 4689

Paul Veyne:
Brot und Spiele
dtv 4639

Der Kleine Pauly · Lexikon der Antike

Das klassische Nachschlagewerk in fünf Bänden

Dieses vielseitige Nachschlagewerk reicht von der Vor- und Frühgeschichte bis zum Nachleben der Antike, von Mythen und Sagen bis zu den Kirchenvätern. Artikel zur Rechtswissenschaft, zur Tier- und Pflanzenkunde, zur vergleichenden Sprachforschung, zur Musik und zur Mathematik runden das Gebiet ab.
»Niemals wird der Benutzer mit trockenen Zusammenstellungen oder Literaturhinweisen abgespeist: jeder Beitrag ist ein lebendig geschriebener Forschungsbericht.« (Die Welt)

Der Kleine Pauly
Lexikon der Antike

Auf der Grundlage von Pauly's Realencyclopädie der classischen Altertumswissenschaft herausgegeben von Konrat Ziegler, Walther Sontheimer und Hans Gärtner.

5 Bände mit insgesamt 4020 Seiten, 25 Abbildungen und Karten, 12 700 Stichwörtern und zahlreichen Literaturangaben.
dtv 5963

Günter Grass im dtv

Foto: Klaus Morgenstern

Die Blechtrommel
Die Autobiographie des Oskar Matzerath, der Wirklichkeit ertrommeln und Glas zersingen kann
dtv 11821

Katz und Maus
Sein abnormer Adamsapfel macht Mahlke zum Helden wider Willen und führt seinen Untergang herbei
dtv 11822

Hundejahre
Der Roman über die Danziger Kleinbürgerwelt in der Zeit von Faschismus und Krieg
dtv 11823

Der Butt
»…eine Geschichte vom Fehlen und Verfehlen… eine Geschichte mit verzweifelt utopischem Ende…«
dtv 11824

Ein Schnäppchen namens DDR
Gesammelte Reden des »vaterlandslosen Gesellen« Günter Grass, gehalten im Jahr 1990
dtv 11825

Unkenrufe
Eine deutsch-polnische Liebesgeschichte, erzählt mit leiser Ironie und satirischer Schärfe
dtv 11846

Jacques Roubaud
im dtv

Die schöne Hortense
Roman · dtv 11665

Ein Kriminalroman, ein Liebes-
roman und ein Katzenroman.
Und zugleich die Parodie all dessen: ein Feuerwerk an Einfällen,
ein literarisches Puzzle, ein
Zahlenspiel. Schon das Verbrechen ist seltsam genug. Fünfund-
dreißigmal haben rätselhafte
Täter nachts ein Haushaltwaren-
geschäft überfallen, dreiundfünf-
zig Töpfe zu Fall gebracht, allen
Besen die Haare ausgerissen und
sämtliche Putzmittel zusammen-
gegossen. Keine leichte Aufgabe
für die Ermittler Blognard und
Arapède, zumal es da einen Kater
gibt – Alexander Wladimiro-
witsch –, der absichtlich die
Spuren verwischt.

Foto: Peter-Andreas Hassiepen

Die Entführung der schönen
Hortense
Roman · dtv 11725

Es ist Mitternacht. Die Kirch-
turmuhr von Sainte-Gudule
schlägt dreiunddreißigmal. Da
fällt ein tödlicher Schuß aus dem
Hinterhalt. Der Ermordete ist
Balbastre, der Hund des alten
Sinouls. Wenige Tage später
wird auf einem Ball die schöne
Hortense, die Geliebte des
Poldevenprinzen Gormanskoi,
entführt. Inspektor Blognard
und sein Gehilfe Arapède nehmen die Ermittlungen auf,
unterstützt von einem poldevischen Detektiv mit dem unaus-
sprechlichen Namen
Sheralockiszyku Holamesidjudjy.

Das Exil der schönen Hortense
Roman · dtv 11794

»›O nein!‹ dachte Hortense, ›*not
again*‹ (fügte sie in ihrer Verwirrung und auf englisch innerlich hinzu); denn der Neuan-
kömmling, ein Prinz mit
Sicherheit, ein grüngekleideter
Prinz, sah Gormanskoi zum
Verwechseln ähnlich; er glich
ihm so sehr, daß ihr davon
schwindlig wurde; war er der
Gute? War er der Böse? Ihr
Instinkt sagte ihr nichts, ihre
Liebe schickte ihr keine eindeutige Botschaft.« Gerade erst einer
Entführung entkommen, gerät
die schöne Hortense durch die
Machenschaften des Prinzen
Augre auch im poldevischen Exil
wieder in Gefahr.